Robert E. Howard

Der Mythos des Cthulhu

ROBERT E. HOWARD

DER MYTHOS DES CTHULHU

FESTA

Eine Festa Originalausgabe
1. Auflage August 2020

Titelbild: www.bookcoversart.com
Illustrationen: Bianca Graf

ISBN 978-3-86552-855-1
eBook 978-3-86552-856-8

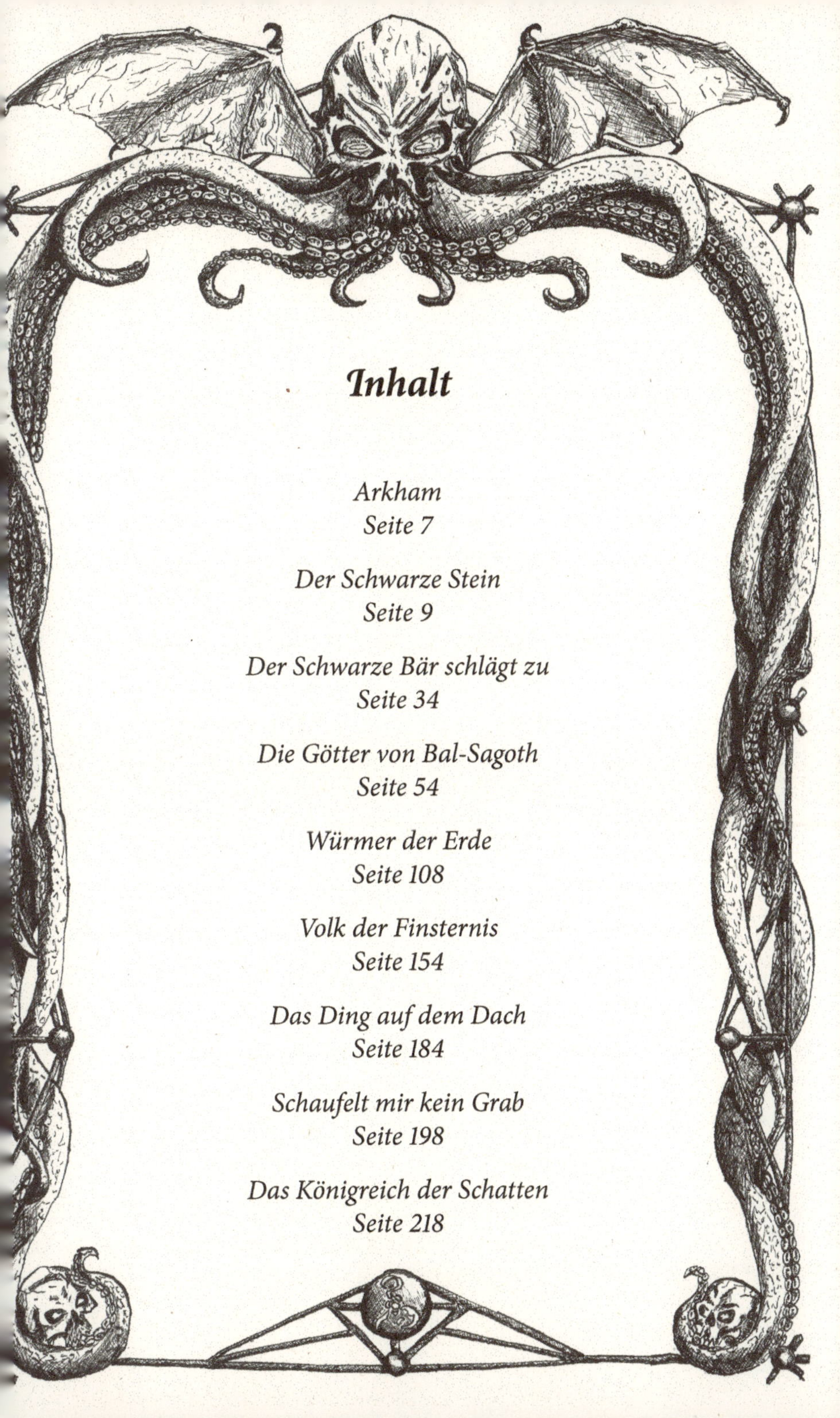

Inhalt

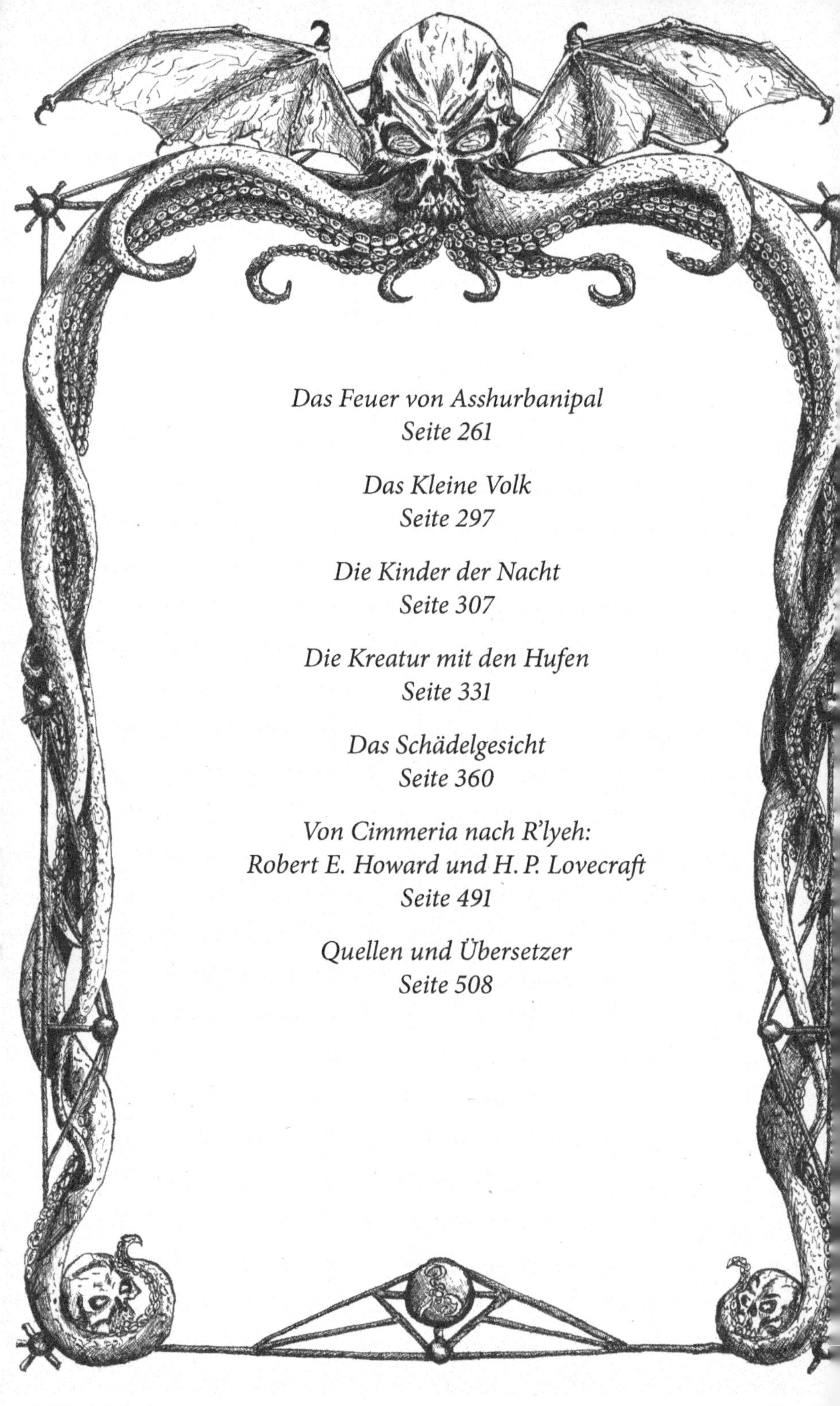

Arkham

Die Häuser blinzeln schläfrig und vor Alter matt
In Straßen ohne Ziel, von keiner Zeit vermisst,
Doch was schleicht menschenfremd
und grinsend durch die Stadt,
Durch die alten Gassen, wenn der Mond versunken ist?

Der Schwarze Stein

Das erste Mal las ich davon in jenem befremdlichen Buch des exzentrischen Deutschen von Junzt, der ein so eigentümliches Leben führte und auf ebenso schreckliche wie mysteriöse Weise den Tod fand. Ich hatte das Glück, die *Unaussprechlichen Kulte* in ihrer Originalausgabe lesen zu können, dem sogenannten ›Schwarzen Buch‹, das 1839 in Düsseldorf erschien, kurz bevor den Autor sein grausiges Schicksal ereilte. Die meisten Sammler seltener Literatur dürften das Buch unter dem Titel *Nameless Cults* in der fehlerhaften englischen Übersetzung kennen, die 1845 von Bridewall in London verfertigt wurde, sowie durch die sorgfältig zensierte Ausgabe, die Golden Goblin Press 1909 in New York veröffentlichte. Doch das Buch, auf das ich stieß, war eines der unzensierten deutschen Exemplare, mit schwerem Ledereinband und rostigen Eisenschließen. Ich bezweifle, dass es heute auf der ganzen Welt noch mehr als ein halbes Dutzend dieser Bücher gibt, denn die gedruckte Auflage war nicht groß und als sich herumsprach, wie der Autor zu Tode kam, verbrannten viele Besitzer des Buches voller Panik ihre Exemplare.

Von Junzt widmete sein gesamtes Leben (1795–1840) der Erforschung verbotener Dinge; er reiste in alle Winkel der Welt, erlangte Zugang zu unzähligen Geheimbünden und las zahllose kaum bekannte esoterische Bücher und Manuskripte im Original. Die Kapitel des Schwarzen Buches, die in ihrer Formulierung von verblüffender Klarheit bis zu dunkler Mehrdeutigkeit reichen, enthalten Aussagen und

Anspielungen, die einem denkenden Menschen das Blut in den Adern gefrieren lassen. Und das, was von Junzt in den Druck zu geben *wagte*, wirft die bange Frage auf, was er sich wohl *nicht* zu verraten getraute. Welche dunklen Geheimnisse enthielten etwa die dicht beschriebenen Seiten des unveröffentlichten Manuskriptes, an dem er in den Monaten vor seinem Tod unausgesetzt arbeitete und die zerrissen auf dem Boden des verschlossenen und verriegelten Zimmers verstreut lagen, in welchem man von Junzt tot auffand, mit den Abdrücken krallenbewehrter Finger an seiner Kehle? Man wird es nie erfahren, denn nachdem sein engster Freund, der Franzose Alexis Ladeau, eine ganze Nacht damit zugebracht hatte, die Fragmente zusammenzusetzen und zu lesen, verbrannte er sie zu Asche, bevor er sich mit einem Rasiermesser die Kehle durchschnitt.

Aber der Inhalt des veröffentlichten Materials ist schon schaurig genug, selbst wenn man sich die allgemeine Ansicht zu eigen macht, dass es nur das irre Gestammel eines Wahnsinnigen sei. Dort entdeckte ich unter vielen Absonderlichkeiten eine Erwähnung des Schwarzen Steins, jenes seltsamen, unheilvollen Monolithen, der irgendwo in den Bergen Ungarns steht und um den sich so viele düstere Legenden ranken. Von Junzt widmet ihm nicht viel Raum; der Großteil seines grausigen Werkes befasst sich mit finsteren Kulten und den Objekten ihrer Anbetung, die – wie er behauptet – zu seiner Zeit noch existierten, und offenbar schien der Schwarze Stein einen Kult oder ein Wesen zu repräsentieren, der oder das schon vor Jahrhunderten in Vergessenheit geraten war. Aber er bezeichnet ihn als einen der *Schlüssel* – ein Ausdruck, den er häufig und in unterschiedlichen Zusammenhängen verwendet und der einen der dunkleren Aspekte seines Werkes ausmacht. Und er spielt kurz auf seltsame Erscheinungen an, die während der Mittsommernacht in der Nähe des Monolithen beobachtet wurden. Er erwähnt Otto Dostmanns Theorie, der Monolith sei ein Überbleibsel der hunnischen Invasion und zum Andenken an einen Sieg Attilas über die Goten errichtet worden. Von Junzt widerspricht dieser Behauptung, ohne stichhaltige Argumente dafür anzuführen, er bemerkt lediglich, den Ursprung des Schwarzen Steins den Hunnen zuzuschreiben sei etwa so logisch wie die Annahme, Wilhelm der Eroberer habe Stonehenge erbaut.

Diese implizite Andeutung eines unvorstellbar hohen Alters des Schwarzen Steins ließ mich sofort aufhorchen, und nach einigen Schwierigkeiten gelang es mir, eine verschimmelte und von Ratten zernagte Ausgabe von Dostmanns *Relikte versunkener Reiche* (Berlin 1809, Verlag ›Das Drachenhaus‹) ausfindig zu machen. Wie enttäuscht war ich, als ich feststellte, dass Dostmann dem Stein sogar noch weniger Worte widmet als von Junzt; mit ein paar knappen Zeilen tut er ihn als ein Artefakt ab, das relativ jung ist im Vergleich zu den griechisch-römischen Ruinen in Kleinasien, denen sein Hauptinteresse gilt. Er gesteht sein Unvermögen ein, die entstellten Schriftzeichen auf dem Monolithen zu entziffern, erklärt sie aber als eindeutig mongolischen Ursprungs. Doch sowenig ich auch von Dostmann erfuhr, so erwähnt er doch den Namen des Dorfes, das in der Nähe des Schwarzen Steins liegt: Stregoicavar – ein unheilvoller Name, der so etwas wie ›Hexendorf‹ bedeutet.

Eine gründliche Durchsicht von Reiseführern und -berichten erbrachte keine weiteren Informationen – Stregoicavar, das auf keiner Karte verzeichnet war, die ich ausfindig machen konnte, lag in einer wilden, wenig besuchten Region, in die sich niemals ein Reisender verirrte. In Dornlys *Ungarische Folklore* fand ich jedoch etwas, das mein Interesse weckte. In seinem Kapitel über *Traummythen* erwähnt er den Schwarzen Stein und berichtet von einigen seltsamen abergläubischen Vorstellungen rund um das Artefakt – vor allem dem Glauben, dass jeder, der in der Nähe des Monolithen schläft, für den Rest seines Lebens an entsetzlichen Albträumen leidet. Darüber hinaus zitiert er Geschichten der Landbevölkerung, die von Neugierigen erzählen, welche in der Mittsommernacht den Stein aufsuchten und in geistiger Umnachtung starben, weil sie dort *etwas* erblickten.

Das war alles, was Dornly dazu zu berichten hatte, doch mein Interesse war nun erst recht entflammt, denn ich spürte, dass der Stein eine ausgesprochen düstere Aura auszustrahlen schien. Der Gedanke an einen möglichen Ursprung in finsterer Vorzeit und die wiederholte Erwähnung übernatürlicher Geschehnisse während der Mittsommernacht berührten einen schlummernden Instinkt in meinem Inneren, genau wie man das Fließen eines dunklen unterirdischen Flusses in der Nacht mehr spürt als hört.

Und plötzlich erkannte ich eine Verbindung zwischen diesem Stein und einem bizarren und fantastischen Gedicht des wahnsinnigen Poeten Justin Geoffrey: *Das Volk vom Monolithen.* Nachforschungen ergaben, dass Geoffrey dieses Gedicht tatsächlich auf einer Ungarnreise schrieb, und ich hegte keinen Zweifel, dass der Schwarze Stein genau jener Monolith war, auf den er sich in seinen seltsamen Versen bezog. Als ich seine Strophen noch einmal las, verspürte ich erneut die vagen Regungen eines unterbewussten Drängens, das ich schon bemerkt hatte, als ich zum ersten Mal vom Schwarzen Stein las.

Schon seit einer Weile war ich auf der Suche nach einem geeigneten Ort für einen kurzen Urlaub, und so entschloss ich mich nun, nach Stregoicavar zu reisen. Ein Zug von altertümlicher Bauart brachte mich von Temeswar in die Nähe meines Zieles, und nach einer dreitägigen holprigen Kutschfahrt erreichte ich das kleine Dorf, das in einem fruchtbaren Tal hoch in den von Tannen bewachsenen Bergen lag. Die Reise selbst verlief ereignislos, doch am ersten Tag passierten wir das alte Schlachtfeld von Schomvaal, wo sich der tapfere polnisch-ungarische Ritter Graf Boris Wladinow ebenso furchtlos wie vergeblich den siegreichen Heerscharen Süleymans des Prächtigen entgegengestemmt hatte, als der große Türke 1526 über Osteuropa hinwegfegte.

Der Kutscher wies mich auf einen großen Haufen Steintrümmer auf einem nahe gelegenen Hügel hin, unter dem, wie er sagte, die Knochen des tapferen Grafen lagen. Ich erinnerte mich an eine Passage aus Larsons *Die Türkenkriege:* »Nach dem Gefecht …« (in welchem der Graf mit seiner kleinen Armee die türkische Vorhut zurückgeschlagen hatte) »… stand der Graf vor den halb eingestürzten Mauern der alten Burg auf dem Hügel und erteilte Befehle zur Neuordnung seiner Truppen, als einer seiner Berater ihm ein kleines lackiertes Kästchen brachte, das man bei der Leiche des berühmten türkischen Schreibers und Historikers Selim Bahadur gefunden hatte, welcher im Kampf gefallen war. Der Graf entnahm dem Behältnis eine Pergamentrolle und begann zu lesen, doch war er noch nicht sehr weit gekommen, als er fürchterlich erbleichte und, ohne ein Wort zu sagen, das Pergament in das Kästchen zurücksteckte und dieses unter seinem Umhang barg. Just in diesem Augenblick eröffnete eine versteckte türkische Geschützstellung plötzlich das Feuer, die Kanonenkugeln trafen die alte Burg und die Ungarn wurden entsetzt Zeuge, wie die Mauern allesamt einstürzten und den tapferen Grafen unter sich begruben. Ohne Anführer wurde die furchtlose kleine Armee schnell aufgerieben und in den langen kriegerischen Jahren, die folgten, suchte man nie nach den Gebeinen des Adligen. Heute verweisen die Einheimischen auf einen riesigen Trümmerhaufen zerfallener Ruinen, unter denen noch immer das ruhen soll, was die Jahrhunderte von Graf Boris Wladinow übrig ließen.«

Das Dorf Stregoicavar entpuppte sich als ein verschlafenes kleines Nest, das seinem düsteren Namen so gar nicht gerecht wurde – ein vergessener Winkel der Welt, an dem der Fortschritt unbemerkt vorübergezogen war. Die malerischen Häuser und die altertümliche Tracht der Einwohner gehörten in ein früheres Jahrhundert. Die Menschen waren freundlich und neugierig, aber nicht aufdringlich, obwohl sie nur selten Besuch von außerhalb erhielten.

»Vor zehn Jahren war schon einmal ein Amerikaner für ein paar Tage in unserem Dorf«, erzählte mir der Wirt des Gasthauses, in dem ich abstieg. »Ein junger Mann, verhielt sich seltsam ... murmelte immer vor sich hin – ein Dichter, glaube ich.«

Ich wusste, er konnte nur Justin Geoffrey meinen.

»Ja, er war ein Poet«, antwortete ich, »und er schrieb ein Gedicht über eine Landschaft ganz in der Nähe dieses Dorfes hier.«

»Tatsächlich?« Das Interesse meines Wirtes war geweckt. »Dann muss er, da alle Poeten sich seltsam ausdrücken und verhalten, großen Ruhm erlangt haben, denn sein Benehmen und seine Äußerungen waren die seltsamsten, die ich je bei einem Menschen erlebt habe.«

»Wie es häufig bei Künstlern der Fall ist«, erwiderte ich, »fand er erst nach seinem Tod größere Beachtung.«

»Also ist er tot?«

»Er starb vor fünf Jahren in einem Irrenhaus.«

»Schlimm, schlimm«, seufzte der Wirt mitfühlend. »Armer Kerl – er hat zu lange den Schwarzen Stein angeschaut.«

Mein Herz machte einen Satz, aber ich verbarg mein brennendes Interesse und meinte beiläufig: »Von diesem Schwarzen Stein habe ich schon gehört; irgendwo in der Nähe dieses Dorfes, nicht wahr?«

»Näher als gute Christenmenschen sich wünschen können.

Sehen Sie!« Er winkte mich zu einem vergitterten Fenster und zeigte auf die tannenbewachsenen Abhänge der dräuenden blauen Berge. »Da drüben, wo der nackte Fels der Klippe aufragt, steht der verwünschte Stein. Würde er doch zu Staub zermahlen und der Staub in die Donau geworfen und ins tiefste Meer geschwemmt! Einst versuchte man, das verdammte Ding zu zerstören, aber jeder, der seinen Hammer dagegen erhob, fand ein schlimmes Ende. Deshalb meiden die Menschen ihn heute.«

»Was hat es damit auf sich?«, fragte ich neugierig.

»Der Stein wird von Dämonen heimgesucht«, antwortete er unbehaglich und mit dem Anflug eines Schauderns. »In meiner Kindheit gab es einen jungen Mann, der zu uns in die Berge heraufkam und über unsere Traditionen lachte – in seiner Vermessenheit ging er während der Mittsommernacht zum Schwarzen Stein, und bei Morgengrauen kam er ins Dorf zurückgetaumelt, stumm und mit irrem Blick. Etwas hatte seinen Geist zerrüttet und seine Lippen versiegelt, denn bis zum Tag seines Todes, der nicht lange auf sich warten ließ, sprach er nur, um furchtbare Blasphemien oder unverständliches Kauderwelsch auszustoßen.

Mein eigener Neffe verlief sich als Kind in den Bergen und nächtigte in der Nähe des Steins, und jetzt, als Mann, suchen ihn grauenvolle Albträume heim – manchmal zerreißen seine entsetzlichen Schreie die Nacht und er erwacht in kaltem Schweiß gebadet.

Aber reden wir lieber von etwas anderem, mein Herr; es ist nicht gut, sich zu viel mit solchen Dingen zu befassen.«

Ich machte eine Bemerkung über das offensichtliche Alter des Gasthauses und er antwortete voller Stolz: »Die Fundamente sind über 400 Jahre alt; das ursprüngliche Haus war das einzige im Dorf, das nicht niedergebrannt wurde, als Süleymans Teufel durch die Berge stürmten. Hier, in dem Haus, das damals auf diesen Fundamenten ruhte, soll der Schreiber Selim Bahadur sein Hauptquartier aufgeschlagen haben, während seine Truppen das umliegende Land plünderten.«

Ich erfuhr, dass die heutigen Einwohner von Stregoicavar nicht die Nachkommen derjenigen sind, die dort vor dem türkischen Eroberungszug 1526 lebten. Die siegreichen Moslems ließen keine Menschenseele im Dorf und der umliegenden Gegend am Leben. In einem blutigen Mordrausch metzelten sie Männer, Frauen und Kinder nieder, ein ganzer Landstrich blieb stumm und verlassen hinter ihnen zurück. Die jetzigen Bewohner von Stregoicavar stammen von robusten Siedlern aus den unteren Tälern ab, die in die höheren Regionen zogen und das zerstörte Dorf wiederaufbauten, nachdem die Türken zurückgedrängt worden waren.

Mein Wirt sprach ohne größere Verbitterung von der Ausrottung der ursprünglichen Einwohner und ließ durchblicken, dass seine Vorfahren in den tiefer gelegenen Regionen die damaligen Bergbewohner sogar noch mehr gehasst und verabscheut hatten als die Türken. Er drückte sich nur sehr vage aus, was den Ursprung dieser Aversion anging, erzählte aber, die früheren Bewohner von Stregoicavar hätten des Öfteren nächtliche Raubzüge in das Flachland unternommen und Frauen und Kinder entführt. Überdies sagte er, sie seien nicht ganz vom selben Blut gewesen wie seine Vorfahren; die stämmige magyarisch-slawische Bevölkerung habe sich mit einem degenerierten Eingeborenenvolk vermengt, woraus ein abstoßendes Mischvolk hervorgegangen sei. Wer diese Eingeborenen waren, konnte er nicht sagen, aber er wusste zu berichten, dass sie ›Heiden‹ waren und seit Menschengedenken in den Bergen gelebt hatten, schon vor der Ankunft der erobernden Völker.

Ich widmete dieser Geschichte wenig Aufmerksamkeit; ich erkannte lediglich eine Parallele zu der Verschmelzung keltischer Stämme mit Eingeborenen mediterraner Herkunft im Hügelland von Galloway darin, aus der das Mischvolk der Pikten hervorging, das so eine prägnante Rolle in den schottischen Legenden spielt. Die Zeit übt einen seltsam verkürzenden Effekt auf die Legendenbildung aus, und genau wie sich die Geschichten über die Pikten mit Legenden von einer noch älteren mongolischstämmigen Rasse verflochten haben, sodass den Pikten schließlich das abstoßende Äußere der gedrungenen Primitiven zugeschrieben wurde, deren Eigenständigkeit in die piktischen Erzählungen einfloss und in Vergessenheit geriet – genauso, war ich mir sicher, konnten die angeblich unmenschlichen Eigenschaften der ersten Bewohner von Stregoicavar auf ältere, halb vergessene Mythen zurückgeführt werden, die sich um eindringende Hunnen und Mongolen gerankt hatten.

Am Morgen nach meiner Ankunft ließ ich mir von meinem Wirt den Weg beschreiben, was dieser nur widerstrebend tat, und brach auf, um den Schwarzen Stein zu suchen. Eine mehrstündige Wanderung die tannenbewachsenen Berghänge hinauf brachte mich an die massive, zerklüftete Steinklippe, die kühn aus der Flanke des Berges aufragte. Ein enger Pfad führte nach oben, und als ich ihn hinaufstieg, konnte ich auf das friedliche Tal von Stregoicavar hinabblicken, das dort unten zu schlummern schien, auf allen Seiten bewacht von den gewaltigen blauen Bergen. Keine Hütten oder andere Anzeichen menschlicher Ansiedlung waren zwischen der Klippe, auf der ich stand, und dem Dorf zu sehen. Ich konnte zahlreiche Bauernhöfe ausmachen, die verstreut im Tal lagen, aber alle befanden sich auf der anderen Seite von Stregoicavar, das seinerseits vor den dräuenden Abhängen zurückzuschrecken schien, die den Schwarzen Stein verbargen.

Der Gipfel der Klippe stellte sich als eine dicht bewaldete Hochebene heraus. Ich schlug mich ein kurzes Stück durch das dichte Unterholz und gelangte auf eine weite Lichtung.

Und in der Mitte dieser Lichtung erhob sich die hagere Form eines schwarzen Steins.

Er war von achteckiger Form, an die fünf Meter hoch und einen halben im Durchmesser. Offenbar war er einst poliert gewesen, doch jetzt zeigte die Oberfläche starke Abnutzungsspuren, als wären große Anstrengungen unternommen worden, ihn zu zerstören; aber die Hämmer hatten kaum mehr angerichtet, als kleine Steinsplitter abplatzen zu lassen und die Schriftzeichen unkenntlich zu machen, die offensichtlich in einer endlosen Spirallinie vom Fuß des Steins nach oben geführt hatten. Bis in eine Höhe von drei Metern waren die Zeichen fast vollständig ausgetilgt, deshalb ließ sich nur schwer bestimmen, in welche Richtung sie verliefen. Weiter oben waren sie etwas deutlicher zu erkennen, und es gelang mir, mich ein Stück den Stein hinaufzuarbeiten und sie aus nächster Nähe zu betrachten. Die Zeichen waren alle mehr oder weniger beschädigt, aber ich war mir sicher, dass sie keine Sprache wiedergaben, an die sich noch jemand auf Erden erinnert. Ich bin recht gut vertraut mit allen Hieroglyphen, die Forschern und Philologen bekannt sind, und ich kann mit Überzeugung sagen, dass diese Schriftzeichen nichts gleichen, wovon ich jemals gelesen oder gehört habe. Am ähnlichsten kommen ihnen vielleicht ein paar Kratzer, die ich einmal auf einem riesigen und merkwürdig symmetrischen Felsblock in einem vergessenen Tal in Yucatán sah. Ich erinnere mich noch, wie ich diese Markierungen damals dem Archäologen zeigte, der mich begleitete, und er der Meinung war, es handle sich entweder um natürliche Verwitterungsspuren oder das müßige Gekritzel eines Indianers. Über meine Theorie, der Felsblock sei in Wirklichkeit die Basis einer längst verschwundenen Säule, lachte er nur und machte mich auf die Dimensionen des Blocks aufmerksam, aus dem man, wäre sie auch nur nach den einfachsten Regeln architektonischer Symmetrie gebaut gewesen, auf eine Säule von 300 Metern Höhe hätte schließen müssen. Doch trotz seiner Argumentation war ich nicht überzeugt.

Ich will nicht behaupten, dass die Schriftzeichen auf dem Schwarzen Stein denen auf dem riesigen Felsblock in Yucatán ähnelten – aber die einen erinnerten an die anderen. Doch auch das Material des Monolithen war mir ein Rätsel. Der Stein, aus dem er bestand, war von einem stumpf glänzenden Schwarz und die Oberfläche erweckte dort, wo sie nicht beschädigt und abgeplatzt war, den merkwürdigen Eindruck von Halbtransparenz.

Ich verbrachte den größten Teil des Vormittags dort und war nicht viel klüger als vorher. Keine Verbindung des Steins zu irgendeinem anderen Artefakt der Welt erschloss sich mir. Es schien fast, als wäre der Monolith von unvorstellbar fremdartigen Händen errichtet worden, in einem Zeitalter weit vor jeglicher menschlicher Historie.

Mit keineswegs zufriedengestellter Neugier kehrte ich ins Dorf zurück. Jetzt, da ich das seltsame Objekt gesehen hatte, war mein Wunsch eher noch gewachsen, die Angelegenheit genauer zu erforschen und herauszufinden, welche unbekannten Hände den Schwarzen Stein zu welchen mysteriösen Zwecken vor so langer Zeit errichtet hatten.

Ich suchte den Neffen des Gastwirtes auf und befragte ihn nach seinen Träumen, aber er konnte nur vage Angaben machen. Er erteilte bereitwillig Auskunft, war jedoch nicht in der Lage, die Bilder klar zu beschreiben; obwohl er wiederholt die gleichen Träume hatte und sie immer entsetzlich lebhaft waren, hinterließen sie keinen bleibenden Eindruck in seinem wachen Geist. Er erinnerte sich an sie nur als chaotische Albträume, in denen riesige, wirbelnde Feuer grelle Flammenzungen verschossen und unentwegt eine finstere Trommel dröhnte. Nur an eine Sache konnte er sich deutlich erinnern – in einem Traum hatte er den Schwarzen Stein gesehen, aber nicht an einem Berghang, sondern wie eine Turmspitze auf einer gewaltigen schwarzen Burg.

Was die anderen Dorfbewohner anging, so musste ich feststellen, dass sie nicht sehr geneigt waren, über den Schwarzen Stein zu reden – mit Ausnahme des Schulmeisters, eines Mannes von überraschender Bildung, der einen weit größeren Teil seines Lebens außerhalb des Dorfes verbracht hatte als jeder andere.

Er war sehr interessiert, als ich ihm von Junzts Bemerkungen über den Stein schilderte, und stimmte dem deutschen Autor bezüglich des vermuteten Alters des Monolithen von ganzem Herzen zu. Er glaubte, dass einst eine Art Hexenzirkel in der Nähe des Dorfes existiert habe und dass möglicherweise alle ursprünglichen Dorfbewohner Mitglieder dieses Fruchtbarkeitskultes gewesen seien, der einst die europäische Zivilisation zu unterwandern gedroht hatte und auf den die Geschichten über Hexerei zurückgingen. Als Beleg führte er den Namen des Dorfes an; ursprünglich habe es nicht Stregoicavar geheißen. Den Legenden zufolge hatten seine Erbauer es *Xuthltan* genannt, was der Eingeborenenname für den Ort war, an dem das Dorf vor vielen Jahrhunderten erbaut worden war.

Diese Tatsache erweckte bei mir erneut ein schwer beschreibbares Gefühl des Unbehagens. Dieser barbarische Name deutete auf keinerlei Verbindung zu irgendeinem skythischen, slawischen oder mongolischen Volk hin, dem die Ureinwohner dieser Berge unter natürlichen Umständen angehört haben müssten.

Dass die Magyaren und Slawen der unteren Täler glaubten, die ursprünglichen Bewohner des Dorfes hätten diesem Hexenkult angehört, sei – so der Schulmeister – schon aus dem Namen ersichtlich, den sie dem Dorf gegeben hatten und der auch beibehalten wurde, nachdem die älteren Siedler von den Türken massakriert und das Dorf von einem gesünderen und unverdorbeneren Menschenschlag wiederaufgebaut worden war.

Er glaubte nicht, dass die Anhänger des Kultes den Monolithen erbaut hatten, war aber überzeugt, dass er im Zentrum ihrer kultischen Handlungen gestanden hatte, und indem er vage Legenden zitierte, die aus der Zeit vor der türkischen Invasion überliefert waren, legte er mir seine Theorie dar, die degenerierten Dorfbewohner hätten ihn als eine Art Altar benutzt, auf dem sie Menschen opferten, insbesondere die Frauen und Kinder, die sie seinen Vorfahren im Tiefland geraubt hatten.

Die Erzählungen über absonderliche Geschehnisse während der Mittsommernacht tat er als reine Mythen ab, ebenso eine merkwürdige Legende von einer bizarren Gottheit, welche die Hexenmenschen von Xuthltan mit Gesängen und wilden Ritualen voller Geißelungen und Blutvergießen heraufbeschworen haben sollten.

Er selbst habe den Schwarzen Stein nie während der Mittsommernacht besucht, fürchte sich aber auch nicht davor; was immer dort existiert oder in der Vergangenheit stattgefunden habe, sei längst von den Nebeln der Zeit und des Vergessens verschlungen worden. Der Schwarze Stein habe jede Bedeutung verloren, außer als Verbindungsglied zu einer toten, staubigen Vergangenheit.

Eines Abends, etwa eine Woche nach meiner Ankunft in Stregoicavar, kehrte ich von einem meiner Besuche beim Schulmeister zurück, als mich eine plötzliche Erkenntnis durchzuckte – es war Mittsommernacht! Jene Nacht des Jahres, welche die Legenden auf so grausige Weise mit dem Schwarzen Stein in Verbindung brachten. Ich bog vom Weg zum Gasthaus ab und ging mit schnellen Schritten durch das Dorf. Es war totenstill in Stregoicavar; die Bewohner gingen früh zu Bett. Ich sah niemanden, als ich rasch das Dorf verließ und zwischen den Tannen hinaufschritt, welche die Berghänge in flüsternde

Dunkelheit hüllten. Ein strahlender Silbermond hing über dem Tal und übergoss die Felsen und Abhänge mit einem unheimlichen Licht, das die Schatten schwarz hervortreten ließ. Kein Wind wehte durch die Tannen, aber ein mysteriöses, ungreifbares Rascheln und Flüstern war allgegenwärtig. In solchen Nächten, so raunte mir meine entflammte Vorstellungskraft zu, mussten in vergangenen Jahrhunderten nackte Hexen auf Besenstielen durch dieses Tal geflogen sein, verfolgt von johlenden Dämonengeistern.

Ich gelangte an die Klippen und verspürte eine gewisse Beunruhigung, als ich feststellte, dass das trügerische Mondlicht ihnen auf subtile Weise ein Aussehen verlieh, das ich vorher nicht bemerkt hatte – in dem gespenstischen Licht sahen sie weniger wie natürliche Klippen aus, sondern fast wie die Ruinen gigantischer, von Titanen errichteter Burgzinnen, die aus dem Berghang ragten.

Nur mühsam diese Halluzination abschüttelnd, gelangte ich auf die Hochebene, wo ich einen Augenblick zögerte, bevor ich in die unheilvolle Finsternis des Waldes vordrang. Eine gewisse atemlose Spannung hing über den Schatten, wie ein lauerndes Ungetüm, das seinen Atem anhält, um die Beute nicht zu verscheuchen.

Ich trat auf die Lichtung hinaus und erblickte den Monolithen, der groß und hager über der Grasnarbe aufragte. Am Rand des Waldes auf der den Klippen zugewandten Seite lag ein Felsbrocken, der eine Art natürlichen Sitz bildete. Dort nahm ich Platz und dachte daran, dass der wahnsinnige Poet Justin Geoffrey wahrscheinlich hier sein fantastisches Gedicht *Das Volk vom Monolithen* geschrieben hatte. Der Wirt des Gasthauses glaubte, es sei der Schwarze Stein gewesen, der Geoffrey in den Irrsinn getrieben hatte, aber die Saat des Wahnsinns war schon lange, bevor der Poet nach Stregoicavar kam, in seinem Geist eingepflanzt gewesen.

Ein Blick auf meine Uhr verriet mir, dass die Mitternachtsstunde nicht mehr fern war. Ich lehnte mich zurück und wartete ab, welche geisterhaften Erscheinungen mir hier bevorstehen mochten. Ein leichter Nachtwind flüsterte in den Zweigen der Tannen, auf unheimliche Weise an leise, unsichtbare Flöten erinnernd, die eine gespenstische, unheilvolle Melodie bliesen. Die Eintönigkeit dieses Geräusches und mein unentwegtes Starren auf den Monolithen versetzten mich in eine Art Selbsthypnose; ich wurde schläfrig. Ich kämpfte dagegen an, doch der Schlaf war stärker. Der Monolith schien zu schwanken und zu tanzen, seltsam verzerrt vor meinem Blick, und dann schlief ich ein.

Ich öffnete die Augen und wollte mich erheben, lag aber wie erstarrt, als hielte mich eine eisige Hand fest gepackt. Kaltes Entsetzen durchfuhr mich. Die Lichtung war nicht länger verwaist. Eine schweigende Menge seltsamer Menschen drängte sich darauf und meine weit aufgerissenen Augen nahmen barbarische Details ihrer Kleidung wahr, die – wie mir mein Verstand sagte – selbst in diesem rückständigen Landstrich archaisch und längst vergessen waren. Bestimmt, so dachte ich, sind dies Dorfbewohner, die hierhergekommen sind, um irgendeine bizarre Zusammenkunft abzuhalten – aber ein genauerer Blick verriet mir, dass diese Menschen nicht die Einwohner von Stregoicavar waren. Sie gehörten einem kleineren, gedrungeneren Volk an, dessen Brauen tiefer saßen, dessen Gesichter breiter und stumpfsinniger waren. Einige hatten slawische oder magyarische Gesichtszüge, aber diese Züge wirkten degeneriert, als hätten sie sich mit einer primitiveren, fremderen Linie vermischt, die ich nicht einordnen konnte. Viele trugen Tierfelle und ihre Gesamterscheinung verriet, bei Männern und Frauen gleichermaßen, eine Art sinnlicher Animalität. Sie erschreckten mich und stießen mich ab, aber sie schenkten mir keine Beachtung.

In einem großen Halbkreis standen sie vor dem Monolithen, und nun setzten sie zu einer Art Singsang an, wobei sie im Gleichtakt mit den Armen fuchtelten und ihren Oberkörper rhythmisch hin und her wiegten. Alle Augen waren auf die Spitze des Steines fixiert, den sie zu beschwören schienen. Aber das Befremdlichste war die Undeutlichkeit ihrer Stimmen; keine 50 Meter von mir entfernt erhoben Hunderte Männer und Frauen unverkennbar ihre Stimmen zu einem wilden Gesang, und dennoch drangen diese Stimmen zu mir nur wie ein schwaches, unverständliches Gemurmel, als käme es von jenseits gewaltiger Abgründe des Raumes – oder der *Zeit.*

Vor dem Monolithen stand eine Feuerschale, aus der ein beißender, ekelerregender gelber Rauch aufquoll und sich auf absonderliche Weise in einer wogenden Spirale um den Schwarzen Stein kräuselte, wie eine riesige, flüchtige Schlange.

Neben dieser Feuerschale lagen zwei Gestalten – eine junge Frau, splitternackt und an Händen und Füßen gefesselt, und ein Säugling, offenbar erst wenige Monate alt. Auf der anderen Seite der Schale hockte eine abscheuliche alte Vettel mit einer seltsam geformten schwarzen Trommel im Schoß; diese Trommel schlug sie mit langsamen, leichten Schlägen ihrer Handfläche, doch den Laut konnte ich nicht hören.

Der Rhythmus der sich wiegenden Körper wurde schneller und in den freien Raum zwischen den Kultisten und dem Monolithen sprang nun eine nackte junge Frau mit blitzenden Augen und flatterndem schwarzem Haar. Sie drehte sich schwindelerregend auf den Zehen, wirbelte über die offene Fläche und warf sich flach vor dem Stein auf die Erde, wo sie reglos liegen blieb. Im nächsten Moment folgte ihr eine fantastische Gestalt – ein Mann, um dessen Hüften ein Ziegenfell hing und dessen Gesicht vollständig unter einer Maske versteckt war, die aus einem riesigen Wolfskopf gemacht war, sodass er wie eine grässliche Albtraumkreatur aussah, gleichermaßen aus menschlichen und tierischen Komponenten zusammengesetzt. In seiner Hand hielt er ein Bündel Tannengerten, die an den dickeren Enden zusammengebunden waren, und das Mondlicht glitzerte auf einer schweren Goldkette, die um seinen Hals hing; eine kleinere Kette, die daran hing, deutete auf einen Anhänger hin, der jedoch offenbar fehlte.

Die Umstehenden warfen wild die Arme in die Luft und schienen ihre Rufe zu verdoppeln, als diese groteske Kreatur mit zahlreichen fantastischen Sprüngen und Kapriolen über die freie Fläche tanzte. Als der Mann die vor dem Monolithen liegende Frau erreichte, schlug er mit den Gerten, die er in der Hand hielt, auf sie ein, und sie sprang auf und schloss sich ihm mit wilden Verrenkungen zum unglaublichsten Tanz an, den ich je gesehen habe. Und ihr Peiniger tanzte mit ihr, im gleichen wilden Rhythmus passte er sich ihren Sprüngen und Drehungen an, während er unentwegt brutale Schläge auf ihren nackten Körper niederregnen ließ. Und bei jedem Schlag schrie er ein einzelnes Wort, immer und immer wieder, und die Menge schrie es zurück. Ich sah, wie ihre Lippen sich bewegten, und jetzt verschmolz das leise, undeutliche Gemurmel ihrer Stimmen zu einem fernen Ruf, der in sabbernder Ekstase unablässig wiederholt wurde. Aber wie dieses Wort lautete, konnte ich nicht verstehen.

In schwindelerregenden Drehungen wirbelten die Tänzer umher, während die Zuschauer, wie angewurzelt an ihrem Platz stehend, dem Rhythmus des Tanzes mit wiegendem Oberkörper und schwenkenden Armen folgten. Immer heftiger loderte der Wahnsinn in den Augen der besessenen Tänzerin und spiegelte sich in den Gesichtern der Zuschauer wider. Wilder und zügelloser wurde die furiose Raserei dieses irren Tanzes – er wurde zu etwas Bestialischem und Obszönem, während die Alte heulte und wie eine Wahnsinnige die

Trommel schlug und die Gerten den Rhythmus dieses Teufelsgesangs peitschten.

Blut bedeckte die Gliedmaßen der Tänzerin, aber sie schien die Schläge gar nicht zu spüren, es sei denn als Ansporn für neuerliche Steigerungen ihrer besessenen Bewegungen. Sie sprang mitten hinein in den gelben Qualm, der jetzt zarte Tentakel ausstreckte, um die beiden wirbelnden Gestalten zu umarmen, und sie schien regelrecht mit dem fauligen Nebel zu verschmelzen und sich damit zu verhüllen. Dann tauchte sie wieder auf, dicht gefolgt von der bestialischen Kreatur, die sie immer weiter auspeitschte, in einem unbeschreiblichen, explosiven Ausbruch furioser, irrsinniger Bewegung, und auf dem Höhepunkt dieses Irrsinns ließ sie sich plötzlich zu Boden fallen, zitternd und keuchend, als hätten ihre frenetischen Anstrengungen sie vollständig erschöpft. Die Schläge hielten mit unverminderter Brutalität und Intensität an, und nun begann sie, sich auf dem Bauch in Richtung des Monolithen zu schlängeln. Der Priester – so will ich ihn nennen – folgte ihr und schlug mit aller Kraft auf ihren schutzlosen Körper ein, während sie weiterkroch und eine breite, blutige Spur auf der festgetrampelten Erde hinterließ. Sie erreichte den Monolithen, und keuchend und stöhnend warf sie beide Arme darum und bedeckte den kalten Stein mit heißen, innigen Küssen wie in wahnsinniger, unheiliger Anbetung.

Der groteske Priester sprang hoch in die Luft, warf das blutig rote Gertenbündel beiseite, und die Anbeter, heulend und mit Schaum vor dem Mund, stürzten sich mit Zähnen und Fingernägeln aufeinander und zerrissen sich gegenseitig Kleidung und Haut in einer wilden Raserei enthemmter Brutalität. Der Priester schnappte mit seinem langen Arm nach dem Säugling, und indem er erneut jenen Namen schrie, wirbelte er das heulende Kind hoch durch die Luft und zerschmetterte dessen Schädel an dem Monolithen, wo ein hässlicher, dunkler

Fleck auf der schwarzen Oberfläche zurückblieb. Erfüllt von eiskaltem Entsetzen sah ich, wie er den winzigen Körper mit seinen bloßen bestialischen Fingern aufriss und den Stein mit Blut bespritzte, bevor er die zerfetzte Gestalt in die Feuerschale warf und mit einem blutroten Regen Flammen und Rauch löschte, während die besessenen Kultisten hinter ihm immer und immer wieder jenen Namen heulten. Und dann warfen sich plötzlich alle zu Boden, sich windend wie Schlangen, während der Priester seine blutüberströmten Arme wie im Triumph weit ausbreitete. Ich riss den Mund auf, um mein Entsetzen und meine Abscheu in die Welt zu schreien, aber nur ein trockenes Rasseln drang heraus – denn ein riesiges, monströses krötenartiges *Ding* hockte auf der Spitze des Monolithen!

Ich sah seine aufgedunsenen, abstoßenden, schwankenden Umrisse gegen das Mondlicht, und dort, wo sich bei einem natürlichen Lebewesen das Gesicht befunden hätte, blinzelten riesige Augen, in denen sich all die Lust, die unermessliche Gier, die obszöne Grausamkeit und das abgrundtiefe Böse widerspiegelten, die immer wieder die Söhne der Menschen heimsuchten, seit ihre Vorfahren blind und haarlos in den Bäumen umhergeklettert waren. In jenen grauenvollen Augen spiegelten sich all die unheiligen Dinge und widerwärtigen Geheimnisse, die in den Städten unter dem Meer schlummern und sich in der Finsternis urzeitlicher Höhlen vor dem Tageslicht verstecken. Und so blinzelte und grinste diese entsetzliche Kreatur, die durch jenes abscheuliche Ritual aus Grausamkeit, Sadismus und Blut aus der Stille der Hügel heraufbeschworen worden war, auf ihre bestialischen Anbeter hinab, die in abstoßender Erniedrigung vor ihr katzbuckelten.

Jetzt packte der Priester mit der Tiermaske die gefesselte und sich verzweifelt windende Gefangene mit seinen brutalen Händen und hob sie dem Grauen auf dem Monolithen entgegen. Und als diese Monstrosität tief einatmete, lustvoll und sabbernd, da rastete etwas in meinem Geist aus und ich fiel in eine gnädige Ohnmacht.

Ich öffnete die Augen in einer stillen weißen Morgendämmerung. Die Ereignisse der Nacht drangen in mein Gedächtnis, und ich sprang auf und sah mich erstaunt um. Der Monolith ragte hager und stumm über dem Gras auf, das grün und unzertreten in der Morgenbrise wogte. Ein paar schnelle Schritte brachten mich über die Lichtung; hier waren die Tänzer herumgesprungen und -getollt, hier hatten sie den Boden aufgewühlt und zertreten und hier war die Anbeterin ihren schmerzvollen Weg zum Stein gekrochen und hatte die Erde mit Blut getränkt. Aber kein roter Tropfen war auf der unversehrten Grasnarbe zu sehen. Ich betrachtete schaudernd die Seite des Monolithen, an welcher der bestialische Priester den Säugling zerschmettert hatte – aber dort war kein dunkler Fleck und kein grausiges Gerinnsel.

Ein Traum! Es war ein wilder Albtraum gewesen ... aber andererseits – ich zuckte mit den Achseln. Welch eine lebhafte Klarheit für einen Traum!

Ich kehrte leise ins Dorf zurück und betrat den Gasthof, ohne gesehen zu werden. Und dort saß ich und dachte über die seltsamen Geschehnisse der Nacht nach. Mehr und mehr neigte ich dazu, die Traum-Theorie zu verwerfen. Dass das, was ich gesehen hatte, eine Illusion war und keine materielle Substanz besaß, war unbestreitbar. Aber ich war davon überzeugt, die Widerspiegelung einer Untat gesehen zu haben, die in grausiger Realität in fernen Zeiten begangen worden war. Aber wie konnte ich mir sicher sein? Welche Beweise konnte ich vorweisen, dass meine Vision ein Blick auf die Gräuel früher Vergangenheit war und kein bloßer Albtraum, der meinem eigenen Geist entsprang?

Wie als Antwort schoss mir ein Name in den Sinn – Selim Bahadur! Der Legende zufolge hatte dieser Mann, der ebenso

Soldat gewesen war wie Schreiber, jenen Teil von Süleymans Armee befehligt, der Stregoicavar verwüstete – was mir durchaus möglich erschien. Und wenn es sich so verhielt, dann war er direkt von jenem entvölkerten Landstrich zum blutigen Schlachtfeld von Schomvaal und damit seinem Schicksal geeilt. Mit einem leisen Schrei sprang ich auf – das Manuskript, das man bei der Leiche des Türken fand und das Graf Boris so tief erschaudern ließ ... Konnte es nicht eine Schilderung dessen enthalten, worauf die siegreichen Türken in Stregoicavar gestoßen waren? Was sonst hätte die stählernen Nerven des polnischen Abenteurers so erschüttern können? Und da die Gebeine des Grafen nie geborgen wurden, konnte es nicht sein, dass das lackierte Kästchen mit seinem mysteriösen Inhalt immer noch unter den Ruinen versteckt lag, die Boris Wladinows Grab bildeten? In fieberhafter Eile packte ich meine Tasche.

Drei Tage später hatte ich mich in einem Dorf wenige Meilen vom alten Schlachtfeld entfernt einquartiert, und als der Mond aufging, arbeitete ich mit wilder Entschlossenheit an dem großen Haufen aus zerfallenen Steinen, der den Hügel krönte. Es war eine zermürbende Plackerei – rückblickend ist es mir ein Rätsel, wie ich diese Arbeit bewältigen konnte, obwohl ich mich von Mondaufgang bis Morgengrauen abmühte. Gerade als die Sonne aufging, wuchtete ich den letzten Steinbrocken beiseite und erblickte die sterblichen Überreste von Graf Boris Wladinow – nur ein paar klägliche Bruchstücke zerschmetterter Knochen –, und dazwischen, so zerdrückt, dass die ursprüngliche Form kaum noch zu erkennen war, lag ein Kästchen, dessen lackierte Oberfläche es davor bewahrt hatte, im Laufe der Jahrhunderte gänzlich zu verrotten.

Mit brennender Ungeduld nahm ich es an mich, und nachdem ich die Knochen wieder mit einigen Steinen bedeckt hatte, eilte ich davon; denn ich wollte ungern von den argwöhnischen

Bauern bei einem Akt augenscheinlicher Grabschändung ertappt werden.

Zurück in meinem Gastzimmer öffnete ich das Kästchen und fand das Pergament vergleichsweise unversehrt vor; doch da war noch etwas in dem Behälter – ein kleiner, plumper Gegenstand, eingehüllt in Seide. Ich brannte darauf, die Geheimnisse dieser vergilbten Seiten zu ergründen, aber die Müdigkeit hielt mich davon ab. Seit meinem Aufbruch aus Stregoicavar hatte ich kaum geschlafen und die entsetzlichen Anstrengungen der vergangenen Nacht forderten ihren Tribut. Gegen meinen Willen war ich gezwungen, mich auf dem Bett auszustrecken, und ich erwachte nicht vor Sonnenuntergang.

Nach einem hastigen Abendmahl machte ich mich im flackernden Licht einer Kerze daran, die säuberlichen Schriftzeichen in türkischer Sprache zu lesen, welche das Pergament bedeckten. Es war ein schweres Stück Arbeit, denn ich bin nicht sehr bewandert in dieser Sprache und der archaische Stil des Textes machte mir zu schaffen. Aber während ich mich hindurchmühte, fiel mir hier und da ein Wort oder ein Ausdruck ins Auge und ein vages, aber beständig zunehmendes Grauen erfasste mich. Ich widmete meine ganze Energie der Aufgabe, und als der Bericht klarer wurde und greifbarere Gestalt annahm, gefror mir das Blut in den Adern, das Haar stand mir zu Berge und die Zunge erstarrte in meinem Mund. Alles um mich herum wurde Teil des grausigen Wahnsinns jenes höllischen Manuskriptes, bis die Nachtgeräusche der Insekten und der Geschöpfe des Waldes zum schauderhaften Gemurmel und dem verstohlenen Schleichen grauenhafter Schrecken wurden und das Seufzen des Nachtwindes sich in die kichernde, obszöne Häme des Bösen angesichts der Seelen der Menschen verwandelte.

Als sich schließlich der graue Morgen durch das vergitterte Fenster stahl, legte ich das Manuskript nieder und wickelte den

Gegenstand aus dem Seidentuch. Mit übernächtigten Augen starrte ich ihn an und wusste, dass damit die Wahrheit des Textes besiegelt war, wenn es denn überhaupt möglich gewesen wäre, die Glaubwürdigkeit dieses entsetzlichen Manuskriptes anzuzweifeln.

Und ich legte die beiden obszönen Objekte in das Kästchen zurück, und weder ruhte oder schlief noch aß ich, bis ich jenes Kästchen mit Steinen beschwert und in den tiefsten Lauf der Donau geworfen hatte, die es, gebe Gott, in die Hölle zurücktragen würde, aus der es gekommen war.

Denn es war kein Traum, den ich in der Mittsommernacht in den Hügeln über Stregoicavar geträumt hatte. Gut, dass Justin Geoffrey dort nur bei Sonnenlicht verweilt hatte und dann seines Weges gegangen war, denn wäre er Zeuge jener grausigen Zusammenkunft geworden, hätte sein angegriffener Geist ihn bereits dort im Stich gelassen. Wie ich selbst es schaffte, bei Vernunft zu bleiben, vermag ich nicht zu sagen.

Nein, es war kein Traum – ich wurde Zeuge eines unseligen Aufmarsches längst verstorbener Götzenanbeter, aus der Hölle heraufgekommen, um ihr Idol zu verehren wie in alter Zeit; Geister, die sich vor einem Geist verneigten. Denn schon vor Langem hat die Hölle ihren abscheulichen Gott verschlungen. Lange, lange Zeit lebte er in jenen Hügeln, ein grässliches Überbleibsel eines untergegangenen Zeitalters, doch nicht länger mehr bohren sich seine obszönen Klauen in die Seelen lebender Menschen, denn sein Reich ist ein totes Reich, nur von den Geistern derjenigen bevölkert, die ihm zu seinen und ihren Lebzeiten dienten.

Durch welche schändliche Alchemie oder ruchlose Zauberei die Pforten der Hölle in jener gespenstischen Nacht aufgetan wurden, weiß ich nicht, doch ich habe es mit eigenen Augen gesehen. Und ich weiß, dass ich in jener Nacht nichts Lebendes erblickte, denn das Manuskript, in der akribischen Handschrift von Selim Bahadur verfasst, berichtet ausführlich davon, was er und seine Mannen im Tal von Stregoicavar fanden. Und ich las, in aller Ausführlichkeit, von den blasphemischen Obszönitäten, welche die Folter den Lippen der Götzenanbeter entriss; ich las von der vergessenen, düster schwarzen Höhle hoch in den Bergen, wo die entsetzten Türken eine monströse, aufgeblähte, sich im Dreck suhlende krötenähnliche Kreatur in die Enge trieben und mit Feuer und uraltem Stahl, in alter Zeit von Mohammed gesegnet, und Beschwörungen, die schon alt waren, als Arabien noch jung war, niedermetzelten. Und selbst die Hand des unerschütterlichen alten Selim hatte gezittert, als er vom verheerenden, die Welt erschütternden Todesgeheul jener Monstrosität berichtete, die nicht allein starb; denn ein Dutzend ihrer Angreifer starb mit ihr, auf eine Weise, die Selim nicht beschreiben wollte oder konnte.

Und das gedrungene Götzenbild aus Gold war ein Abbild dieser Kreatur, und Selim riss es von der Goldkette, die den Hals des niedergemetzelten Hohepriesters mit der Maske zierte.

Welch ein Segen, dass die Türken jenes unselige Tal mit Fackel und reinigendem Stahl säuberten! Was diese düsteren Berge gesehen haben, gehört in die Finsternis und die Abgründe vergessener Zeitalter. Nein – es ist nicht die Angst vor dieser krötenartigen Kreatur, die mich des Nachts erschaudern lässt. Sie ist mitsamt ihrer ekelhaften Horde in der Hölle gefangen, nur während der unheimlichsten Nacht des Jahres für eine Stunde befreit, so wie ich es gesehen habe. Und von ihren Anbetern ist keiner verblieben.

Vielmehr ist es die Erkenntnis, dass solche Wesen einst wie Raubtiere auf die Seelen der Menschen lauerten, die mir den kalten Schweiß auf die Stirn treibt; und ich scheue davor zurück, einen erneuten Blick in die Blätter von von Junzts grausigem Werk zu werfen. Denn jetzt verstehe ich, weshalb er immer wieder das Wort *Schlüssel* wiederholt – ja, Schlüssel zu fernen Toren … Verbindungen zu einer abscheulichen Vergangenheit und – wer weiß? – zu abscheulichen Sphären der *Gegenwart*. Und ich begreife, weshalb die Klippen im Mondlicht wie Burgzinnen aussehen und weshalb der von Nachtmahren geplagte Neffe des Gastwirtes in seinen Träumen den Schwarzen Stein als Spitze einer gigantischen schwarzen Burg erblickt. Sollten Menschen jemals Ausgrabungen in jenen Bergen unternehmen, könnten sie unvorstellbare Dinge unter diesen trügerischen Abhängen finden. Denn die Höhle, in der die Türken jenes … *Ding* … in die Enge trieben, war nicht wirklich eine Höhle, und ich erschaudere beim Gedanken an den gewaltigen Abgrund der Äonen, der sich zwischen unserem Zeitalter und der Zeit erstreckt, als die Erde sich schüttelte und wie eine Welle jene blauen Berge aufwarf, die Undenkbares unter sich begruben. Hoffentlich wird der Mensch niemals versuchen, die grauenvolle Turmspitze freizulegen, die wir heute den Schwarzen Stein nennen!

Ein Schlüssel! Ja, es ist ein Schlüssel, ein Symbol eines vergessenen Grauens. Dieses Grauen ist wieder in die Vorhölle verschwunden, aus der es auf abscheuliche Weise in der schwarzen Morgendämmerung der Erde gekrochen kam. Aber was ist mit den anderen blasphemischen Teufeleien, die von Junzt andeutet – und mit der grauenvollen Krallenhand, die das Leben aus ihm herauswürgte? Seit ich gelesen habe, was Selim Bahadur schrieb, kann ich nichts mehr anzweifeln, was im Schwarzen Buch steht. Der Mensch war nicht immer der Herr der Erde – *ist er es denn heute?*

Und ein Gedanke lässt mich nicht los … Wenn eine solche grauenvolle Kreatur wie der Herr des Monolithen es irgendwie schaffte, ihr eigenes, unaussprechlich fernes Zeitalter so lange zu überleben – *welche namenlosen Wesenheiten mögen noch jetzt an den finstersten Orten der Welt hausen?*

Der Schwarze Bär schlägt zu

Die Nacht hing unheilschwanger wie eine dunkle Bedrohung über dem Fluss. Ich kauerte zwischen den spärlichen Büschen, und die klamme Kälte ließ mich erzittern. Irgendwo in dem großen dunklen Haus vor mir ertönte ein leiser Gongschlag – einmal. Seit ich in meinem Versteck saß, war der Gong bereits achtmal erklungen. Ich zählte die Töne mechanisch und beobachtete den schwarzen Klotz mit finsterem Blick. Dies war ein Haus der Geheimnisse – das Haus des geheimnisvollen Yotai Yun, eines chinesischen Handelsherrn – und welch zwielichtige Geschäfte in seinem Inneren abgeschlossen wurden, hatte kein Weißer je erfahren. Bill Lannon wollte es herausfinden – ein ehemaliger Geheimdienstmitarbeiter des britischen Empire, der leicht in alte Gewohnheiten zurückfiel. Auf eigene Faust stellte er geheime Ermittlungen an – er machte mir gegenüber vage Andeutungen, dass in Yotai Yuns Haus finstere Geheimnisse verborgen lägen – und erzählte mir und Eric Brand von mysteriösen Versammlungen, unglaublichen Verschwörungen und einem schrecklichen Vermummten Mönch, der irgendeinen schwarzen Kult anführte, der ein neues Weltreich versprach.

Eric Brand, ein schlanker Abenteurer mit verwegenem Blick, lachte Lannon nur aus – ich jedoch nicht. Ich wusste, dass der alte Knabe wie ein Jagdhund etwas Finsterem, Geheimnisvollem auf der Spur war. Eines Abends, wir saßen im European Club-Room und tranken Whiskey Soda, erzählte er uns, er habe vor, sich noch in dieser Nacht in Yotai Yuns Haus zu schleichen, um herauszufinden, was dort vor sich ging. Man fand seine Leiche am nächsten Morgen – er trieb schlaff in den schmutzig gelben Wassern des Jangtse, und ein dünner Dolch steckte bis zum Griff zwischen seinen Schulterblättern.

Bill Lannon war mein Freund gewesen. Deshalb kauerte ich nun auch nach Mitternacht im dünnen Gestrüpp und beobachtete Yotai Yuns Haus, das etwas außerhalb der heruntergekommenen Vororte von Hankow in den Himmel ragte. Ich fragte mich, worauf Bill Lannon wohl gestoßen war, bevor sie ihn erstochen und den Fischen zum Fraß vorgeworfen hatten – wurde in diesem düsteren Haus Piraterie, Schmuggel oder ein Regierungsumsturz geplant? Yotai Yun trieb zwielichtigen Handel und schloss krumme Geschäfte auf dem Fluss ab, das war allgemein bekannt – aber niemand hatte ihm je etwas nachweisen können.

Plötzlich tauchte schlurfend eine große Gestalt aus dem Nebel auf – ein Asiat, augenscheinlich ein Einheimischer, der in formlose Gewänder gehüllt war. Er bewegte sich auf eine armselige Fischerhütte zu, die scheinbar verlassen am Flussufer stand, vielleicht 50 Meter von der Mauer entfernt, die das große Dragon House umgab. Ich wurde plötzlich stocksteif. Ein- oder zweimal hatte ich mir eingebildet, einen Lichtschein in der Hütte zu sehen, obwohl sie dem äußeren Anschein nach völlig leer stand. Aber jedes Mal, wenn ein Einheimischer in der Hütte verschwand, ertönte kurz darauf von irgendwo im Dragon House ein Gongschlag. Acht Männer waren bislang in die Hütte gegangen – achtmal war der Gong im Haus ertönt. Worin bestand die Verbindung zwischen dieser schäbigen, baufälligen Fischerhütte und dem palastartigen Anwesen von Yotai Yun?

Der Einheimische näherte sich der brüchigen Tür, und ich erhob mich aus meinem Versteck und folgte ihm wagemutig mit schnellen Schritten. Hätte er sich umgedreht, hätte er mich unmöglich übersehen können. Aber er betrat die Hütte, ohne sich ein einziges Mal umzusehen, und schloss die schief hängende Tür hinter sich. Bis auf den Asiaten war die Hütte leer! Er schob einige alte Teppiche zur Seite und klopfte mit der Faust auf den Boden – dreimal – hielt inne – klopfte weitere drei Mal – hielt wieder inne – und klopfte noch dreimal.

Sein Streichholz war erloschen, aber im Boden der Hütte war plötzlich ein schmaler Balken aus Licht zu erkennen, der sich vergrößerte, als die Klappe einer Falltür aufgestoßen wurde und das brutale Gesicht eines weiteren Asiaten in der Öffnung erschien. Keiner der beiden sagte etwas; der Türwächter nickte lediglich und verschwand wieder nach unten, woraufhin der andere ihm in die Luke nachkletterte. In diesem Augenblick waren seine Gesichtszüge deutlich zu sehen und ich erkannte ihn – er war ein berüchtigter Flusspirat, der seit Langem wegen Raub und Mord gesucht wurde. Er verschwand, und die Falltür fiel wieder zu. Ich begann die Verbindung zu verstehen. Ganz offensichtlich führte diese Geheimtür zu einem Tunnel, der die Hütte mit dem Dragon House verband. Der Gong diente dazu, die Ankunft jener Besucher anzukündigen, die das Haus auf diesem Weg betraten. Ich war fest entschlossen herauszufinden, weshalb.

Schnell und heimlich betrat ich die Hütte, suchte in der Dunkelheit mit den Händen nach der Falltür und klopfte genauso, wie der Chinese es getan hatte. Fast im selben Moment öffnete sich die Klappe und ich versteckte mich hastig dahinter. Wieder erschien die Verbrechervisage, und der Asiat blickte sich mit funkelnden Augen hektisch um, sah jedoch nicht, dass ich direkt hinter seinem Kopf kauerte. Er kletterte halb aus der Öffnung, und bevor er sich umdrehen und mich sehen konnte, packte ich seinen Hals mit so festem Griff, dass der Schrei in seiner Kehle erstarb, und dann schlug ich ihm mit der rechten Faust hinters Ohr. Er sackte sofort bewusstlos zusammen.

Ich zog ihn aus der Öffnung und fesselte und knebelte ihn mit Stoffstreifen, die ich aus seinen Gewändern riss. Dann zog ich ihn in eine dunkle Ecke der Hütte und versteckte ihn unter einigen dreckigen Teppichen, die auf dem Boden lagen. Die Hütte war durch den Schein aus der offenen Luke schwach erleuchtet. Ich zog meine Pistole, eine 45er Automatik, stieg vorsichtig in die Öffnung hinab und schloss die Geheimtür hinter mir. Ich hatte keine Ahnung, wohin ich gehen oder was ich dort tun sollte, aber ich wusste, dass der Weg der Vergeltung mich irgendwie zu Yotai Yun führen würde, und ich hatte geschworen, diesen Weg zu gehen – bis zum bitteren Ende.

Eine Steintreppe führte zu einem schmalen Tunnel mit steinernen Wänden, der, soweit ich sehen konnte, geradewegs zum Dragon House führte. Dank der Laternen, die in regelmäßigen Abständen an der Wand hingen, war er einigermaßen ausgeleuchtet und ich folgte ihm rasch, aber vorsichtig mit schussbereiter Waffe. Mir begegnete jedoch niemand, und nach einer Weile befand ich mich, wie ich annahm, direkt unter dem großen Haus. Bald darauf endete der Tunnel an einer stabilen Holztür. Vorsichtig drückte ich mit angespannten Nerven die Klinke, ohne zu wissen, was mich dahinter erwartete. Die Tür gab nach und öffnete sich in eine kleine Kammer, deren Fußboden, Wände und Decke aus nacktem Stein waren. In der Kammer standen ein einfacher Tisch und ein paar Stühle in europäischem Stil, aber das Zimmer war menschenleer.

Ich trat ein und schloss die Tür hinter mir. Am anderen Ende des Raumes sah ich eine Steintreppe, die nach oben führte. Am Fuß der Treppe befand sich eine kleine Tür. Ich hatte bereits einige Stufen hinter mir gelassen, als ich über mir das Gemurmel mehrerer Stimmen hörte und sich die Falltür über der Treppe öffnete. Ich sprang hastig von den Stufen und rüttelte an der kleinen Tür. Sie ließ sich öffnen und ich trat hinein, keine Sekunde zu früh. Jemand kam die Treppe herunter und ich hörte die abgehackt klingenden Laute einer asiatischen Unterhaltung.

Ich hatte keine Ahnung, wo ich mich befand, denn in meinem Versteck war es so dunkel wie im Bauch einer Katze. Während ich das Dunkel abtastete und jeden Moment damit rechnete, in eine Grube zu fallen oder ein Messer in den Rücken zu bekommen, fragte ich mich, was Eric Brand wohl sagen würde, wenn man meine Leiche morgen im Jangtse treibend fände. Er hatte Bill Lannons Ende vorhergesehen und ihn auf seine typisch zynische Art gewarnt, sich nicht in asiatische Angelegenheiten einzumischen. Im Gegensatz zu Lannon habe ich Brand nie gemocht und ihn auch nie ins Vertrauen gezogen. Nach meinem Geschmack besaß dieser arrogante, raffinierte Lebemann eine zu gleichgültige Einstellung zum Leben. Er hatte andere Ansichten als ich, was menschliche Werte betraf, und behauptete, jede Art menschlicher Bemühungen, Gefühle und Ambitionen zu verabscheuen. Nun, ich bin nur ein einfacher Seemann, unkultiviert und ungebildet und ganz gewiss kein Feingeist. Ich lebe nach dem Leitspruch »Auge um Auge, Zahn um Zahn« – das war auch der Grund, weshalb ich in dieser stillen, nebligen Nacht allein auf der Suche nach Yotai Yun war.

Beim Abtasten stellte ich fest, dass ich mich in einem sehr engen Gang befand, und bald erreichte ich eine schmale Steintreppe, die nach oben führte. In völliger Dunkelheit krabbelte ich hinauf und fand mich plötzlich, wie es schien, in einer weiteren Kammer wieder. Ich konnte jedoch noch immer nichts sehen und wagte nicht, ein Streichholz anzuzünden. Ich knallte mit dem Knie gegen eine Art Kasten und stolperte über mehrere Gegenstände, die mit einem solch entsetzlichen Lärm übereinanderfielen, dass mir beinahe das Herz aus der

Brust sprang. Es geschah jedoch nichts, und so tastete ich mich weiter. Bei Gott – dieser Raum war das reinste Waffenarsenal! Meine Finger glitten über haufenweise Gewehre und Kisten voller Pistolen samt Halfter, auseinandergebauter Maschinengewehre und Munition. All dies deutete klar und deutlich auf eine baldige Revolution oder einen Aufstand hin, und in der Dunkelheit brach mir der Schweiß aus, als ich an all die unschuldigen Europäer, Amerikaner und friedliebenden Chinesen dachte, die in diesen Stunden seelenruhig in Hankow schliefen und nichts von der Gefahr ahnten, die über ihnen schwebte.

Ich tastete mich weiter bis zu einer Tür, die sich, so schätzte ich, ungefähr gegenüber der Stelle befand, an der ich den Raum betreten hatte. Sie war mit einem Riegel verschlossen. Er war jedoch an der Innenseite angebracht, sodass ich ihn leicht öffnen konnte. Durch die Tür trat ich in einen weiteren schmalen Korridor. Von irgendwo drang ein schwacher Lichtschein herein und ich wusste, wo ich mich befand – in einem Geheimgang hinter der Wand. China ist, ebenso wie der gesamte Orient, von einem regelrechten Netz solcher Gänge durchzogen, mit deren Hilfe die Hausherren ununterbrochen ihren Dienern und anderen Personen ihres Haushalts nachspionieren. Ich schlich mich weiter, bis das Gemurmel einer Unterhaltung an mein Ohr drang. Es erklang hinter der Mauer. Ich hielt inne und suchte nach dem Guckloch, das ganz in der Nähe sein musste. Bald fand ich es und blickte hindurch.

Ich sah in einen großen, aufwendig ausgestatteten Raum, an dessen Wänden samtene Wandbehänge mit eingewirkten Drachen, Göttern und Dämonen hingen. Er war von Kerzen erleuchtet, die den Raum in ein eigenartig goldenes Licht tauchten. Auf seidenen Kissen und Diwanen saß rundum eine seltsame Gruppe bunt gemischter Gestalten – respektable Kaufleute, niedere Regierungsangestellte und wilde, böse dreinblickende Kerle, die allesamt nach Mördern oder Halsabschneidern aussahen. Ich erkannte den Flusspiraten, der vor mir in den Tunnel hinabgestiegen war, und mir wurde klar, weshalb es den geheimen Eingang gab. Den Tunnel nutzten Gauner und Kriminelle, die nur unnötig Verdacht auf das Dragon House gelenkt hätten, wären sie durch den Vordereingang eingetreten.

Insgesamt zählte ich im ganzen Zimmer etwa 40 Männer, alle Asiaten – die meisten stammten aus China, aber ich sah auch ein paar Eurasier und Malaien. Alle hatten Platz genommen und ihren Blick auf ein Podium am anderen Ende des Raumes gerichtet. Auf dem Podium saß Yotai Yun – schlank, boshaft, falkenartig – und neben ihm hockte eine große Gestalt mit schwarzem Umhang, deren Gesicht unter einer schwarzen Maske verborgen war – der Vermummte Lama! Er war also kein Mythos, sondern grausame Wirklichkeit. Ich betrachtete ihn genau; unter seiner Kapuze blitzten zwei stechende, magnetische Augen auf. Aus ihm schien das pure Böse herauszuströmen und ihn wie eine Aura zu umgeben. Ich erschauderte unwillkürlich. Dann erhob er sich zu seiner vollen, entsetzlichen Größe und begann zu sprechen, und sein Publikum klebte förmlich an seinen Lippen. Ich schüttelte mich vor Abscheu, als ich den blasphemischen Worten lauschte, die in vornehmem Chinesisch über seine unsichtbaren Lippen kamen. Er predigte von Revolution, Plünderungen und Krieg! Tod allen ausländischen Teufeln und allen Asiaten, die sich ihnen in den Weg stellten!

Er war der Prophet einer uralten Religion des Bösen oder eines schrecklichen Kultes, der den Teufel anbetet und dessen bloße Existenz sich die meisten Weißen nicht einmal in ihren Träumen vorzustellen vermögen. Dieser Kult war uralt, so alt wie das Böse selbst, und hatte eine sehr lange Zeit in den finsteren schwarzen Bergen des Ostens überdauert. Dschingis Khan kniete einst vor seinen Priestern, ebenso wie Tamerlan und, Jahrhunderte vor ihm, Attila. Nun erwachte der grauenhafte Kult, der für viele Tausend Jahre in der Ödnis der Mongolei geschlummert hatte, aus seinem Schlaf, schüttelte seine schreckliche Mähne und suchte nach Opfern – er streckte seine fürchterlichen Fangarme geradewegs nach dem Herzen Chinas aus.

Den Anhängern des Kultes fiel die Aufgabe zu, so der Vermummte Lama, den Weg für das neue Weltreich zu ebnen. Lasst sie die falschen Lehren von Konfuzius und Buddha vergessen und auch die Götter Tibets und Lhasas, die es zuließen, dass ihr Volk unter der Knechtschaft der weißen Teufel endete. Lasst sie unter der Führung des Propheten, den die Großen Alten zu ihnen sandten, wiederauferstehen, und der große Cthulhu wird sie allesamt zum Sieg führen. Wie Dschingis Khan die Welt mit Pferdehufen niedertrampelte, würden sie die weißen Teufel niedertrampeln und ein neues Weltreich in Asien errichten, das eine Million Jahre Bestand haben werde.

Seine Stimme erhob sich zu einem blutrünstigen Schreien – Mord, Plünderungen, Tod, Hass, Raub und Blutvergießen! Er riss seine Zuhörer im Strom seines eigenen Wahnsinns mit, und sie sprangen auf und heulten wie wild gewordene Hunde. Dann änderte sich seine Stimmung schlagartig und geschickt und gerissen wählte er seine Worte. Er erklärte, die Zeit sei noch nicht reif, es gebe noch viel zu tun; man müsse noch weitere Anhänger gewinnen, der Samen der Revolution müsse noch weiter gestreut werden, die geheime Arbeit fortgesetzt. Der rote Wahnsinn verschwand aus den Augen seiner Zuhörer, und die Ideen, die er eben ausgesprochen hatte, setzten sich in ihren Köpfen fest – sie mussten geschickt vorgehen, mit der Geduld eines jagenden Wolfes und mit grimmiger Arglist.

Ich folgte dem Geschehen mit Entsetzen und wurde mir bewusst, welches Ausmaß dieser Irrsinn annehmen konnte. China ist seit jeher ein Pulverfass, das nur auf ein brennendes

Streichholz wartet. Dieser unbekannte Priester hatte Macht, Überzeugungskraft, Persönlichkeit. Manches asiatische Weltreich war auf weniger aufgebaut worden. Ein Gefühl der Schwäche überkam mich, als ich mir die blutroten Veränderungen vorstellte, die ein plötzlicher, entschlossener Aufstand für ein ruhiges, ahnungsloses, friedliches China bedeuten würde. In den Straßen würde Blut fließen – ein plötzlicher, unerwarteter, heftiger Angriff würde die Regierungstruppen vernichten. Horden von unzufriedenen Bürgern und Gaunern würden sich den Revolutionären anschließen. Sämtliche Ausländer würden abgeschlachtet werden.

Ihre Rebellion würde, natürlich, fehlschlagen. Die Nationen der Welt würden ihre Armeen entsenden, um ihre Bürger zu beschützen und ihre Interessen zu verteidigen. Man würde die Revolte auf einem blutigen Schlachtfeld niederschlagen, und Yotai Yun und der Schwarze Mönch würden ihre Köpfe auf dem Peking-Turm verlieren. Aber vorher würden unzählige Menschen sterben, Chinesen und Weiße. Beim Gedanken an so viel Tod und Zerstörung wurde mir übel.

Plötzlich stürzte ein weiterer Einheimischer ins Zimmer. Seine Augen funkelten – es war offensichtlich der Mann, den ich gehört hatte, als er vom Haus in den Tunnel hinabstieg. Hinter ihm folgte der Asiat, der die Falltür in der Hütte bewacht hatte – sein Gesicht war vor Wut und Angst verzerrt. Sie sprachen aufgeregt mit Yotai Yun, in dessen Augen ein unheimlicher Glanz aufflackerte, der den Türwächter erblassen ließ. Der Handelsherr zeigte jedoch keinerlei Anzeichen der Bestürzung. Er richtete ein paar kurze Worte an den Lama, der daraufhin nickte und sich setzte.

Dann erhob sich Yotai Yun und sagte ruhig: »Meine Herren und verehrten Freunde! Ein Spion ist ins Haus eingedrungen, wie mir diese Unwürdigen eben mitteilen. Wer er ist, wissen wir nicht, aber seine Zeit wird schon bald abgelaufen sein.

Geht nun, ohne Hast, aber zügig, auf demselben Weg nach Hause, auf dem Ihr gekommen seid. Man wird später erneut nach Euch schicken.«

Mir wurde eiskalt, wusste ich doch nur zu gut, wer dieser Spion war!

Die Asiaten erhoben sich eilig und verließen ohne viel Aufhebens das Zimmer. Nach erstaunlich kurzer Zeit war der Raum bis auf Yotai Yun, den Lama, der auf seinem Stuhl wie ein schwarzes Gemälde wirkte, und die beiden Diener, die zitternd vor ihm standen, leer. Zu ihnen sprach nun Yotai Yun: »Du!«, wandte er sich an den ersten. »Trommle die Diener zusammen und durchsucht das Haus. Finde diesen Spion, wenn dir dein Leben lieb ist!« Der Diener verbeugte sich tief und verließ das Zimmer

Yotai Yun wandte sich dem Wächter der Falltür zu: »Du«, sagte er mit schrecklich giftiger Stimme, »hast mich tief enttäuscht. Dich habe ich für diese schwere Aufgabe ausgewählt, weil du in der Vergangenheit Mut und Intelligenz bewiesen hast. Hiermit verbanne ich dich!«

Der unglückliche Diener zitterte wie ein Blatt im Wind.

»Aber, Meister, ich habe Euch noch niemals zuvor enttäuscht …«

»Eine Enttäuschung ist eine zu viel, du Hund«, sagte Yotai Yun mit tonloser Stimme. »Ich entlasse dich aus meinen Diensten!«

Blitzschnell zog er einen Revolver unter seinem Gewand hervor und feuerte aus kürzester Entfernung. Der Diener fiel stumm zu Boden, Blut tropfte von seiner Schläfe. Yotai Yun klatschte in die Hände, und zwei große Kulis erschienen. Eine Geste ihres Meisters genügte, und sie hoben die Leiche vom Boden auf und trugen sie schwerfällig aus dem Raum.

Der Lama, der das Geschehen regungslos verfolgt und nicht das geringste Interesse gezeigt hatte, sagte nun etwas zu

Yotai Yun, woraufhin beide das Zimmer durch einen hinter einem Vorhang verborgenen Durchgang verließen. Da ich annahm, dass sie sich in ein Nachbarzimmer zurückziehen wollten, folgte ich dem Gang eilig, bis ich das nächste Guckloch fand. Ich blickte hindurch in ein weiteres Zimmer. Und in der Tat – dort saßen Yotai Yun und der Schwarze Lama wie weiße Männer an einem edlen Lacktisch und tranken Reiswein aus bernsteinfarbenen Gläsern, die so filigran gearbeitet waren wie Eierschalen. Ich konnte das Gesicht des Lamas nicht erkennen – er hob die Maske gerade weit genug an, um das Glas an seine Lippen führen zu können. Sie unterhielten sich sehr leise, und ich presste mich ganz nah an die Wand und spitzte die Ohren. Mir war bewusst, dass Yotai Yuns Diener auf leisen Pantoffelsohlen mit Messern in den Händen und Mordlust im Herzen durch sämtliche Zimmer und Flure des Hauses schlichen, aber dieser Teil des Hauses schien mir ebenso sicher zu sein wie jeder andere, und so blieb ich, wo ich war, um zu lauschen.

»Das war eine gute Rede, mein Freund«, sagte Yotai Yun. »Deine Zunge macht die Männer trunken und versetzt sie in Ekstase. Du hast mich beinahe überzeugt, dass dein wahnsinniger Plan erfolgreich sein kann.«

»Ich weiß, dass er erfolgreich sein wird«, erwiderte der Lama, und plötzlich überkam mich ein vages Gefühl der Vertrautheit, das mich erzittern ließ – ich hatte diese Stimme schon einmal irgendwo gehört. Aber wo?

»Wir werden Erfolg haben«, fuhr der maskierte Mönch fort, »weil die Menschen feist und ruhelos sind – und reif für eine Revolte. Aber wir müssen vorsichtig vorgehen. Zeit – wir werden Zeit brauchen. Die Männer, die heute Abend hier waren, repräsentieren die Massen, die relativ ahnungslos, aber voller Erwartungen sind. Jeder dieser Männer kann die Botschaft des Aufruhrs verbreiten – jeder ist ein Sprachrohr der Revolte. Wir müssen wachsam sein. Wenn irgendetwas Unvorhergesehenes passiert – lass nur einen der Anführer den Glauben in uns verlieren oder einen von uns sein Leben –, stirbt die Revolte, bevor sie überhaupt geboren ist.«

»Aber wir dürfen nicht zu lange warten«, grummelte Yotai Yun. »Die Schlingen der Regierung ziehen sich immer enger um mich – ich spüre sie, auch wenn ich sie nicht sehen kann. In den Behörden gibt es zu viele Spione – meine Geschäfte haben sich zu weit ausgedehnt, als dass ich sie noch völlig versteckt halten könnte. Ich wage nicht, mich aus dem Staub zu machen, wie die Amerikaner sagen, denn ich könnte Hankow nicht verlassen, ohne gestellt, verhaftet und auf Verdacht festgehalten zu werden. Sie wissen ohnehin schon zu viel über meine Schmuggel- und Waffengeschäfte – ein Fluchtversuch würde ihre Vermutungen nur bestätigen. Sonst hättest du mich niemals so leicht überzeugen können, mich dir anzuschließen.«

»Sicherheit für dich und Reichtum für uns beide«, sagte der Schwarze Lama und füllte seinen Weinkelch wieder auf. »Wenn die Revolution erst ausgebrochen ist, wird die Regierung zu viel zu tun haben, um sich noch um irgendwelche Schmuggeleien zu kümmern – und wir werden die gesamte kreischende Meute der Halsabschneider auf unserer Seite wissen. Man wird schnell sehen, auf welche Seite die Feder fällt. Wenn die Rebellion wirklich die Massen mitreißt und sich über ganz China ausbreitet – nun, dann wird das neue Weltreich, das ich seit so langer Zeit predige, vielleicht schon bald kein Hirngespinst mehr sein. Und falls nicht … Sollte abzusehen sein, dass der Aufstand schon bald niedergeschlagen werden wird, wird es uns ein Leichtes sein, Hankow auszuplündern und dann inmitten des Kampfgetümmels unbemerkt flussabwärts oder über Land zu verschwinden.«

»Ich bewundere deinen Wagemut und deine Skrupellosigkeit, mein maskierter Freund«, sagte Yotai Yun bedächtig. »Du spielst ein gefährliches Spiel – wüssten diese Tölpel beispielsweise, dass du gar kein Mongole bist, so würden sie dich in Stücke reißen. Oder die wahren Priester von Yog-Sothoth! Fürchtest du denn nicht ihre Rache, wenn sie erfahren – und das werden sie zwangsläufig –, dass du dich als Mitglied ihres höllischen Kultes ausgegeben hast?«

»Ich brauche die Gefahr wie die Luft zum Leben«, antwortete der Betrüger mit wildem Gelächter. »Ich habe sämtliche Illusionen verloren – ohne den atemberaubenden Nervenkitzel von Abenteuern und Risiken würde ich vor Langeweile vergehen. Nein, ich fürchte mich nicht vor den mongolischen Teufelsanbetern. Es gibt nur einen einzigen Mann, der uns aufhalten kann; nur einen Mann, den wir aus dem Weg räumen müssen – Black John O'Donnel.«

Yotai Yun nickte. »Ein Bär von einem Mann, wild und erbarmungslos wie ein Schwarzbär. Aber er ist nicht gerade der Cleverste. Weshalb fürchtest du ihn?«

»Ich fürchte ihn nicht. Aber er besitzt durchaus die Cleverness eines Bären, als den du ihn eben bezeichnet hast – und die ungeheure Geduld des Tieres. Er vergisst niemals, und wenn sein eindimensionaler Verstand erst einmal eine Fährte aufgenommen hat, dann folgt er dieser Spur bis zum bitteren Ende – komme, was wolle. Lannon, dieser Narr, war sein Freund. Gewiss hat er ihm genug erzählt, das ihn glauben lässt, dass du bei seinem Mord zumindest deine Finger im Spiel hattest. Wir müssen Black John töten, hörst du, sonst wird er einen Weg finden, uns beide zu ermorden. Es würde mich in der Tat nicht überraschen, wenn er der ›Spion‹ wäre, der sich heute Nacht Zugang zum Dragon House verschaffte.«

Yotai Yun entfuhr ein Laut des Erstaunens, und er erhob sich halb von seinem Stuhl und zog seine Pistole. Der Lama lachte höhnisch. »Keine Angst. Hast du denn kein Vertrauen in deine Diener? Sie werden ihn schon aufstöbern, wo immer er sich auch versteckt. Du hast selbst gesagt, dass er nicht besonders scharfsinnig ist. Er kennt die Geheimnisse dieses Hauses nicht …«

Ich hatte mich ganz dicht an das Guckloch gepresst und erzitterte nun vor feuriger Wut, aber selbst in meinem Zorn war ich noch wachsam genug, um das leise, abrupte Geräusch hinter mir wahrzunehmen – gerade rechtzeitig, um mein Leben zu retten. Ich drehte mich genau zum richtigen Zeitpunkt um und erkannte im schwachen Licht die glänzende Klinge, die gegen mich erhoben wurde. Die Waffe wurde von einer kräftigen Hand gehalten, und unter dieser Hand sah ich die schmalen Augen eines asiatischen Gesichts, das zu einer Teufelsmaske verzerrt war.

Als ich mich umdrehte, raste der Dolch auf mein Herz zu, aber durch schieres Glück gelang es mir, das Handgelenk meines Angreifers mit meiner Linken zu packen, während ich ihn mit meiner geballten Rechten mit voller Wucht unter dem Herzen traf. Er rang nach Luft, taumelte und warf sich dann mit seinem ganzen Gewicht auf mich. Er war ein großer Mann, ebenso groß wie ich, und stark wie ein Stier – ein ehemaliger Ringer, wie ich annahm. Wir umklammerten einander und versuchten, uns gegenseitig von unseren kräftigen Beinen zu holen; er konnte meinen Griff um seine Dolchhand jedoch nicht lösen, und mir gelang es nicht, meine rechte Faust zu befreien, um einen vernichtenden Treffer zu landen. Der Schweiß stand ihm auf der Stirn und er presste die Luft angestrengt zwischen seinen Lippen hervor. Durch den Kampf war auch ich außer Atem, aber ich spürte, dass seine Kräfte langsam nachließen.

Ich legte meine ganze Kraft in einen plötzlichen, explosiven Stoß, und seine schwächer werdenden Beine gaben nach, sodass wir beide durch die dünne Wand stürzten und in einer Wolke aus Gips und splitterndem Holz mit einem heftigen

Aufprall auf dem Boden landeten. Der Chinese lag unter mir, und sein Kopf musste irgendwie verdreht worden sein – als er auf den Boden krachte, hörte ich, dass sein Genick wie ein morscher Zweig brach.

Ich starrte in die Läufe zweier Pistolen. Langsam führte ich meine Hände über den Kopf und erhob mich trotzig. Dann stand ich breitbeinig mit halb gesenktem Kopf da und blitzte die Männer, die mich gefangen hatten, aus halb geschlossenen Augen an. Schrecklicher Hass durchfuhr meine Seele in feurigen Wogen, als ich die Männer ansah, die Bill Lannon ermordet hatten, und nur der Gedanke an die Pistole unter meinem linken Arm hielt mich davon ab, mich trotz ihrer Waffen mit bloßen Händen auf sie zu stürzen.

»Bei Buddha«, murmelte Yotai Yun, und seine schrägen Augen weiteten sich. »Tatsächlich, der Schwarze Bär! Du hattest recht, Lord Lama!«

Der Lama lachte hämisch. »Black John O'Donnel, wie er leibt und lebt! Da hat er die Fährte aber schnell aufgenommen. Ich glaube, er hat deinen Diener getötet – der leider dumm genug war, sich auf den Bären zu stürzen! Ruf deine Männer zusammen, und wir werden auch dieses Hindernis bald aus dem Weg geräumt haben.«

»Du verdammtes Schwein«, knurrte ich ihn an. »Du hast Bill Lannon getötet – und im Augenblick hast du vielleicht die Oberhand, aber, bei Gott, das Spiel ist noch nicht zu Ende!«

»Noch nicht ganz, aber fast«, entgegnete der Lama, als Yotai Yun in die Hände klatschte. »Es fehlen noch ein schneller Dolchstoß und das Platschen einer Leiche im Fluss – und der große Schwarze Bär schlägt nicht mehr zu!«

Sieben oder acht große Chinesen betraten den Raum – Männer mit entschlossenen Gesichtern und böse funkelnden Augen, die mit Dolchen und Knüppeln bewaffnet waren. Yotai Yun deutete mit einem Kopfnicken auf mich.

»Beseitigt ihn«, sagte er, als spräche er von einem Schwein oder einer Kuh.

Sie kamen auf mich zu und ich wich, noch immer mit erhobenen Händen, langsam zurück. Yotai Yun und der Lama richteten nach wie vor ihre Waffen auf mich, und die Diener umringten mich in einem Halbkreis und trieben mich so in Richtung einer Tür. Ich schloss daraus, dass sie mich in einem anderen Teil des Hauses abschlachten wollten. Langsam kam ich der Tür immer näher, und als ich zur Seite blickte, sah ich, dass sie offen stand. Der Lama und Yotai Yun standen Seite an Seite und Yotai Yun lachte mich laut aus. Einer der großen Chinesen packte mich mit einer Hand vorn am Hemd und setzte mir mit der anderen ein Messer auf die Brust. Ich bewegte mich blitzschnell.

Mit diesem Manöver habe ich schon viele überrascht – aufgrund meiner Körpermasse glaubt kein Mensch, dass ich auch nur halb so schnell bin. Ich fegte den Chinesen von den Beinen, und mit derselben Bewegung warf ich ihn mit voller Wucht auf Yotai Yun und den Lama. Alle drei fielen übereinander, und Yotai Yun schoss noch im Fallen. Die Kugel sauste an meinem Ohr vorbei, als ich in Richtung der Tür sprang. Die brüllende Meute versuchte mich zu packen, aber ich war um den Bruchteil einer Sekunde schneller durch die Tür, schlug sie ihnen vor der Nase zu und konnte sie so lange gegen ihren vehementen Versuch, sie aufzudrücken, zuhalten, bis es mir gelang, den Riegel vorzuschieben.

Hastig drehte ich mich um. Die Tür begann bereits unter dem Druck meiner Verfolger zu zersplittern, und ich wusste, dass sie nur noch wenige Augenblicke standhalten würde. Ich hörte, wie Yotai Yun und der Lama ihre Lakaien mit wütender Stimme antrieben. Die große Kammer, in der ich stand, ähnelte jener, aus der ich eben geflohen war, und gegenüber sah ich eine geschlossene Tür. Wie in dem anderen Zimmer waren auch hier die Wände mit schweren Wandteppichen dekoriert. Ich durchquerte hastig den Raum und stieß die Tür auf, hielt jedoch nicht an, um zu sehen, in welchen Korridor oder welche Kammer sie führte. Ich hatte nicht Flucht im Sinn, sondern Vergeltung. Mit gezogener Waffe versteckte ich mich gerade noch rechtzeitig hinter einem Wandteppich, bevor die Tür aus den Angeln krachte.

Die wilde Horde stürzte wie eine verrückte Hundemeute herein und schwang ihre Klingen. Als sie sahen, dass die andere Tür offen stand, nahmen sie selbstverständlich an, dass ich meine Flucht in dieser Richtung fortgesetzt hatte – und so rannten sie zur Tür hinüber und stürmten allesamt hindurch. Bald verhallte das Geräusch ihrer fliegenden Füße nach und nach auf dem langen Korridor. Yotai Yun und der Lama folgten ihnen im Laufschritt, aber ihre Untergebenen hatten sie in ihrem rasenden Wahn abgehängt. Ich grinste zufrieden – alles verlief so, wie ich es mir erhoffte.

Die beiden standen bereits an der offenen Tür, als ich hinter dem Teppich hervorsprang und brüllte: »Dreh dich um, du Schwein, und sieh deinem Schicksal ins Gesicht!«

Obwohl ich sie völlig überrascht hatte, feuerten sie geistesgegenwärtig, als sie sich umdrehten. Ich hörte das Krachen ihrer Schüsse und spürte, dass die Kugeln mich trafen, aber ich schoss ebenfalls auf sie, und bald sank der Lama wie ein leerer Sack zu Boden, wo er reglos liegen blieb. Yotai Yun wich zurück, als hätte ihn ein unsichtbarer Hammer getroffen, krallte sich mit einer blutigen Hand an einem Wandteppich fest, feuerte seinen letzten Schuss aus nächster Nähe auf mich ab. Als ihn meine vierte Kugel durchbohrte, krachte er zu Boden und blieb zuckend liegen.

Ich wusste, dass ich voller Blei steckte – auf diese kurze Entfernung konnte man nur schwer danebenschießen. Mein linkes Bein fühlte ich kaum noch, mein linker Arm und meine linke Schulter waren in kürzester Zeit fast völlig steif geworden, und aus meiner Brust tropfte Blut. Ich hörte, dass die Chinesen mit lautem Gebrüll und klirrenden Waffen über den Korridor zurückkamen. Sie hatten die Schüsse gehört und waren umgekehrt. Nun musste ich ihnen gegenübertreten – ein Krüppel mit halb leerer Pistole. Ich grinste gehässig, aber freudig. Ich hatte mein Ziel erreicht: Meine Feinde lagen leblos zu meinen Füßen – Bill Lannon war gerächt. Ich hatte diese Schuld beglichen und verspürte keinerlei Bedauern. Früher oder später müssen wir alle sterben.

Die wilde Meute stürzte heulend durch die Tür, und ich hielt mich an einem Wandteppich fest und feuerte mitten hinein, bis meine Waffe leer war. Als der Vorderste langsam zu Boden fiel, zogen die anderen sich erschrocken zurück. Ich konnte sie vor der Kammer hektisch flüstern hören, vernahm das Trappeln ihrer Pantoffeln und das Rasseln ihrer Klingen. Ich wurde immer schwächer, und mein linker Arm fühlte sich bereits tot an. Um wieder einen klaren Gedanken zu fassen, schüttelte ich meinen Kopf, sodass das Blut nur so spritzte.

»Kommt endlich und bringt die Sache zu Ende, ihr asiatischen Teufel!«, brüllte ich, da ich fürchtete, sie würden mich wie ein Schaf abschlachten, wenn sie sich nicht demnächst auf mich stürzten, denn bald würde ich mich vor Schwäche nicht mehr wehren können.

Plötzlich wimmelte es im Raum vor Männern. Sie drangen jedoch durch die andere Tür herein. Einer kam auf mich zu und ich schlug wie wild mit meiner leeren Pistole auf ihn ein, bis ich sah, dass er die Uniform der chinesischen Polizei trug.

»Ruhig, mein Freund«, sagte er beschwichtigend. »Wir sind Freunde – erkennst du mich denn nicht?«

»Du bist das, Kang Yao«, entgegnete ich benommen. »Entschuldige – aber da ist überall Blut in meinen Augen ... Ich muss mich setzen.«

Ich stolperte und er führte mich zu einem Diwan. Als ich mich umblickte, sah ich, dass das Zimmer voll von chinesischen Polizisten und Soldaten war. Sie hatten Yotai Yuns Diener zusammengetrieben und gefesselt, und nun standen sie verdrießlich und resigniert im Raum. Kang Yao beugte sich zu den beiden Verschwörern hinunter. Der Schwarze Lama war nur einmal getroffen worden, er war jedoch mausetot. In Yotai Yuns Körper steckten drei Kugeln, aber er war noch immer bei Bewusstsein.

Sein Blick fiel auf den reglosen Körper seines Komplizen, und seine blassen Lippen verzogen sich zu einem hämischen Lächeln.

»Ein einziger Mann kann ein ungeborenes Weltreich zerstören«, flüsterte er. »Wir haben über den Schwarzen Bären gelacht – aber der Schwarze Bär hat uns beide geschlagen – und – die – Träume – von – einem – neuen – Weltreich – sterben – durch – seine – Rache …«

Blut quoll über seine Lippen, dann starb er.

»Lass mich deine Wunden versorgen, ehrwürdiger Freund«, bot Kang Yao an.

»Sie haben mich am Bein, am Arm und an Schulter und Brust erwischt«, murmelte ich. »Aber es ist nichts Ernstes. Aber sag mir bitte – wieso seid ihr hier?«

»Der da«, und dabei zeigte Kang Yao auf einen Mann, der in den Kleidern eines Dieners steckte; es war der Tunnelwächter, an dessen Schläfe ein dicker Fleck getrockneten Blutes klebte.

»Yotai Yun hat auf ihn geschossen«, fuhr er fort, »und ihn in den Fluss werfen lassen. Aber die Kugel hat seinen Kopf nur gestreift und eine tiefe Fleischwunde hinterlassen, und das Wasser hat ihn wiederbelebt. Als er das Ufer erreichte, lenkte ihn nur noch Rache an seinem grausamen Herrn, und so kam er ohne Umweg auf unser Polizeirevier und erzählte keuchend eine Geschichte von Verschwörung und Volksverhetzung, und wir begaben uns umgehend zum Dragon House. Von draußen hörten wir Schüsse und drangen sofort ein. Aber wer ist der Mann da, der sich als mongolischer Lama verkleidet hat?«

»Reiß ihm die Maske herunter«, antwortete ich, »das wüsste ich nämlich auch zu gern.«

Kang Yao beugte sich hinunter und zog ihm die Maske vom Gesicht. Ein Ausruf des Erstaunens entfuhr ihm; unter der Maske verbarg sich kein Asiat, der Schwarze Lama war ein Weißer – Eric Brand!

Die Götter von Bal-Sagoth

1
Stahl im Sturmwind

Der Kampf war schnell und erbittert. Einen Augenblick lang schimmerte vor Turlogh ein grimmiges bärtiges Gesicht, schon zuckte seine Axt herab und spaltete es bis zum Kinn. In der kurzen, völligen Schwärze, die dem Blitz folgte, fegte ein unsichtbarer Schwertstreich Turlogh den Helm vom Kopf und er schlug blindlings zurück. Er spürte, wie seine Axt auf Fleisch traf, und vernahm das Aufheulen eines Mannes. Wieder zuckten die Feuer des zornigen Himmels und zeigten dem Gälen den Kreis der wilden Gesichter und die Mauer aus glitzerndem Stahl, die ihn einschloss.

Turlogh parierte und hieb zu, den Rücken an den Hauptmast gelehnt. Da donnerte eine gewaltige Stimme durch den Irrsinn des Kampfes, und im zuckenden Licht des nächsten Blitzes gewahrte der Gäle eine hünenhafte Gestalt mit einem merkwürdig vertrauten Gesicht. Dann explodierte die Welt in feuergesprenkelter Schwärze.

Sein Bewusstsein kehrte langsam zurück. Zuerst nahm Turlogh das Schaukeln wahr, ein Schwanken seines ganzen Körpers, das nicht von ihm selbst ausging. Dann machte sich ein dumpfes Pochen in seinem Schädel bemerkbar, und er versuchte, seine Hände zu heben. Da erst wurde ihm bewusst, dass er an Händen und Füßen gefesselt war – keine vollkommen neue Erfahrung für ihn. Als sich sein Blick klärte, sah er, dass er an den Mast des Drachenschiffs gebunden war, dessen Krieger ihn überwältigt hatten. Er verstand nicht, warum sie ihn verschont hatten, denn wenn sie auch nur das Geringste über ihn wussten, dann dass er ein Gesetzloser war, von seinem Clan ausgestoßen, der selbst dann kein Lösegeld zahlen würde, wenn er damit Turlogh aus den Tiefen der Hölle retten könnte.

Der Wind hatte deutlich nachgelassen, aber es herrschte ein starker Seegang, der das Langschiff wie einen Holzsplitter aus abgrundtiefen Wellentälern bis hinauf zu den schäumenden Wogenkronen warf. Der silbrige Vollmond, der durch die aufgerissene Wolkendecke lugte, erleuchtete die tosenden Wogen. Der Gäle, an der wilden Westküste Irlands aufgewachsen, wusste, dass das Drachenschiff angeschlagen war. Er erkannte es daran, wie es sich abmühte, tief in die Gischt eintauchte und bei jeder Woge zur Seite krängte. Das Unwetter, das in diesen südlichen Gewässern getobt hatte, war wohl heftig genug gewesen, um sogar ein so robustes Schiff, wie die Wikinger es bauten, zu beschädigen.

Derselbe Sturm hatte auch das französische Schiff erfasst, auf dem Turlogh Passagier gewesen war, und es weit von seinem Kurs nach Süden abgedrängt. Tag und Nacht waren ein einziges, blind tosendes Chaos gewesen, das Schiff herumschleudernd, während es wie ein verletzter Vogel vor dem Sturm floh. Plötzlich hatte vor den dahinrasenden Wolkenfetzen ein schnabelförmiger Bug über dem tiefer liegenden, flacheren Schiff aufgeragt, und sogleich bohrten sich inmitten des Unwetters Enterhaken in sein Holz. Sicherlich waren diese Nordmänner wahrhaftige Wölfe, und die Blutlust in ihren Herzen war nicht menschlich. Wild heulend hatten sie sich in den Kampf gestürzt, und während die zürnenden Himmel ihre volle Wut über ihnen entfesselten und jeder Ansturm der aufgepeitschten Wellen beide Schiffe zu verschlingen drohte, sättigten diese Seewölfe ihren Blutrausch bis zum Äußersten.

Wahre Söhne des Meeres waren diese Nordmänner, denn das Toben der Elemente fand ein Echo in ihren eigenen Herzen. Es war eher ein Abschlachten als ein echter Kampf – der Kelte war der einzige Krieger an Bord des todgeweihten Schiffes gewesen – und nun erinnerte er sich an die merkwürdige Vertrautheit des Gesichtes, das er erblickt hatte, kurz bevor man ihn niederschlug. Wer …?

»Beste Grüße, mein tapferer Dalkassier, es ist lange her, seit wir uns zuletzt begegneten!«

Turlogh blickte auf den Mann, der vor ihm stand, die Beine auf dem schwankenden Deck gespreizt. Er war von hünenhafter Gestalt, einen guten halben Kopf größer als Turlogh, der selbst weit über sechs Fuß maß. Seine Beine waren wie Säulen, seine Arme massiv wie eine Eiche und hart wie Eisen. Sein Bart war vom gleichen hellen Gold wie die massiven Armreifen, die er trug. Ein Brustpanzer aus Schuppenrüstung trug zu seiner kriegerischen Erscheinung bei, und der Hörnerhelm machte ihn größer, als er ohnehin schon war. Es war jedoch kein Zorn in den ruhigen grauen Augen, die entspannt in die lodernden blauen Augen des Gälen blickten.

»Athelstane der Sachse!«

»Aye – es ist lange her, seit du mir das hier hinterließest.« Hierbei deutete der Riese auf eine dünne weiße Narbe an seiner Schläfe. »Es scheint unser Schicksal, uns in solchen Nächten des Zorns zu begegnen – das erste Mal kreuzten wir unseren Stahl in der Nacht, als du Thorfels Haus niederbranntest. Dann fiel ich vor deiner Axt und du rettetest mich vor Brogars Pikten – als einzigen von all den Männern, die Thorfel folgten. Heute Nacht war ich es, der dich niederschlug.« Er berührte das große, zweihändige Schwert auf seinem Rücken und Turlogh fluchte.

»Nein, schmähe mich nicht«, sagte Athelstane mit gekränktem Gesichtsausdruck. »Ich hätte dich im Getümmel erschlagen können – ich schlug mit der flachen Seite zu, aber da ich weiß, dass ihr Iren verflucht harte Schädel habt, benutzte ich beide Hände. Du warst stundenlang besinnungslos. Lodbrog hätte dich mit der restlichen Mannschaft des Handelsschiffs erschlagen, doch ich beanspruchte dein Leben für mich. Aber die Wikinger wollten dich nur unter der Bedingung verschonen, dass du an den Mast gefesselt wirst. Sie kennen dich noch von früher.«

»Wo sind wir?«

»Frage mich nicht. Der Sturm brachte uns weit vom Kurs ab. Wir waren aufgebrochen, um die Küsten Spaniens heimzusuchen. Als uns der Zufall auf dein Schiff treffen ließ, ergriffen wir natürlich die Gelegenheit, aber es hatte nur wenig Beute geladen. Nun treiben wir mit der Meeresströmung, ohne zu wissen, wohin sie uns führt. Das Steuerruder ist beschädigt und das ganze Schiff wie gelähmt. Wir mögen gerade auf dem Rand der Welt reiten, soweit ich es sagen kann. Schwöre, dich uns anzuschließen, und ich werde dich befreien.«

»Schwören, mich den Heerscharen der Hölle anzuschließen!«, knurrte Turlogh. »Lieber würde ich mit diesem Schiff untergehen und für immer unter den grünen Fluten liegen, an diesen Mast gebunden. Ich bedaure nur, dass ich nicht noch mehr Seewölfe ins Fegefeuer schicken kann als die hundert, die ich bereits getötet habe!«

»Nun, nun«, sagte Athelstane geduldig, »ein Mann muss essen – hier –, ich werde zumindest deine Hände befreien – nun lass deine Zähne in dieses Fleischstück sinken.«

Turlogh beugte seinen Kopf zu der großen Keule hinab und machte sich ausgehungert darüber her. Der Sachse beobachtete ihn einen Augenblick, dann wandte er sich ab. Ein seltsamer Mann, dachte Turlogh, dieser abtrünnige Sachse, der mit dem Wolfsrudel aus dem Norden jagte – ein wilder Krieger in der Schlacht, jedoch mit einem Hauch von Güte in seinem Wesen, was ihn von den Männern unterschied, mit denen er sich zusammentat.

Das Schiff schlingerte blind durch die Nacht und Athelstane, der mit einem großen Trinkhorn schäumenden Ales zurückkehrte, merkte an, dass sich die Wolken wieder zusammenzogen und das brodelnde Antlitz der See verhüllten. Er ließ die Hände des Gälen frei, aber die Seile um Beine und Körper hielten Turlogh immer noch am Mast. Die Piraten schenkten ihrem Gefangenen keine Beachtung; sie waren zu sehr damit beschäftigt, ihr angeschlagenes Schiff am Sinken zu hindern.

Plötzlich glaubte Turlogh, über dem Klatschen der Wellen ein tiefes Brüllen zu vernehmen. Es nahm an Lautstärke zu, und als es sogar die schwerhörigen Nordmänner hörten, machte das Schiff einen Satz, der jede Planke beanspruchte, wie ein Pferd, dem man die Sporen gab. Wie durch Zauber schoben sich die Wolken beiseite, während sie sich zur Morgendämmerung aufhellten, und vor ihnen erschien ein Hexenkessel tosenden Wassers, davor eine lange Reihe Brecher. Riffe, und hinter diesem schäumenden Irrsinn ragte Land auf, offensichtlich eine Insel. Das Dröhnen nahm ohrenbetäubende Ausmaße an, als das Langschiff, im Sog der Gezeiten gefangen, seinem Untergang entgegenraste. Turlogh sah Lodbrog umherrennen, sein langer Bart im Wind flatternd, während er die Fäuste hob und nutzlose Befehle bellte. Athelstane kam übers Deck herbeigelaufen.

»Keiner von uns hat große Aussichten zu überleben«, knurrte er, als er die Fesseln des Gälen durchtrennte, »aber du sollst zumindest dieselben wie der Rest haben …«

Mit einem Satz war Turlogh frei. »Wo ist meine Axt?«

»Dort in jenem Waffenständer. Aber Thors Blut, Mann«, staunte der große Sachse, »wozu jetzt mit ihr belasten …«

Turlogh hatte die Axt ergriffen und bei dem vertrauten Gefühl des schlanken, eleganten Schafts floss Selbstvertrauen wie Wein durch seine Adern. Seine Axt war ebenso ein Teil von ihm wie seine rechte Hand; wenn er sterben musste, so wollte er sie fest umklammert halten. Eilig schlang er sie an seinen Gürtel. Seine gesamte Rüstung war ihm genommen worden, als man ihn gefesselt hatte.

»In diesen Gewässern gibt es Haie«, sagte Athelstane, der sich bereit machte, seinen Schuppenpanzer abzulegen. »Wenn wir schwimmen müssen …«

Das Schiff traf mit einem krachenden Schlag auf die Felsen, der seine Masten zertrümmerte und seinen Bug wie Glas zersplittern ließ. Der Drachenkopf schoss hoch in die Luft und Männer stürzten wie Kegel vom geneigten Deck herab. Einen Augenblick lang verharrte das Drachenschiff, erschauerte wie eine lebende Kreatur, dann rutschte es von dem verborgenen Riff herab und versank in einer blendenden Wolke aus Gischt.

Turlogh hatte sich mit einem Hechtsprung vom Deck abgestoßen, der ihn weit genug davontrug. Nun kam er in dem aufgewühlten Wasser hoch, kämpfte einen irrsinnigen Augenblick gegen die Wellen an, dann bekam er ein Stück Treibgut zu fassen, das die Brecher heraufgeschleudert hatten. Als er sich daran hochzog, stieß eine Gestalt dagegen und ging wieder unter. Turloghs Arm schoss in die Tiefe, bekam einen Schwertgürtel zu fassen und zog den Mann hinauf auf sein Behelfsfloß. Auf den ersten Blick hatte er Athelstane erkannt, der immer noch das Gewicht seiner Rüstung trug, denn er hatte keine Zeit mehr gefunden, sie auszuziehen. Der Mann schien besinnungslos. Leblos lag er mit schlaffen Gliedmaßen auf dem Floß.

Später kam Turlogh der Ritt durch die Brecher wie ein chaotischer Albtraum vor. Die Flut brachte sie hindurch, stürzte ihr zerbrechliches Gefährt in die Tiefe, schleuderte es dann wieder gen Himmel. Er konnte sich nur festhalten und seinem Glück vertrauen. Und Turlogh hielt sich fest, packte den Sachsen mit der einen Hand und ihr Floß mit der anderen, während es ihm schien, als müssten seine Finger unter der Belastung brechen. Wieder und wieder wurden sie beinahe heruntergespült; dann, wie durch ein Wunder, waren sie durch, trieben in vergleichsweise ruhigem Wasser, und Turlogh sah einen Schritt neben ihnen eine dünne Rückenflosse die Wasseroberfläche zerteilen. Sie wirbelte herum und kam heran, und Turlogh schlang seine Axt vom Gürtel und schlug zu. Augenblicklich verfärbte sich das Wasser rot, und der plötzliche Andrang weiterer flinker Umrisse ließ das Floß erbeben. Während die Haie ihren Bruder zerrissen, brachte Turlogh, mit den Händen paddelnd, das primitive Floß ans Ufer, bis er den Boden unter sich spürte. Er watete an den Strand, den Sachsen halb tragend; dann sank Turlogh O'Brien, so eisenhart er auch sein mochte, vollkommen erschöpft zu Boden und schlief bald tief und fest.

2
Götter aus dem Abgrund

Turlogh schlief nicht lange. Als er erwachte, war die Sonne gerade über dem Meer aufgegangen. Der Gäle erhob sich und fühlte sich so erfrischt, als hätte er die ganze Nacht durchgeschlafen, dann sah er sich um. Der breite weiße Strand stieg vom Wasser aus sanft an bis zu einem wogenden Gürtel gigantischer Bäume. Es schien kein Unterholz zu geben, die dicken Stämme jedoch standen so dicht beieinander, dass sein Blick den Dschungel nicht durchdringen konnte. Athelstane stand ein Stück entfernt auf einer Landzunge, die ins Meer ragte. Der hünenhafte Sachse lehnte sich auf sein großes Schwert und blickte hinaus zu den Riffen.

Hier und dort waren starre Leiber an den Strand gespült worden. Ein plötzliches Knurren der Zufriedenheit entrang sich Turloghs Lippen. Hier, direkt zu seinen Füßen, lag ein Geschenk der Götter; ein toter Wikinger lag dort, voll bewaffnet mit Helm und Kettenhemd, die er nicht mehr hatte ablegen können, als das Schiff sank, und Turlogh sah, dass es seine eigene Ausrüstung war. Selbst der leichte Rundschild, der auf den Rücken des Nordmanns gebunden war, war der seine. Turlogh hielt inne, um darüber zu staunen, wie all seine Ausrüstungsteile in den Besitz eines Mannes geraten konnten, aber dann zog er den Toten aus und legte den einfachen Rundhelm und das Kettenhemd aus schwarzem Eisen an. So gerüstet ging er den Strand hinauf zu Athelstane, die Augen mürrisch funkelnd.

Der Sachse wandte sich bei seinem Nahen um. »Heil dir, Gäle«, begrüßte er ihn. »Wir sind die einzigen Menschen von Lodbrogs Schiff, die noch leben. Die hungrige grüne See ertränkte sie alle. Bei Thor, ich schulde dir mein Leben! Nachdem ich mir den Kopf an der Reling angeschlagen hatte, und dazu mit dem Gewicht meiner Rüstung, wäre ich sicherlich ohne dich Futter für die Haie geworden. Es scheint alles jetzt wie ein Traum.«

»Du hast mein Leben gerettet«, knurrte Turlogh. »Ich habe deines gerettet. Nun ist die Schuld beglichen, wir sind quitt, also nimm dein Schwert auf und lass es uns zu Ende bringen.«

Athelstane starrte ihn an. »Du willst mit mir kämpfen? Warum … Was …?«

»Ich hasse deine Brut wie den Satan selbst!«, brüllte der Gäle, ein Hauch von Irrsinn in seinen lodernden Augen. »Deine Wölfe haben mein Volk seit 500 Jahren ausgeplündert! Die rauchenden Ruinen des Südlands, die Meere vergossenen Blutes schreien nach Vergeltung! Die Schreie von tausend geschändeten Mädchen klingen in meinen Ohren, Tag und Nacht! Hätte der Norden bloß eine einzige Brust, die meine Axt zerspalten könnte!«

»Aber ich bin kein Nordmann«, brummte der Riese verblüfft.

»Umso schändlicher, Verräter«, tobte der rasende Gäle. »Verteidige dich, sonst strecke ich dich kaltblütig nieder!«

»Dies gefällt mir nicht«, protestierte Athelstane, hob seine mächtige Klinge, die grauen Augen ernst, aber ohne Furcht. »Wahrlich, die Leute haben recht, die behaupten, dass der Wahnsinn in dir steckt.«

Es war kein Platz mehr für Worte, als sich die Männer für ihr tödliches Werk bereit machten. Der Gäle näherte sich seinem Feind, geduckt wie ein Panther, die Augen brennend. Der Sachse erwartete den Angriff mit weit gespreizten Beinen, das Schwert in beiden Händen hoch erhoben. Nun hieß es Turloghs Axt und Schild gegen Athelstanes zweihändiges Schwert. In diesem Kampf mochte ein Streich die Entscheidung bringen, so oder so. Wie zwei große Dschungelkatzen spielten sie also ihr tödliches, vorsichtiges Spiel.

Turloghs Muskeln waren schon für den tödlichen Sprung gespannt, da zerschnitt ein furchtbares Geräusch die Stille! Beide Männer fuhren zusammen und zuckten zurück. Aus den Tiefen des Waldes hinter ihnen erhob sich ein grausiger und unmenschlicher Schrei. Schrill, jedoch von großer Lautstärke, stieg er höher und höher, bis er in der höchsten Tonlage endete, wie der Triumph eines Dämons, wie das Kreischen eines grausigen Ogers, der sich an seiner menschlichen Beute weidete.

»Thors Blut!«, keuchte der Sachse und ließ die Schwertspitze sinken. »Was war das?«

Turlogh schüttelte den Kopf. Selbst sein eisernes Nervenkostüm war leicht erschüttert. »Ein Teufel des Waldes. Dies ist ein merkwürdiges Land in einem seltsamen Meer. Vielleicht herrscht hier Satan selbst und dies ist das Tor zur Hölle.«

Athelstane blickte sich unsicher um.

Er war mehr Heide als Christ und seine Teufel waren heidnische Teufel. Aber deswegen waren sie nicht weniger grimmig.

»Nun«, sagte er, »lass uns unseren Streit beiseitelegen, bis wir wissen, was dies sein kann. Zwei Klingen sind besser als eine, sei es gegen Mann oder Teufel …«

Ein wildes Kreischen schnitt ihm das Wort ab. Dieses Mal war es eine menschliche Stimme, voller Entsetzen und Verzweiflung, die ihnen das Blut gefrieren ließ. Gleichzeitig waren das schnelle Trappeln von Füßen zu hören und das schwerfällige Stapfen eines schweren Körpers zwischen den Bäumen. Die Krieger fuhren zu den Geräuschen herum, und aus den tiefen Schatten kam eine halb nackte Frau herausgestürzt, wie ein weißes Blatt, das der Wind vor sich herwehte. Ihr loses Haar flatterte wie eine Flamme aus Gold hinter ihr, ihre weißen Gliedmaßen schimmerten in der Morgensonne, ihre Augen leuchteten in panischem Schrecken. Und hinter ihr …

Selbst Turlogh stellte sich das Haar auf. Das Ding, das dem fliehenden Mädchen folgte, war weder Mensch noch Tier. Seine Gestalt war die eines Vogels, aber eine Art Vogel, wie ihn der Rest der Welt seit vielen Zeitaltern nicht mehr gesehen hatte. Er war so groß wie zwei Männer, und sein grässlicher Schädel mit den niederträchtigen roten Augen und dem grausamen, gekrümmten Schnabel war so groß wie ein Pferdekopf. Der lange, gebogene Hals war dicker als der Oberschenkel eines Mannes und die großen klauenbewehrten Füße hätten die fliehende Frau packen können wie ein Adler einen Spatzen.

So viel erfasste Turlogh mit einem Blick, als er zwischen das Ungeheuer und seine Beute sprang, die mit einem Aufschrei auf dem Strand zu Boden sank. Es ragte über ihm auf wie ein Berg des Todes und der monströse Schnabel zuckte herab, beulte den Schild ein, den Turlogh erhoben hatte, und ließ ihn unter der Wucht des Angriffs erbeben. Im selben Augenblick schlug er selbst zu, die scharfe Axt versank jedoch harmlos in einer polsternden Masse stacheliger Federn. Wieder sauste der Schnabel auf ihn zu, nur ein Sprung zur Seite rettete sein Leben um Haaresbreite. Und dann stürmte Athelstane heran, stemmte die Füße fest in den Boden, schwang sein Breitschwert mit beiden Händen und all seiner Kraft. Die mächtige Klinge schnitt durch eines der baumgleichen Beine unter dem Knie, und mit einem abscheulichen Kreischen fiel das Ungeheuer auf die Seite, mörderisch mit seinen kurzen schweren Flügeln schlagend. Turlogh schmetterte den Dorn seiner Axt zwischen die glänzenden roten Augen, und der gigantische Vogel trat zuckend um sich und lag still.

»Thors Blut!« Athelstanes Augen brannten voll Kampfeslust. »Wir sind wahrlich an den Rand der Welt gelangt …«

»Achte auf den Wald, ob noch weitere herauskommen«, blaffte ihn Turlogh an, dann wandte er sich der Frau zu, die sich aufgerappelt hatte und keuchend vor ihnen stand, die Augen voller Staunen weit aufgerissen. Sie war ein hübsches junges Ding, hochgewachsen, gut gebaut, schlank und wohlgestaltet. Ihr einziges Kleidungsstück war ein dünnes Stück Seide, sorglos um ihre Hüfte geschlungen. Aber auch wenn die Knappheit ihrer Bekleidung auf eine Wilde hindeutete, waren ihre Haut schneeweiß, ihr offenes Haar das reinste Gold und ihre Augen grau. Nun sprach sie hastig, stockend, in der Sprache der Nordmänner, als ob sie diese seit Jahren nicht mehr gesprochen hätte.

»Ihr – wer seid ihr Männer? Woher kommt ihr? Was sucht ihr auf der Insel der Götter?«

»Thors Blut!«, brummte der Sachse, »sie ist eine der Unsrigen!«

»Keine der Meinen!«, erwiderte Turlogh, selbst in jenem Augenblick nicht fähig, seinen Hass auf die Menschen des Nordens zu vergessen.

Das Mädchen blickte die beiden neugierig an. »Die Welt

muss sich stark verändert haben, seit ich sie verlassen habe«, sagte sie, wobei sie sich offenbar wieder ganz in der Gewalt hatte, »wie sonst kommt es, dass Wolf und wilder Bulle zusammen jagen? Nach deinem schwarzen Haar zu schließen, bist du ein Gäle, und du, Großer, hast eine Eigenart in deiner Rede, die nur von einem Sachsen stammen kann.«

»Wir sind zwei Verbannte«, antwortete Turlogh. »Siehst du diese toten Männer auf dem Strand? Sie waren die Mannschaft des Drachenschiffs, das von einem Sturm hierhergetrieben wurde. Dieser Mann, Athelstane, einst von Wessex, war ein Schwertkämpfer auf jenem Schiff und ich war ein Gefangener. Ich bin Turlogh Dubh, einst ein Stammesfürst vom Clan na O'Brien. Wer bist du und was für ein Land ist dies?«

»Dies ist das älteste Land der Welt«, antwortete das Mädchen. »Rom, Ägypten, Kathai sind nur Säuglinge im Vergleich zu diesem Land. Ich bin Brunhild, Tochter von Rane Thorfins Sohn, von den Orkneys, und bis vor wenigen Tagen die Königin dieses uralten Königreichs.«

Turlogh blickte verunsichert zu Athelstane. Dies klang wie Zauberei.

»Nach dem, was wir gerade gesehen haben«, brummte der Riese, »bin ich bereit, alles zu glauben. Aber bist du wahrhaftig das entführte Kind von Rane Thorfins Sohn?«

»Aye!«, rief das Mädchen, »die bin ich! Ich wurde entführt, als Tostig der Wahnsinnige die Orkneys überfiel und Ranes Heimstatt in Abwesenheit ihres Herrn niederbrannte ...«

»Und dann verschwand Tostig vom Angesicht der Erde – oder der See!«, unterbrach Athelstane sie. »Er war tatsächlich ein Wahnsinniger. Ich segelte mit ihm auf Kaperfahrt vor vielen Jahren, als ich noch ein Jüngling war.«

»Und sein Irrsinn verbannte mich auf diese Insel«, antwortete Brunhild, »denn nachdem er die Küste Englands heimgesucht hatte, trieb ihn das Feuer in seinem Geist hinaus auf die unbekannte See – nach Süden und Süden und immer weiter nach Süden, bis selbst die grimmigen Wölfe unter seinem Befehl murrten. Dann trieb uns ein Sturm auf einen anderen Teil jenes Riffes dort, der das Drachenschiff zerfetzte, so wie es mit eurem in der letzten Nacht geschah. Tostig und all seine starken Männer starben in den Wellen, aber ich klammerte mich an ein Stück Treibgut und eine Laune der Götter spülte mich halb tot an Land. Ich war 15 Jahre alt. Das liegt zehn Jahre zurück.

Ich fand hier ein fremdes, schreckliches Volk vor, einen braunhäutigen Stamm, der viele dunkle Geheimnisse der Magie kannte. Sie fanden mich besinnungslos auf dem Strand, und da ich der erste weiße Mensch war, den sie je gesehen hatten, behaupteten ihre Priester, dass ich eine Göttin sei, ein Geschenk des Ozeans, den sie anbeten. Und so steckten sie mich in einen Tempel zum Rest ihrer seltsamen Götter und beteten mich an. Und ihr Hohepriester, der alte Gothan – verflucht sei sein Name! –, brachte mir viele absonderliche und furchtbare Dinge bei. Bald lernte ich ihre Sprache und viele der inneren Mysterien der Priester. Und als ich zur Frau heranreifte, rührte sich in mir das Verlangen nach Macht. Denn die Menschen des Nordens sind geboren, um die Völker der Welt zu beherrschen, und es geziemt sich nicht für die Tochter eines Seekönigs, duldsam in einem Tempel zu sitzen und die Gaben von Früchten und Blumen und Menschenopfern anzunehmen!«

Einen Augenblick hielt sie inne, die Augen lodernd. Wahrlich, sie sah wie eine würdige Tochter des grimmigen Volkes aus, dem sie sich hinzurechnete.

»Nun«, fuhr sie fort, »es gab einen, der mich liebte – Kotar, ein junger Häuptling. Mit ihm schmiedete ich eine Intrige, und schließlich erhob ich mich und warf das Joch des alten Gothan ab. Das war eine wilde Zeit der Intrige und Gegenintrige, der

Ränke, Rebellion und des blutigen Gemetzels! Männer und Frauen starben wie Fliegen und die Straßen von Bal-Sagoth färbten sich rot – aber am Ende triumphierten wir, Kotar und ich! Die Dynastie von Angar kam in einer Nacht des Blutes und des Zorns zu einem Ende, und ich war die oberste Herrscherin auf der Insel der Götter, Königin und Göttin!«

Sie hatte sich zu ihrer ganzen Größe erhoben, ihr schönes Gesicht in glühendem Stolz leuchtend, ihr Busen wogend. Turlogh war gleichermaßen fasziniert und abgestoßen. Er hatte Herrscher aufsteigen und fallen sehen, und zwischen den Zeilen ihrer kurzen Erzählung las er das Blutvergießen und das Gemetzel, die Grausamkeit und den Verrat – spürte die grundlegende Gewissenlosigkeit dieser mädchenhaften Frau.

»Aber wenn du die Königin warst«, fragte er, »wie kommt es, dass wir dir begegnen, während du vor diesem Ungeheuer durch die Wälder deines Reiches fliehst wie ein davongelaufenes Schankmädchen?«

Brunhild biss sich auf die Lippe und eine zornige Röte breitete sich auf ihren Wangen aus. »Was ist es denn, was jede Frau zu Fall bringt, gleichgültig welchen Rang sie bekleidet? Ich vertraute einem Mann – Kotar, meinem Liebhaber, mit dem ich mir die Herrschaft teilte. Er betrog mich; nachdem ich ihm neben mir die höchste Macht im Königreich verschafft hatte, fand ich heraus, dass er heimlich ein anderes Mädchen liebte. Ich tötete sie beide!«

Turlogh lächelte kalt: »Du bist eine wahre Brunhild! Und was geschah dann?«

»Das Volk liebte Kotar. Der alte Gothan hetzte sie auf. Mein größter Fehler war gewesen, den Alten leben zu lassen. Aber ich wagte nicht, ihn zu töten. Nun, Gothan erhob sich gegen mich, so wie ich mich gegen ihn erhoben hatte, und die Krieger rebellierten und töteten all jene, die mir treu ergeben waren. Mich nahmen sie gefangen, wagten aber nicht, mich zu töten; denn schließlich, so glaubten sie noch immer, war ich eine Göttin. Also ließ mich Gothan zu der Lagune bringen, die diesen Teil der Insel vom Rest trennt, denn er fürchtete, dass die Menschen irgendwann erneut ihre Meinung wechselten und meine Macht wiederherstellen würden. Der Priester ruderte mich über die Lagune und überließ mich nackt und hilflos meinem Schicksal.«

»Und welches Schicksal war – das hier?« Athelstane berührte den gewaltigen Kadaver mit seinem Fuß.

Brunhild erschauerte. »Vor vielen Zeitaltern gab es viele dieser Ungeheuer auf der Insel, so sagen die Legenden. Sie führten Krieg gegen die Menschen von Bal-Sagoth und töteten sie zu Hunderten. Schließlich jedoch rottete man sie auf dem Hauptteil der Insel aus und auf dieser Seite der Lagune starben alle außer diesem, der hier seit Jahrhunderten lebte. In den alten Zeiten zogen ganze Heerscharen von Menschen gegen ihn, aber er war der größte aller Teufelsvögel und tötete alle, die gegen ihn kämpften. Also machten die Priester einen Gott aus ihm und überließen ihm diesen Teil der Insel. Niemand kommt hierher, außer jenen, die als Menschenopfer gebracht werden – so wie ich. Er konnte nicht zum Hauptteil der Insel gelangen, denn die Lagune wimmelt vor großen Haien, die ihn in Stücke gerissen hätten.

Eine Weile konnte ich mich vor ihm verbergen, indem ich mich zwischen den Bäumen davonstahl, aber schließlich erspähte er mich – und den Rest kennt ihr. Ich schulde euch mein Leben. Was wollt ihr nun mit mir tun?«

Athelstane blickte zu Turlogh und Turlogh zuckte die Achseln. »Was können wir tun, außer in diesem Wald zu verhungern?«

»Ich werde es euch sagen!«, rief das Mädchen mit eindringlicher Stimme, ihre Augen erneut auflodernd, während ihr scharfer Verstand rasch arbeitete. »Es gibt eine alte Legende dieses Volkes – dass Männer aus Eisen aus der See kommen werden und die Stadt Bal-Sagoth fallen wird! Ihr, mit eurer Rüstung und euren Helmen, werdet diesen Leuten, die keine Rüstung kennen, wie Männer aus Eisen scheinen! Ihr habt Groth-golka den Vogelgott erschlagen – ihr seid ebenso aus dem Meer gekommen wie ich –, die Menschen werden euch als Götter ansehen. Kommt mit mir und helft mir, mein Königreich zurückzugewinnen! Ihr sollt meine rechten Hände sein, und ich werde euch mit Ehren überhäufen! Feinste Gewänder, prächtige Paläste, die schönsten Mädchen von allen!«

Ihre Versprechungen prallten von Turloghs Geist ab, ohne einen Eindruck zu hinterlassen, aber der irrwitzige Überschwang ihres Vorschlags faszinierte ihn. Er hatte das starke Verlangen, jene merkwürdige Stadt zu sehen, von der Brunhild gesprochen hatte, und der Gedanke an zwei Krieger und ein Mädchen, die es mit einer ganzen Nation für eine Krone aufnahmen, rührte an den tiefsten Wurzeln seines keltischen Selbstbilds als fahrender Ritter.

»So soll es sein«, sagte er. »Und was ist mit dir, Athelstane?«

»Mein Bauch ist leer«, knurrte der Riese. »Führe mich irgendwohin, wo es Essen gibt, und ich hacke mir den Weg nach dort frei, durch eine Horde von Priestern und Kriegern.«

»Führe uns zu dieser Stadt!«, sagte Turlogh zu Brunhild.

»Heil euch!«, rief sie und warf ihre weißen Arme in wildem Jubel hoch in die Luft. »Mögen Gothan und Ska und Gelka nun erzittern! Mit euch an meiner Seite werde ich die Krone zurückgewinnen, die sie mir entrissen haben, und dieses Mal werde ich meine Feinde nicht verschonen! Ich werde Gothan von den höchsten Zinnen werfen, und sollte auch das Brüllen seiner Dämonen die Eingeweide der Erde selbst erschüttern! Und wir werden sehen, ob der Gott Gol-goroth gegen jenes Schwert bestehen wird, das Groth-golkas Bein unter seinem Leib durchtrennte. Nun hacke den Schädel von jenem Kadaver ab, auf dass die Menschen sehen, dass ich den Vogelgott überwältigt habe. So folgt mir, denn die Sonne steigt am Himmel auf und ich möchte heute Nacht in meinem eigenen Palast schlafen!«

Die drei traten in den Schatten des mächtigen Waldes. Die ineinander verschlungenen Äste unfassbar hoch über ihren Köpfen ließen das wenige Sonnenlicht, das durch sie hindurchfiel, trübe und sonderbar erscheinen. Kein Leben war zu sehen, außer gelegentlich ein bunt gefärbter Vogel oder ein großer Affe. Diese Bestien, sagte Brunhild, waren die Überlebenden eines anderen Zeitalters, harmlos, es sei denn, man griff sie an. Schließlich veränderte sich der Pflanzenwuchs, der Wald wurde lichter und flacher, und vielerlei Früchte waren zwischen den Zweigen zu sehen. Brunhild sagte den Kriegern im Vorbeigehen, welche sie pflücken und essen konnten. Turlogh war mit den Früchten durchaus zufrieden, Athelstane jedoch, der zwar enorme Mengen verspeiste, tat dies mit nur wenig Genuss. Obst war nur eine leichte Kost für einen Mann, der die vollmundige Nahrung seines Speiseplans gewohnt war. Selbst unter den gefräßigen Dänen bot des Sachsen Aufnahmevermögen für Fleisch und Ale Anlass zur Bewunderung.

»Seht!«, rief Brunhild scharf aus, hielt inne und deutete voraus. »Die Turmspitzen von Bal-Sagoth!«

Durch die Bäume sahen die Krieger ein Schimmern: weiß und glänzend, und offenbar weit entfernt. Der Anblick vermittelte den trügerischen Eindruck von aufragenden Zinnen hoch am Himmel, darüber flauschige Wolken schwebend. Seltsame Träume regten sich in den mystischen Untiefen der Seele des Gälen, und sogar Athelstane schwieg, als wäre selbst er von der heidnischen Schönheit und Rätselhaftigkeit des Anblicks beeindruckt.

Und so schritten sie weiter durch den Wald, gelegentlich die ferne Stadt aus den Augen verlierend, wenn die Baumkronen ihre Sicht blockierten. Und schließlich gelangten sie an die flachen Gestade einer ausgedehnten blauen Lagune und die gesamte Schönheit der Landschaft breitete sich vor ihren Augen aus. Am gegenüberliegenden Ufer stieg das Gelände in langen, sanften Wellenbewegungen allmählich an, bis sich diese großen, langsamen Wogen am Fuße einer Kette blauer Hügel einige Meilen entfernt brachen. Diese breiten Stufen waren von hohem Gras und unzähligen Hainen bedeckt, während sich der Streifen dichten Waldes meilenweit, so weit sie überhaupt sehen konnten, um das Hochland bog. Brunhild zufolge umgürtete der Wald die ganze Insel. Und zwischen diesen blauen verträumten Hügeln brütete die uralte Stadt Bal-Sagoth vor sich hin, ihre weißen Mauern und Saphirtürme zeichneten sich vor dem Morgenhimmel klar ab. Der Anschein großer Entfernung war eine Illusion gewesen.

»Ist dies nicht ein Königreich, um das es sich zu kämpfen lohnt?«, rief Brunhild mit bebender Stimme. »Schnell jetzt – lasst uns jenes trockene Holz zu einem Floß vertäuen. In diesen von Haien heimgesuchten Gewässern könnten wir keinen Augenblick überleben.«

In diesem Moment sprang eine Gestalt aus dem hohen Gras des anderen Ufers – ein nackter, braunhäutiger Mann, der sie einen Augenblick lang mit offenem Mund anstarrte. Dann, als Athelstane einen Ruf ausstieß und den grausigen Schädel von Groth-golka hochhielt, gab der Kerl einen überraschten Schrei von sich und raste wie eine Antilope davon.

»Ein Sklave, den Gothan zurückließ, um zu sehen, ob ich versuchen würde, die Lagune zu durchschwimmen«, sagte Brunhild mit zorniger Zufriedenheit. »Lasst ihn ruhig in die Stadt laufen und alles erzählen – aber eilen wir uns und überqueren die Lagune, bevor Gothan wiederkommen und uns die Überfahrt verwehren kann.«

Turlogh und Athelstane waren bereits bei der Arbeit. Einige tote Bäume lagen hier und diese befreiten sie von ihren

Ästen und banden sie mit langen Ranken von Schlingpflanzen zusammen. In kürzester Zeit hatten sie ein Floß gefertigt, primitiv und einfach, aber in der Lage, sie über die Lagune zu tragen. Brunhild entfuhr ein freimütiger Seufzer der Erleichterung, als sie das andere Ufer betraten.

»Wir wollen sofort zur Stadt aufbrechen«, sagte sie. »Der Sklave wird sie mittlerweile erreicht haben und sie werden uns von den Mauern beobachten. Kühnheit ist der einzige uns offenstehende Weg. Thors Hammer, aber ich würde gern Gothans Gesicht sehen, wenn ihm der Sklave berichtet, dass Brunhild mit zwei fremdländischen Kriegern zurückkehrt und dem Kopf dessen, dem sie als Opfer zugedacht war!«

»Warum hast du Gothan nicht umgebracht, als du die Macht dazu hattest?«, fragte Athelstane.

Sie schüttelte den Kopf, ihre Augen mit so etwas wie Furcht umwölkt. »Leichter gesagt als getan. Die Hälfte des Volkes hasst Gothan, die andere Hälfte liebt ihn, und alle fürchten ihn. Die ältesten Männer der Stadt sagen, dass er schon alt war, als sie erst Säuglinge waren. Er ist in den Augen des Volkes eher Gott als Priester, und ich selbst habe ihn schreckliche und geheimnisvolle Dinge tun sehen, jenseits der Kräfte eines gewöhnlichen Menschen.

Nein, als ich nur eine Marionette in seinen Händen war, stieß ich bloß zum äußersten Rand seiner Mysterien vor, ich habe jedoch Dinge gesehen, die mein Blut gefrieren ließen. Ich habe merkwürdige Schatten über die mitternächtlichen Mauern huschen sehen, und als ich mich in der tiefsten Nacht durch schwarze unterirdische Gänge getastet habe, vernahm ich unheiligste Geräusche und spürte die Gegenwart abscheulicher Wesen. Und einmal hörte ich das grausam geifernde Bellen des Namenlosen Dinges, das Gothan tief in den Eingeweiden der Hügel festgekettet hat, auf denen die Stadt Bal-Sagoth steht.«

Brunhild erschauerte.

»Es gibt viele Götter in Bal-Sagoth, aber der größte von allen ist Gol-goroth, der Gott der Dunkelheit, der auf ewig im Tempel der Schatten sitzt. Als ich Gothans Macht umstürzte, verbot ich den Menschen, Gol-goroth anzubeten, und ließ die Priester als die einzig wahre Gottheit A-ala anrufen, die Tochter des Meeres – mich selbst. Ich befahl einigen starken Männern, schwere Hämmer aufzunehmen und das Bildnis von Gol-goroth zu zerschlagen, aber ihre Hiebe zerschmetterten nur ihre Hämmer und verletzten diejenigen, die sie schwangen. Gol-goroth war unzerstörbar und zeigte nicht eine Schramme. Also ließ ich ab und verschloss die Tür zum Tempel der Schatten, die man erst wieder öffnete, als ich entmachtet, und Gothan, der sich an geheimen Orten in der Stadt verborgen hatte, wieder in Amt und Würden war. Da herrschte Gol-goroth wieder in seiner ganzen Schrecklichkeit und man stürzte die Idole von A-ala im Tempel der See um, die Priester A-alas starben kreischend auf dem rot gefleckten Altar vor dem Schwarzen Gott. Aber nun werden wir sehen!«

»Sicherlich bist du eine wahrhaftige Walküre«, murmelte Athelstane. »Aber drei gegen eine ganze Nation, das sind geringe Aussichten – besonders gegen ein solches Volk, dessen Menschen sicherlich allesamt Hexen und Zauberer sein müssen.«

»Pah!«, rief Brunhild verächtlich. »Es gibt viele Zauberer, das ist wahr, aber auch wenn diese Menschen uns fremdartig vorkommen, sind sie auf ihre Art auch nur Narren, wie alle Nationen. Als mich Gothan gefangen durch die Straßen führte, spuckten sie mich an. Nun seht, wie sie sich gegen Ska wenden werden, den neuen König, den ihnen Gothan gegeben hat, wenn es so aussieht, als würde mein Stern erneut aufsteigen! Aber nun nähern wir uns den Stadttoren – seid kühn, aber vorsichtig!«

Sie waren die sanft gewellten Hügel hinaufgestiegen und nicht mehr weit von den gewaltigen Mauern entfernt, die sich vor ihnen erhoben. Sicherlich, dachte Turlogh, mussten heidnische Götter diese Stadt erbaut haben. Ihre Mauern schienen aus Marmor zu bestehen und mit ihren verzierten Wehrgängen und schlanken Wachtürmen stellte sie sogar seine Erinnerung an Städte wie Rom, Damaskus und Byzanz in den Schatten. Eine breite, gewundene weiße Straße führte von den unteren Ebenen zu dem Plateau vor den Toren empor, und als sie zu dieser Straße kamen, spürten die drei Abenteurer, wie sich Hunderte verborgene Augen mit brennender Eindringlichkeit auf sie richteten. Die Mauern schienen verlassen, es hätte sich ebenso um eine Stadt der Toten handeln können, aber die Berührung jener Blicke war spürbar.

Nun standen sie vor den massiven Toren, die aus ziseliertem Silber zu bestehen schienen, wie die staunenden Krieger bemerkten.

»Hier haben wir das Lösegeld für einen Kaiser!«, murmelte Athelstane mit lodernden Augen. »Thors Blut, hätten wir bloß eine standhafte Bande aus Plünderern und ein Schiff, um die Beute davonzuschaffen!«

»Schlagt gegen das Tor und tretet dann zurück, bevor etwas auf euch fällt«, sagte Brunhild, und das Donnern von Turloghs Axt gegen das Portal erweckte die schlafenden Hügel ringsherum mit seinem Widerhall.

Dann fielen die drei einige Schritte zurück und plötzlich schwangen die mächtigen Tore nach innen und eine wundersame Ansammlung von Menschen war zu sehen. Die zwei weißen Krieger blickten auf ein Schauspiel voll barbarischer Pracht. Eine Ansammlung großer, schlanker, braunhäutiger Männer stand an den Toren. Ihre einzige Bekleidung waren Lendentücher aus Seide, deren kostbare Verarbeitung einen merkwürdigen Kontrast zu der Halbnacktheit ihrer Träger bot.

Hohe, wogende Federbüsche aus vielen Farben bedeckten ihre Köpfe, und Armreife und Beinspangen aus Gold und Silber, bedeckt mit glitzernden Juwelen, vollendeten ihren Schmuck. Rüstung trug keiner von ihnen, aber ein jeder trug einen Schild am linken Arm, aus Hartholz gefertigt, glänzend poliert und mit Silber verstärkt. Ihre Waffen waren Speere mit schmalen Klingen, leichte Streitäxte und schmale Dolche, alle aus feinem Stahl gearbeitet. Offensichtlich verließen sich diese Krieger mehr auf Geschwindigkeit und Geschick als auf rohe Gewalt.

In der vordersten Reihe dieser Menge standen drei Männer, die sofort die Aufmerksamkeit auf sich zogen. Einer war ein hagerer, falkengesichtiger Krieger, fast so groß wie Athelstane, der um seinen Hals eine große goldene Kette trug, an der ein merkwürdiges Symbol aus Jade hing. Einer der anderen Männer war jung, mit bösem Blick; ein beeindruckendes Durcheinander von Farben herrschte in dem Umhang aus Papageienfedern, der ihm von den Schultern hing. Der dritte Mann hatte nichts, das ihn von dem Rest unterschied, außer seiner eigenen beeindruckenden Persönlichkeit. Er hatte keinen Umhang, trug keine Waffen. Sein einziges Kleidungsstück war ein einfacher Lendenschurz. Er war sehr alt; er allein in der ganzen Menge trug einen Bart, und sein Bart war ebenso weiß wie das lange Haar, das ihm bis auf die Schultern fiel. Er war sehr groß und sehr schlank, und seine großen, dunklen Augen loderten wie mit einem verborgenen Feuer. Turlogh wusste, ohne dass man es ihm sagte, dass dies Gothan, der Priester des Schwarzen Gottes war. Der Alte strahlte eine wahrhaftige Aura von Alter und Rätselhaftigkeit aus. Seine großen Augen waren wie die Fenster irgendeines vergessenen Tempels, hinter denen seine dunklen und furchtbaren Gedanken wie Geister umherzogen. Turlogh spürte, dass Gothan sich zu tief in verbotene Geheimnisse versenkt hatte, um noch völlig menschlich zu sein. Er hatte Tore durchschritten, die ihn von den Träumen, Wünschen und Empfindungen gewöhnlicher Sterblicher ausgeschlossen hatten. Beim Anblick jener starren Augäpfel verspürte Turlogh eine Gänsehaut, als blickte er in die Augen einer großen Schlange.

Ein Blick nach oben zeigte ihnen nun, dass sich auf den Mauern schweigende, dunkeläugige Menschen drängten. Die Bühne war bereitet; alles wartete auf das rasche, blutrote Drama. Turlogh spürte, wie sich sein Puls in feuriger Erregung beschleunigte, und Athelstanes Augen leuchteten in einem wilden Glanz.

Brunhild trat kühn vor, den Kopf hoch erhoben, während ihr prächtiger Körper geradezu vor Energie sprühte. Die weißen Krieger konnten natürlich nicht ahnen, welche Worte sie mit den anderen wechselte, abgesehen von dem, was sie aus Gesten und Mienen lasen, aber später gab ihnen Brunhild die Unterhaltung nahezu wörtlich wieder.

»Nun, Volk von Bal-Sagoth«, sagte sie, ihre Worte gemessen setzend, »was habt ihr eurer Göttin zu sagen, die ihr verspottet und verunglimpft habt?«

»Was möchtest du hören, du Falsche?«, rief der große Mann, Ska, den Gothan als König eingesetzt hatte. »Du, die du die Sitten unserer Vorfahren verhöhntest, dich den Gesetzen von Bal-Sagoth widersetzt hast, die älter als die Welt selbst sind, deinen Liebhaber ermordet hast und den Schrein von Gol-goroth entweiht hast? Du wurdest von Gesetz, König und Gott verurteilt und in den furchtbaren Wald jenseits der Lagune gebracht …«

»Und ich, die ich ebenso eine Göttin bin und größer als jeder Gott«, antwortete Brunhild spöttisch, »bin aus dem Reich des Schreckens mit dem Kopf von Groth-golka zurückgekehrt!«

Auf ihr Wort hin hielt Athelstane den großen, schnabelbewehrten Schädel hoch, und ein leises Flüstern breitete sich auf den Zinnen aus, angespannt vor Furcht und Staunen.

»Wer sind diese Männer?« Ska nickte mit einem besorgten Stirnrunzeln zu den beiden Kriegern.

»Sie sind eiserne Männer, die aus dem Meer gekommen sind!«, antwortete Brunhild mit klarer, weit tragender Stimme. »Die Wesen, die als Erfüllung der alten Prophezeiungen gekommen sind, um die Stadt Bal-Sagoth zu stürzen, deren Einwohner Verräter und deren Priester falsch sind!«

Bei diesen Worten brach das furchtsame Murmeln erneut entlang der gesamten Mauern los, bis Gothan seinen Geierkopf hob und die Menschen in Schweigen verfielen und vor dem eisigen Blick seiner schrecklichen Augen zurückwichen.

Ska blickte sich verwirrt um, sein Ehrgeiz im Ringen mit seinen abergläubischen Ängsten.

Turlogh, der Gothan genau musterte, glaubte unter der unergründlichen Maske des Gesichtes des alten Priesters etwas herauslesen zu können. Trotz all seiner unmenschlichen Weisheit hatte Gothan seine Grenzen. Die plötzliche Rückkehr einer, deren er sich endgültig entledigt gewähnt hatte, und das Auftauchen der weißhäutigen Riesen in ihrer Begleitung hatten Gothan völlig unerwartet getroffen, vermutete Turlogh zu Recht. Es war keine Zeit gewesen, sich für ihren Empfang vorzubereiten. Das Volk hatte bereits begonnen, sich auf den Straßen flüsternd über die Strenge von Skas Regentschaft zu beklagen. Sie hatten immer an Brunhilds Göttlichkeit geglaubt. Nun, da sie mit zwei riesigen Männern ihrer eigenen Hautfarbe wiedergekehrt war, in den Händen die grimmige Trophäe, welche die Unterwerfung einer weiteren ihrer Gottheiten bezeugte, begannen die Menschen unschlüssig zu werden. Jede Kleinigkeit konnte das Blatt in eine beliebige Richtung wenden.

»Menschen von Bal-Sagoth!«, rief Brunhild plötzlich, sprang zurück und warf ihre Arme hoch empor, blickte geradewegs in die Gesichter derjenigen, die zu ihr heruntersahen. »Ich heiße euch, euer Urteil abzuwenden, ehe es zu spät ist! Ihr habt mich ausgestoßen und mich bespuckt; ihr wandtet euch dunkleren Göttern zu, als ich es bin! Aber all dies werde ich euch vergeben, wenn ihr umkehrt und mir Ehrerbietung erweist! Einmal habt ihr mich verschmäht – ihr nanntet mich blutrünstig und grausam! Wahrlich, ich war eine harte Herrin – ist aber Ska ein leichter Herr gewesen? Ihr sagtet, ich würde das Volk mit Riemen aus hartem Leder peitschen – hat Ska euch mit Papageienfedern gestreichelt?

Eine Jungfrau starb auf meinem Altar, jedes Mal wenn der Mond in voller Größe stand – aber Jünglinge und Mädchen sterben beim Zunehmen und Abnehmen, beim Aufgehen und Untergehen eines jeden Mondes vor Gol-goroth, auf dessen Altar ewiglich ein frisches menschliches Herz pulsiert! Ska ist nur ein Schatten! Euer wahrer Herrscher ist Gothan, der wie ein Geier über der Stadt wacht! Einst wart ihr ein mächtiges Volk; eure Galeeren drängten sich auf den Meeren. Nun seid ihr nur noch ein Überrest, und dieser schwindet rasch dahin! Narren! Ihr werdet alle auf dem Altar Gol-goroths sterben, ehe Gothan fertig mit euch ist, und er allein wird übrig bleiben, die stummen Ruinen von Bal-Sagoth zu durchstreifen!

Seht ihn euch an!« Ihre Stimme stieg zu einem Kreischen an, als sie sich zu einer beseelten Raserei aufpeitschte, und selbst Turlogh, für den die Worte bedeutungslos waren, erschauerte. »Seht ihn euch an, wie er dasteht, ein bösartiger Geist aus der Vergangenheit! Er ist nicht einmal menschlich! Ich sage euch, er ist ein verdorbener Geist, dessen Bart von dem Blut einer Million Schlachtereien bespritzt ist – ein fleischgewordener Teufel aus dem Nebel der Zeitalter, gekommen, um das Volk von Bal-Sagoth zu vernichten!

Wählt jetzt! Erhebt euch gegen den uralten Teufel und seine blasphemischen Götter, empfangt eure rechtmäßige Königin und Gottheit zurück, und ihr sollt etwas von eurer früheren

Größe zurückgewinnen. Weigert euch, und die uralte Prophezeiung soll sich erfüllen und die Sonne wird über den stummen und zerfallenen Ruinen von Bal-Sagoth untergehen!«

Von ihren lebhaften Worten angespornt, sprang ein junger Krieger mit dem Schmuck eines Häuptlings auf die Brüstung und schrie: »Heil A-ala! Nieder mit den blutrünstigen Göttern!«

In der Menge nahmen viele diesen Ruf auf und Stahl klirrte, als eine Vielzahl von Kämpfen aufflackerte. Die Scharen auf den Wehrgängen und den Straßen wogten hin und her, während sich Ska verblüfft umsah. Brunhild drängte ihre Gefährten zurück, die in ihrem Eifer, irgendetwas tun zu können, erbebten, und rief: »Halt! Niemand soll jetzt schon losschlagen! Volk von Bal-Sagoth, seit Anbeginn der Zeit ist es eine Tradition, dass der König um seine Krone kämpfen muss! So soll Ska den Stahl mit einem dieser Krieger kreuzen! Wenn Ska gewinnt, werde ich vor ihm niederknien und er mag meinen Kopf abschlagen! Wenn Ska verliert, sollt ihr mich als eure rechtmäßige Königin und Göttin akzeptieren!«

Ein gewaltiges Brüllen der Zustimmung erhob sich von den Mauern, als die Menschen ihre Streitigkeiten unterbrachen, allzu froh, die Verantwortung ihren Herrschern zu überlassen.

»Wirst du kämpfen, Ska?«, fragte Brunhild, die sich spöttisch an den König wandte. »Oder wirst du mir deinen Kopf ohne weiteren Zwist aushändigen?«

»Hündin!«, heulte Ska auf, bis zur Weißglut getrieben. »Ich werde mir die Schädel dieser Narren als Trinkkelche holen, und dann werde ich dich zwischen zwei gebogenen Bäumen zerreißen lassen!«

Gothan legte ihm eine Hand auf den Arm und flüsterte ihm ins Ohr, aber Ska hatte den Punkt erreicht, wo er für alles außer seinem Zorn taub war. Er hatte herausgefunden, dass seine Rolle nun, da sein Ehrgeiz erfüllt war, zu der einer Puppe verblasst war, die an Gothans Schnüren tanzte; jetzt schlüpfte ihm selbst der hohle Tand seiner Königswürde aus den Händen und dieses Weib warf ihm diese Worte vor seinem Volk ins Gesicht. Ska drehte in jeglicher Hinsicht vollkommen durch.

Brunhild wandte sich ihren zwei Verbündeten zu. »Einer von euch muss mit Ska kämpfen.«

»Lass mich derjenige sein!«, drängte Turlogh, seine Augen mit bereitwilliger Kampfeslust tanzend. »Er sieht aus wie ein Mann, der schnell wie eine Wildkatze ist, und Athelstane mag zwar die Kraft eines leibhaftigen Bullen besitzen, aber er ist für solcherlei Werk zu langsam …«

»Langsam!«, unterbrach ihn Athelstane vorwurfsvoll. »Nun, Turlogh, für einen Mann meiner Größe …«

»Genug«, mischte sich Brunhild ein. »Er muss selbst wählen.«

Sie sprach mit Ska, der sie einen Augenblick mit roten Augen anfunkelte, dann deutete er auf Athelstane, der freudig grinste, den Vogelkopf beiseitewarf und sein Schwert vom Rücken nahm. Turlogh fluchte und trat zurück. Der König hatte entschieden, dass er gegen diesen riesigen Büffel von einem Mann, der langsam aussah, eine bessere Chance hatte als gegen den schwarzhaarigen tigerhaften Krieger, dessen katzengleiche Schnelligkeit offensichtlich war.

»Dieser Ska trägt keine Rüstung«, brummte der Sachse. »Lass mich ebenso die Rüstung und meinen Helm ablegen, sodass wir zu gleichen Bedingungen …«

»Nein!«, rief Brunhild. »Deine Rüstung ist deine einzige Chance! Ich sage dir, dieser falsche König kämpft wie der Blitz eines Sommergewitters! Es wird dir so schon schwerfallen, dich gegen ihn zu behaupten. Behalte deine Rüstung, sage ich!«

»Nun, nun«, brummelte Athelstane, »ich werde es – das werde ich. Auch wenn ich meine, dass dies kaum gerecht ist. Aber so mag er zu mir kommen, damit wir es hinter uns bringen.«

Der hünenhafte Sachse schritt schwerfällig auf seinen Gegner zu, der dort vorsichtig kauerte und im Zurückweichen einen Bogen schlug. Athelstane hielt sein großes Schwert in beiden Händen vor sich, die Spitze nach oben, das Heft knapp unterhalb seines Kinns in einer Position, die es ihm erlaubte, nach rechts oder nach links zu schlagen oder aber eine plötzliche Attacke zu parieren.

Ska hatte seinen leichten Schild fortgeworfen, da ihm sein Kampfinstinkt sagte, dass er nutzlos gegen einen Hieb dieser schweren Klinge sein würde. In seiner rechten Hand hielt er seinen schlanken Speer wie einen Wurfpfeil, in seiner Linken ein leichtes Kriegsbeil mit scharfer Klinge. Er wollte den Kampf schnell und wechselhaft führen, und seine Taktik war klug. Ska jedoch, der nie zuvor eine Rüstung gesehen hatte, machte den tödlichen Fehler, sie für Kleidung oder Schmuck zu halten, die seine Waffen durchbohren würden.

Nun sprang er vor, stieß mit dem Speer nach Athelstanes Gesicht. Der Sachse parierte mit Leichtigkeit und führte augenblicklich einen wuchtigen Hieb gegen Skas Beine. Der König sprang hoch, über die sausende Klinge, und mitten im Sprung hackte er hinunter auf Athelstanes vornübergesenkten Kopf. Das leichte Beil zerbarst auf dem Helm des Wikingers und Ska sprang mit einem blutrünstigen Heulen zurück außer Reichweite.

Und nun war es Athelstane, der mit unerwarteter Schnelligkeit vorstürmte wie ein angreifender Stier, und diese ungestüme Attacke erwischte Ska, der immer noch verblüfft wegen seines geborstenen Beils war, völlig unvorbereitet auf dem falschen Fuß. Mit einem flüchtigen Blick sah er den Riesen, der sich wie eine Springflut über ihm auftürmte, und statt auszuweichen sprang er wütend zustechend auf ihn zu. Dieser Fehler war sein letzter. Der vorzuckende Speer glitt harmlos vom Kettenhemd des Sachsen ab, und in diesem Moment pfiff das Breitschwert in einem Streich herab, dem der König nicht entgehen konnte. Die Wucht dieses Streiches schleuderte ihn davon, so wie ein Mann von einem rasenden Bullen davongeschleudert wird. Ein Dutzend Fuß entfernt fiel Ska, der König von Bal-Sagoth, zu Boden und blieb gebrochen und tot in einem grausigen Wust aus Blut und Eingeweiden liegen. Die Menge gaffte, vom Geschick dieser Tat zum Verstummen gebracht.

»Hack ihm den Kopf ab!«, rief Brunhild, ihre Augen flammend, während sie ihre Fäuste so sehr ballte, dass die Nägel in ihre Handfläche stachen. »Spieß den Schädel jenes Aases auf deiner Schwertspitze auf, auf dass wir ihn als Unterpfand unseres Sieges durch die Stadttore tragen können!«

Aber Athelstane schüttelte den Kopf und wischte seine Klinge sauber: »Nein, er war ein tapferer Mann und ich werde seinen Leichnam nicht verstümmeln. Es ist keine großartige Tat, die ich begangen habe, denn er war nackt und ich in voller Rüstung. Sonst, so glaube ich, wäre dieser Kampf ganz anders ausgegangen.«

Turlogh blickte zu den Menschen auf den Mauern. Sie hatten sich von ihrem Erstaunen erholt und stießen nun ein gewaltiges Gebrüll aus: »A-ala! Heil der wahren Göttin!« Die Krieger am Stadttor fielen auf die Knie und neigten ihre Stirn vor Brunhild in den Staub, die stolz aufgerichtet dastand, und schwer atmend hob sich ihr Busen in grimmigem Triumph. Wahrlich, dachte Turlogh, sie ist mehr als nur eine Königin – sie ist eine Schildfrau, eine Walküre, wie Athelstane gesagt hatte.

Nun trat sie zur Seite und riss die goldene Kette mit dem Jadesymbol vom toten Halse Skas, hielt sie hoch empor und rief: »Volk von Bal-Sagoth, ihr habt gesehen, wie euer falscher König vor diesem goldbärtigen Riesen starb, der keine einzige Schnittwunde davontrug, denn er besteht aus Eisen! Wählt nun – empfangt ihr mich aus eurem eigenen freien Willen?«

»Ja, das tun wir!«, antwortete die Menge in einem vielkehligen Schrei. »Kehre zu deinem Volk zurück, o großartige und allmächtige Königin!«

Brunhild lächelte sardonisch. »Kommt«, sagte sie zu den Kriegern, »sie peitschen sich selbst zu einem wahren Rausch der Liebe und Loyalität auf, ihr Verrat ist bereits vergessen. Das Gedächtnis des Mobs ist kurz!«

Ja, dachte Turlogh, als er und der Sachse an Brunhilds Seite durch die mächtigen Tore schritten, zwischen den Reihen niederkniender Würdenträger; ja, das Gedächtnis des Mobs ist sehr kurz. Nur einige Tage waren vergangen, seit sie ebenso frenetisch Ska dem Befreier zujubelten – wenige Stunden waren vergangen, seit Ska auf dem Thron saß, als Herrscher über Leben und Tod, und das Volk sich zu seinen Füßen verneigte. Nun aber … Turlogh blickte zu der verstümmelten Leiche, die einsam und verlassen vor den Silbertoren lag. Der Schatten eines kreisenden Geiers fiel auf sie. Der Lärm der Menge füllte Turloghs Ohren und er lächelte ein bitteres Lächeln.

Die großen Tore schlossen sich hinter den drei Abenteurern und Turlogh sah eine breite weiße Straße, die sich vor ihm erstreckte. Andere, kleinere Straßen gingen strahlenförmig von dieser ab. Die beiden Krieger bekamen einen Eindruck von großen weißen Steingebäuden, die sich wirr und ungeordnet nebeneinander drängten, himmelhohe Türme und Paläste mit breiten Treppen. Turlogh wusste, dass es ein System geben musste, nach dem die Stadt geplant war, aber ihm schien all das eine Verschwendung von Stein und Metall und poliertem Holz, ohne Sinn und Verstand. Seine verblüfften Augen suchten erneut die Straße.

Weiter die Straße hinauf erstreckte sich eine Menschenmenge, von der sich ein rhythmisches Donnergeräusch erhob. Tausende nackte, bunt gefiederte Männer und Frauen knieten dort, vornübergebeugt, sodass ihre Stirn das Pflaster berührte, dann warfen sie sich mit einem Aufwärtsschwingen ihrer Arme nach hinten, all das in völligem Einklang miteinander wie das Auf und Nieder von hohem Gras im Wind. Und bei ihren Verneigungen stießen sie einen monotonen Singsang aus, dessen Lautstärke in einem Rausch der Ekstase an- und abschwoll. So hieß ihr launiges Volk die Göttin A-ala willkommen.

Direkt hinter dem Tor blieb Brunhild stehen und dort kam der junge Häuptling zu ihr, der als Erster den Aufruf zur Revolte von den Mauern geschrien hatte. Er kniete sich hin, küsste ihre bloßen Füße und sagte: »O große Königin und Göttin, du weißt, dass Zomar dir immer treu war! Du weißt, wie ich für dich kämpfte und um deinetwillen nur knapp dem Altar von Gol-goroth entging!«

»Du warst wahrhaftig treu ergeben, Zomar«, antwortete Brunhild in dem gestelzten Tonfall, der zu solchen Gelegenheiten nötig war. »Auch soll deine Treue nicht ohne Lohn bleiben. Von nun an sollst du der Befehlshaber meiner eigenen Leibgarde sein.« Dann, in leiserem Tonfall, fügte sie hinzu: »Rufe eine Schar deiner eigenen Bediensteten zusammen, und von diesen diejenigen, welche die ganze Zeit meiner Sache verschrieben waren, und bringe sie in meinen Palast. Ich vertraue dem Volk nicht weiter, als ich wirklich muss!«

Plötzlich mischte sich Athelstane, der die Unterhaltung nicht verstanden hatte, ein: »Wo ist der Alte mit dem Bart?«

Turlogh fuhr zusammen und blickte sich um. Er hatte den Hexer beinahe vergessen. Er hatte ihn nicht verschwinden sehen – und doch war er weg! Brunhild lachte reuevoll auf.

»Er hat sich davongestohlen, um in den Schatten noch mehr Ärger auszubrüten. Er und Gelka sind verschwunden, als Ska fiel. Er hat geheime Wege, auf denen er kommt und geht, und niemand kann ihn aufhalten. Vergesst ihn einstweilen, aber merkt euch – wir werden in Bälde genug von ihm hören!«

Nun brachten die Häuptlinge eine kunstvoll bearbeitete und prächtig geschmückte Sänfte, getragen von zwei starken Sklaven, und Brunhild stieg ein, wobei sie zu ihren Gefährten sagte: »Sie fürchten sich, euch zu berühren, aber fragt einfach, wenn ihr getragen werden möchtet. Ich denke, es ist besser, wenn ihr geht, einer auf jeder Seite meiner Sänfte.«

»Thors Blut!«, brummelte Athelstane und schwang das mächtige Schwert, das er noch nicht in die Scheide zurückgesteckt hatte, auf seine Schulter. »Ich bin doch kein Säugling! Ich spalte den Schädel jedes Mannes, der versucht, mich zu tragen!«

Und so zog sie die lange weiße Straße hinauf, Brunhild, Tochter von Rane Thorfins Sohn auf den Orkneys, Göttin der See, Königin des uralten Bal-Sagoth. Getragen von zwei großen Sklaven zog sie dahin, zwei weiße Riesen mit blankem Stahl zu ihren beiden Seiten schreitend und eine Ansammlung von Häuptlingen in ihrem Gefolge, während die Menge rechts und links Platz machte, eine breite Spur schaffend, durch die sie zog. Goldene Trompeten schmetterten eine Fanfare des Triumphes, Trommeln dröhnten, Gesänge der Verehrung hallten laut zu den Himmeln empor. Sicherlich trank die stolze Seele des Mädchens aus dem Norden in vollen Zügen den Wein dieser Parade des Prunks, dieser barbarischen Zurschaustellung von Glanz, und wurde trunken vor herrschaftlichem Stolz.

Athelstanes Augen leuchteten vor einfacher Freude über diese Flamme heidnischer Pracht, dem schwarzhaarigen Krieger aus dem Westen jedoch schien es, dass selbst im lautesten Trubel des Triumphes Trompete, Trommel und Geschrei im vergessenen Staub und der Stille der Ewigkeit verhallten. Königreiche und Imperien vergehen wie der Dunst über dem Meer, dachte Turlogh. Die Menschen jubeln und triumphieren, und noch während des Überschwangs von Belsazars Fest brachen die Meder durch die Tore Babylons. Selbst jetzt hängt der Schatten des Unheils über dieser Stadt und die langsamen Fluten des Vergessens lecken an den Füßen dieses sorglosen Volkes. So schritt Turlogh O'Brien in merkwürdiger Stimmung neben der Sänfte her, und es schien ihm, dass er und Athelstane in einer Stadt der Toten unterwegs waren, durch Scharen blasser Geister, die eine Geisterkönigin bejubelten.

3
Der Sturz der Götter

Es war Nacht geworden in der uralten Stadt Bal-Sagoth. Turlogh, Athelstane und Brunhild saßen allein in einem Zimmer des inneren Palastes. Die Königin ruhte halb liegend auf einem seidenen Diwan, wohingegen die Männer auf Mahagonistühlen saßen, beschäftigt mit den Speisen, welche die Sklavenmädchen auf goldenen Platten reichten. Die Wände dieses Raumes, wie die des ganzen Palastes, bestanden aus Marmor, mit goldenen Schnörkeln verziert. Die Decke war aus Lapislazuli und der Boden aus Marmorfliesen mit silbernen Intarsien. Schwere Samtbehänge schmückten die Wände, und Seidenkissen, kostbare Diwane und Stühle und Tische aus Mahagoni füllten den Raum in sorglosem Überfluss.

»Ich würde viel für ein Horn voller Ale geben, aber dieser Wein kommt meinem Gaumen auch nicht sauer vor«, sagte Athelstane, der mit Genuss einen goldenen Kelch lehrte. »Brunhild, du hast uns betrogen. Du hast uns zu verstehen gegeben, dass du deine Krone erst nach einem harten Kampf wiedererlangen würdest – aber ich habe nur einen Streich gelandet und mein Schwert ist so durstig wie Turloghs Axt, die gar nichts zu trinken bekommen hat. Wir hämmerten an die Tore, und die Menschen fielen zu Boden und beteten uns ohne weitere Umstände an. Und bis eben standen wir einfach neben deinem Thron im großen Palastsaal, während du zu der Menge sprachst, die kam, um die Stirn vor dir auf den Boden zu schlagen – bei Thor, ich habe nie so viel Getrappel und Geplapper gehört! Meine Ohren klingen immer noch – was haben sie gesagt? Und wo ist dieser alte Hexer Gothan?«

»Dein Stahl wird noch aus vollen Zügen trinken, Sachse«, antwortete das Mädchen grimmig, ihr Kinn auf die Hände gestützt und die Krieger mit tiefen, sinnlichen Augen betrachtend. »Hättet ihr so oft um Städte und Kronen gespielt wie ich, dann wüsstet ihr, dass es leichter ist, einen Thron zu erobern, als ihn zu halten. Unser plötzliches Erscheinen mit dem Kopf des Vogelgottes und euer Sieg über Ska haben das Volk mitgerissen. Was den Rest betrifft – wie ihr gesehen habt, habe ich im Palast Audienz gehalten, selbst wenn ihr die Worte nicht verstanden habt. Das Volk kam in Scharen herein, um sich zu verneigen und mich seiner unbeugsamen Treue zu versichern – ha! Ich habe ihnen gnadenvoll meine Verzeihung gewährt, aber ich bin keine Närrin. Sobald sie Zeit haben, um nachzudenken, werden sie wieder beginnen zu murren. Gothan lauert irgendwo in den Schatten und plant Unheil gegen uns alle, dessen könnt ihr sicher sein. Diese Stadt ist durchsiebt von geheimen Korridoren und unterirdischen Gängen, von denen nur die Priester wissen. Selbst ich, die ich einige davon durchquert habe, als ich Gothans Marionette war, weiß nicht, wo ich nach den Geheimtüren suchen muss, da mich Gothan immer mit verbundenen Augen durch sie führte.

Gerade in diesem Augenblick mag ich die Oberhand besitzen. Die Leute betrachten euch mit mehr Ehrfurcht als mich. Sie glauben, eure Rüstung und eure Helme sind Teil eurer Körper und dass ihr unverwundbar seid. Habt ihr nicht bemerkt, wie sie furchtsam eure Kettenhemden betasteten, als wir durch die Menge gingen, und das Staunen auf ihren Gesichtern, als sie das Eisen darin fühlten?«

»Für ein Volk, das so weise auf manche Art ist, sind sie sehr närrisch in anderer Hinsicht«, sagte Turlogh. »Wer sind sie und woher kamen sie?«

»Sie sind so alt«, antwortete Brunhild, »dass ihre ältesten Legenden keinen Hinweis auf ihren Ursprung liefern. Vor vielen Zeitaltern waren sie Teil eines großen Reiches, das sich über viele Inseln dieses Meeres ausbreitete. Aber einige dieser Inseln versanken und verschwanden mit ihren Städten und Menschen. Dann wurden sie von rothäutigen Wilden angegriffen und Insel auf Insel fiel vor ihnen. Schließlich hatten sie nur diese Insel noch nicht eingenommen, und ihre Einwohner wurden schwächer und vergaßen viele ihrer alten Künste. Aus Mangel an Häfen, die sie ansteuern konnten, verfaulten ihre Galeeren auf den Werften, die wiederum selbst allmählich verfielen. Kein lebender Mensch kann sich erinnern, dass ein Sohn von Bal-Sagoth die Meere besegelte. In unregelmäßigen Abständen fallen die roten Menschen über die Insel der Götter her, überqueren das Meer in ihren langen Kriegskanus, die grinsende Schädel auf ihrem Bug tragen. Es ist keine große Seereise bis zu den Inseln der roten Menschen, jedenfalls nicht für einen Wikinger, auch wenn sie außer Sicht, jenseits des Meeresrands liegen. Vor Jahrhunderten haben sie die Bewohner dieser Inseln besiegt, auch wenn wir sie bislang immer abwehren konnten. Sie können die Mauern nicht erklimmen, aber sie kommen dennoch und die Furcht vor einem Überfall schwebt immer über der Insel.

Sie sind es jedoch nicht, die ich fürchte; es ist Gothan, der in diesem Moment entweder wie eine widerliche Schlange durch seine schwarzen Tunnel gleitet oder ansonsten Unaussprechliches in einer seiner verborgenen Kammern zusammenbraut. In den Höhlen tief unter den Hügeln, zu denen seine Tunnel führen, wirkt er furchtbare und unheilige Magie. Er benutzt Tiere für seine Taten – Schlangen, Spinnen und Menschenaffen; und Menschen –, rote Gefangene und unglückselige Menschen seines eigenen Volkes. Tief in seinen grausigen Höhlen erschafft er Tiere aus Menschen und Halbmenschen aus Tieren, vermischt Tier und Mensch in widerwärtiger Schöpfungskraft. Niemand wagt darüber nachzudenken, welches Grauen in dieser Dunkelheit geboren wurde oder welche Gestalten des Schreckens und des Frevels in all der Zeit erschaffen wurden, in denen Gothan seine Abscheulichkeiten betrieb; denn er ist nicht wie andere Menschen und hat das Geheimnis immerwährenden Lebens entdeckt. Er hat zumindest eine Kreatur zu widerlichem Leben erweckt, die sogar er selbst fürchtet, das schnatternde, Grimassen schneidende Namenlose Ding, dass er in der fernsten Höhle angekettet hält, die noch kein Fuß außer dem seinen betreten hat. Würde er es wagen, so würde er es gegen mich entfesseln …

Aber es wird spät und ich möchte schlafen. Ich werde in dem Raum nebenan ruhen, der keinen Zugang außer dieser Tür besitzt. Nicht einmal ein Sklavenmädchen werde ich mitnehmen, denn ich traue keinem von diesen Leuten völlig. Ihr sollt in diesem Raum bleiben, und auch wenn die Außentür verriegelt ist, so sollte der eine doch besser Wache halten, solange der andere schläft. Zomar und seine Leibgarde werden in den Gängen draußen patrouillieren, aber ich werde mich sicherer fühlen, wenn zwei Männer meines eigenen Blutes zwischen mir und der Stadt stehen.«

Sie erhob sich und betrat mit einem merkwürdig verweilenden Blick auf Turlogh ihre Kammer, dann schloss sie die Tür hinter sich.

Athelstane streckte sich und gähnte. »Nun, Turlogh«, sagte er träge, »das Glück eines Mannes ist so wechselhaft wie die See. Letzte Nacht war ich ein handverlesener Schwertkämpfer in einer Bande von Seeräubern und du ein Gefangener. Heute bei Tagesanbruch waren wir gestrandete Schiffbrüchige, die sich gegenseitig an die Kehle gingen. Nun sind wir Schwertbrüder und die Vertrauten der Königin. Und dir, so glaube ich, ist es bestimmt, König zu werden.«

»Wie das?«

»Nun, hast du nicht die Augen des Orkneymädchens auf dir gespürt? Glaub mir, da war mehr als Freundschaft in ihren Blicken, die auf deinen schwarzen Locken und deinem braunen Gesicht ruhten. Ich sage dir …«

»Genug.« Turloghs Stimme war rau, als sich der Stich einer alten Wunde bemerkbar machte. »Frauen mit Macht sind wie Wölfe mit weißen Fangzähnen. Es war die Bosheit einer Frau, weswegen …« Er hielt inne.

»Nun, nun«, erwiderte Athelstane nachsichtig, »es gibt mehr gute Frauen als schlechte. Ich weiß – es waren die Intrigen einer Frau, die dich zum Verbannten machten. Nun, da sollten wir gute Kameraden abgeben. Ich bin auch ein Gesetzloser. Sollte ich mein Gesicht jemals in Wessex zeigen, würde ich bald von der Höhe eines kräftigen Eichenastes herab die Gegend betrachten.«

»Was hat dich auf den Pfad des Wikingers getrieben? Die Sachsen haben doch so sehr die Segelkünste vergessen, dass König Alfred genötigt war, friesische Piraten anzuheuern, die ihm seine Flotte erbauten und bemannten, als er gegen die Dänen kämpfte.«

Athelstane zuckte seine mächtigen Schultern und machte sich daran, seinen Dolch zu schärfen. »Deswegen blieb mir – England – erneut – verwehrt. Ich – nahm den – Pfad des – Wikingers – wieder – auf …«

Athelstanes Worte verloren sich. Seine Hand rutschte schlaff von seinem Schoß und der Schleifstein und der Dolch fielen zu Boden. Sein Kopf fiel ihm auf die breite Brust und seine Augen schlossen sich.

»Zu viel Wein«, murmelte Turlogh. »Aber er soll schlafen, ich halte Wache.«

Aber noch beim Sprechen spürte Turlogh, wie ihn eine merkwürdige Mattigkeit überkam. Er lehnte sich auf dem breiten Stuhl zurück. Seine Lider fühlten sich schwer an und gegen seinen Willen benebelte ihm der Schlaf den Verstand. Und als er dort lag, befiel ihn die seltsame Vision eines Albtraums. Einer der schweren Wandbehänge gegenüber der Tür wogte und hinter ihm trat eine furchtbare Gestalt hervor, die geifernd durch den Raum schlich. Turlogh beobachtete sie teilnahmslos, in dem Bewusstsein, dass er träumte, und sich doch gleichzeitig über die Fremdartigkeit des Traumes wundernd. Das Ding sah auf groteske Weise vom Körper her wie ein verkrümmter, verwachsener Mann aus, sein Gesicht war jedoch tierisch. Es bleckte gelbe Zähne, als es lautlos auf ihn zukroch, und unter weit vorstehenden Brauen funkelten dämonisch kleine, gerötete Augen. Und doch lag etwas Menschliches in seinem Antlitz; es war weder Affe noch Mann, sondern eine widernatürliche Kreatur, die auf grausige Weise aus beidem bestand.

Nun blieb die widerliche Erscheinung vor ihm stehen, und als die knorrigen Finger nach seiner Kehle griffen, wurde Turlogh schlagartig und furchtbar bewusst, dass dies kein Traum, sondern teuflische Wirklichkeit war. Mit einem Aufbäumen verzweifelter Anstrengung brach er die unsichtbaren Ketten, die ihn hielten, und er warf sich aus dem Stuhl. Die zupackenden Finger verfehlten seinen Hals, aber so schnell er sich auch bewegte, er konnte nicht lange dem flinken Zugriff dieser haarigen Arme entgehen, und im nächsten Augenblick rollte er sich in tödlicher Umklammerung mit dem Ungeheuer auf dem Boden herum, dessen Finger sich wie biegsamer Stahl anfühlten.

Der schreckliche Kampf wurde schweigend ausgetragen, abgesehen von dem Zischen scharf eingezogenen Atems. Turloghs linker Unterarm war unter das affengleiche Kinn gestoßen und hielt die spitzen Fänge von seiner Kehle ab, die von den Fingern des Ungeheuers umschlossen war. Athelstane schlief immer noch auf seinem Stuhl, der Kopf nach vorn gesackt. Turlogh versuchte, ihn zu rufen, aber der Würgegriff hatte ihm die Stimme geraubt – presste ihm gnadenlos das Leben aus dem Leib. Der Raum verschwamm vor seinen geweiteten Augen in einem roten Dunst. Seine rechte Hand, zu einem eisernen Hammer geballt, schlug verzweifelt auf das schreckenerregende Gesicht ein, das sich zu ihm herabbeugte. Die Raubtierzähne zerbrachen unter seinen Hieben und Blut spritzte, aber immer noch höhnten die roten Augen und die klauenbewehrten Finger sanken tiefer und tiefer, bis ein Glockenschlagen in Turloghs Ohren das Hinscheiden seiner Seele einläutete.

Noch während ihm die Sinne schwanden, fand seine herumtastende Hand etwas, das sein benommener Kämpferverstand als den Dolch erkannte, der Athelstane auf den Boden gefallen war. Blindlings stach Turlogh in sterbendem Trotz zu und spürte, wie sich die Finger plötzlich lockerten. Als er die Rückkehr von Leben und Kraft verspürte, wuchtete er sich empor und warf sich herum, sodass sein Angreifer nun unter ihm war. Durch einen roten Nebel, der sich nur langsam lichtete, sah Turlogh Dubh den Affenmenschen, jetzt blutrot verschmiert, der sich unter ihm wand, und er jagte ihm den Dolch in den Leib, bis das blanke Grauen mit weit aufgerissenen Augen still lag.

Der Gäle kämpfte sich auf die Füße, benommen und keuchend, an allen Gliedmaßen erzitternd. Er saugte die Luft in tiefen Zügen ein und sein Schwindel beruhigte sich langsam. Blut rann ihm reichlich aus den Wunden am Hals. Voller Staunen bemerkte er, dass der Sachse immer noch schlief. Und plötzlich verspürte er erneut die Flutwellen unnatürlicher Müdigkeit und Ermattung, die ihn zuvor hilflos gemacht hatten. Er nahm seine Axt auf, schüttelte das Gefühl mit Mühe ab und trat auf den Vorhang zu, hinter dem der Affenmensch hervorgetreten war. Wie eine unsichtbare Welle traf ihn eine unterschwellige Macht, die von diesen Vorhängen ausging, und mit bleischweren Gliedern kämpfte er sich durch den Raum voran. Nun stand er vor dem Vorhang und spürte die Macht eines schrecklichen bösen Willens, der sich gegen seinen eigenen stellte, seine Seele selbst bedrohte und sich anschickte, ihn an Körper und Geist zu versklaven. Zweimal hob er seine Hand und zweimal fiel sie schlaff an seine Seite. Nun unternahm er zum dritten Mal eine gewaltige Anstrengung und riss die Behänge gewaltsam von der Wand. Für einen flüchtigen Augenblick gewahrte er eine bizarre halb nackte Gestalt in einem Umhang aus Papageienfedern und mit einem Kopfputz aus wippenden Federbüschen. Dann, als er die volle hypnotische Attacke jener lodernden Augen verspürte, schloss er seine eigenen Augen und schlug blindlings zu. Er spürte seine Axt tief versinken; dann öffnete er seine Augen und blickte auf die stumme Gestalt zu seinen Füßen, um deren gespaltenen Schädel sich rasch eine rote Pfütze ausbreitete.

Und nun richtete sich Athelstane ruckartig auf, seine Augen verblüfft flatternd, das Schwert gezückt. »Was …?«, stammelte er, sich wildäugig umblickend. »Turlogh, was in Thors Namen ist geschehen? Thors Blut! Das hier ist ein Priester, aber was ist jenes tote Ding?«

»Einer der Teufel dieser verdorbenen Stadt«, antwortete Turlogh, seine Axt losreißend. »Ich denke, Gothan hat erneut versagt. Dieser hier stand hinter den Wandbehängen und hat uns verhext, ohne dass wir es merkten. Er hat uns einen Schlafzauber auferlegt …«

»Ja, ich schlief«, nickte der Sachse benommen. »Aber wie kamen sie hierher …«

»Es muss eine Geheimtür hinter diesen Behängen geben, auch wenn ich sie nicht finden kann …«

»Hör doch!« Aus dem Raum, in dem die Königin schlief, kam das gedämpfte Geräusch eines Kampfes, das, gerade weil es so leise war, befrachtet mit grausigen Möglichkeiten schien.

»Brunhild!«, rief Turlogh. Ein merkwürdiges Gurgeln antwortete ihm. Er warf sich gegen die Tür. Sie war verschlossen. Als er seine Axt hochwuchtete, um sie einzuschlagen, stieß ihn Athelstane zur Seite und schleuderte sein ganzes Gewicht dagegen. Die Täfelung zerbrach und durch ihre Trümmer stürzte Athelstane in den Raum. Ein Brüllen drang von seinen Lippen. Über die Schultern des Sachsen sah Turlogh eine Szene wie aus einem Fieberwahn. Brunhild, die Königin von Bal-Sagoth, wand sich hilflos in der Luft, gepackt von dem schwarzen Schatten eines Albtraums. Dann, als die große schwarze Gestalt ihre kalten flammenden Augen auf sie richtete, sah Turlogh, dass es eine lebende Kreatur war. Sie stand wie ein Mensch auf zwei baumstammdicken Beinen, jedoch entstammten weder Körper noch Antlitz von Mensch, Tier oder Teufel. Dies, so spürte Turlogh, war das Grauen, das sogar Gothan gezögert hatte, gegen seine Gegner zu entfesseln; der Erzdämon, den der dämonische Priester in seinen verborgenen Höhlen des Grauens ins Leben gerufen hatte. Welch grausiges Wissen war dazu notwendig gewesen, welche abscheuliche Mischung aus menschlichen und tierischen Körperteilen, zusammen mit namenlosen Dingen aus den äußeren Randbereichen der Dunkelheit?

Hilflos zappelte Brunhild in den Armen der Kreatur umher, ihre Augen vor Grauen aufgerissen, und als das Ding eine missgestaltete Hand von ihrem Hals nahm, um sich zu verteidigen, entrang sich ein Schrei von herzzerreißender Furcht ihren bleichen Lippen. Athelstane war der Erste im Raum, noch vor dem Gälen. Der schwarze Umriss ragte über dem hünenhaften Sachsen auf, ließ ihn klein und hilflos erscheinen, aber Athelstane, sein Heft mit beiden Händen gepackt, stieß sein Schwert nach oben. Die mächtige Klinge sank über die Hälfte seiner Länge in den schwarzen Körper und kam rot gefärbt wieder heraus, als das Ungeheuer zurücktaumelte. Ein höllisches Pandämonium des Lärms entfuhr ihm, und das Echo jenes furchtbaren Kreischens donnerte durch den Palast und betäubte jeden, der es vernahm. Turlogh sprang vor, die Axt hoch erhoben, als der Teufel das Mädchen fallen ließ und strauchelnd durch den Raum floh, in einer dunklen Öffnung verschwindend, die jetzt in der Wand klaffte. Athelstane, offensichtlich zum Berserker geworden, stürzte hinter ihm her.

Turlogh machte sich daran, ihnen zu folgen, Brunhild jedoch, die sich taumelnd auf die Beine kämpfte, warf ihre weißen Arme in einem Griff, den selbst er nicht lösen konnte, um ihn. »Nein!«, schrie sie, die Augen angstvoll aufgerissen. »Folge ihnen nicht in diesen schrecklichen Gang! Er muss zur Hölle selbst führen! Der Sachse wird niemals zurückkehren! Lass dies nicht auch dein Schicksal sein!«

»Lass mich los, Frau!«, brüllte Turlogh wutentbrannt, während er sich bemühte freizukommen, ohne sie zu verletzen. »Mein Kamerad könnte gerade um sein Leben kämpfen!«

»Warte, bis ich die Wächter gerufen habe!«, rief sie, aber Turlogh schleuderte sie von sich weg, und als er mit einem Satz durch die Geheimtür hechtete, schlug Brunhild gegen den Jadegong, bis der Palast von seinem Lärm widerhallte. Ein lautes Pochen kam vom Korridor und Zomars Stimme rief: »O Königin, seid Ihr in Gefahr? Sollen wir die Tür aufbrechen?«

»Beeilt euch!«, schrie sie, als sie zur äußeren Tür stürzte und diese aufriss.

Turlogh, der draufgängerisch in den Korridor gesprungen war, eilte einige Augenblicke durch die Dunkelheit, aus der er das gequälte Bellen des verwundeten Ungeheuers und die grimmigen, tiefen Schlachtrufe des Wikingers vernahm. Dann wurden diese Geräusche in der Ferne schwächer, und er trat in einen schmalen Durchgang, von Fackeln in Nischen schwach erleuchtet. Mit dem Gesicht nach unten lag ein braunhäutiger Mann auf dem Boden, gekleidet in graue Federn, sein Schädel zerdrückt wie eine Eierschale.

Wie lange Turlogh O'Brien den schwindelerregenden Windungen des düsteren Korridors folgte, wusste er selbst nicht. Andere, kleinere Passagen gingen seitlich ab, aber er blieb im Hauptkorridor. Schließlich ging er durch eine Bogentür hindurch und kam in einen merkwürdigen, ausgedehnten Raum.

Finstere, massive Säulen hielten eine im Schatten liegende Decke, die so hoch war, dass sie wie eine dräuende Wolke an einem mitternächtlichen Himmel wirkte. Turlogh sah, dass er sich in einem Tempel befand. Hinter einem schwarzen Altar mit roten Flecken ragte eine mächtige Gestalt auf, bösartig und abstoßend. Der Gott Gol-goroth! Sicherlich musste er das sein. Aber Turlogh hatte nur einen einzigen Blick für die kolossale Figur übrig, die dort in den Schatten brütete. Vor ihm zeigte sich eine merkwürdige Szenerie. Athelstane stützte sich auf sein Breitschwert und blickte die zwei Gestalten an, die in einer roten Lache zu seinen Füßen lagen. Welch widerwärtige Magie auch das Schwarze Ding zum Leben erweckt hatte, es war nur ein Streich von englischem Stahl nötig gewesen, um es in den Limbus zurückzuschicken, aus dem es gekommen war. Das Ungeheuer lag halb über seinem letzten Opfer – einem hageren, weißbärtigen Mann, dessen Augen das pure Böse ausstrahlten, sogar noch im Tod.

»Gothan!«, stieß der überraschte Gäle hervor.

»Ja, der Priester – ich war dicht hinter diesem Troll oder was immer es sein mag, den ganzen Weg durch den Korridor, aber trotz seiner Größe flüchtete er wie ein Reh. Einmal versuchte ein Kerl im Federmantel, ihn aufzuhalten, und er zerschmetterte ihm den Schädel, ohne einen Moment innezuhalten. Schließlich stürzten wir in diesen Tempel, ich schloss zu dem Ungeheuer auf, das erhobene Schwert bereit zum tödlichen Streich. Aber bei Thors Blut! Als es den Alten dort am Altar stehen sah, gab es ein furchtbares Heulen von sich und riss ihn in Stücke und starb selbst, all das in einem Augenblick, bevor ich es erreichen und zuschlagen konnte.«

Turlogh blickte das riesige gestaltlose Ding an. Obwohl er es direkt ansah, konnte er sich kein Bild von seiner Beschaffenheit machen. Er bekam nur einen chaotischen Eindruck von gewaltiger Größe und unmenschlichem Bösen. Nun lag es wie ein gewaltiger Schattenfleck auf dem Marmorboden. Sicherlich war bei seiner Geburt der Flügelschlag schwarzer Schwingen aus Reichen jenseits der mondlosen Abgründe erklungen, und aus den grausigen Seelen namenloser Dämonen war sein Wesen geformt worden.

Und nun stürmte Brunhild mit Zomar und den Wächtern aus dem dunklen Korridor. Und von den Außentüren und geheimen Nischen kamen lautlos andere – Krieger und Priester in gefiederten Mänteln, bis eine große Menschenmenge im Tempel der Schatten versammelt war.

Ein leidenschaftlicher Aufschrei entfuhr der Königin, als sie sah, was geschehen war. Ihre Augen loderten furchtbar und sie war von einem merkwürdigen Irrsinn ergriffen.

»Endlich!«, kreischte sie und schmähte den Leichnam ihres Erzfeindes mit dem Absatz. »Endlich bin ich die wahre Herrin von Bal-Sagoth! Die Geheimnisse der verborgenen Wege sind jetzt mein und der Bart des alten Gothan ist mit seinem eigenen Blut getränkt!«

Sie warf ihre Arme in furchtbarem Triumph empor und lief auf das grimmige Idol zu, frohlockende Beschimpfungen ausstoßend wie eine Irre. Und in diesem Augenblick erbebte der Tempel! Das kolossale Abbild schwankte, dann stürzte es plötzlich wie ein fallender Turm nach vorn. Turlogh rief eine Warnung und sprang los, aber da stürzte bereits mit einem Donnern, als würde die ganze Welt zerbersten, der Gott Gol-goroth auf die Todgeweihte, die wie erstarrt dastand. Das mächtige Abbild zersprang in tausend große Fragmente und verbarg Brunhild, Tochter von Rane Thorfins Sohn, Königin von Bal-Sagoth, auf immer vor den Augen der Menschen. Unter den Trümmern floss ein breites rotes Rinnsal hervor.

Krieger und Priester standen wie erstarrt da, immer noch taub vom Lärm des stürzenden Idols, benommen von der unheimlichen Katastrophe. Eine eisige Hand berührte Turloghs Rückgrat. War die riesige Masse von der Hand eines Toten umgestoßen worden? Als das Idol umstürzte, hatte es für den Gälen so ausgesehen, als ob es einen Moment lang die Züge des toten Gothan getragen hatte!

Als nun alle sprachlos herumstanden, sah und ergriff der Akolyth Gelka seine Gelegenheit.

»Gol-goroth hat gesprochen!«, schrie er. »Er hat die falsche Göttin zermalmt! Sie war nur eine verderbte Sterbliche! Und diese Fremden sind ebenso sterblich! Seht – er blutet!«

Der Finger des Priesters deutete auf das getrocknete Blut an Turloghs Kehle, und aus der Menge erhob sich ein wildes Brüllen. Von der Schnelligkeit und dem Ausmaß der letzten Ereignisse verwirrt und benommen, waren sie wie gereizte Wölfe bereit, ihre Zweifel und ihre Furcht in einem Ausbruch des Blutvergießens auszulöschen. Gelka sprang mit blitzendem Beil auf Turlogh zu, und ein Messer in der Hand eines seiner Anhänger bohrte sich aufblitzend in Zomars Rücken. Turlogh hatte den Schrei Gelkas nicht verstanden, er erkannte jedoch, dass die Stimmung gegen ihn und Athelstane gefährlich aufgeladen war. Er begegnete dem heranstürmenden Gelka mit einem Streich, der durch die wogenden Federbüsche schnitt wie auch den Schädel darunter, dann zerbrach ein halbes Dutzend Lanzen an seinem Rundschild und ein Ansturm von Leibern drängte ihn gegen eine mächtige Säule zurück. Da erwachte Athelstane, der etwas begriffsstutzig war und mit offenem Mund die Geschehnisse in den wenigen Sekunden verfolgt hatte, die sie gedauert hatten, mit einem Ausbruch Ehrfurcht gebietender Wut. Mit einem ohrenbetäubenden Brüllen schwang er sein Breitschwert in einem mächtigen Bogen. Die pfeifende Klinge fegte einen Kopf vom Leib, schnitt durch einen Leib und biss tief in ein Rückgrat. Die drei Leichname fielen übereinander und selbst im Durcheinander dieses Kampfes schrien einige Männer angesichts dieses wundersamen Streiches auf.

Aber wie eine braune, blinde Flut rollten die erzürnten Menschen von Bal-Sagoth auf ihre Gegner zu. Die Wächter der toten Königin, im Gedränge eingekesselt, starben bis zum letzten Mann ohne Gelegenheit, selbst einen Hieb zu landen. Nicht so einfach war es dagegen, die beiden weißen Krieger zu überwältigen. Rücken an Rücken teilten sie Hieb und Streich aus. Athelstanes Schwert war ein Donnerschlag des Todes, Turloghs Axt ein Blitz. Eingeengt von einer See knurrender brauner Gesichter und zuckenden Stahls, schlugen sie sich langsam den Weg bis zu einer Tür frei. Die Krieger von Bal-Sagoth wurden allein schon durch ihre Überzahl behindert, denn sie hatten keinen Platz, um ihre Streiche zu lenken, wohingegen die Waffen der beiden Fahrensmänner einen blutigen Ring um sie herum freihielten.

Eine grausige Reihe Leichname säumte ihren Weg, als die Kameraden sich durch das zähnefletschende Gedränge vorwärtskämpften. Der Tempel der Schatten, Zeuge so mancher blutigen Tat, wurde mit Blut überspült wie ein rotes Opfer für seine geborstenen Götter. Die schweren Waffen der weißen Kämpfer richteten ein furchtbares Durcheinander unter ihren nackten, schmalgliedrigeren Gegnern an, während sie selbst von ihrer Rüstung geschützt wurden. Ihre Arme, Beine und Gesichter jedoch waren voller Kratzer und Schnitte von blindlings geschwungenen Klingen, und es schien, die schiere Anzahl ihrer Feinde würde sie überwältigen, bevor sie die Tür erreichten.

Aber dann waren sie dort und boten verzweifelt all ihre Fechtkunst auf, bis die braunhäutigen Krieger, nicht länger in der Lage, von allen Seiten anzugreifen, sich zu einer Verschnaufpause zurückzogen, einen zerfetzten roten Leichenberg vor der Türschwelle hinterlassend. Und in diesem Augenblick sprangen die beiden in den Gang hinter ihnen, packten die große Messingtür und warfen sie direkt vor den Augen der Krieger zu, die vorsprangen, um sie mit lautem Geheul daran zu hindern. Athelstane stemmte seine mächtigen Beine in den Boden und hielt sie gegen die gesammelten Anstrengungen ihrer Gegner geschlossen, bis Turlogh Zeit gehabt hatte, den Riegel zu finden und ins Schloss zu schieben.

»Thor!«, keuchte der Sachse, das Blut in einem roten Sprühregen von seinem Gesicht wischend. »Dies war knapp! Was nun, Turlogh?«

»Den Korridor entlang, schnell!«, blaffte der Gäle, »bevor sie von dort gegen uns vorrücken und uns wie Ratten an dieser Tür in der Falle haben. Bei Satan, die ganze Stadt muss auf den Beinen sein! Hör dir dieses Gebrüll an!«

Tatsächlich schien es ihnen, als sie den düsteren Gang entlangeilten, als wären in ganz Bal-Sagoth Rebellion und Bürgerkrieg ausgebrochen. Von allen Seiten erklangen das Klirren von Stahl, die Schreie von Männern und das Kreischen von Frauen, übertönt von einem grausigen Geheul.

Ein grelles Licht wurde weiter unten im Gang sichtbar, und kaum hatte Turlogh, der vorauslief, eine Ecke genommen und einen offenen Innenhof betreten, da sprang ihn bereits eine undeutliche Gestalt an und eine schwere Waffe fiel mit unerwarteter Wucht auf seinen Schild, dass es ihn beinahe zu Boden warf. Aber noch im Zurücktaumeln schlug er zu und der obere Dorn seiner Axt bohrte sich unter das Herz seines Angreifers, der ihm vor die Füße fiel. In dem Lichtschein, der alles beleuchtete, erkannte Turlogh, dass sein Gegner sich von allen anderen Kriegern unterschied, gegen die er gekämpft hatte. Dieser Mann war nackt, mit mächtigen Muskeln bepackt und eher von einem Kupferrot als braunhäutig. Der schwere, tierähnliche Kiefer und die fliehende, flache Stirn zeigten nichts von der Intelligenz und Vornehmheit des braunen Volkes, sondern nur grobschlächtige Wildheit. Eine schwere Kriegskeule von grober Machart lag neben ihm.

»Bei Thor!«, stieß Athelstane hervor. »Die Stadt brennt!«

Turlogh sah auf. Sie standen auf einer Art erhöhtem Innenhof, von dem breite Stufen hinab zu den Straßen führten, und aus diesem Blickwinkel bot sich ihnen ein klares Bild vom Ende Bal-Sagoths. Flammen zuckten irrwitzig höher und höher, ließen den Mond verblassen, und in dem roten Schein liefen zwergenhafte Gestalten hin und her, fallend und sterbend wie Marionetten, die zu der Melodie der Schwarzen Götter tanzten. Durch das Brüllen der Flammen und das Krachen einstürzender Mauern hindurch schnitten Schreie des Todes und das Kreischen grausigen Triumphes. Die Stadt wimmelte von nackten, kupferhäutigen Teufeln, die in einem roten Freudenfest des Wahnsinns brandschatzten und schändeten und mordeten.

Die roten Männer von den Inseln! Zu Tausenden waren sie in der Nacht über die Insel der Götter hergefallen, und ob sie Schlich oder Verrat über die Mauern gebracht hatte, wussten die Kameraden nicht. Nun aber streiften die Wilden blutrünstig durch die leichenübersäten Straßen und stillten ihren Blutdurst mit Mord und gnadenlosem Abschlachten. Nicht alle aufgeschlitzten Leichname auf den scharlachrot gefärbten Straßen waren braunhäutig; die Menschen der todgeweihten Stadt kämpften mit dem Mut der Verzweiflung, aber in der Unterzahl und völlig überrumpelt war ihr Mut nutzlos. Die roten Männer waren wie blutberauschte Tiger.

»Sieh doch, Turlogh!«, rief Athelstane, den Bart gesträubt, die Augen leuchtend, als der Irrsinn der Szenerie eine ähnliche Leidenschaft in seiner eigenen grimmen Seele anfeuerte. »Die Welt endet! Stürzen wir uns mitten hinein und tränken unseren Stahl, bevor wir sterben! Für wen sollen wir kämpfen – die Braunen oder die Roten?«

»Ruhig!«, ging ihn der Gäle an. »Sie würden uns beiden die Kehlen durchschneiden. Wir müssen uns den Weg durch die Tore freikämpfen, und der Teufel soll sie alle holen. Wir haben hier keine Freunde. Hierher – diese Stufen hinunter. Über die Dächer in jener Richtung sehe ich den Bogen eines Tores.«

Die Kameraden sprangen die Stufen hinab, durchquerten die schmale Gasse darunter und liefen eilig in die Richtung, die Turlogh vorgegeben hatte. Um sie herum tobte eine rote Flut des Gemetzels. Dicker Rauch verhüllte nun alles, und in seinem Nebel prallten Gruppen ungeordnet aufeinander, bekämpften sich und zerstreuten sich wieder, blutige Leichname auf dem geborstenen Pflaster zurücklassend. Es war wie ein Albtraum, in dem dämonische Gestalten hüpfend umhertollten, plötzlich aus dem flammenden Rauch auftauchten und ebenso plötzlich wieder verschwanden. Die Flammen zu beiden Seiten der Straße peitschten sich gegenseitig auf und versengten das Haar der beiden vorbeistürmenden Krieger. Dächer stürzten mit furchterregendem Donner ein und umfallende Wände erfüllten die Luft mit fliegendem Tod. Männer stachen blindlings aus dem Rauch nach ihnen, und die Fahrensleute machten sie nieder, ohne zu wissen, ob ihre Haut braun oder rot war.

Nun erhob sich ein neuer Klang in dem verheerenden Grauen. Blind vom Rauch, verwirrt von den gewundenen Straßen, saßen die roten Männer plötzlich in einer Falle, die sie selbst gestellt hatten. Feuer ist unparteiisch; es kann den Brandstifter ebenso wie das beabsichtigte Opfer verbrennen; und eine einstürzende Mauer ist blind. Die roten Männer ließen von ihrer Beute ab und rannten wie Tiere heulend hin und her auf der Suche nach einer Fluchtmöglichkeit; viele, denen dies nutzlos schien, wandten sich wie geblendete Tiger in einem letzten vernunftlosen Blutrausch ab und machten aus den letzten Augenblicken ihres Lebens einen blutroten Exzess der Gewalt.

Turlogh rannte mit dem unfehlbaren Richtungssinn eines Mannes, der das Leben eines Wolfs führte, direkt zu der Stelle, an der das Tor lag, auf den Windungen der Straße und im Schleier des Rauchs jedoch befielen ihn Zweifel. Aus dem flammendurchsetzten Dunst vor ihm erklang ein furchtsamer Schrei. Ein nacktes Mädchen taumelte blindlings auf sie zu und stürzte zu Turloghs Füßen, Blut sprudelte aus ihrer verstümmelten Brust. Ein heulender, rot verschmierter Teufel, der ihr dicht auf den Fersen war, riss ihr den Kopf zurück und schnitt ihr die Kehle durch, einen Sekundenbruchteil bevor ihm Turloghs Axt den Kopf von den Schultern fegte. Mit einem Totengrinsen rollte er die Straße entlang. Und in dieser Sekunde hob ein plötzlicher Wind den wabernden Rauch und die Kameraden sahen ein offenes Tor vor sich, wimmelnd von roten Kriegern. Ein flammender Kampfschrei, ein wildes Losstürmen, ein irrsinniger Augenblick vulkanischer Wildheit, dann war der Boden rings um das Tor mit Leichnamen übersät, und sie waren hindurch und eilten die Hänge hinab zu dem fernen Wald und dem Strand dahinter. Vor ihnen rötete sich der Himmel zur Morgendämmerung; hinter ihnen erhob sich der markerschütternde Tumult der todgeweihten Stadt.

Wie gehetzte Tiere flohen sie, immer nur kurz Zuflucht in den vielen Wäldchen suchend, um Gruppen von Wilden zu entgehen, die zu der Stadt eilten. Die ganze Insel schien von ihnen zu wimmeln; die Häuptlinge mussten die Stämme aller Inseln in einem Umkreis von Hunderten von Meilen für einen Raubzug dieser Größenordnung zusammengerufen haben. Und schließlich erreichten die Kameraden einen Waldstreifen und atmeten tief durch, als sie zum Strand kamen und ihn bis auf eine ganze Anzahl langer, mit Schädeln verzierter Kriegskanus verlassen vorfanden.

Athelstane setzte sich hin und schnappte nach Luft. »Thors Blut! Was jetzt? Was können wir tun, außer uns in diesen Wäldern zu verstecken, bis uns die roten Teufel aufspüren?«

»Hilf mir, dieses Boot ins Wasser zu schieben«, blaffte Turlogh. »Wir werden unser Glück auf dem offenen Meer suchen …«

»Ho!« Athelstane sprang auf die Beine und deutete mit dem Finger. »Thors Blut, ein Schiff!«

Die Sonne war gerade aufgegangen und glitzerte wie eine goldene Münze auf dem Meereshorizont. Und vor der Sonne zeichnete sich ein großes Schiff mit hohen Decks ab. Die Kameraden sprangen in das nächste Kanu, stießen sich ab und ruderten wie wahnsinnig, schreiend und die Ruder schwenkend, um die Aufmerksamkeit der Mannschaft zu erregen. Ihre mächtigen Muskeln trieben das lange, schlanke Gefährt mit unglaublichem Schwung voran, und es dauerte nicht lange, bis das Schiff längsseits von ihnen war und man ihnen gestattete, ihr Boot festzumachen. Dunkelgesichtige Männer in Kettenrüstung blickten über die Reling.

»Spanier«, murmelte Athelstane. »Wenn sie mich erkennen, wäre ich besser auf der Insel geblieben!«

Aber er kletterte ohne Zögern die Kette hinauf, und die beiden Reisenden standen vor einem schlanken, dunkelgesichtigen Mann, dessen Rüstung ihn als Ritter von Asturien auswies. Er sprach sie auf Spanisch an und Turlogh antwortete ihm in derselben Sprache, denn der Gäle besaß wie viele seines Volkes eine natürliche Sprachbegabung, war weit herumgekommen und hatte viele Zungen gesprochen. Mit wenigen Worten berichtete der Dalkassier ihre Geschichte und erklärte die große Rauchsäule, die jetzt in der Morgenluft von der Insel aufstieg.

»Sag ihm, dort ist das Lösegeld eines Königs zu holen«, warf Athelstane ein. »Berichte ihm von den Silbertoren, Turlogh.«

Als jedoch der Gäle von der gewaltigen Beute in der dem Untergang geweihten Stadt sprach, schüttelte der Befehlshaber den Kopf.

»Guter Herr, wir haben weder Zeit, sie einzunehmen, noch Männer, deren Leben wir dabei riskieren können. Diese roten Teufel, die Ihr da beschrieben habt, werden kaum etwas freiwillig abgeben – auch wenn es nutzlos für sie ist –, ohne uns einen erbitterten Kampf zu liefern. Ich bin Don Roderigo del Cortez von Kastilien und dieses Schiff, der Graue Pater, gehört zu einer Flotte, welche gegen die maurischen Korsaren losgesegelt ist. Vor einigen Tagen wurden wir in einem Seegefecht vom Rest der Flotte getrennt und der Sturm brachte uns weit von unserem Kurs ab. Wir segeln nun zurück, um uns der Flotte wieder anzuschließen, wenn wir sie finden können; wenn nicht, um die Ungläubigen zu bekämpfen, so gut wir können. Wir dienen Gott und dem König und können nicht für gewöhnlichen Tand innehalten, wie Ihr uns vorschlagt. Aber Ihr seid an Bord dieses Schiffes willkommen und wir können Kämpfer, so wie Ihr es zu sein scheint, gut gebrauchen.

Ihr werdet es nicht bedauern, solltet Ihr Euch uns anschließen wollen, um für das Christentum den Muselmanen einen Schlag zu versetzen.«

Aus dem schmalen Nasenrücken und den tief liegenden schwarzen Augen, aus dem hageren asketischen Gesicht las Turlogh den Fanatiker heraus, den unbefleckten Caballero, den fahrenden Ritter. Er sprach zu Athelstane: »Dieser Mann ist wahnsinnig, aber es gibt kräftige Streiche auszuteilen und fremde Länder zu sehen; jedenfalls haben wir sowieso keine andere Wahl.«

»Ein Ort ist so gut wie der andere für herrenlose Männer und Wanderer«, sprach der hünenhafte Sachse. »Sag ihm, wir werden ihm bis in die Hölle folgen und den Schwanz des Teufels ansengen, solange die Aussicht auf Beute besteht.«

4
Imperium

Turlogh und Athelstane lehnten an der Reling, blickten zu der schnell dahinschwindenden Insel der Götter, von der sich eine Rauchsäule erhob, beladen mit den Geistern von tausend Jahrhunderten und den Schatten und Mysterien eines vergessenen Imperiums, und Athelstane fluchte, wie es nur ein Sachse kann.

»Das Lösegeld eines Königs und – nach all dem Blutvergießen – keine Beute!«

Turlogh schüttelte den Kopf. »Wir sahen ein altes Reich fallen – wir haben den letzten Überrest des ältesten Königreichs der Welt in Flammen und dem Abgrund des Vergessens versinken sehen und wie die Barbarei ihren brutalen Kopf über den Ruinen reckte. So vergehen der Ruhm und die Pracht und das herrschaftliche Purpur – in roten Flammen und gelbem Rauch.«

»Aber nicht ein Beutestück …«, beharrte der Wikinger.

Wieder schüttelte Turlogh den Kopf. »Ich habe das seltenste Juwel der Insel mitgebracht – etwas, für das Männer und Frauen gestorben sind und die Rinnsteine sich mit Blut gefüllt haben.«

Er zog einen kleinen Gegenstand aus seinem Gürtel – ein merkwürdig geschnitztes Stück Jade.

»Das Emblem des Herrschers!«, stieß Athelstane hervor.

»Ja – als Brunhild mit mir rang, um mich davon abzuhalten, dir in den Korridor zu folgen, verfing sich dieses Ding in meinem Kettenpanzer und wurde von der goldenen Kette gerissen, an der es hing.«

»Wer dies trägt, ist König von Bal-Sagoth«, sinnierte der mächtige Sachse. »Wie ich es vorhergesagt habe, Turlogh, du bist ein König!«

Turlogh lachte in grimmer Freude und deutete auf die gewaltige Rauchsäule, die am Horizont stand.

»Ja, ein Königreich der Toten – ein Imperium von Geistern und Rauch. Ich bin der Ardrigh einer Geisterstadt – ich bin König Turlogh von Bal-Sagoth, und mein Reich verblasst am Morgenhimmel. Und darin gleicht es allen anderen Reichen der Welt – Träume und Geister und Rauch.«

Würmer der Erde

1

Schlagt die Nägel ein, Soldaten, und zeigt unserem Gast, wie unsere gute römische Gerechtigkeit aussieht!«

Der Sprecher zog den purpurfarbenen Umhang enger um seine kräftige Gestalt und lehnte sich auf seinem Amtsstuhl zurück, ganz so, als säße er im Circus Maximus, um sich am Klirren der Gladiatorenschwerter zu erfreuen. Jede seiner Bewegungen kündete vom Wissen um die eigene Macht. Stolz war unverzichtbar für die Zufriedenheit des Römers, und Titus Sulla war zu Recht stolz – als Militärgouverneur von Eboracum, nur dem Kaiser in Rom direkt unterstellt. Er hatte eine kräftige, mittelgroße Statur und besaß die falkenartigen Gesichtszüge des reinblütigen Römers. Momentan lag auf seinen Lippen ein spöttisches Lächeln, das die Arroganz seiner hochmütigen Haltung noch unterstrich. Mit dem vergoldeten Kettenhemd und dem ziselierten Brustharnisch, wie sie seinem Rang gebührten, dem kurzen Stichschwert am Gürtel und dem versilberten, federgeschmückten Helm, der nun auf seinen Knien ruhte, bot er eine ausgesprochen militärische Erscheinung. Hinter ihm stand eine Gruppe regloser Soldaten mit Schild und Speer – blonde Riesen aus dem Rheinland.

Vor ihm spielte sich die Szene ab, die ihm offenbar so viel Genugtuung bereitete – eine Szene, wie sie innerhalb der weitreichenden Grenzen Roms nicht ungewöhnlich war: Ein grob gehauenes Kreuz lag flach auf der kahlen Erde, daran gefesselt ein Mann – halb nackt, eine wilde Erscheinung mit seinen muskulösen Gliedern, den blitzenden Augen und seinen dichten, wirren Haaren. Seine Henker waren römische Soldaten, und mit ihren schweren Hämmern machten sie sich soeben bereit, die Hände und Füße des Opfers mit eisernen Stiften an das Holz zu nageln.

Nur eine kleine Gruppe Männer wohnte diesem grausigen Schauspiel auf dem gefürchteten Hinrichtungsplatz vor den Mauern der Stadt bei: der Gouverneur mit seinen wachsamen Gardisten, einige junge römische Offiziere und der Mann, den Sulla als ›Gast‹ bezeichnet hatte und der schweigend wie ein bronzenes Standbild dastand. Neben dem glanzvollen Prunk des Römers wirkte die bescheidene Gewandung des Mannes trist, fast schon düster.

Er hatte eine dunkle Hautfarbe, ähnelte aber nicht den Latinern um ihn her. Ihm fehlte die warme, beinahe orientalische Sinnlichkeit des mediterranen Typs, die sich in ihren Zügen spiegelte. Die blonden Barbaren hinter Sullas Stuhl sahen dem Mann in ihren Gesichtskonturen ähnlicher als die Römer. Er besaß nicht die vollen und geschwungenen roten Lippen oder die üppige Lockenpracht des Griechen. Und sein dunkler Teint entsprach auch nicht dem satten Oliv des Südens, sondern eher der rauen Dunkelheit des Nordens. Die gesamte Erscheinung des Mannes weckte vage Assoziationen an die düsteren Nebel, die Finsternis, die Kälte und die eisigen Winde der kargen nördlichen Lande. Selbst seine schwarzen Augen waren von kalter Wildheit wie schwarze Feuer, die sich durch klaftertiefes Eis brannten.

Er war nur von mittlerer Größe, doch er hatte etwas an sich, das über bloße körperliche Masse hinausging – eine Art intensive natürliche Vitalität, vergleichbar nur mit der eines Wolfs oder Panthers. Sie zeigte sich in jeder Linie seines geschmeidigen, kompakten Körpers wie auch in seinem groben, glatten Haar und den schmalen Lippen, in der raubvogelartigen Haltung seines Kopfes auf dem muskulösen Hals, in den breiten, massigen Schultern, der gewaltigen Brust, den schlanken Lenden und den schmalen Füßen. Gebaut in der raubtierhaften Effizienz des Panthers, bot er ein Abbild dynamischer Kraft, kontrolliert von eiserner Selbstbeherrschung.

Zu seinen Füßen kauerte einer, so dunkelhäutig wie er – doch da endete die Ähnlichkeit auch schon. Dieser andere war ein verkümmerter Riese mit knorrigen Gliedern, einem untersetzten Körper, fliehender Stirn und einem Ausdruck dumpfer Wildheit im Gesicht, jetzt deutlich vermischt mit Furcht. Wenn der Mann am Kreuz von seinem wilden Äußeren her dem Mann ähnelte, den Sulla als Gast bezeichnete, so ähnelte jener umso mehr dem kauernden verkrüppelten Riesen.

»Nun, Partha Mac Othna«, meinte der Gouverneur mit wohlbedachter Boshaftigkeit, »wenn Ihr zu Eurem Stamm zurückkehrt, werdet Ihr von der Gerechtigkeit Roms, der Beherrscherin des Südens, berichten können.«

»Ich werde etwas zu berichten haben«, antwortete der andere mit einer Stimme, die keinerlei Gefühle verriet, genau wie sein dunkles, unbewegtes Gesicht nichts von dem Aufruhr in seiner Seele erkennen ließ.

»Gerechtigkeit für alle unter der Herrschaft Roms«, sagte Sulla. »Pax Romana! Belohnung für Tugendhaftigkeit, Bestrafung für Untaten!« Er lachte im Stillen über seine Scheinheiligkeit, dann fuhr er fort: »Ihr seht, Gesandter des Piktenlandes, wie rasch Rom den Gesetzesbrecher bestraft.«

»Ich sehe«, erwiderte der Pikte mit einer Stimme, die vor mühsam gezügelter Wut tief und drohend klang, »dass man den Untertan eines fremden Herrschers behandelt, als wäre er ein römischer Sklave.«

»Er wurde vor einem unparteiischen Gericht angeklagt und verurteilt«, gab Sulla zurück.

»Aye! Und der Ankläger war ein Römer, die Zeugen waren Römer, der Richter war ein Römer! Einen Mord hat er begangen? In einem Augenblick des Zorns streckte er einen römischen Kaufmann nieder, der ihn betrogen, hintergangen, beraubt und zu allem Überfluss auch noch geschlagen hat! Ist sein König denn nur ein räudiger Hund, dass Rom seine Untertanen nach Gutdünken kreuzigen kann, verurteilt von römischen Gerichten? Ist sein König zu schwach oder zu töricht, um selbst Gerechtigkeit walten zu lassen, wenn man ihn informiert und formelle Anklage gegen den Täter erhebt?«

»Nun«, antwortete Sulla zynisch, »Ihr mögt Bran Mak Morn selbst in Kenntnis setzen. Rom, mein Freund, legt barbarischen Königen gegenüber keine Rechenschaft für seine Taten ab. Wenn Wilde unter uns weilen, sollen sie sich an die Gesetze halten oder die Konsequenzen tragen.«

Der Pikte presste seine Lippen mit einer Entschlossenheit aufeinander, die Sulla verriet, dass weitere Sticheleien ihm keine Antwort mehr entlocken konnten. Der Römer gab den Henkern einen Wink. Einer von ihnen nahm einen Eisennagel und setzte ihn auf das kräftige Handgelenk des Opfers, dann schlug er fest mit dem Hammer zu. Die Spitze senkte sich tief in das Fleisch, rieb sich knirschend an den Knochen. Die Lippen des Gekreuzigten verzogen sich, doch kein Laut entwich ihnen. Wie ein gefangener Wolf gegen seinen Käfig ankämpft, so wehrte und wand sich das gefesselte Opfer. Die Adern an seinen Schläfen schwollen an, Schweiß trat auf seine Stirn, die Muskeln an Armen und Beinen zuckten und spannten sich. Aber die Hämmer fielen in unerbittlichen Schlägen, trieben die grausamen Eisennägel tiefer und tiefer durch Hand- und Fußgelenke. Blut floss in einem schwarzen Strom über die Hände, welche die Nägel hielten, und tränkte das Holz des Kreuzes. Deutlich hörte man das Splittern der Knochen. Und doch stieß das Opfer keinen Schrei aus, auch wenn sich seine geschwärzten Lippen verkrampften und verzerrten, bis das Zahnfleisch bloß lag und sein struppiger Kopf unkontrolliert hin und her zuckte.

Der Mann, der Partha Mac Othna genannt wurde, thronte wie eine Statue, mit lodernden Augen in einem unbewegten Gesicht, der ganze Körper vor übermenschlicher Selbstbeherrschung angespannt und hart wie Stahl. Zu seinen Füßen kauerte sein missgebildeter Diener, das Gesicht von dem grausigen Anblick abgewendet, die Arme um die Knie seines Herrn geklammert. Diese Arme griffen zu wie Stahlklammern, und unablässig murmelte der Mann vor sich hin, wie in einer Beschwörung.

Der letzte Hammerschlag fiel. Die Seile um Arme und Beine wurden durchtrennt, und nur noch die Nägel hielten den Gekreuzigten. Er hatte seine Abwehrbewegungen aufgegeben, die doch nur die qualvollen Foltern der Eisenstifte verstärkten. Seine glänzend schwarzen Augen, noch immer ungetrübt, wichen nicht vom Gesicht des Mannes, der Partha Mac Othna genannt wurde. Ein verzweifelter Hoffnungsschimmer flackerte in ihnen. Jetzt hoben die Soldaten das Kreuz an und steckten es in das vorher ausgehobene Loch, dann trampelten sie die Erde fest, damit es aufrecht stehen blieb. Der Pikte hing in der Luft, gehalten nur von den Nägeln in seinem Fleisch, aber noch immer drang kein Laut über seine Lippen. Noch immer hing sein Blick auf dem finsteren Gesicht des Gesandten, aber der Hoffnungsschimmer in seinen Augen verblasste zusehends.

»Er wird noch Tage leben!«, sagte Sulla vergnügt. »Diese Pikten sind schwerer zu töten als Katzen! Ich werde ihn Tag und Nacht von zehn Soldaten bewachen lassen, damit ihn niemand herunternimmt, bevor er stirbt. He, Valerius! Zu Ehren unseres hochgeschätzten Nachbarn, König Bran Mak Morn – reicht ihm einen Becher Wein!«

Lachend trat der angesprochene junge Offizier vor, einen gut gefüllten Weinbecher in der Hand. Er erhob sich auf die Zehenspitzen und hielt den Becher an die rissigen Lippen des Gekreuzigten. In dessen schwarzen Augen blitzte eine Flamme unstillbaren Hasses auf, und indem er den Kopf zur Seite wandte, um jede Berührung des Bechers zu vermeiden, spuckte er dem jungen Römer mitten ins Gesicht. Mit einem Fluch schleuderte Valerius den Becher zu Boden, und bevor ihn jemand aufhalten konnte, riss er sein Schwert heraus und rammte es dem Gekreuzigten in den Leib.

Sulla erhob sich mit einem herrischen Ausruf der Verärgerung. Der Mann, der Partha Mac Othna genannt wurde, war wütend zusammengezuckt, aber er biss sich auf die Lippen und schwieg. Valerius schien über sich selbst überrascht zu sein, als er verdrießlich sein Schwert säuberte. Er hatte rein instinktiv gehandelt, als Reaktion auf das eine Unerträgliche: die Verletzung des römischen Stolzes.

»Legt Euer Schwert ab, junger Herr!«, rief Sulla. »Zenturio Publius, stellt ihn unter Arrest! Einige Tage bei Wasser und trocken Brot werden Euch lehren, Euren Patrizierstolz zu zügeln, wenn es um Angelegenheiten des Reiches geht. Ihr junger Narr, seht Ihr denn nicht, dass Ihr diesem Hund gar kein größeres Geschenk machen konntet? Wer würde denn nicht einen schnellen Tod durch das Schwert dem langsamen, qualvollen Dahinsiechen am Kreuz vorziehen? Schafft ihn fort! Und Ihr, Zenturio, sorgt dafür, dass das Kreuz bewacht wird, damit die Leiche nicht heruntergeholt wird, bevor die Raben die Knochen abgenagt haben. Partha Mac Othna, ich gehe zu einem Festmahl im Hause des Demetrius – wollt Ihr mich nicht begleiten?«

Der Gesandte schüttelte den Kopf, die Augen unverwandt auf die schlaffe Gestalt gerichtet, die am blutbefleckten Kreuz hing. Er gab keine Antwort. Sulla lächelte höhnisch, dann erhob er sich und schritt von dannen, gefolgt von seinem Sekretär, der feierlich den vergoldeten Stuhl trug, und den gleichmütigen Soldaten, in deren Mitte Valerius mit gesenktem Kopf davonging.

Der Mann, der Partha Mac Othna genannt wurde, warf sich seinen Umhang über die Schulter und verharrte noch einen Moment, um das grausige Kreuz mit seiner Last zu betrachten. Dunkel zeichnete es sich vor dem blutroten Himmel ab, an dem sich bereits die düsteren Schatten der Nacht sammelten. Dann ging er davon, gefolgt von seinem schweigenden Diener.

2

In einer Kammer in Eboracum schritt der Mann, der Partha Mac Othna genannt wurde, wie ein Tiger auf und ab. Die Sandalen an seinen Füßen erzeugten kein Geräusch auf den Marmorfliesen.

»Grom!«, wandte er sich an seinen krummen Diener, »ich weiß wohl, warum du meine Knie so fest umklammert hieltest, warum du murmelnd die Hilfe der Mondfrau erflehtest – du hattest Angst, ich würde meine Selbstbeherrschung verlieren und in meiner Raserei versuchen, diesem armen Teufel zu Hilfe zu eilen. Bei den Göttern, ich glaube, genau das war es, was dieser römische Hund wollte – ich habe gesehen, wie scharf mich seine gepanzerten Wachhunde beobachteten, und sein Hohn schien schwerer zu ertragen als gewöhnlich.

Ihr Götter schwarz und weiß, dunkel und licht!« Finster wallte die Wut in ihm auf, und er schüttelte drohend die Fäuste. »Dass ich dabeistehen und zusehen musste, wie einer meines Volkes an einem römischen Kreuz abgeschlachtet wird – ohne Gerechtigkeit und nach einer Farce von einem Richterspruch! Ihr schwarzen Götter von R'lyeh, selbst Euch würde ich anrufen, um Tod und Vernichtung über diese Schlächter zu bringen! Ich schwöre bei den Namenlosen, dass Männer schreiend für diese Tat sterben werden und Rom aufheult wie eine Frau, die im Dunklen auf eine Natter tritt!«

»Er hat Euch erkannt, Herr«, sagte Grom.

Der andere senkte den Kopf und bedeckte die Augen in einer Geste leidenschaftlichen Schmerzes.

»Sein Blick wird mich bis in den Tod verfolgen. Aye, er hat mich erkannt, und fast bis zuletzt las ich in seinen Augen die Hoffnung, ich könnte ihm helfen. Götter und Teufel, soll denn Rom meine Männer vor meinen Augen abschlachten? Dann bin ich kein König, sondern ein Hund!«

»Nicht so laut, im Namen aller Götter!«, rief Grom erschrocken. »Erführen die Römer, dass Ihr Bran Mak Morn seid, sie würden Euch gleich neben ihn ans Kreuz nageln.«

»Bald werden sie es erfahren«, antwortete der König grimmig. »Zu lange schon harre ich hier in der Maske eines Gesandten aus, um meine Feinde auszuspionieren. Sie glaubten mit mir zu spielen, diese Römer, die ihre Geringschätzung und Verachtung unter geschliffenem Spott verstecken. Die Römer sind höflich zu barbarischen Gesandten, sie geben uns schöne Häuser, um darin zu wohnen, bieten uns Sklaven an, befriedigen unsere Gelüste nach Frauen, Gold, Wein und Spielen, doch gleichzeitig lachen sie über uns. Ihre Höflichkeit ist eine einzige Beleidigung, und manchmal – so wie heute – lässt ihre Verachtung jede Maske fallen.

Bah! Ich habe ihre Schmeicheleien durchschaut – ich bin unerschütterlich geblieben und habe ihre wohlbedachten Beleidigungen geschluckt. Aber dies – bei allen Dämonen der Hölle, dies ist mehr, als ein Mensch ertragen kann! Mein Volk schaut zu mir auf, und wenn ich es enttäusche, wenn ich auch nur einen enttäusche, selbst den niedersten meiner Untertanen, wer wird ihnen dann helfen? An wen sollen sie sich wenden? Bei den Göttern, ich werde die Spötteleien dieser römischen Hunde mit schwarzen Pfeilen und scharfem Stahl beantworten!«

»Und der Häuptling mit den Federn?« Grom meinte den Gouverneur, und in seiner gutturalen Stimme vibrierte die Blutgier. »Soll er sterben?« Er zog sein Schwert halb aus der Scheide.

Bran machte ein finsteres Gesicht. »Leichter gesagt als getan. Er wird sterben – aber wie komme ich an ihn heran? Am Tag weichen seine germanischen Gardisten nicht von seiner Seite, bei Nacht bewachen sie Türen und Fenster. Er hat viele Feinde, Römer wie Barbaren. Manch ein Britannier würde ihm mit Freuden die Kehle durchschneiden.«

Grom packte Brans Umhang und geriet ins Stammeln, als wilder Eifer seine sonst so schweigsame Natur übermannte. »Lasst mich gehen, Herr! Mein Leben ist nichts wert. Ich strecke ihn inmitten seiner Krieger nieder!«

Bran lächelte grimmig und schlug dem verkrüppelten Riesen mit einer Kraft auf die Schulter, die einen schwächeren Mann zu Boden geschmettert hätte.

»Nein, alter Kriegshund, dafür brauche ich dich zu sehr! Du sollst dein Leben nicht sinnlos fortwerfen. Außerdem würde Sulla deine Absicht in deinen Augen lesen, und die Speere seiner Teutonen würden dich durchbohren, bevor du ihn erreicht hast. Nein, nicht mit dem Dolch in der Dunkelheit werden wir diesen Römer fällen, nicht mit dem Gift im Becher oder dem Pfeil aus dem Hinterhalt.«

Der König wandte sich ab und nahm seine Wanderung wieder auf, den Kopf nachdenklich gesenkt. Langsam verdunkelten sich seine Augen mit einem Gedanken, so furchtbar, dass er ihn nicht laut vor dem wartenden Krieger auszusprechen wagte.

»Während meines Aufenthaltes in dieser verfluchten Einöde aus Schlamm und Marmor konnte ich mich ein wenig mit den verschlungenen Wegen der römischen Politik vertraut machen«, sagte er schließlich. »Kommt es zu einem Krieg am Wall, müsste Titus Sulla als Gouverneur dieser Provinz eigentlich mit seinen Zenturien dorthin eilen. Das tut Sulla jedoch nicht; er ist kein Feigling, aber selbst der Tapferste meidet manche Dinge – jeder Mann, so mutig er auch ist, hat seine geheimen Ängste. Daher schickt er an seiner Stelle Caius Camillus, der in Friedenszeiten die Marschen im Westen bewacht, um die Britannier am Überschreiten der Grenzen zu hindern. Und Sulla nimmt seinen Platz in Trajans Turm ein. Ha!«

Er wirbelte herum und packte Grom mit stählernen Fingern.

»Grom, nimm den roten Hengst und reite nach Norden! Säume nicht, und schone weder Mensch noch Tier! Reite zu Cormac na Connacht und sage ihm, er soll mit Schwert und Fackel die Grenze bestürmen. Seine wilden Gälen sollen ihre Blutgier stillen. Ich werde in Kürze zu ihm stoßen. Zuvor jedoch habe ich etwas im Westen zu erledigen.«

Groms schwarze Augen leuchteten, und instinktiv zuckte seine verwachsene Hand in einer leidenschaftlichen Geste – einer Gebärde wilder Kampfeslust.

Bran zog ein schweres Bronzesiegel unter seiner Tunika hervor.

»Dies ist mein Geleitbrief als Gesandter bei den Römern«, sagte er grimmig. »Er öffnet dir alle Türen zwischen hier und Baal-dor. Und falls ein Staatsdiener zu genau nachfragt – hier!«

Bran hob den Deckel einer eisenbeschlagenen Truhe und nahm einen kleinen, aber schweren Lederbeutel heraus, den er dem Krieger reichte.

»Wenn an einem Tor alle Schlüssel versagen«, sagte er, »dann nimm den goldenen. Und jetzt geh!«

Es gab keine Abschiedszeremonie zwischen dem Barbarenkönig und seinem barbarischen Vasallen. Grom riss grüßend den Arm hoch, dann wandte er sich um und eilte hinaus.

Bran trat an ein vergittertes Fenster und schaute auf die mondbeschienene Straße.

»Warten wir, bis der Mond untergeht«, murmelte er düster. »Dann nehme ich die Straße zur Hölle! Aber bevor ich gehe, habe ich noch eine Schuld zu begleichen.«

Das leise Klappern von Hufen auf Steinplatten drang an sein Ohr.

»Mit dem Geleitbrief und Gold ausgestattet, kann nicht einmal Rom einen piktischen Plünderer aufhalten«, flüsterte der König. »Und jetzt werde ich schlafen, bis der Mond untergeht.«

Mit einem finsteren Blick auf die Marmorfriese und geriffelten Säulen, diese verhassten Symbole der römischen Zivilisation, warf er sich auf seine Liege, von der er schon vor langer Zeit unwirsch die Kissen und Seidenpolster gerissen hatte, da er sie als zu weich für seinen gestählten Körper empfand. Hass und das schwarze Feuer der Rache brodelten in ihm, aber dennoch fiel er sofort in den Schlaf. Die erste Lektion, die er in diesem bitteren, harten Leben gelernt hatte, bestand darin, den Schlaf zu nehmen, wo man ihn fand, so wie ein Wolf, der auf der Jagd einen kurzen Schlummer einlegt. Für gewöhnlich war sein Schlaf so leicht und traumlos wie der eines Panthers – doch nicht heute.

Er sank in die weichen, grauen Tiefen des Schlafes, und in einem zeitlosen, nebelverhangenen Schattenreich traf er auf die hochgewachsene, schlanke, weißbärtige Gestalt des alten Gonar, Priester des Mondes und oberster Berater des Königs. Und Bran war bestürzt, denn Gonars Gesicht wirkte so weiß wie eine Schneewehe und er zitterte, als hätte er Fieber. Und zu Recht war Bran erschrocken, denn in all den Jahren seines Lebens hatte er bei Gonar dem Weisen nie ein Anzeichen von Furcht wahrgenommen.

»Was gibt es, alter Mann?«, fragte der König. »Ist alles wohlauf in Baal-dor?«

»Alles wohlauf in Baal-dor, wo mein Körper schlafend liegt«, antwortete der alte Gonar. »Über die Abgründe des Raumes bin ich gekommen, um mit dir um deine Seele zu kämpfen. Mein König, bist du des Wahnsinns, diesen Gedanken zu hegen, den ich in deinem Kopfe sah?«

»Gonar«, erwiderte Bran düster, »heute musste ich tatenlos zusehen, wie ein Mann meines Volkes am Kreuze Roms starb. Seinen Namen oder Rang kenne ich nicht. Es ist mir auch gleich. Er mag ein treuer, unbekannter Krieger aus unseren Reihen gewesen sein oder auch nur ein Gesetzloser. Ich weiß nur, er gehörte zu meinem Volk. Die ersten Gerüche, die er kannte, waren die Gerüche der Heide, das erste Licht, das er erblickte, war der Sonnenuntergang über den Hügeln der Pikten. Er gehörte mir, nicht Rom. War eine Bestrafung gerechtfertigt, so hätte kein anderer als ich sie vollziehen dürfen. Sollte er vor Gericht stehen, so hätte kein anderer als ich über ihn richten dürfen. Das gleiche Blut floss in unseren Adern, das gleiche Feuer loderte in unseren Herzen. Als Kinder lauschten wir den gleichen alten Geschichten, sangen die gleichen alten Lieder. Er war an mein Herz gebunden, so wie jeder Mann, jede Frau und jedes Kind des Piktenlandes an mich gebunden ist. Es wäre meine Aufgabe gewesen, ihn zu beschützen – jetzt ist es meine Aufgabe, ihn zu rächen.«

»Aber im Namen der Götter, Bran«, rief der Zauberer, »verfolge deine Rache auf andere Weise! Kehre ins Heideland zurück, ziehe deine Krieger zusammen, vereine dich mit Cormac und seinen Gälen und breite ein Meer aus Blut und Flammen entlang des großen Walles aus!«

»All das werde ich tun«, antwortete Bran grimmig. »Aber jetzt – *jetzt* – werde ich Rache nehmen, wie kein Römer sie in seinen schlimmsten Träumen erahnen kann! Ha, was wissen sie denn von den Geheimnissen dieser uralten Insel, die schon Leben barg, lange bevor Rom aus den Sümpfen des Tiber emporstieg?«

»Bran, es gibt Waffen, die zu grauenhaft sind, um sie selbst gegen Rom einzusetzen!«

Bran bellte ein kurzes, scharfes Lachen wie ein Schakal.

»Ha! Es gibt keine Waffen, die ich nicht gegen Rom einsetzen kann! Ich stehe mit dem Rücken an der Wand. Beim Blut aller Teufel – hat Rom etwa redlich gegen mich gekämpft? Bah! Ich bin ein Barbarenkönig mit einem Mantel aus Wolfsfell und einer eisernen Krone, und ich kämpfe mit einer Handvoll Bogen und zerbrochenen Piken gegen die Beherrscherin der Welt. Was habe ich denn? Die Heidehügel, die Flechthütten, die Speere meiner zotteligen Krieger! Und ich kämpfe gegen Rom – mit seinen gepanzerten Legionen, seinen weiten fruchtbaren Ebenen und ergiebigen Meeren, mit seinen Bergen und Flüssen und glänzenden Städten, mit seinem Reichtum, seinem Stahl, seinem Gold, seiner Überlegenheit und seinem Zorn. Mit Stahl und Feuer werde ich es bekämpfen – und mit List und Verrat. Mit dem Dorn im Fuß, der Natter auf dem Weg, dem Gift im Becher, dem Dolch in der Dunkelheit. Aye ...« Seine Stimme wurde leiser und düsterer. »... und mit den *Würmern der Erde!*«

»Aber das ist Wahnsinn!«, schrie Gonar. »Du wirst sterben bei dem, was du vorhast – du wirst hinabsteigen in die Hölle und niemals zurückkehren! Was wird dann aus deinem Volk?«

»Wenn ich ihm nicht dienen kann, dann ist es besser, wenn ich tot bin«, knurrte der König.

»Aber du kannst die Wesen, die du suchst, nicht einmal erreichen«, rief Gonar. »Über ungezählte Jahrhunderte haben sie sich immer weiter von uns *entfernt*. Es gibt keine Tür, durch die du zu ihnen gelangen kannst. Vor langer Zeit haben sie die Bande durchtrennt, die sie mit der Welt, wie wir sie kennen, verbanden.«

»Vor langer Zeit«, antwortete Bran finster, »hast du mich gelehrt, dass nichts im Universum vom Strom des Lebens getrennt wird – ein Ausspruch, dessen Wahrheit ich seither oft beobachten konnte. Jedes Volk, jede Lebensform ist auf eine bestimmte Weise mit dem Rest des Lebens und der Welt verbunden. Und irgendwo muss eine schwache Verbindung existieren, die *jene*, die ich suche, mit unserer Welt vereint. Irgendwo gibt es eine Tür. Und irgendwo in den öden Marschen des Westens werde ich sie finden.«

Nacktes Entsetzen ließ Gonars Augen überfließen, und weinend gab er zurück: »Wehe, wehe der Piktenheit! Wehe dem ungeborenen Königreich! Weh, bitteres Weh den Menschensöhnen! Wehe, wehe, wehe, wehe!«

Als Bran erwachte, lag der Raum im Schatten. Auf den Fensterstreben spielte das Sternenlicht. Der Mond war nicht mehr zu sehen, doch sein Schein hing noch schwach über den Hausdächern. Erinnerungen an seinen Traum ließen ihn erschaudern, und er fluchte leise.

Er stand auf, streifte Umhang und Mantel ab, dann warf er sich ein leichtes schwarzes Kettenhemd über und legte Schwert und Dolch an. Wieder ging er zur eisenbeschlagenen Truhe, aus der er nun mehrere kleine Beutel nahm, deren klimpernden Inhalt er in den Lederbeutel an seinem Gürtel schüttete. Dann warf er seinen weiten Umhang über und verließ leise das Haus. Keine Diener spionierten hinter ihm her – er hatte unwirsch die angebotenen Sklaven ausgeschlagen, mit denen Rom üblicherweise die barbarischen Gesandten umgab. Der verwachsene Grom hatte sich um die einfachen Bedürfnisse des Piktenkönigs gekümmert.

Die Ställe lagen zum Hof. Nach kurzem Tasten in der Dunkelheit legte er seine Hand auf die Nüstern eines stattlichen Hengstes, um das Schnauben des Wiedererkennens zu dämpfen. Ohne Licht zu machen, zäumte und sattelte er rasch das große Tier, dann führte er es über den Hof in eine dunkle Seitengasse. Der Mond ging jetzt vollends unter, die Grenze der Schatten entlang der westlichen Mauer verbreiterte sich. Stille lastete über den Marmorpalästen und Lehmhütten von Eboracum unter den kalten Sternen.

Bran berührte den Beutel an seinem Gürtel, der schwer war vom gemünzten Gold mit dem Stempel Roms. Er war nach Eboracum gekommen und hatte sich als ein Gesandter der Pikten ausgegeben, um zu spionieren. Aber als Barbar hatte er seine Rolle nicht in distanzierter Förmlichkeit und ruhiger Würde ausüben können. Er erinnerte sich an unzählige wilde Gelage, bei denen der Wein in Strömen floss; an weißbrüstige römische Frauen, die, gelangweilt von ihren zivilisierten Liebhabern, einen kraftstrotzenden Barbaren mit mehr als nur Wohlwollen betrachteten; an Gladiatorenspiele und an andere Spiele, bei denen Würfel klapperten und rollten und große Mengen Gold den Besitzer wechselten. Er hatte zügellos getrunken und tollkühn gespielt, nach Art der Barbaren, und er hatte eine bemerkenswerte Glückssträhne gehabt, vermutlich gerade aufgrund der Gleichgültigkeit, mit der er gewann oder verlor. Gold war für den Pikten wie Staub, der durch die Finger rieselte. In seinem Land bestand kein Bedarf daran, doch hatte er dessen Macht in den Grenzen der Zivilisation kennengelernt.

Fast schon in den Schatten der nordwestlichen Wand sah er vor sich den großen Wachturm aufragen, der mit der äußeren Stadtmauer verbunden war und diese überragte. Eine Ecke der burgartigen Festung, diejenige, welche am weitesten von der Mauer entfernt war, diente als Kerker. Bran ließ sein Pferd in einer dunklen Gasse zurück, die Zügel auf dem Boden schleifend, und schlich sich wie ein pirschender Wolf in die Schatten der Festung.

Der junge Offizier Valerius wurde durch ein leises Geräusch

am vergitterten Fenster aus einem leichten, unruhigen Schlaf geweckt. Er setzte sich auf und fluchte leise, als das fahle Sternenlicht, vor dem sich die Gitterstäbe abzeichneten, auf den nackten Steinboden fiel und ihn an seine Ungnade erinnerte. Aber in wenigen Tagen, so grübelte er, hatte er es überstanden. Sulla würde sicherlich nicht zu streng zu einem Mann sein, der über Verbindungen wie er verfügte. Und dann sollte es nur ein Mann oder eine Frau wagen, ihn zu verspotten! Verdammt sei dieser dreiste Pikte! Doch halt, dachte er plötzlich und erinnerte sich: Was war das für ein Geräusch gewesen, das ihn geweckt hatte?

»Psssst!«, zischte eine Stimme vor dem Fenster.

Warum diese Heimlichtuerei? Es konnte ja wohl kaum ein Feind sein – andererseits, warum sollte es ein Freund sein? Valerius erhob sich und durchquerte seine Zelle bis dicht ans Fenster. Draußen lag alles im düsteren Zwielicht, und er konnte nur eine schattenhafte Gestalt vor der Öffnung ausmachen.

»Wer bist du?« Noch dichter beugte er sich zu den Gitterstäben und strengte seine Augen an, um etwas zu erkennen.

Die Antwort war ein Fauchen wölfischen Gelächters und das Blitzen von langem Stahl im Licht der Sterne. Valerius taumelte vom Fenster zurück und stürzte zu Boden, seine Kehle umklammernd und entsetzlich gurgelnd, als er zu schreien versuchte. Blut schoss zwischen seinen Fingern hervor und bildete um seinen zuckenden Körper eine Lache, die vom schwachen Sternenlicht düster und rötlich reflektiert wurde.

Draußen glitt Bran wie ein Schatten davon, ohne noch einen Blick in die Zelle zu werfen. In kaum einer Minute bogen die Wachen auf ihrer regulären Streife um die Ecke. Er hörte schon das gemessene Stampfen ihrer gepanzerten Füße. Bevor sie in Sicht gerieten, hatte er sich bereits verzogen, und sie stapften schwerfällig am Zellenfenster vorbei, ohne etwas von der Leiche zu ahnen, die drinnen auf dem Boden lag.

Bran ritt zum kleinen Tor in der westlichen Stadtmauer, unbelästigt von der schläfrigen Wache. Wer käme auch auf den Gedanken, eine feindliche Invasion in Eboracum zu fürchten? Und gewisse wohlorganisierte Diebe und Mädchenhändler sorgten schon dafür, dass es für die Gardisten lukrativer war, sich nicht allzu wachsam zu zeigen. Aber der einzelne Wachmann am westlichen Tor – seine Kollegen lagen betrunken in einem nahen Bordell – hob seinen Speer und bellte Bran an, anzuhalten und sich zu erkennen zu geben.

Schweigend ritt der Pikte näher. Verborgen in seinem dunklen Umhang war er für den Römer nur eine finstere, undeutliche Gestalt, und nur das Glitzern seiner kalten Augen ließ sich in der Dunkelheit erkennen. Doch Bran hob seine Hand ins Sternenlicht, und der Soldat sah das Funkeln von Gold – und in der anderen Hand den kalten Glanz von Stahl. Der Römer verstand, und die Wahl zwischen einem goldenen Bestechungsgeschenk und einem Kampf auf Leben und Tod gegen diesen unbekannten Reiter, der anscheinend barbarischen Blutes war, fiel ihm nicht schwer. Knurrend senkte er seinen Speer und öffnete das Tor. Bran ritt hindurch und warf dem Römer eine Handvoll Münzen hin. In einem goldenen Regen klimperten sie zu seinen Füßen auf die Steinplatten. In habgieriger Eile bückte sich der Soldat, um sie aufzuheben, und Bran Mak Morn galoppierte nach Westen wie ein Geist in der Nacht.

3

In die dämmrigen Marschen des Westens gelangte Bran Mak Morn. Ein kalter Wind blies über die düstere Ödnis, und einige Reiher zogen mit gemächlichem Flügelschlag über den grauen Himmel. Die langen Schilfrohre und Gräser wogten in unsteten Wellen, und draußen in der Trostlosigkeit der Einöde spiegelte sich in stillen Tümpeln das trübe Licht. Hier und da erhoben sich seltsam regelmäßige Hügel, und vor dem tristen Himmel gewahrte Bran eine Marschreihe hagerer Monolithen – Menhire, aufgerichtet von welchen namenlosen Händen?

Eine blasse blaue Linie im Westen markierte die Gebirgsausläufer, die hinter dem Horizont in die rauen walisischen Berge übergingen. Dort lebten noch immer wilde Keltenstämme – kämpferische blauäugige Menschen, die nie das Joch Roms kennengelernt hatten. Eine Reihe gut befestigter Wachtürme hielt sie in Schach. Selbst von hier, jenseits der Marschen, konnte Bran die uneinnehmbare Festung erkennen, die man Trajans Turm nannte.

Diese karge Einöde schien der Inbegriff trister Einsamkeit zu sein, und doch war auch sie nicht ganz bar menschlichen Lebens. Bran traf auf die wortkargen Bewohner der Marschen mit ihren dunklen Augen und Haaren, die ein seltsames Mischidiom sprachen, dessen vor langer Zeit verschmolzene Elemente nichts mehr von ihrer Herkunft aus ursprünglich unverfälschten Quellen verrieten. Bran erkannte eine gewisse Verwandtschaft dieser Menschen mit ihm selbst, aber er blickte auf sie herab mit der Verachtung des reinblütigen Adligen für Menschen gemischten Blutes.

Nicht dass das gemeine Volk von Kaledonien durch und durch reinblütig gewesen wäre; ihre stämmigen Körper und kräftigen Glieder hatten sie von einem primitiven teutonischen Volk, das noch vor Beendigung der keltischen Eroberung Britanniens seinen Weg in die nördliche Spitze der Insel gefunden hatte und dort von den Pikten aufgesaugt worden war. Doch die Häuptlinge von Brans Volk hatten seit Anbeginn der Zeiten ihr Blut vor fremden Beimischungen bewahrt, und er selbst entsprach einem reinblütigen Pikten der Alten Rasse. Diese Marschbewohner jedoch, immer wieder von britannischen, gälischen und römischen Eroberern überrannt, hatten von allen Blut in sich aufgenommen und darüber fast gänzlich ihre ursprüngliche Sprache und Abstammung vergessen.

Denn Bran entstammte einem sehr alten Volk, das sich in einem riesigen dunklen Imperium über Westeuropa ausgebreitet hatte, bevor die Indogermanen kamen, als die Vorfahren der Kelten, der Hellenen und der Germanen noch ein Urvolk waren, vor den Zeiten, als sich Stämme abspalteten und westwärts wanderten.

Nur in Kaledonien hatte Brans Volk dem Ansturm der indogermanischen Eroberungen standgehalten. Er hatte von einem piktischen Volk gehört, den Basken, die in den schroffen Höhen der Pyrenäen lebten und behaupteten, niemals erobert worden zu sein; aber er wusste, dass sie jahrhundertelang den Vorfahren der Gälen Tribut gezahlt hatten, bevor diese keltischen Eroberer ihr Gebirgsreich verließen und die Segel nach Irland setzten. Nur die Pikten von Kaledonien waren frei geblieben, und noch vor Kurzem hatten sie sich in kleine, verfeindete Stämme aufgespalten – er regierte als erster anerkannter König seit 500 Jahren, der Begründer einer neuen Dynastie, oder vielmehr der Wiederbelebung einer alten Dynastie unter einem neuen Namen. Direkt vor den gefletschten Zähnen Roms träumte er seinen Traum von einem Reich.

Er durchwanderte die Marschen auf der Suche nach einer *Tür.* Den dunkeläugigen Marschbewohnern sagte er nichts von seiner Queste. Sie berichteten ihm Neuigkeiten, die von Mund zu Mund gingen – Nachrichten von einem Krieg im Norden, dem schrillen Lärm von Kriegspfeifen entlang des römischen Walls, Berichte von Versammlungsfeuern im Heideland, von Flammen und Rauch und Plünderungen und von gälischen Schwertern, die sich an den Blutströmen der Schlacht labten. Die Adler der Legionen zogen nordwärts, und die uralte Straße hallte wider vom Stampfen der eisenbewehrten Füße. Und Bran, in den Marschen des Westens, lachte und schien erfreut.

In Eboracum gab Titus Sulla geheimen Befehl, nach dem piktischen Gesandten mit dem gälischen Namen zu suchen, dem man nie getraut hatte und der in der Nacht verschwunden war, als man den jungen Valerius mit durchbohrter Kehle tot in seiner Zelle auffand. Sulla spürte, dass dieser plötzliche Kriegsausbruch am Wall eng mit der Hinrichtung jenes piktischen Verbrechers zusammenhing, und setzte sein System von Spionen in Bewegung, obwohl er sich davon überzeugt zeigte, dass Partha Mac Othna mittlerweile längst außer Reichweite war. Er bereitete sich zum Abmarsch aus Eboracum vor, schloss sich aber nicht der beeindruckenden Streitmacht von Legionären an, die er nach Norden ziehen ließ.

Sulla war ein mutiger Mann, aber jeder Mann hat seinen persönlichen Dämon, und der von Sulla war Cormac na Connacht, der schwarzhaarige Prinz der Gälen, der geschworen hatte, dem Gouverneur das klopfende Herz herauszuschneiden und es roh zu verspeisen. Also ritt Sulla mit seiner stets präsenten Leibgarde nach Westen, wo Trajans Turm mit seinem kriegslüsternen Kommandanten Caius Camillus stand, der nichts mehr liebte, als den Platz seines Vorgesetzten einzunehmen, wenn die roten Wogen des Krieges an den Fuß des Walls brandeten. Nicht gerade vorschriftsmäßig, aber der Legat Roms besuchte nur selten diese ferne Insel, und dank seines Reichtums und seiner Intrigen stellte Titus Sulla die höchste Macht in Britannien.

Und Bran, der dies alles wusste, erwartete in der verlassenen Hütte, in der er sich eingenistet hatte, geduldig die Ankunft des anderen.

An einem grauen Abend streifte er zu Fuß durch die Moore, eine dunkle Gestalt, die sich scharf gegen das düstere Blutrot des Sonnenuntergangs abzeichnete. Er spürte das unvorstellbare Alter dieses schlummernden Landes, und er fühlte sich wie der letzte Mensch am Tag nach dem Weltuntergang. Und schließlich entdeckte er doch noch ein Anzeichen menschlichen Lebens – eine triste Hütte aus Flechtwerk und Lehm an der schilfbewachsenen Brust der Marsch.

Eine Frau grüßte ihn von der offenen Tür aus, und Brans dunkle Augen verengten sich misstrauisch. Die Frau war nicht alt, doch die finstere Weisheit vieler Zeitalter lag in ihren Augen. Ihre Kleidung wirkte abgerissen und kärglich und ihre schwarzen Locken wirr und ungekämmt, was ihr eine Aura der Wildheit verlieh, die gut zu dieser trostlosen Umgebung passte. Ihre roten Lippen lachten, doch es lag keine Heiterkeit in ihrem Lachen, nur eine Andeutung von Spott, und hinter ihren Lippen waren ihre Zähne scharf und spitz wie Reißzähne.

»Tretet ein, Herr«, sagte sie, »wenn Ihr Euch nicht fürchtet, unter das Dach der Hexe von Dagonmoor zu treten!«

Schweigend betrat Bran die Hütte und setzte sich auf eine morsche Bank, während die Frau sich mit dem dürftigen Mahl beschäftigte, das über der offenen Flamme der schmutzigen Feuerstelle köchelte. Er betrachtete ihre geschmeidigen, beinahe schlangenhaften Bewegungen, ihre fast schon spitzen Ohren, die seltsam schräg stehenden gelben Augen.

»Was sucht Ihr in den Marschen, mein Lord?«, fragte sie und drehte sich mit einer fließenden Bewegung ihres ganzen Körpers zu ihm um.

»Ich suche eine Tür«, antwortete er, das Kinn auf die Faust gestützt. »Ich habe den Würmern der Erde ein Lied zu singen.«

Sie schreckte auf, ein Krug fiel ihr aus der Hand und zerbrach auf der Feuerstelle.

»Das sind schlechte Worte, selbst wenn sie leichthin gesprochen werden«, stammelte sie.

»Ich spreche nicht leichthin, sondern mit Bedacht«, erwiderte er.

Sie schüttelte den Kopf. »Ich weiß nicht, was Ihr meint.«

»Sehr wohl weißt du es«, gab er zurück. »Aye, du weißt es nur zu gut! Mein Volk ist sehr alt – es herrschte in Britannien, bevor die Nationen der Kelten und der Hellenen dem Mutterschoß der Völker entsprangen. Doch mein Volk ist nicht das erste in Britannien gewesen. Bei den Flecken deiner Haut, bei der Schräge deiner Augen, bei dem unreinen Blut in deinen Adern – ich weiß und meine, was ich sage.«

Eine Weile stand sie schweigend da, ihre Lippen lächelnd, doch ihr Gesicht unergründlich.

»Mann, seid Ihr toll?«, fragte sie schließlich. »Dass Ihr in Eurem Wahn sucht, wovor in alten Zeiten starke Männer schreiend flohen?«

»Ich begehre Rache«, antwortete er, »die nur von jenen vollzogen werden kann, die ich suche.«

Sie schüttelte den Kopf.

»Ihr habt dem Gesang eines Vogels gelauscht; Ihr habt leere Träume geträumt.«

»Ich habe eine Viper zischen hören«, knurrte er, »und ich träume nicht. Genug mit diesem Wortgeplänkel. Ich kam, um nach einer Verbindung zwischen zwei Welten zu suchen. Ich habe sie gefunden.«

»Euch kann ich nicht belügen, Mann des Nordens«, erwiderte die Frau. »Jene, die Ihr sucht, hausen noch immer unter den schlafenden Hügeln. Sie haben sich immer weiter und weiter von der Welt entfernt, die Ihr kennt.«

»Aber noch immer wagen sie sich des Nachts heraus, um Frauen zu rauben, die durch die Moore streifen.« Er hielt seinen Blick fest auf ihre schrägen Augen gerichtet. Sie lachte boshaft.

»Was wollt Ihr von mir?«

»Dass du mich zu ihnen bringst.«

Sie warf den Kopf zurück und stieß ein spöttisches Lachen aus. Seine linke Hand packte fest wie eine Eisenklammer ihr kärgliches Gewand, seine Rechte lag auf dem Heft seines Schwertes. Sie lachte ihm ins Gesicht.

»Schlag zu und sei verdammt, mein Wolf des Nordens! Glaubst du, ein Leben wie meines ist so süß, dass ich mich daran festklammere wie ein Säugling an der Brust?«

Er ließ sie los.

»Du hast recht. Zu drohen, ist dumm. Ich werde deine Hilfe erkaufen.«

»Und wie?«, spottete ihre lachende Stimme.

Bran öffnete seinen Beutel und schüttete in seine Hand einen Strom von Gold. »Mehr Reichtum, als die Menschen der Marschen sich jemals erträumten.«

Wieder lachte sie. »Was schert mich dieses rostige Metall? Spare es dir für eine blassbrüstige Römerin auf, die den Verräter für dich spielt!«

»Nenne mir einen Preis!«, drängte er. »Den Kopf eines Feindes …«

»Beim Blut in meinen Adern mit seinem Erbe uralten Hasses – wer sollte mein Feind sein außer dir?«, lachte sie, sprang wie eine Katze vor und stach zu. Doch ihr Dolch zerbrach am Kettenpanzer unter seinem Umhang, und mit einer verächtlichen Drehung seines Handgelenks schleuderte er sie auf ihr grasbedecktes Lager. Lachend schaute sie zu ihm auf.

»Dann will ich dir einen Preis nennen, mein Wolf, und es mag sein, dass du in künftigen Zeiten noch die Rüstung verfluchst, die Atlas Dolch zerbrochen hat!« Sie erhob sich, trat dicht an ihn heran, und ihre unnatürlich langen Finger krallten sich wild in seinen Umhang. »Ich werde es dir sagen, Schwarzer Bran, König von Kaledonien! Oh, ich erkannte dich, als du in meine Hütte kamst, mit deinem schwarzen Haar und deinen kalten Augen! Ich werde dich an die Pforten der Hölle führen, wenn du es wünschst – und mein Preis sollen die Küsse eines Königs sein!

Was schert mich mein verfluchtes und bitteres Leben, mich, die Sterbliche hassen und fürchten? Nie habe ich die Liebe eines Mannes kennengelernt, die Liebkosung starker Arme, das Brennen menschlicher Küsse. Ich, Atla, die Werfrau der Moore! Was kenne ich schon, bis auf die einsamen Winde der Marschen, das triste Feuer der kalten Sonnenuntergänge, das Flüstern des Sumpfgrases? Nur die Gesichter, die in den Wassern der Tümpel zu mir heraufschauen, die leisen Schritte von Nachtwesen in der Finsternis, das Schimmern roter Augen, das grausige Murmeln namenloser Kreaturen in der Nacht!

Zur Hälfte immerhin bin ich menschlich! Kenne ich denn nicht Kummer und Sehnsucht und Schwermut und den bitteren Schmerz der Einsamkeit? Schenke mir, König, schenke mir deine wilden Küsse und deine schmerzliche barbarische Umarmung. Dann muss ich mich in den langen, trostlosen Jahren, die noch kommen werden, nicht innerlich verzehren in nutzlosem Neid auf die blassbrüstigen Frauen der Menschen. Denn ich werde eine Erinnerung besitzen, deren sich nur wenige rühmen können: die Küsse eines Königs! Eine Liebesnacht, o König, und ich führe dich an die Pforten der Hölle!«

Bran beäugte sie düster. Dann packte er mit seinen eisernen Fingern ihren Arm. Ein unwillkürlicher Schauder durchfuhr ihn bei der Berührung ihrer glatten Haut. Langsam nickte er, zog sie näher zu sich heran und beugte seinen Kopf hinab, um ihren erwartungsvollen Lippen zu begegnen.

4

Die kalten, grauen Nebel des Morgens umhüllten König Bran wie ein feuchter Umhang. Er wandte sich zu der Frau um, deren schräge Augen im Zwielicht funkelten.

»Jetzt erfülle deinen Teil der Abmachung«, sagte er grob. »Ich suchte eine Verbindung zwischen zwei Welten, und in dir habe ich sie gefunden. Jetzt suche ich das Objekt, das diesen Wesen heilig ist. Es wird der Schlüssel sein, der die Tür öffnet, welche unsichtbar zwischen mir und ihnen liegt. Sag mir, wie ich es finden kann.«

»Das werde ich.« Die roten Lippen lächelten dämonisch. »Geh zu dem Hügel, den die Menschen ›Dagons Grab‹ nennen. Rolle den Stein beiseite, der den Eingang blockiert, und geh in das Hügelgrab hinein. Der Boden der Kammer besteht aus sieben großen Steinen, sechs von ihnen sind um einen siebten herum gruppiert. Hebe den mittleren Stein heraus – und du wirst sehen!«

»Werde ich den Schwarzen Stein finden?«, fragte er.

»Dagons Grab ist die Tür zum Schwarzen Stein«, antwortete sie. »Wenn du dem *Pfad* zu folgen wagst.«

»Wird der Stein gut bewacht?« Unbewusst lockerte er sein Schwert in der Scheide. Ihre roten Lippen kräuselten sich spöttisch.

»Wenn du jemanden auf dem *Pfad* triffst, wirst du sterben, wie kein Sterblicher seit langen Jahrhunderten gestorben ist. Der Stein wird nicht bewacht, so wie Menschen ihre Schätze bewachen. Warum sollten *sie* etwas bewachen, wonach der Mensch nie gesucht hat? Vielleicht werden sie in der Nähe sein, vielleicht nicht; es ist ein Wagnis, das du eingehen musst, wenn du den Stein bekommen willst. Aber sieh dich vor, König des Piktenreiches! Vergiss nicht, dass es dein Volk gewesen ist, das vor so langer Zeit das Band durchtrennte, das *sie* mit dem menschlichen Leben verbunden hat. Damals waren sie fast menschlich – sie bewohnten das Land und kannten das Sonnenlicht. Jetzt haben sie sich *entfernt*. Das Sonnenlicht kennen sie nicht mehr, und das Licht des Mondes scheuen sie. Sogar das Sternenlicht hassen sie. Weit, weit haben sie sich entfernt, jene, die Menschen hätten werden können, wären da nicht die Speere deiner Vorfahren gewesen.«

Der Himmel war mit diesigem Grau verhangen, durch welches kaum das kalte gelbe Licht der Sonne drang, als Bran zu Dagons Grab kam, einem runden Hügel, überwuchert mit einem abscheulichen Gras, das seltsam schwammartig anmutete. An der östlichen Seite des Hügels ließ sich der Eingang zu einem grob behauenen Steintunnel erkennen, der offensichtlich in den Grabhügel hineinführte. Ein großer Felsbrocken blockierte den Eingang des Grabes. Bran legte die Hände an die schroffen Kanten des Steins und nahm all seine Kraft zusammen, konnte ihn aber nicht bewegen. Er zog sein Schwert und keilte die Klinge zwischen den Stein und die Schwelle. Indem er das Schwert vorsichtig als Hebel benutzte, gelang es ihm, den großen Stein zu lockern und zur Seite zu schieben. Ein widerlicher Leichenhausgestank wehte ihm aus der Öffnung entgegen, und das schwache Sonnenlicht schien weniger den höhlenartigen Eingang zu beleuchten als vielmehr von dieser fauligen Finsternis absorbiert zu werden.

Mit dem Schwert in der Hand und auf alles gefasst, tastete sich Bran in den Gang vor, lang und schmal, gemauert aus ineinandergefügten Steinen und zu niedrig, als dass er aufrecht darin stehen konnte. Entweder gewöhnten sich seine Augen allmählich an das Zwielicht oder die Dunkelheit wurde schließlich doch ein wenig vom Sonnenlicht erhellt, das durch den Eingang fiel. Jedenfalls gelangte er in eine niedrige runde Kammer, deren kuppelartige Bauweise er vage erkannte. Hier waren zweifellos vor langer Zeit die Knochen des Mannes deponiert worden, für den man die Steine dieses Grabes zusammengefügt und mit Erde überhäuft hatte. Doch jetzt fanden sich auf dem Steinboden keine Überreste dieser Knochen mehr. Und als er sich tief hinunterbeugte und seine

Augen anstrengte, konnte Bran das seltsame, ungewöhnlich regelmäßige Muster dieses Bodens ausmachen: sechs sorgsam behauene Platten, die einen siebten, sechseckigen Stein umgaben.

Er schob die Schwertspitze in eine Fuge und hebelte vorsichtig. Die Kante des Mittelsteins hob sich leicht. Mit etwas Anstrengung hievte er ihn heraus und lehnte ihn gegen die gewölbte Wand. Aufmerksam spähte er nach unten, gewahrte jedoch nur die gähnende Schwärze eines finsteren Schachtes sowie einige kleine, ausgetretene Stufen, die hinab in die Dunkelheit führten. Er zögerte nicht. Obwohl die Haut zwischen seinen Schultern seltsam kribbelte, schwang er sich in den Abgrund und spürte sofort, wie die Schwärze ihn umklammerte und verschluckte.

Er tastete sich hinab, rutschend und stolpernd auf diesen Stufen, die viel zu klein schienen für menschliche Füße. Eine Hand fest an die Wand des Schachtes gepresst, konzentrierte er sich darauf, das Gleichgewicht zu wahren, um nicht in die unbekannte, unbeleuchtete Tiefe hinabzustürzen. Die Stufen waren aus dem soliden Fels gehauen, aber schon sehr abgenutzt. Je tiefer er vordrang, desto weniger ähnelten sie Stufen als vielmehr Höckern aus abgewetztem Stein. Dann änderte sich abrupt die Richtung des Schachtes. Noch immer führte er abwärts, nun jedoch mit einer geringen Neigung, die er leicht überwinden konnte, die Ellbogen angewinkelt, den Kopf tief unter der gewölbten Decke gesenkt. Stufen gab es keine mehr, und der Stein fühlte sich schleimig an, fast wie der Bau einer Schlange. Was für Kreaturen, fragte sich Bran, waren diesen schrägen Schacht hinauf- und hinuntergeglitten, und über wie viele Jahrhunderte?

Der Tunnel verengte sich, bis es für Bran immer schwieriger wurde voranzukommen. Er legte sich auf den Rücken, die Füße nach vorn, und schob sich mit den Händen weiter. Er wusste, dass er immer tiefer in die Eingeweide der Erde vordrang; wie weit er sich schon unter der Oberfläche aufhielt, wagte er sich nicht vorzustellen. Doch da durchbrach weit vor ihm ein unheimlicher Lichtschein die abgrundtiefe Dunkelheit. Er grinste wild und ohne Heiterkeit. Wenn jene, die er suchte, plötzlich über ihn herfielen – wie sollte er in diesem engen Schacht kämpfen? Aber jegliche Angst um seine Person hatte er hinter sich gelassen, als er zu dieser höllischen Queste aufgebrochen war. Er kroch weiter, ignorierte alles mit Ausnahme seines Ziels.

Und schließlich gelangte er in einen riesigen Raum, in dem er aufrecht stehen konnte. Die Decke dieser Grotte konnte er nicht sehen, aber er bekam den Eindruck von schwindelerregender Weitläufigkeit. Von allen Seiten drang die Schwärze auf ihn ein, und hinter sich konnte er vage den Eingang des Schachtes wahrnehmen, aus dem er gerade gekommen war – ein schwarzes Loch in der Dunkelheit. Aber vor ihm hing ein seltsam grausiger Glanz über einem Altar, der aus menschlichen Schädeln erbaut war. Die Quelle des Lichtes konnte er nicht ausmachen, doch auf dem Altar lag ein unheilvolles nachtschwarzes Objekt – der Schwarze Stein!

Bran hatte keine Zeit, den Göttern dafür zu danken, dass die Wächter dieses düsteren Relikts nicht in der Nähe weilten. Er nahm den Stein, klemmte ihn sich unter den Arm und kroch zurück in den Schacht. Wenn ein Mann der Gefahr den Rücken zukehrte, so spürte er das drohende Verhängnis drückender, als wenn er sich ihr näherte. Und so schien es Bran, als er mit seiner grausigen Beute zurück in den schwarzen Schacht kroch, dass die Dunkelheit grinsend und mit triefenden Reißzähnen hinter ihm herschlich. Kalter Schweiß bedeckte seine Haut und er eilte voran, so schnell es ihm möglich war, immer auf verstohlene Geräusche lauschend, die auf tödliche Verfolger hindeuten mochten. Heftige Schauder durchfuhren ihn, und das kurze Haar in seinem Nacken kribbelte, als wehte eine kalte Brise über seinen Rücken.

Als er die erste der winzigen Stufen erreichte, hatte er das Gefühl, an der äußeren Grenze der sterblichen Welt angelangt zu sein. Stolpernd und rutschend eilte er hinauf, und mit einem tiefen Seufzer der Erleichterung kam er in der Grabkammer heraus, deren gespenstische Düsternis ihm im Vergleich zu den stygischen Tiefen, die er soeben durchquert hatte, wie das grelle Mittagslicht vorkam. Er hievte den Mittelstein an seinen alten Platz und schritt hinaus in das Licht des Tages. Nie hatte er den kalten gelben Schein der Sonne als wohltuender empfunden, denn er vertrieb die Schatten der schwarzgeflügelten Albträume von Furcht und Wahnsinn, die ihm aus den schwarzen Tiefen gefolgt waren. Er schob den Felsbrocken vor die Öffnung, nahm seinen Umhang, den er am Eingang des Grabhügels zurückgelassen hatte, wickelte ihn um den Schwarzen Stein und eilte davon. Tiefster Ekel und Abscheu ließen seine Seele erzittern und verliehen seinen Schritten Flügel.

Eine graue Stille brütete über dem Land. Es lag verlassen wie die dunkle Seite des Mondes, aber unter seinen Füßen in der braunen Erde spürte Bran das Potenzial von Leben. Noch schlief es. Wann mochte es erwachen und auf welch entsetzliche Weise?

Durch das hohe, dichte Schilf drang er zu dem stillen Tümpel vor, der *Dagons See* genannt wurde. Nicht das geringste Kräuseln störte das kalte blaue Wasser und gab Zeugnis von dem grässlichen Ungeheuer, das der Legende nach in seinen Tiefen hauste. Bran ließ seinen Blick aufmerksam über die atemlose Landschaft schweifen. Er fand keinen Hinweis auf Leben, weder menschliches noch nichtmenschliches. Er horchte in sich hinein, lauschte auf die Instinkte seiner barbarischen Seele, ob unsichtbare Augen ihren tödlichen Blick auf ihn geheftet hatten, aber er fand nichts. Er schien allein zu sein, als wäre er der letzte lebende Mensch auf Erden.

Schnell wickelte er den Schwarzen Stein aus, und als er dort in seinen Händen lag wie ein fester düsterer Block aus Dunkelheit, verspürte Bran kein Verlangen, das Geheimnis seines Materials zu ergründen oder die geheimnisvollen Zeichen zu entziffern, die in ihn eingeritzt waren. Er wiegte ihn in der Hand und schätzte die Entfernung ab, dann warf er ihn so weit hinaus, dass er fast genau in die Mitte des Sees fiel. Ein dumpfes Platschen, und das Wasser schloss sich über dem Stein. Einen Moment lang war da eine glitzernde Bewegung im Schoß des Tümpels; dann lag die blaue Oberfläche erneut friedlich und ungestört da.

5

Die Werfrau fuhr herum, als Bran sich ihrer Tür näherte. Sie riss ihre schrägen Augen auf.

»Du! Am Leben! Und bei Verstand!«

»Ich ging in die Hölle und bin zurückgekehrt«, knurrte er. »Und mehr noch – ich fand, was ich suchte.«

»Den Schwarzen Stein?«, rief sie. »Du hast wirklich gewagt, ihn zu stehlen? Wo ist er?«

»Das ist nicht von Belang. Aber letzte Nacht wieherte mein Hengst im Stall und ich hörte, wie etwas unter seinen donnernden Hufen zermalmt wurde, und es war nicht die Wand des Stalls. Blut klebte an seinen Hufen, als ich nachsehen kam, und Blut befand sich auf dem Boden des Geheges. Und ich hörte verstohlene Laute in der Nacht und Geräusche unter dem Lehmboden meiner Hütte, als wühlten Würmer tief in der Erde. Sie wissen, dass ich ihren Stein gestohlen habe. Hast du mich verraten?«

Sie schüttelte den Kopf.

»Ich bewahre dein Geheimnis; sie benötigen meine Worte nicht, um es zu wissen. Je weiter sie sich von der Welt der Menschen zurückgezogen haben, umso stärker sind ihre Kräfte in anderen unheilvollen Künsten gewachsen. Eines Morgens wird deine Hütte leer sein, und wenn Menschen nachzusehen wagen, werden sie nichts finden – bis auf einige Erdreste auf dem Lehmboden.«

Bran lächelte grimmig.

»Ich habe nicht meine Pläne geschmiedet und diese Mühen auf mich genommen, um den Klauen von Ungeziefer zum Opfer zu fallen. Wenn sie mich in der Nacht niederstrecken, werden sie nie erfahren, was aus ihrem Götzenbild geworden ist – oder was immer es für sie darstellt. Ich will mit ihnen reden!«

»Hast du den Mut, in der Nacht mit mir zu kommen und sie zu treffen?«, fragte sie.

»Beim Donner aller Götter!«, fauchte er. »Wer bist du, dass du es wagst, mich nach meinem Mut zu fragen? Führe mich heute Nacht zu *ihnen* und lass mich meine Rache mit ihnen aushandeln. Die Stunde der Vergeltung naht. Heute sah ich silberne Helme und glänzende Schilde über die Marschen funkeln – der neue Kommandant ist in Trajans Turm angelangt, und Caius Camillus ist zum Wall marschiert.«

In jener Nacht wanderte der König mit der schweigsamen Werfrau durch die dunkle Ödnis der Moore. Die Nacht breitete sich still und beinahe greifbar aus, als läge das Land in uraltem Schlummer. Nur schwach blinkten die Sterne – kleine rote Punkte, die sich mühsam durch die unbewegte Düsternis kämpften. Ihr Leuchten schien schwächer als das Glitzern in den Augen der Frau, die leichtfüßig neben dem König herschritt. Seltsame Gedanken ließen Bran erschaudern, vage, titanische, primitive Gedanken. In dieser Nacht regten sich in seiner Seele die uralten Bande zu diesen schlummernden Marschen und quälten ihn mit geisterhaften, vom Nebel der Zeitalter verhangenen Schemen aus grässlichen Träumen.

Schwer spürte er das gewaltige Alter seines Volkes; wo er jetzt als Ausgestoßener und Fremder daherging, hatten in alten Zeiten dunkeläugige Könige, aus deren Lehm er geformt war, geherrscht. Die keltischen und römischen Eindringlinge machten den Eindruck von Fremden auf dieser uralten Insel, wenn man sie mit seinem Volk verglich. Und doch war auch sein Volk einst ein Eindringling gewesen, und es hatte ein Volk gegeben, noch älter als seines – eines, dessen Anfänge vergessen und verloren in den dunklen Tiefen der Zeit lagen.

Vor ihnen erhob sich eine niedrige Hügelkette, der östlichste Ausläufer jenes ausgedehnten Vorgebirges, das in weiter Ferne zu den walisischen Bergen heranwuchs. Die Frau führte ihn einen Weg entlang, der ein Schafspfad sein mochte, und blieb vor der gähnend schwarzen Öffnung einer Höhle stehen.

»Eine Tür zu jenen, die du suchst, o König!« Hasserfüllt hallte ihr Lachen durch die Finsternis. »Hast du den Mut einzutreten?«

Seine Finger krallten sich in ihre wirren Locken, und er schüttelte sie brutal.

»Frag mich noch einmal, ob ich den Mut habe«, knirschte er, »und dein Kopf wird nicht mehr lange zwischen deinen Schultern ruhen! Geh weiter.«

Ihr Lachen erschien ihm wie süßes, tödliches Gift. Sie betraten die Höhle. Bran schlug Feuerstein und Stahl aneinander, und im Flackern des Zunders erblickte er eine weite, staubige Höhle, an deren Decke Trauben von Fledermäusen hingen. Er entzündete eine Fackel, hielt sie in die Höhe und blickte sich in den dunklen Nischen der Höhle um, fand aber nichts als Staub und Leere.

»Wo sind sie?«, knurrte er.

Sie winkte ihn zum hinteren Teil der Höhle, wo sie sich wie beiläufig an die raue Wand lehnte. Aber den scharfen Augen des Königs entging nicht, dass sie ihre Hand fest gegen einen vorspringenden Felssturz presste. Er schreckte zurück, als direkt vor seinen Füßen ein runder schwarzer Schacht aufklaffte. Wieder traf ihn ihr Lachen wie eine scharfe silberne Klinge. Er hielt die Fackel in die Öffnung und gewahrte erneut kleine ausgetretene Stufen, die nach unten führten.

»Sie benötigen diese Stufen nicht«, sagte Atla. »Einst schon, bevor dein Volk sie in die Dunkelheit vertrieb. Aber du wirst sie brauchen.«

Sie steckte die Fackel in eine Vertiefung über dem Schacht. Die Flamme warf einen schwachen roten Schein in die Dunkelheit unter ihnen. Sie deutete in den Schacht, und Bran lockerte sein Schwert und begann hinabzusteigen. Als er in die geheimnisvolle Finsternis eintauchte, verdunkelte sich das Licht über ihm, und für einen Moment vermeinte er, Atla habe die Öffnung über ihm verschlossen. Doch dann begriff er, dass sie ihm folgte.

Es war kein langer Abstieg. Unvermittelt spürte Bran festen Boden unter den Füßen. Atla schwang sich neben ihn in den schwachen Lichtkreis, der von oben herabfiel. Bran konnte die Wände des Raumes, in dem sie sich befanden, nicht erkennen.

»Viele Höhlen in diesen Hügeln«, erklärte Atla mit einer Stimme, die klein und zerbrechlich klang in dieser Weite, »sind nur Eingänge zu größeren Höhlen, die unter ihnen liegen, genau wie die Worte und Taten eines Menschen nur Andeutungen der Abgründe finsterer Gedanken sind, die sich dahinter und darunter auftun.«

Und jetzt nahm Bran eine Bewegung im Zwielicht wahr. Die Dunkelheit hing voller verstohlener Geräusche, die ganz bestimmt nicht von menschlichen Füßen herrührten. Funken glommen auf und trieben durch die Schwärze wie flimmernde Glühwürmchen. Immer näher kamen sie, bis sie ihn in einem weiten Halbkreis umgaben. Und hinter diesem Halbkreis glühten weitere Funken, ein ganzes Meer davon, sie erstreckten sich tief in die Finsternis hinein, bis die fernsten von ihnen zu winzigen Lichtpunkten verblassten. Und Bran wusste, dass es sich um die schrägen Augen von Wesen handelte, die in einer solchen Zahl zu ihm gekommen waren, dass sein Verstand beim Gedanken daran ins Wanken geriet – und beim Gedanken an die Riesenhaftigkeit dieser Höhle.

Doch als er jetzt seinen uralten Feinden gegenüberstand, kannte Bran keine Furcht mehr. Er spürte die Wellen entsetzlicher Bedrohung, die von ihnen ausgingen, den tiefen Hass, die unmenschliche Gefahr für Körper, Geist und Seele. Stärker als einem Angehörigen eines weniger alten Volkes war ihm das Grauenvolle seiner Situation bewusst, doch er fürchtete sich nicht, obwohl er dem ultimativen Horror der Träume und Legenden seines Volkes ins Auge sah. Sein Blut kochte, hervorgerufen von der heißen Erregung der Gefahr, nicht vom Entsetzen der Angst.

»Sie wissen, dass du den Stein hast, o König«, verkündete Atla. Und obwohl er wusste, dass sie sich fürchtete, obwohl er spürte, wie sehr sie sich anstrengen musste, ihre zitternden Glieder unter Kontrolle zu halten, bebte ihre Stimme nicht vor Angst. »Du bist in tödlicher Gefahr; sie wissen, welches Blut in deinen Adern fließt – oh, sie erinnern sich an die Tage, als ihre Vorfahren noch Menschen gewesen sind! Ich kann dich nicht retten – wir beide werden sterben, wie kein Mensch seit zehn Jahrhunderten gestorben ist. Sprich zu ihnen, wenn du willst. Sie verstehen deine Sprache, auch wenn du ihre nicht verstehst. Doch es wird dir nichts nützen. Du bist menschlich – und ein Pikte.«

Bran lachte, und der näher rückende Ring aus funkelnden Augen schreckte vor der Wildheit seines Lachens zurück. Mit dem rauen Schaben von Stahl, das die Seele erzittern lässt, zog er sein Schwert und lehnte sich mit dem Rücken gegen eine, wie er hoffte, massive Felswand. Mit dem Schwert in der rechten und dem Dolch in der linken Hand stellte er sich diesen glitzernden Pupillen und lachte mit dem Grollen eines blutdürstigen Wolfes.

»Aye«, knurrte er, »ich bin ein Pikte, ein Sohn jener Krieger, die Eure viehischen Vorfahren vor sich hertrieben wie der Sturm die Spreu; die das Land mit Eurem Blut tränkten und Eure Schädel hoch auftürmten als Opfer für die Mondfrau! Und Ihr, die Ihr vor so langer Zeit vor meinem Volk geflohen seid, wagt es nun, Euren Herrn anzuzischen? Ergießt Euch doch über mich wie die Flut, wenn Ihr es wagt! Bevor Eure Giftzähne mein Leben austrinken, werde ich Euch niedermähen wie reifes Korn – aus Euren abgetrennten Köpfen werde ich einen Turm erbauen und aus Euren zerfleischten Körpern einen Wall! Hunde der Finsternis, Gezücht der Hölle, Würmer der Erde, kommt doch und kostet meinen Stahl! Wenn der Tod mich in dieser dunklen Höhle ereilt, werden Eure Überlebenden die Massen an Toten beweinen, und Euer Schwarzer Stein wird für Euch auf ewig verloren sein – denn ich allein weiß, wo er versteckt liegt, und auch sämtliche Qualen der Hölle werden mir dieses Geheimnis nicht entreißen können!«

Es folgte eine angespannte Stille. Grimmig starrte Bran den funkelnden Augen entgegen, kampfbereit wie ein in die Enge getriebener Wolf, der auf den Angriff wartet. Neben ihm kauerte Atla mit lodernden Augen. Und da erhob sich aus dem stummen Halbkreis, der gerade außerhalb des schwachen Lichtscheins lauerte, ein leises abscheuliches Gemurmel. Bran, wenngleich auf alles vorbereitet, zuckte zusammen. Ihr Götter, war *das* die Sprache von Kreaturen, die man einst Menschen genannt hatte?

Atla richtete sich auf und lauschte gebannt. Aus ihrem Mund drang das gleiche abstoßende leise Zischen, und Bran, obwohl er das grausige Geheimnis ihrer Abstammung kannte, wusste, dass er sie nie wieder berühren konnte, ohne die tiefste Abscheu zu empfinden.

Sie wandte sich ihm zu, und ein merkwürdiges Lächeln spielte in diesem geisterhaften Licht auf ihren roten Lippen.

»Sie fürchten dich, o König! Bei den schwarzen Geheimnissen von R'lyeh – wer bist du, dass selbst die Hölle vor dir verzagt? Nicht dein Stahl, sondern die nackte Wildheit deiner Seele hat ungeahnte Furcht in ihren fremdartigen Seelen geweckt. Sie sind bereit, den Schwarzen Stein für jeden erdenklichen Preis zurückzukaufen.«

»Gut.« Bran steckte seine Waffen in den Gürtel. »Sie sollen versprechen, dir kein Leid zuzufügen, weil du mir geholfen hast. Und …« Seine Stimme klang tief wie das Schnurren eines jagenden Tigers. »… sie sollen mir Titus Sulla ausliefern, den Gouverneur von Eboracum, gegenwärtig Kommandant von Trajans Turm. Sie vermögen es – wie, das weiß ich nicht. Aber ich weiß, dass in den alten Tagen, als mein Volk gegen diese Kinder der Nacht Krieg geführt hat, Säuglinge aus bewachten Hütten verschwanden und niemand die Diebe kommen oder gehen sah. Haben *sie* das verstanden?«

Wieder erhob sich dieses leise, grässliche Gezische, und Bran, der ihren Zorn nicht fürchtete, erschauderte beim Klang ihrer Stimmen.

»Sie haben verstanden«, sagte Atla. »Morgen Nacht, wenn die Schwärze, die dem Morgengrauen vorangeht, die Erde verhüllt, schaffe den Schwarzen Stein zu Dagons Ring. Lege den Stein auf den Altar. Dort werden sie Titus Sulla zu dir bringen. Vertraue ihnen. Die Geschicke der Menschen haben sie viele Jahrhunderte nicht gekümmert, doch sie werden ihr Wort halten.«

Bran nickte und wandte sich um. Dicht gefolgt von Atla stieg er die Treppe hinauf. Oben angekommen, drehte er sich noch einmal um und spähte hinab. So weit er sehen konnte, wogte da ein glitzernder Ozean gelber, schräg stehender Augen, die ihm nachblickten. Doch die Besitzer dieser Augen hielten sich sorgsam jenseits des trüben Kreises aus Fackellicht, und so konnte er von ihren Körpern nichts sehen. Ihre leisen zischenden Stimmen drangen zu ihm herauf, und er erschauderte, als seine Fantasie ihm nicht eine Schar zweibeiniger Kreaturen ausmalte, sondern ein wimmelndes, wogendes Gewirr von Schlangen, die mit ihren glitzernden und niemals blinzelnden Augen zu ihm heraufschauten.

Er stieg in die obere Höhle, und Atla ließ den Verschlussstein zurück an seinen Platz gleiten. Mit erstaunlicher Genauigkeit passte er in den Eingang des Schachtes – Bran bemerkte nicht den geringsten Spalt im scheinbar soliden Boden der Höhle. Atla hob die Hand, um die Fackel zu löschen, doch der König hielt sie zurück.

»Lass sie brennen, bis wir aus der Höhle heraus sind«, knurrte er. »Damit wir nicht im Dunkeln auf eine Natter treten.«

Atlas süßes hasserfülltes Lachen scholl boshaft durch die flackernde Düsternis.

6

Es war nicht lang vor Sonnenuntergang, als Bran am schilfbewachsenen Ufer von Dagons See ankam. Er warf Umhang und Schwertgurt zu Boden und entkleidete sich bis auf seine kurze lederne Kniehose. Dann klemmte er seinen blanken Dolch zwischen die Zähne und glitt mit der Geschmeidigkeit eines tauchenden Seehundes ins Wasser. Mit kräftigen Zügen schwamm er in die Mitte des kleinen Gewässers, dann tauchte er hinab.

Der See war tiefer, als er vermutet hatte. Es schien eine Ewigkeit zu dauern, bis er am Grund anlangte, und dann fanden seine tastenden Hände nicht das, wonach er suchte. Ein dumpfes Dröhnen in seinen Ohren warnte ihn, und er schwamm zurück an die Oberfläche.

Tief atmete er die belebende Luft ein, dann tauchte er noch einmal hinab, doch seine Suche blieb erfolglos. Noch ein drittes Mal schwamm er in die Tiefe, und endlich stießen seine suchenden Hände im Schlick des Grundes auf ein vertrautes Objekt. Er packte es und tauchte auf.

Der Stein war nicht sonderlich groß, aber schwer. Bran schwamm ohne Eile, doch plötzlich registrierte er ein ungewöhnliches Kräuseln des Wassers um sich herum, das nicht von seinen eigenen Schwimmbewegungen herrührte. Er hielt den Kopf unter Wasser und versuchte, die blauen Tiefen mit seinem Blick zu durchdringen, und ihm war, als sähe er dort vage einen gigantischen Schatten.

Er schwamm schneller, nicht aus Angst, sondern aus Vorsicht. Seine Füße berührten den seichten Boden des Ufers, schnell watete er an Land. Er blickte sich um und sah, wie das Wasser aufwirbelte, um sich dann zu beruhigen. Fluchend schüttelte er den Kopf. Er hatte die alten Legenden, wonach Dagons See das Versteck eines namenlosen Wasserungeheuers war, immer als Unsinn abgetan, doch nun schien er lediglich um ein Haar davongekommen zu sein. Die halb vergessenen Mythen dieses uralten Landes nahmen vor seinen Augen Gestalt an und erwachten zum Leben. Was für eine urzeitliche Kreatur unter der Oberfläche dieses trügerischen Tümpels lauerte, wusste Bran nicht, aber offenbar hatten die Marschbewohner gute Gründe, diesen Ort zu meiden.

Bran warf sich die Kleidung über, bestieg seinen schwarzen

Hengst und ritt über die Marschen in das trostlose blutrote Nachglühen des Sonnenuntergangs, den Schwarzen Stein in seinen Umhang gewickelt. Nicht zu seiner Hütte ritt er, sondern nach Westen, in die Richtung von Trajans Turm und dem Ring Dagons. Während die Meilen unter ihm dahinflogen, kamen die roten Sterne zum Vorschein. Die Mitternacht verging in der mondlosen Nacht, und noch immer ritt Bran. Sein Herz brannte auf das Zusammentreffen mit Titus Sulla. Atla hatte sich mit hämischer Freude ausgemalt, wie der Römer sich unter der Folter wand, aber das war es nicht, was der Pikte im Sinn hatte. Der Gouverneur sollte eine faire Chance mit der Waffe bekommen – mit Brans eigenem Schwert sollte er sich dem Dolch des Piktenkönigs stellen und gegen ihn um Leben und Tod kämpfen. Und obwohl man Sulla überall in den Provinzen als Schwertkämpfer rühmte, hatte Bran keinen Zweifel, wie dieser Kampf ausging.

Dagons Ring lag in einiger Entfernung vom Turm – ein düsterer Kreis aus hoch aufragenden Steinen, mit einem grob behauenen Steinaltar in der Mitte. Die Römer hatten für diese Menhire nur Verachtung übrig; sie glaubten, die Druiden hätten sie errichtet. Die Kelten wiederum vermuteten, dass sie von Brans Volk, den Pikten, stammten. Bran jedoch wusste nur zu gut, welche Hände diese grausigen Monolithen in vergessenen Zeiten errichtet hatten, aber zu welchem Zweck, das konnte er nur raten.

Der König ritt nicht direkt zum Ring. Zu groß war seine Neugier, wie seine unheimlichen Verbündeten ihren Teil der Vereinbarung einzuhalten gedachten. Dass sie Titus Sulla aus der Mitte seiner Männer entführen konnten, davon war Bran überzeugt, und er glaubte auch zu wissen, wie sie es zuwege brachten. Er spürte das Nagen einer seltsamen Besorgnis, als hätte er sich mit Mächten unbekannten Ausmaßes eingelassen und Kräfte freigesetzt, die er nicht zu kontrollieren vermochte.

Jedes Mal wenn er sich an dieses reptilienhafte Gemurmel erinnerte, an diese schräg stehenden Augen in der Nacht, schien ein kalter Wind über seine Haut zu wehen. Diese Kreaturen waren schon abscheulich genug gewesen, als sein Volk sie vor Urzeiten in die Höhlen unter den Hügeln vertrieben hatte – aber was hatten die langen Jahrhunderte des Niedergangs aus ihnen gemacht? Hatten sie sich in ihrem lichtlosen unterirdischen Leben überhaupt noch menschliche Eigenschaften bewahrt?

Ein Gefühl trieb ihn dazu, zum Turm zu reiten. Er wusste, es konnte nicht mehr weit sein – wäre die Dunkelheit nicht so undurchdringlich gewesen, hätte er schon deutlich seine scharfen Umrisse am Horizont sehen müssen. Und selbst jetzt müsste er ihn eigentlich schon schwach erahnen können. Eine grausige Vorahnung überkam ihn, und er trieb seinen Hengst zu einem schnellen Galopp an.

Ohne Vorwarnung taumelte Bran in seinem Sattel, als hätte man ihm einen Schlag versetzt, so unbegreiflich schien der Anblick, der sich ihm darbot. Der unbezwingbare Turm Trajans war nicht mehr! Brans erstaunter Blick fiel auf einen riesigen Haufen Ruinen – auf zerschmetterte Steine und geborstene Granitblöcke, aus denen die zersplitterten Enden zerbrochener Balken ragten. An einer Ecke des Schuttbergs erhob sich noch ein Turm über die Masse zerstörten Mauerwerks, doch trunken neigte er sich zur Seite, als hätte eine unbekannte Macht seine Fundamente halb aus der Erde gerissen.

Bran stieg ab und ging zu Fuß weiter, ganz benommen vor Fassungslosigkeit. Der Graben war stellenweise mit herabgestürzten Steinen und Teilen der gemauerten Wand gefüllt. Er überquerte ihn und gelangte zwischen die Ruinen. Wo noch vor wenigen Stunden das Pflaster von den martialischen

Tritten eisengepanzerter Füße widergehallt und die Wände das Klirren der Schilde und das Schmettern der lärmenden Trompeten zurückgeworfen hatten, herrschte jetzt eine grausige Stille.

Direkt vor Brans Füßen rührte sich stöhnend eine gebrochene Gestalt. Der König beugte sich hinab zu einem Legionär, der in einer klebrigen Lache seines eigenen Blutes lag. Mit einem Blick erkannte der Pikte, dass der grausam zerschmetterte und entstellte Mann im Sterben lag.

Bran hob den blutigen Kopf des Mannes und hielt ihm seine Trinkflasche an die aufgeplatzten Lippen. Instinktiv nahm der Römer einen tiefen Schluck und ließ das Wasser durch seine zersplitterten Zähne rinnen. Im schwachen Licht der Sterne sah Bran, wie seine glasigen Augen rollten.

»Die Mauern stürzten ein«, flüsterte der Sterbende. »Sie fielen auf uns herab wie die Himmel am Tag des Weltuntergangs. Beim Jupiter, es regnete Scherben aus Granit und Hagelkörner aus Marmor!«

»Ich habe kein Erdbeben gespürt.« Verwundert runzelte Bran die Stirn.

»Es war kein Erdbeben«, murmelte der Römer. »Vor Sonnenuntergang begann es, dieses leise Kratzen und Schaben tief unter der Erde. Wir von der Wache hörten es – wie scharrende Ratten oder wie Würmer, die Gänge im Untergrund graben. Titus lachte uns aus, aber den ganzen Tag lang hielt es an. Dann, um Mitternacht, begann der Turm zu erzittern und schien abzusinken – als wären die Fundamente untergraben worden …«

Ein Schauder durchfuhr Bran Mak Morn. Die Würmer der Erde! Tausende dieser Kreaturen, die wie Maulwürfe tief unter der Festung wühlten, ihre Fundamente unterhöhlten. Ihr Götter, das Land musste von Stollen und Höhlen durchzogen sein! Diese Wesen waren noch weniger menschlich, als er gedacht hatte. Welche grausigen Gestalten der Finsternis hatte er da um Hilfe gebeten?

»Was ist mit Titus Sulla?«, fragte er und hielt dem Legionär noch einmal die Flasche an die Lippen; in diesem Moment war der sterbende Römer wie ein Bruder für ihn.

»Als der Turm erzitterte, vernahmen wir einen entsetzlichen Schrei aus der Kammer des Gouverneurs«, flüsterte der Soldat. »Wir eilten dorthin … Als wir die Tür aufbrachen, hörten wir seine Schreie … Sie schienen sich zu entfernen … *hinab ins Innere der Erde!* Wir stürmten hinein, doch der Raum war leer. Sein blutbeflecktes Schwert lag auf dem Boden … In den Steinfliesen des Bodens gähnte ein schwarzes Loch. Dann wankte … der Turm … Das Dach … stürzte ein … Ich … kroch durch … einen Sturm … fallender … Wände …«

Ein heftiger Krampf durchzuckte die zermalmte Gestalt.

»Leg mich nieder, Freund«, flüsterte der Römer. »Ich sterbe.«

Er atmete schon nicht mehr, als Bran seinem Wunsch nachkam. Der Pikte erhob sich und wischte sich gedankenverloren die Hände ab. Rasch entfernte er sich von diesem Ort, und als er über die dunklen Marschen galoppierte, kam ihm das Gewicht des verfluchten Schwarzen Steins unter seinem Umhang vor wie das Gewicht eines grauenvollen Albtraums auf der Brust eines Sterblichen.

Indem er sich dem Ring näherte, sah er in dessen Innerem ein gespenstisches Glühen, vor dem die hohen Steine sich abzeichneten wie der Brustkasten eines Skeletts, in dem ein Hexenfeuer brennt. Der Hengst schnaubte und scheute, als Bran ihn an einem der Menhire anband. Er nahm den Stein und schritt in den grausigen Kreis, wo er Atla neben dem Altar stehen sah, eine Hand in die Hüfte gestützt. Ihr geschmeidiger Körper wiegte sich in schlangenartigen Bewegungen. Der ganze Altar glühte in diesem gespenstischen Licht, und Bran wusste, dass jemand – wahrscheinlich Atla – ihn mit

Phosphor aus einem unbekannten Sumpf oder Morast eingerieben hatte.

Er trat vor, wickelte den Stein aus dem Umhang und warf das verfluchte Ding auf den Altar.

»Ich habe meinen Teil der Übereinkunft erfüllt«, knurrte er.

»Und *sie* ihren«, erwiderte sie. »Sieh nur! Sie kommen!«

Er wirbelte herum, instinktiv fuhr seine Hand ans Schwert. Draußen wieherte der große Hengst verzweifelt und zerrte wild an seiner Leine. Der Nachtwind flüsterte durch das wogende Gras, und ein abscheuliches leises Zischen mischte sich unter dieses Geräusch. Zwischen die Menhire strömte eine schwarze Woge von Schatten, unruhig und chaotisch. Der Ring füllte sich mit glitzernden Augenpaaren, scheinbar außerhalb des trügerischen Leuchtkreises schwebend, den der phosphoreszierende Altar warf. Irgendwo in der Dunkelheit kicherte und brabbelte eine menschliche Stimme idiotisch vor sich hin. Bran versteifte sich, als der Schatten des Entsetzens nach seiner Seele griff.

Er strengte seine Augen an, versuchte die Umrisse jener auszumachen, die ihn umgaben. Aber er nahm nur eine wogende Masse aus Schatten wahr, die fast wie eine Flüssigkeit wimmelte und waberte.

»Sie sollen ihren Teil des Handels erfüllen!«, fauchte er wütend.

»Dann siehe, o König!«, rief Atla mit durchdringendem Spott.

Es gab eine Bewegung, es brodelte in der wimmelnden Schattenmasse, und aus der Dunkelheit kroch, wie ein vierbeiniges Tier, eine menschliche Gestalt. Vor Brans Füßen kroch sie umher und krümmte sich und schnitt Grimassen, dann hob sie einen Kopf wie ein Totenschädel und jaulte wie ein sterbender Hund. Im grausigen Licht gewahrte Bran erschüttert die leeren, glasigen Augen, die blutleeren Züge, die schlaffen, zitternden, schaumbedeckten Lippen des nackten Wahnsinns – Ihr Götter, war das etwa Titus Sulla, der stolze Herr über Leben und Tod in der stolzen Stadt Eboracum?

Bran zog sein Schwert.

»Ich hatte geplant, diesen Schlag aus Rache zu führen«, sagte er düster. »Jetzt tue ich es aus Erbarmen – *Vale Caesar!*«

Der Stahl blitzte im gespenstischen Licht, und Sullas Kopf rollte an den Fuß des glühenden Altars, wo er in den Himmel starrend liegen blieb.

»Sie haben ihm kein Leid angetan!« Atlas hasserfülltes Lachen zerriss die morbide Stille. »Was er sah und erfuhr, hat seinen Verstand gebrochen! Wie alle von seinem schwerfüßigen Volk wusste er nichts von den Geheimnissen dieses uralten Landes. In dieser Nacht wurde er durch die tiefsten Abgründe der Hölle geschleift, wo selbst du erbleicht wärest!«

»Gut für die Römer, dass sie die Geheimnisse dieses verfluchten Landes nicht kennen!«, schrie Bran wütend. »Mit seinen von Ungeheuern verseuchten Tümpeln, seinen teuflischen Hexen und seinen vergessenen Höhlen und unterirdischen Reichen, wo in der Dunkelheit Gestalten der Hölle gezeugt werden!«

»Sind sie denn teuflischer als ein Sterblicher, der sich ihrer Hilfe bedient?«, rief Atla mit einem spöttischen Kreischen aus. »Gib ihnen den Schwarzen Stein!«

Eine übermächtige Abscheu ließ Brans Seele erzittern und erfüllte ihn mit rasender Wut.

»Aye, so nehmt euren verfluchten Stein!«, brüllte er, riss ihn vom Altar und warf ihn mit solchem Ingrimm zwischen die Schatten, dass unter seinem Aufprall Knochen zersplitterten. Ein hektisches Gebrabbel in jener grässlichen Sprache erhob sich, und die Schatten schienen aufgeregt zu brodeln. Eines der Wesen löste sich für einen Augenblick aus der Masse, und Bran schrie in wildem Ekel auf, obwohl er nur einen flüchtigen Blick auf die Kreatur erhaschte – ihm war, als hätte er einen breiten und seltsam flachen Kopf wahrgenommen, hängende, schlaffe Lippen, die scharfe, gekrümmte Fangzähne entblößten, und einen abscheulich missgestalteten, zwergenhaften Körper, der *gefleckt* zu sein schien – und dazu diese niemals blinzelnden Reptilienaugen. Ihr Götter! Die Mythen hatten ihn auf das Grauen in Menschengestalt vorbereitet, auf ein Grauen, hervorgerufen durch ein animalisches Antlitz und groteske Deformierungen – aber dies hier war das Grauen der Albträume und der Nacht.

»Kehrt zurück in die Hölle und nehmt Euer Götzenbild mit Euch!«, schrie er und stieß seine geballten Fäuste in den Himmel, als die Schatten sich zurückzogen und von ihm fortströmten wie das faulige Wasser einer schwarzen, verderblichen Flut. »Eure Vorfahren waren Menschen, wenn auch groteske und hässliche – aber bei den Göttern! Ihr seid zur abscheulichen Verkörperung dessen geworden, was mein Volk Euch im Spott genannt hat! Würmer der Erde – verschwindet in Eure Höhlen und Erdlöcher! Ihr verseucht die Luft und hinterlasst auf der unschuldigen Erde den Schleim des Schlangengezüchts, zu dem Ihr geworden seid! Gonar hatte recht – es gibt Kreaturen, die sind zu widerwärtig, um sie selbst gegen Rom einzusetzen!«

Er floh aus dem Ring, wie man vor einer lauernden Schlange fliehen mochte, und riss seinen Hengst los. Neben ihm kreischte Atla in furchtbarem Gelächter. Alles Menschliche fiel von ihr ab wie ein Umhang in der Nacht.

»König des Piktenlandes!«, schrie sie. »König der Narren! Erzitterst du vor solch einer kleinen Kreatur? Bleib, und ich zeige dir die wahren Früchte der Tiefe! Hahaha! Lauf, Narr, lauf! Aber du bist jetzt mit dem Makel befleckt – du hast sie gerufen, und das werden sie nicht vergessen! Und wenn die Zeit reif ist, werden sie wieder zu dir kommen!«

Er stieß einen wortlosen Fluch aus und schlug ihr mit der Hand hart ins Gesicht. Sie taumelte zurück, Blut lief ihr aus dem Mund, aber ihr teuflisches Gelächter erklang nur noch lauter.

Bran sprang in den Sattel. Er sehnte sich nach der unbefleckten Heide und den kalten blauen Hügeln des Nordens, wo auf sein Schwert das saubere Gemetzel und auf seine gepeinigte Seele das rote Chaos der Schlacht wartete und wo er das Grauen vergessen konnte, das unter den Marschen des Westens lauerte. Er ließ dem verzweifelten Hengst die Zügel schießen und ritt durch die Nacht wie ein gehetzter Geist, bis das höllische Lachen der heulenden Werfrau in der Dunkelheit hinter ihm verklang.

Volk der Finsternis

Ich war zur Höhle des Dagon gekommen, um Richard Brent zu töten. Ich folgte den düsteren Straßen, die zu beiden Seiten von gewaltigen Bäumen gesäumt wurden, und meine Stimmung glich der urwüchsigen Bitterkeit meiner Umgebung. Der Zugang zur Höhle des Dagon liegt stets im Dunkeln, da das mächtige Astwerk und das dichte Laub keine Sonnenstrahlen durchlassen, doch an jenem Tag ließ die Finsternis meiner eigenen Seele die Schatten noch unheilvoller und düsterer erscheinen.

Von den nahe gelegenen, hohen Klippen drang das sanfte Raunen der Brandungswellen an mein Ohr, der dichte Eichenwald verdeckte jedoch den Blick aufs Meer. Durch die Dunkelheit und die herbe Schwermut meiner Umgebung schlossen sich die Schatten noch enger um meine Seele, während ich unter den jahrhundertealten Bäumen entlangging – bis ich schließlich an eine kleine Lichtung kam und den Eingang der uralten Höhle vor mir sah. Ich hielt inne, um den Eingangsbereich der Höhle und die schweigend im Halbdunkel stehenden Eichen mit Blicken abzusuchen.

Der Mann, dem all mein Hass galt, war noch nicht hier! Es war noch nicht zu spät, mein finsteres Vorhaben in die Tat umzusetzen. Für einen Augenblick wankte ich in meinem Entschluss, doch dann strömte der wunderbare Geruch von Eleanor Blands Parfüm wie eine Woge über mich hinweg, und in meiner Vorstellung sah ich golden wellendes Haar und tiefgraue Augen, leidenschaftlich und geheimnisvoll wie das Meer. Ich ballte die Fäuste so fest, dass meine Knöchel schneeweiß wurden, und griff instinktiv nach dem Unheil verheißenden, kurzläufigen Revolver, dessen Gewicht meine Manteltasche schwer nach unten zog.

Wenn es Richard Brent nicht gäbe, da war ich ganz sicher, hätte ich das Herz dieser Frau längst gewonnen. Das Verlangen nach ihr machte meine wachen Stunden zur Qual, meinen Schlaf zur Folter. Doch wen liebte sie? Sie zeigte es nicht, und ich vermutete, dass sie es selbst nicht wusste. Wenn einer von uns verschwinden würde, so glaubte ich, wandte sie sich sicher dem anderen zu. Ich würde ihr die Sache erleichtern – und mir auch. Zufällig hatte ich mit angehört, wie mein blonder englischer Rivale verkündete, er habe die Absicht, einen Ausflug zur einsamen Höhle des Dagon zu machen, um sie in aller Ruhe zu erkunden – allein.

Ich habe eigentlich keine kriminelle Natur. Ich wurde in einem unbarmherzigen Land geboren und dort bin ich auch aufgewachsen. Die meiste Zeit meines Lebens habe ich an den raueren Orten dieser Welt verbracht, an denen ein Mann sich nimmt, was er braucht – sofern er kann –, und an denen Gnade zu den weniger bekannten Tugenden zählt. Aber die Qualen, die ich Tag und Nacht litt, hatten in mir den Entschluss reifen lassen, das Leben von Richard Brent auszulöschen.

Mein bisheriges Leben war hart gewesen, teilweise sogar brutal. Als die Liebe mich ereilte, traf auch sie mich stürmisch und brutal. Möglicherweise setzte auch mein Verstand aus, sobald es um meine Liebe zu Eleanor Bland und meinen Hass auf Richard Brent ging. Unter anderen Umständen hätte ich mich glücklich geschätzt, ihn als Freund zu haben – ein vornehmer, hochgewachsener, aufrechter junger Mann, scharfsinnig und stark. Doch er stand meinem Verlangen im Weg und musste deshalb sterben.

Ich trat in die Düsternis der Höhle und blieb stehen. Ich war noch nie zuvor in der Höhle des Dagon gewesen, und dennoch beunruhigte mich ein vages Gefühl irritierender Vertrautheit, als ich die hohe, kuppelartige Decke, die glatten Steinwände und den staubigen Boden betrachtete. Ich zuckte die Achseln; das unbestimmte Gefühl konnte ich nicht recht einordnen. Vermutlich wurde es ausgelöst durch die Ähnlichkeit dieses Ortes mit den Gebirgshöhlen im amerikanischen Südwesten, wo ich geboren worden war und meine Kindheit verbracht hatte.

Dennoch wusste ich, dass ich noch nie eine Höhle wie diese gesehen hatte, deren Perfektion die Legende unterstützte, dies sei keine natürliche Höhle, sondern vielmehr vor Jahrhunderten von den winzigen Händen der Angehörigen des geheimnisvollen Kleinen Volkes, eines prähistorischen Stammes aus der britischen Mythologie, aus dem harten Felsen gehauen worden. Die ganze Gegend ringsum bildete einen wichtigen Bestandteil der überlieferten Legende.

Die Landbevölkerung war größtenteils keltischer Abstammung, denn hier hatten die sächsischen Invasoren sich nicht lange halten können. Die Legenden reichten in dieser seit Langem besiedelten Gegend weit zurück, weiter als irgendwo sonst in England – weiter als bis zur Ankunft der Sachsen und unglaublicherweise sogar noch weiter als bis in diese uralten Zeiten, weiter als bis zur Ankunft der Römer, zurück bis in jene unermesslich frühen Tage, als die Ureinwohner Britanniens im Krieg mit schwarzhaarigen irischen Piraten lagen.

Natürlich hatte das Kleine Volk auch seinen Platz in den Überlieferungen. Die Legende besagte, dass diese Höhle eine seiner letzten Hochburgen gegen die keltischen Eroberer gewesen war, und erzählte von vergessenen Tunneln, die längst verschüttet oder blockiert waren, und dass diese Tunnel die Höhle mit einem Netzwerk unterirdischer Korridore verbanden, das sich über sämtliche Hügel der Gegend erstreckte. Während diese beiläufigen Gedanken ziellos mit weit finstereren Ahnungen in meinem Geist wetteiferten, lief ich durch die äußere Kammer der Höhle und gelangte an einen engen Stollen, der, so wusste ich aus Beschreibungen, zu einem größeren Raum führte.

Im Gang war es dunkel, aber nicht so dunkel, dass ich die verblassten, teils beschädigten Umrisse der geheimnisvollen Zeichnungen auf den Steinwänden nicht erkannt hätte. Ich riskierte es, meine Taschenlampe einzuschalten und sie genauer zu betrachten. Auch wenn sie verblasst waren, erfüllte mich ihre widerliche Abartigkeit mit Ekel. Diese grotesken Obszönitäten waren mit Sicherheit nicht das Werk eines menschlichen Wesens, wie wir es kennen.

Das Kleine Volk – ich fragte mich, ob die Anthropologen mit ihrer Theorie richtiglagen, wonach diese Wesen einer gedrungenen, mongoliden Art angehörten, die auf einer so niedrigen Evolutionsstufe stand, dass sie kaum als menschlich gelten konnte, die aber trotzdem über eine ausgeprägte Kultur verfügte, wenn sie auch in unseren Augen abscheulich erschien. Laut dieser Theorie waren sie zwar schon vor der Invasion anderer Völker verschwunden, doch alle indogermanischen Legenden von Trollen, Elfen, Zwergen und Hexen basieren auf ihrer Existenz. Diese Urbevölkerung hatte von jeher in Höhlen gelebt und war vor den Eroberern immer weiter in die Berghöhlen zurückgewichen, bis sie schließlich ganz verschwunden war, wenngleich die fantastischsten Überlieferungen Bilder ihrer Nachfahren zeichnen, auf denen sie noch immer tief unter den Hügeln in vergessenen Schächten hausen, die letzten, verabscheuungswürdigen Überlebenden eines längst überdauerten Zeitalters.

Ich schaltete die Taschenlampe aus und gelangte durch den Tunnel schließlich zu einer Art Türöffnung, die viel zu symmetrisch war, als dass sie ein Werk der Natur hätte sein können. Vor mir erstreckte sich ein großer, dämmriger Höhlenraum, der etwas tiefer lag als die äußere Kammer, und erneut ließ mich ein eigenartiges Gefühl der Vertrautheit erschaudern. Einige Steinstufen führten vom Tunnel zum Höhlenboden hinab – winzige Stufen, in den massiven Felsen gehauen, viel zu klein für normale menschliche Füße. Ihre Kanten waren stark abgetreten, ganz so als wären sie seit Jahrhunderten benutzt worden. Ich begann mit dem Abstieg – und rutschte plötzlich aus. Instinktiv wusste ich schon vorher, dass es passieren würde – es hing mit diesem eigenartigen Vertrautheitsgefühl zusammen –, aber ich konnte mich nicht halten. Ich stürzte kopfüber die Stufen hinunter und schlug mit solcher Wucht auf dem Steinboden auf, dass meine Sinne sich verdunkelten …

Mit einem Gefühl der Verwirrung kam ich langsam wieder zu Bewusstsein – mir dröhnte der Schädel. Ich fasste mir an den Kopf und stellte fest, dass er voller Blut war. Man hatte mir einen so heftigen Schlag versetzt oder ich war so schwer gestürzt, dass dabei wohl all meine Sinne aus mir herausgeschleudert worden waren und mein Verstand nun vollkommen leer war. Wo ich mich befand, wer ich war – ich wusste es nicht.

Ich schaute mich um, blinzelte im fahlen Licht und erkannte, dass ich mich in einer weiten, staubigen Höhle befand. Ich stand am Fuß einer kurzen Treppe, die zu einer Art Tunnel hinaufführte. Ich strich über meine kräftigen, nackten Arme und Beine und meinen muskulösen Körper. Wie ich zerstreut feststellte, trug ich eine Art Lendenschurz, an dessen Gürtel eine leere Scheide hing, und meine Füße steckten in Ledersandalen.

Dann erblickte ich zu meinen Füßen einen Gegenstand und bückte mich, um ihn aufzuheben. Es war ein schweres Eisenschwert, dessen breite Klinge dunkle Flecken zeigte. Meine Finger schlossen sich instinktiv und mit so großer Vertrautheit um den Schwertgriff, dass es mir schien, als gehörte die Waffe seit langer Zeit zu mir.

Nun fiel mir mit einem Mal alles wieder ein und ich musste bei dem Gedanken lachen, dass ein kleiner Schlag auf den Kopf mich, Conan den Plünderer, vorübergehend zu einem völlig verunsicherten Narren gemacht hatte. Ja, ich erinnerte mich wieder. Wir hatten die Briten überfallen, an deren Küsten wir häufig von der Insel Eire-ann aus mit Fackeln und Schwertern auf Raubzug gingen.

An jenem Tag hatten wir, die schwarzhaarigen Gälen, uns mit unseren langen, flachen Booten einem Küstendorf genähert und waren dort eingefallen. Nach heftigen Kampfesstürmen hatten die Briten ihren verbissenen Widerstand letztlich aufgegeben und waren – Krieger, Frauen und Kinder – tief in die Schatten des Eichenwaldes geflohen, in den wir ihnen nur selten zu folgen wagten.

Aber dieses Mal war ich ihnen gefolgt, denn unter meinen Feinden gab es ein Mädchen, das ich mit brennender Leidenschaft begehrte. Ein anmutiges, schlankes Geschöpf mit golden wellendem Haar und tiefgrauen Augen, leidenschaftlich und geheimnisvoll wie das Meer. Ihr Name war Tamera – er war mir wohlbekannt, denn zwischen unseren Völkern herrschte nicht immer Krieg, wir trieben auch Handel, und ich hatte ihre Dörfer vor einiger Zeit während einer seltenen Waffenruhe in friedlicher Absicht besucht.

Immer wieder sah ich ihren weißen, halb nackten Körper zwischen den Bäumen aufblitzen, als sie mit der Leichtigkeit eines Rehs davonlief. Während ich ihr folgte, keuchte ich vor wilder Begierde. Sie floh tiefer und tiefer in die dunklen Schatten der knorrigen Eichen, ich war dicht hinter ihr, und bald waren das Klingen der Schwerter und das Gebrüll der Schlacht nicht mehr zu hören. Schließlich rannten wir durch eine Stille, die nur durch schnelles, angestrengtes Atmen unterbrochen wurde, bis wir an eine kleine Lichtung kamen, die vor einer düsteren Höhlenöffnung lag.

Jetzt war ich ihr so nahe, dass ich ihre wehenden goldenen Locken mit meiner mächtigen Hand packen konnte. Sie sank mit einem verzweifelten Heulen zu Boden, das von einem Schrei beantwortet wurde, und als ich mich blitzschnell umdrehte, sah ich mich einem hochgewachsenen jungen Briten gegenüber, der – mit dem Feuer der Verzweiflung in den Augen – zwischen den Bäumen hervorsprang.

»Vertorix!«, stieß das weinende Mädchen hervor, und ihre Stimme brach mit einem Schluchzen, während die Wut in mir immer wilder raste, da ich wusste, dass dieser junge Mann ihr Geliebter war.

»Lauf in den Wald, Tamera!«, rief er ihr zu, stürzte sich wie ein Panther auf mich und schwang seine Bronzeaxt wie ein Feuerrad über seinem Kopf. Dann durchdrangen der Klang aufeinanderschlagender Klingen und das schwere Keuchen zweier Kämpfer den Wald.

Der Brite war zwar ebenso groß wie ich, doch sein schlanker Körper war weit weniger muskulös. An schierer Muskelkraft war ich ihm weit überlegen – bald hatte ich ihn in die Defensive gedrängt und er versuchte verzweifelt, meine heftigen Schwerthiebe mit seiner Axt zu parieren. Wie die Hammerschläge eines Schmieds dessen Amboss erschüttern, trafen meine unerbittlichen Hiebe seine Abwehr und ich drängte ihn unbarmherzig immer weiter zurück. Unter schweren Atemzügen hob und senkte sich seine Brust; meine blitzschnelle Klinge hatte auf seinem Kopf, seiner Brust und seinem Oberschenkel blutende Wunden hinterlassen – er würde nicht mehr lange durchhalten. Ich schlug noch heftiger zu, er krümmte und bog sich unter meinen Schlägen wie ein junger Baum in einem tosenden Sturm, und dann hörte ich das Mädchen rufen: »Vertorix! Vertorix! Die Höhle. In die Höhle!«

Ich sah, wie sein Gesicht vor Angst erblasste, und diese Angst war größer als die Angst vor meinem hämmernden Schwert.

»Nicht dort hinein!«, stöhnte er. »Dann lieber einen edlen Tod! Im Namen von Il-marenin, Liebste, lauf in den Wald und rette dein Leben!«

»Ich verlasse dich nicht!«, rief sie. »Die Höhle – sie ist unsere einzige Rettung!«

Wie eine fliegende Elfe huschte sie, ein heller Blitz, an uns vorbei und verschwand in der Höhle, und mit dem Mut der Verzweiflung versetzte mir der Junge jetzt einen Schlag, der beinahe meinen Schädel gespalten hätte. Während ich noch unter der Wucht des Hiebes, den ich nur mit Mühe hatte abwehren können, taumelte, sprang er auf und folgte dem Mädchen in die Höhle, wo ihn die Dunkelheit verschluckte.

Mit einem wilden Schrei, der all meine unerbittlichen gälischen Götter beschwor, rannte ich blindlings hinterher. Es kümmerte mich nicht, dass der Brite womöglich hinter dem Eingang wartete, um mir den Schädel einzuschlagen. Mit einem schnellen Blick sah ich jedoch, dass die Höhlenkammer leer war, und bemerkte einen hellen Blitz, der auf der anderen Seite durch eine dunkle Türöffnung verschwand.

Ich sprang hinüber und wurde urplötzlich zum Halt gezwungen, als eine Axt mit einem Pfeifen aus dem Dunkel der Öffnung gefährlich dicht neben meiner schwarzen Mähne auf mich niederfuhr. Ich wich ein Stück zurück. Nun hatte Vertorix, der in der schmalen Öffnung des Korridors stand, die Oberhand, denn ich konnte ihn dort nicht angreifen, ohne mich den zerstörerischen Schlägen seiner Axt auszuliefern.

Ich schäumte beinahe vor Wut. Der Anblick der schlanken weißen Gestalt, die im Schatten hinter dem Krieger zu erkennen war, versetzte mich in Raserei. Wild, aber überlegt, attackierte ich meinen Gegner mit gewaltigen Schlägen und wich dabei seinen Hieben aus. Ich wollte ihn zwingen, einen großen Schritt nach vorn zu machen, ihm dann ausweichen und ihn überrennen, bevor er das Gleichgewicht wiedererlangt hatte. Im Freien hätte ich ihn dank meiner Kraft längst mit heftigen Stößen bezwungen, doch hier drinnen konnten nur dieses Vorhaben und meine Schwertspitze den Kampf zu meinen Gunsten entscheiden – die ganz Klinge wäre mir lieber gewesen. Aber ich war fest entschlossen – wenn ich ihm auch keinen tödlichen Hieb versetzen konnte, so konnten mir doch weder er noch das Mädchen entfliehen, solange ich ihn in diesem Tunnel festsetzte.

Dies schien nun auch Tamera erkannt zu haben, denn sie sagte Vertorix, sie wolle nach einem Ausgang suchen. Obwohl er ihr lautstark verbot, sich allein in die Dunkelheit zu wagen, drehte sie sich um, eilte den Tunnel hinunter und verschwand in der Finsternis. Mein Zorn wuchs ins Unermessliche, und beinahe wäre mir in meinem blinden Eifer der Kopf gespalten worden, denn ich wollte meinen Gegner unbedingt zu Fall bringen, bevor das Mädchen einen Fluchtweg fand.

Dann erschütterte die Höhle ein furchtbarer Schreckensschrei. Vertorix schrie ebenfalls wie ein tödlich getroffener Krieger auf, und sein Gesicht schimmerte aschfahl in der Dunkelheit. Er wirbelte herum, als hätte er mich und mein Schwert vergessen, rannte wie ein Verrückter den Tunnel hinunter und rief kreischend Tameras Namen.

Aus weiter Ferne, wie aus den Eingeweiden der Erde, glaubte ich ihr Rufen hören zu können, das mit einem fremdartigen, zischenden Geschrei vermischt war, das mir augenblicklich einen namenlosen Schreckensschauer durch den Körper jagte. Dann legte sich eine Stille über die Höhle, die nur durch Vertorix' wilde Rufe durchbrochen wurde, die sich immer weiter ins Innere der Erde entfernten.

Ich fasste mich wieder, sprang in den Tunnel und eilte dem Briten ebenso leichtsinnig hinterher, wie er dem Mädchen nachgerannt war. Dabei ging es mir, berüchtigter Plünderer oder nicht, weniger darum, meinen Rivalen von hinten niederzustrecken, sondern zu erfahren, welch grauenhafte Kreatur Tamera mit ihren Klauen gepackt hatte.

Während ich durch den Tunnel rannte, sah ich, dass die Wände mit abscheulichen Bildern beschmiert waren, und begriff plötzlich mit Schrecken, dass dies die gefürchtete Höhle der Kinder der Nacht sein musste. Um sie rankten sich Erzählungen, die längst über die Meerenge nach Eire-ann gelangt waren und die dort in den Ohren der Gälen entsetzlich widerhallten. Ich musste Tamera in solch entsetzliche Angst versetzt haben, dass sie sich in diese Höhle wagte – die Höhle, die ihr Volk ängstlich mied, da in ihr, wie man sagte, die letzten Überlebenden jenes grausamen Volkes hausten, das das Land vor der Ankunft der Pikten und Briten bevölkert hatte, bevor diese es schließlich zur Flucht in die unbekannten Berghöhlen trieben.

Vor mir mündete der Tunnel in einen riesigen Raum. Ich sah Vertorix' weiße Gestalt kurz im Halbdunkel aufleuchten und sofort im Eingang zu einer Art Korridor verschwinden, der genau gegenüber der Öffnung des Tunnels verlief, durch den ich rannte. Nur einen Augenblick später hörte ich einen kurzen, heftigen Schrei, dann den Knall eines harten Schlages und das hysterische Kreischen eines Mädchens, vermischt mit einem schlangenhaften Zischen, dass sich mir die Haare sträubten. In genau diesem Augenblick schoss ich aus vollem Lauf aus dem Tunnel und erkannte zu spät, dass der Boden der Höhle mehrere Fuß tiefer lag als der Tunnel. Meine Füße flogen über die winzigen Stufen und dann schlug ich heftig auf dem harten Steinboden auf.

Nun, da ich im Halbdunkel stand und mir den schmerzenden Kopf rieb, wurde ich mir allmählich des gesamten Ausmaßes des Schreckens bewusst. Ich starrte angsterfüllt auf den schwarzen, geheimnisvollen Korridor auf der anderen Seite der riesigen Kammer, durch den Tamera und ihr Liebhaber entschwunden waren und über den sich die Stille nun wie ein Tuch gebreitet hatte. Ich ergriff mein Schwert, schritt vorsichtig durch die große, stille Halle und warf einen Blick in den Korridor – doch meinen Augen begegnete hier nur noch tiefere Finsternis. Ich trat hinein und hatte große Mühe, in der Dunkelheit etwas zu erkennen, und als ich auf einem großen, nassen Fleck auf dem Steinboden ausrutschte, drang der rohe, beißende Geruch frisch vergossenen Blutes an meine Nase. Jemand oder etwas war hier zu Tode gekommen, entweder der junge Brite oder sein unbekannter Angreifer.

Verunsichert blieb ich stehen. All die übernatürlichen Ängste, ein Erbe meiner Abstammung, erwachten in meiner einfachen, gälischen Seele. Ich konnte einfach umkehren und dieses verhasste Labyrinth hinter mir lassen, in den Sonnenschein treten und ans herrlich blaue Meer zurückkehren, an dessen Ufern mich zweifellos meine Kameraden nach dem Überfall auf die Briten bereits ungeduldig erwarteten. Weshalb sollte ich mein Leben in diesen grauenhaften Rattenlöchern riskieren? Doch die Neugier auf die Kreaturen, die von den Briten Kinder der Nacht genannt wurden und die diese Höhlen heimsuchten, fraß mich fast auf, aber letztlich war es meine Liebe zu dem Mädchen mit den goldgelben Haaren, die mich weiter in den dunklen Tunnel trieb – denn ich liebte sie wirklich, auf meine eigene Weise, und ich wäre gut zu ihr gewesen, hätte ich sie tatsächlich mit auf meine geliebte Insel nehmen können.

Lautlos schritt ich den Korridor entlang, meine Klinge stets bereit. Ich hatte keine Ahnung, was für Wesen die Kinder der Nacht waren, aber die Erzählungen der Briten zeichneten ein Bild von zutiefst unmenschlichen Kreaturen.

Mit jedem Schritt umschloss mich die Dunkelheit noch enger, schließlich bewegte ich mich durch schwärzeste Finsternis. Mit der linken Hand ertastete ich eine eigenartig geschnitzte Türöffnung, und just in diesem Moment hörte ich neben mir einen Laut wie das Zischen einer Viper und spürte einen spitzen Stich in meinem Oberschenkel.

Ich schlug wie wild um mich, bis einer der blinden Hiebe mit einem zerstörerischen Krachen sein Ziel fand und etwas tot neben mir zu Boden fiel. Was ich im Dunkeln erschlagen hatte, wusste ich nicht, aber es musste zumindest teilweise menschlich gewesen sein, da die oberflächliche Wunde in meinem Bein durch irgendeine Klinge verursacht worden war, nicht durch Reißzähne oder Krallen. Der Schrecken trieb mir den Schweiß auf die Stirn, denn, bei Gott, die zischende Stimme dieses Wesens hatte keinerlei Ähnlichkeit mit irgendeiner menschlichen Sprache, die ich je gehört hatte.

Vor mir im Dunkeln hörte ich diese Laute nun erneut, und darunter mischten sich fürchterliche Gleitgeräusche, die klangen, als drängten unzählige reptilienartige Geschöpfe auf mich zu. Ich sprang rasch in den Durchgang, den meine tastende Hand entdeckt hatte, und wäre beinahe erneut kopfüber in die Tiefe gestürzt, denn anstatt zu einem weiteren Korridor führte der Eingang zu einer kleinen Treppe, auf deren Stufen ich gefährlich ins Taumeln geriet.

Ich fand das Gleichgewicht wieder und ging vorsichtig weiter, tastete mich an den Wänden des Schachts entlang, um einen sichereren Tritt zu finden. Es schien mir, als würde ich in die innersten Eingeweide der Erde hinabsteigen, doch ich wagte nicht, wieder umzukehren. Plötzlich erblickte ich, weit entfernt in der Tiefe, einen schwachen, unheimlichen Lichtschein. Notgedrungen ging ich weiter und gelangte an eine Stelle, an der sich der Schacht zu einer weiteren großen Gewölbekammer öffnete – dann wich ich vor Entsetzen zurück.

In der Mitte des Raumes stand ein grauenhafter, schwarzer Altar, der vollständig mit einer Art Phosphor eingerieben worden war und deshalb ein stumpfes Leuchten ausstrahlte, durch das die düstere Kammer halbwegs erhellt war. Über ihm thronte ein mysteriöses schwarzes Objekt, das mit geheimnisvollen Hieroglyphen verziert war und auf einem Podest aus menschlichen Schädeln stand. Der Schwarze Stein! Der älteste der uralten Steine, vor dem, so erzählten sich die Briten, die Kinder der Nacht in grauenhaften Anbetungszeremonien niederknieten und dessen Herkunftsgeschichte in den schwarzen Nebeln einer schrecklichen, weit entfernten Vergangenheit begraben lag. Einst, so besagte die Legende, stand er in dem unheimlichen Monolithenkreis von Stonehenge, doch dann wurden seine Verehrer von den Pfeilen und Bogen der Pikten wie die Spreu im Wind in alle Richtungen verstreut.

Ich schenkte ihm einen vorbeischweifenden, erschrockenen Blick. Auf dem schwarz leuchtenden Altar lagen zwei Menschen, die mit rohen Lederriemen gefesselt waren. Es waren Tamera und Vertorix – Letzterer blutüberströmt und furchtbar zugerichtet. Seine Bronzeaxt, an der geronnenes Blut klebte, lag neben dem leuchtenden Altar. Davor kauerte das reine Grauen.

Obwohl ich nie zuvor eines dieser ghoulischen Urwesen gesehen hatte, wusste ich, was ich vor mir hatte, und erschauderte. Es sah ähnlich aus wie ein Mensch, stand auf der Lebensskala jedoch so weit unten, dass seine entstellte Menschlichkeit weitaus grauenhafter war als seine bestialischen Züge.

Aufgerichtet war es gewiss keine eineinhalb Meter hoch. Der Körper war dürr und deformiert, der Kopf unverhältnismäßig groß. Das Haar fiel in schlangenartigen Strähnen über sein kantiges, unmenschliches Gesicht, das schlaffe, schiefe Lippen über gelben Reißzähnen, flache, breite Nasenlöcher und große gelbe Schlitzaugen offenbarte. Mir war klar, dass diese Kreatur im Dunkeln wohl ebenso gut sehen konnte wie eine Katze. Über Jahrhunderte waren diese Wesen durch dämmerige Höhlen geschlichen und hatten schreckliche, unmenschliche

Eigenschaften entwickelt. Am abstoßendsten war jedoch die Haut: schuppig, gelb und gefleckt wie die einer Schlange. Die Lenden der Kreatur wurden von einem Schurz aus echter Schlangenhaut bedeckt, und in ihren krallenartigen Händen hielt sie einen kurzen Speer mit steinerner Spitze und einen bedrohlich aussehenden Schlaghammer aus poliertem Feuerstein.

Sie ergötzte sich so inbrünstig am Anblick ihrer Gefangenen, dass sie meinen vorsichtigen Abstieg anscheinend nicht bemerkt hatte.

Während ich zögernd im Schatten des Schachtes verharrte, hörte ich weit über mir leise ein grimmiges Rascheln, das mir das Blut in meinen Adern gefrieren ließ. Die Kinder krochen durch den Schacht herab zu mir – ich saß in der Falle. Ich sah, dass die Kammer noch weitere Ausgänge hatte, und handelte nun sofort, als mir bewusst wurde, dass eine Allianz mit Vertorix unsere einzige Hoffnung war. Wenn wir auch Feinde waren, wir waren beide Menschen, aus dem gleichen Holz geschnitzt, gefangen im Versteck dieser unbeschreiblichen Missgeburten.

Als ich aus dem Schacht trat, riss die grauenhafte Gestalt neben dem Altar den Kopf hoch und starrte mich an. Dann schoss sie nach vorn. Ich stürzte mich auf sie. Sie krümmte sich und das Blut spritzte, als mein starkes Schwert ihr Reptilienherz durchbohrte. Aber selbst im Augenblick ihres Todes stieß sie noch einen abscheulich schrillen Schrei aus, dessen Echo den langen Schacht emporgellte.

Mit verzweifelter Hast durchtrennte ich Vertorix' Fesseln und half ihm auf die Beine. Dann wandte ich mich Tamera zu, die in dieser schrecklichen Notlage nicht vor mir zurückwich, sondern mich mit flehenden, angsterfüllten Augen ansah.

Vertorix verlor keine Zeit mit Worten, als er erkannte, dass das Schicksal uns zu Verbündeten gemacht hatte. Er ergriff seine Axt, während ich das Mädchen befreite.

»Den Schacht können wir nicht hinauf«, bemerkte er sofort, »sonst ist uns die gesamte Meute direkt auf den Fersen. Sie haben Tamera gefangen, als sie nach einem Ausweg suchte, und mich durch schiere Überzahl übermannt, als ich ihr folgte. Sie zogen uns immer höher hinauf, und bis auf dieses Aas da sind alle wieder ausgeschwärmt – bestimmt um die frohe Botschaft von den neuen Opfern bis ins letzte Erdloch zu tragen. Il-marenin allein weiß, wie viele meines Volkes, gestohlen in der Nacht, auf diesem Altar ihr Leben ließen. Wir müssen unser Glück in einem dieser Tunnel suchen, auch wenn sie alle in die Hölle führen! Folgt mir!«

Er ergriff Tameras Hand und rannte zum nächstgelegenen Tunnel. Ich folgte ihnen. Ehe die Kammer durch eine Kurve im Tunnel nicht mehr zu sehen war, blickte ich noch einmal zurück und sah, wie die widerliche Horde aus dem Schacht strömte.

Der Tunnel führte steil nach oben, und plötzlich erschien vor uns ein Balken aus grauem Licht. Unsere hoffnungsvollen Ausrufe verwandelten sich jedoch bald in heftige Flüche bitterer Enttäuschung. Dort schien zwar das Tageslicht durch eine Spalte im Kuppeldach herein, aber sie lag in unerreichbarer Höhe. Hinter uns gab die Meute frohlockende Laute von sich.

Ich blieb stehen.

»Rettet euch, wenn ihr könnt«, sagte ich mit tiefer Stimme. »Ich werde sie aufhalten. Sie vermögen im Dunkeln zu sehen, ich nicht. Hier kann ich sie wenigstens erkennen. Geht!«

Aber Vertorix war ebenfalls stehen geblieben. »Und uns bis zum bitteren Ende wie Ratten jagen lassen? Es gibt kein Entrinnen. Lasst uns unserem Ende tapfer begegnen.«

Tamera stieß einen Schrei aus, ballte hilflos ihre Hände und drängte sich eng an ihren Geliebten.

»Bleib mit dem Mädchen hinter mir«, raunte ich Vertorix zu. »Falls ich sterbe, zerschmettere ihr mit deiner Axt das Hirn, ehe sie sie erneut lebend fangen. Dann verkaufe dein eigenes Leben, so teuer du kannst, denn es gibt keinen, der uns rächen könnte.«

Angespannt sah er mich mit entschlossenen Augen direkt an. »Wir beten zu unterschiedlichen Göttern, Plünderer«, sagte er, »aber alle Götter lieben tapfere Männer. Vielleicht sehen wir uns wieder, jenseits der Dunkelheit.«

»Heil dir, Brite, und leb wohl!«, entgegnete ich, und unsere rechten Hände umschlossen einander in einem stählernen Griff.

»Heil auch dir, Gäle, und leb wohl!«

Dann fuhr ich herum – die grausame Horde überschwemmte den Tunnel und stürzte ins Zwielicht, ein fliegender Albtraum schlangenhafter Haare, schäumender Mäuler und grell leuchtender Augen.

Mein Schlachtruf erschütterte den Tunnel, ich sprang auf die Meute zu und mein schweres Schwert sang, als es den grinsenden Kopf einer Bestie von den Schultern trennte und eine Blutfontäne in hohem Bogen über mir aufstieg. Die Biester brachen wie eine Welle über mir zusammen, und der kühne Wahnsinn meines Volkes ergriff von mir Besitz. Ich kämpfte wie ein wildes Tier, mit jedem Hieb spaltete ich Fleisch und Knochen, Blut fiel wie purpurroter Regen auf mich herab.

Als die Meute über mich hinwegbrandete und ich schließlich aufgrund ihrer schieren Masse zu Boden ging, zerschnitt ein durchdringender Schrei den Lärm, ich hörte das Summen von Vertorix' Axt über mir. Blut und Gehirnmasse spritzten durch die Luft wie dicke Wassertropfen. Das Gewühl ließ nach. Ich kam wankend wieder auf die Beine und zertrampelte die sich windenden Körper zu meinen Füßen.

»Die Treppe hinter uns!«, brüllte der Brite. »Sie ist halb hinter einem Wandvorsprung versteckt! Sie muss ans Tageslicht führen! Hinauf, im Namen von Il-marenin!«

Kämpfend wichen wir Zentimeter um Zentimeter zurück. Das widerliche Pack tobte wie bluthungrige Dämonen und kletterte kreischend und metzelnd über die Leichen der Getöteten hinweg. Wir waren beide blutüberströmt, als wir die Öffnung des Schachts erreichten, in den Tamera uns bereits vorausgeeilt war.

Keifend wie leibhaftige Dämonen fluteten die Kinder herein, um uns wieder nach unten zu zerren. Im Schacht war es nicht so hell wie im Korridor, und je höher wir stiegen, desto dunkler wurde es, unsere Feinde konnten uns jedoch nur einer nach dem anderen angreifen. Bei allen Göttern – wir schlachteten sie ab, bis die Stufen mit zerfleischten Leibern bedeckt waren und die Kinder wie tollwütige Wölfe schäumten!

Dann brachen sie ihren Angriff urplötzlich ab und rasten die Treppe wieder hinunter.

»Was hat das zu bedeuten?«, fragte Vertorix, nach Luft schnappend, und wischte sich den blutigen Schweiß aus den Augen.

»Den Schacht hinauf, schnell!«, keuchte ich. »Sie suchen sich eine andere Treppe, um uns von oben anzugreifen!«

Wir rannten die verfluchten Stufen hinauf, stolperten und rutschten aus. Bald passierten wir einen schwarzen Tunnel, der auf den Schacht zulief und aus dessen Tiefe ein markerschütterndes Heulen zu uns drang. Im nächsten Augenblick ging der Schacht in einen gewundenen Korridor über, der durch schwaches graues Licht, das von oben herabschien, schwach beleuchtet war.

Aus den tiefsten Eingeweiden der Erde glaubte ich jetzt das tosende Donnern rauschender Wassermassen zu hören. Wir liefen den Korridor hinunter und aus dem Nichts sprang etwas unglaublich Schweres auf meine Schultern. Es warf mich kopfüber zu Boden und ein Schlaghammer wurde wieder und wieder auf meinen Kopf geschmettert und jagte dumpfe, höllische

Schmerzen durch meinen Schädel. In einem gewaltigen Wutausbruch versetzte ich meinem Angreifer einen heftigen Schlag, durch den ich mich befreien konnte, und als ich über ihm kniete, riss ich ihm mit bloßen Händen die Kehle heraus. Als er starb, verbissen sich seine Reißzähne in meinem Arm.

Als ich mich aufgerappelt hatte, stellte ich fest, dass Tamera und Vertorix verschwunden waren. Sie waren mir ein Stück voraus gewesen und weitergelaufen, da sie offenbar nicht bemerkt hatten, dass einer unserer Gegner auf meine Schultern gesprungen war. Zweifellos dachten sie, ich sei noch immer dicht hinter ihnen. Nach etwa einem Dutzend Schritten blieb ich stehen. Vor mir gabelte sich der Korridor und ich wusste nicht, welchen Weg meine Gefährten genommen hatten.

Ich wählte kurzerhand die linke Abzweigung und stolperte weiter durch das Halbdunkel. Durch die Müdigkeit und den Blutverlust fühlte ich mich schwach, und von den Schlägen, die ich hatte einstecken müssen, war mir schwindelig und übel. Allein durch den Gedanken an Tamera hielt ich mich verbissen auf den Beinen. Dann hörte ich deutlich das Tosen eines unsichtbaren, reißenden Stromes.

Da aus der Höhe ein schwaches Licht herabfiel, konnte ich mich nicht allzu tief unter der Erde befinden, und ich rechnete jeden Moment damit, auf eine weitere Treppe zu stoßen. Als ich sie erreichte, hielt ich in bitterer Verzweiflung inne – anstatt nach oben, führte sie nach unten. In der Ferne hinter mir ließ sich das Heulen der Meute erahnen, und so tauchte ich in die umfassende Dunkelheit der Treppe hinab. Endlich erreichte ich ihr Ende und setzte meinen Weg blind fort.

Ich hatte alle Hoffnung auf ein Entkommen begraben und wünschte mir nur noch, Tamera zu finden – falls ihr und ihrem Geliebten die Flucht nicht schon geglückt war –, um an ihrer Seite sterben zu können. Die rauschenden Wassermassen donnerten nun über mich hinweg, und der Tunnel war schlammig und feucht. Wasser tropfte mir auf den Kopf und ich erkannte, dass ich mich tatsächlich unter dem Fluss befand.

Kurz darauf stolperte ich über die steinernen Stufen einer weiteren Treppe. Dieses Mal führten sie nach oben. Ich kletterte hinauf, so schnell es meine lähmenden Wunden zuließen – ich war mit Schlägen gestraft worden, die einen gewöhnlichen Mann längst umgebracht hätten.

Höher und höher führte mein Aufstieg. Plötzlich wurde ich von Tageslicht umflutet, das durch eine Felsspalte hereindrang, und ich trat in den grellen Sonnenschein. Ich stand auf einem Felsvorsprung, und in der Tiefe donnerte mit atemberaubender Geschwindigkeit ein reißender Fluss, der zu beiden Seiten von hohen Klippen gesäumt wurde. Der Felsvorsprung lag unmittelbar unter der Spitze der Klippe; meine Rettung war nur eine Armlänge entfernt. Dennoch zögerte ich, denn meine Liebe zu dem Mädchen mit den goldenen Haaren war so groß, dass ich in meiner wahnwitzigen Hoffnung, sie zu finden, bereit war, wieder in die schwarzen Tunnel zurückzukehren. Dann wich ich zurück.

Mir gegenüber, auf der anderen Seite des Flusses, erblickte ich in der Felswand einen ähnlichen Vorsprung, der jedoch etwas länger war. In früheren Zeiten waren diese beiden Felsvorsprünge zweifellos durch eine primitive Brücke verbunden gewesen, möglicherweise bevor der Tunnel unter dem Flussbett gegraben worden war. Als ich nun hinübersah, erschienen zwei Gestalten auf der anderen Seite – die eine mit tiefen Schnittwunden, verdreckt, humpelnd, in den Händen eine blutverschmierte Axt, die andere schlank, weiß und weiblich.

Vertorix und Tamera! Sie hatten an der Gabelung den anderen Korridor gewählt und waren anscheinend ebenso wie ich den Windungen eines Tunnels bis an die Oberfläche gefolgt, nur dass ich links abgebogen war und so den Fluss unterirdisch überwunden hatte.

Die beiden saßen dort drüben in der Falle. Auf ihrer Seite ragten die Klippen noch fast 15 Meter in die Höhe und waren so glatt, dass selbst eine Spinne sie nur mit Mühe hätte erklimmen können. Von dem Felsvorsprung aus gab es nur zwei Fluchtmöglichkeiten: zurück in den Tunnel, in die Arme des Feindes, oder tief hinab in den wirbelnden Fluss.

Ich sah, wie Vertorix zunächst an den blanken Felsen empor, dann in den Abgrund blickte und schließlich verzweifelt den Kopf schüttelte. Tamera schloss die Arme um seinen Hals. Wegen des donnernden Flusses konnte ich ihre Stimmen nicht hören, aber ich sah sie lächeln, und dann traten sie gemeinsam an den Rand des Felsvorsprungs. Hinter ihnen quoll aus der Felsspalte die verabscheuungswürdige Meute hervor, wie stinkende Reptilien, die sich aus der Dunkelheit ins Licht schlängeln, und dann standen die Kreaturen der Nacht blinzelnd im grellen Sonnenlicht.

Meine Hilflosigkeit quälte mich, und ich hielt den Schwertgriff so fest umklammert, dass Blut unter meinen Fingernägeln hervortropfte. Wieso war die Meute nicht mir gefolgt anstatt meinen Gefährten?

Die Höhlenwesen hielten einen Moment inne, als die beiden Briten sich zu ihnen umdrehten. Mit einem Lachen warf Vertorix seine Axt weit hinab in den rauschenden Fluss, drehte sich zu Tamera um und ergriff sie in einer letzten Umarmung. Gemeinsam sprangen sie. Sie hielten einander noch immer in den Armen, als sie in die Tiefe stürzten, ins wild schäumende Wasser fielen, das ihnen entgegenzuspringen schien, und schließlich verschwanden. Der reißende Fluss donnerte weiter wie ein blindes, gefühlloses Ungeheuer, das zwischen den Klippen tobt, von denen sein eigenes Echo widerhallt.

Für einen Moment stand ich wie angewurzelt, dann drehte ich mich geistesabwesend um, ergriff den Rand der Felsen über mir, zog mich mit letzter Kraft hinauf und über die Kante. Als ich oben auf den Klippen stand, drang aus der Tiefe das Donnern des Flusses zu mir wie in einem verblassenden Traum.

Ich richtete mich auf und hielt mir verwirrt den dröhnenden Schädel, an dem getrocknetes Blut klebte. Hastig blickte ich mich um. Ich war die Klippen hinaufgeklettert – nein, beim Donner des Crom, ich befand mich noch immer in der Höhle! Ich griff nach meinem Schwert –

Die Nebel lichteten sich langsam. Ich sah mich benommen um, um das Gefühl für Raum und Zeit wiederzuerlangen. Ich stand am Fuß der Treppe, die ich hinabgestürzt war. Ich, der ich Conan der Plünderer gewesen war, war John O'Brien. War dieses groteske Intermezzo nur ein Traum gewesen? Konnte sich ein gewöhnlicher Traum so lebensecht anfühlen? Selbst in Träumen wissen wir oftmals, dass wir träumen, aber Conan der Plünderer war sich keines anderen Daseins bewusst. Mehr noch, er erinnerte sich an sein vergangenes Leben wie ein Mensch aus Fleisch und Blut, aber im wachen Verstand von John O'Brien verschwand diese Erinnerung in Staub und Nebel. Das Abenteuer von Conan in der Höhle der Kinder der Nacht war jedoch klar und deutlich in John O'Briens Erinnerung eingebrannt.

Ich blickte zu der Stelle am anderen Ende der Kammer, an der Vertorix dem Mädchen durch die Tunnelöffnung gefolgt war – doch dort war nur die nackte, glatte Höhlenwand. Ich durchquerte die Kammer, schaltete meine Taschenlampe ein – die wie durch ein Wunder bei meinem Sturz nicht beschädigt worden war – und tastete die Wand ab.

Ha! Ich zuckte zurück, als hätte man mir einen elektrischen Schlag versetzt. Genau an der Stelle, an der die Öffnung hätte sein müssen, ertasteten meine Finger eine Veränderung, einen Bereich, der rauer war als die restliche Wand. Ich war überzeugt davon, dass es sich um eine ziemlich neue Bearbeitung handelte – der Tunnel war zugemauert worden.

Ich warf mich mit aller Kraft gegen die umgewandelte Stelle in der Wand und es schien, als würde sie nachgeben. Ich machte einen Schritt zurück, holte tief Luft und stürzte mich noch einmal mit der vollen Wucht meiner Muskelkraft auf sie. Die brüchige, vermoderte Wand fiel mit einem ohrenbetäubenden Krachen zusammen und ich wurde in einer Lawine aus Steinen und einstürzendem Gemäuer hindurchgeschleudert.

Als ich mich aufgerichtet hatte, entfuhr mir ein spitzer Schrei. Ich befand mich in einem Tunnel, und dieses Mal war die Ähnlichkeit nicht zu verkennen. Hier hatte sich Vertorix dem Volk der Finsternis zum ersten Mal in den Weg gestellt, als sie Tamera mit sich fortschleppten, und an der Stelle, an der ich nun stand, war der Boden mit Blut getränkt gewesen.

Wie in Trance schritt ich den Korridor entlang. Bald würde ich den Eingang zu meiner Linken erreichen – und da war sie, die eigenartig geschnitzte Türöffnung, an der ich die unsichtbare Kreatur erschlagen hatte, die sich im Dunkeln neben mir aufgebäumt hatte. Mir lief ein Schauer über den Rücken. War es möglich, dass die letzten Überlebenden der widerwärtigen Biester noch immer in diesen abgelegenen Höhlen hausten?

Ich trat durch den Eingang. Im Schein meiner Taschenlampe erkannte ich einen langen, steilen Schacht, in den winzige steinerne Treppenstufen gehauen waren. Diese Stufen war Conan der Plünderer hinabgestiegen. Nun tat ich, John O'Brien, es ihm gleich, und die Erinnerung an ein anderes Leben erwachte in vagen Bildern vor meinem inneren Auge. Dieses Mal war die dunkle Kammer, die ich aus uralten Zeiten kannte und jetzt wieder betrat, nicht in stumpfes Licht getaucht, aber als ich den grauenhaften, schwarzen Altar im Schein der Taschenlampe aufleuchten sah, erschauderte ich. Jetzt wanden sich jedoch keine gefesselten Gestalten auf ihm und kein Schreckenswesen suhlte sich davor in ihrem Unheil. Es thronte auch kein

Schwarzer Stein auf einer Pyramide aus Schädeln, vor dem vergessene Völker schon in Anbetung niedergekniet waren, lange bevor Ägypten aus der Dämmerung der Zeit erstanden war. Wo die Schädel den höllischen Stein gestützt hatten, war jetzt nur noch ein Häuflein Staub zu sehen. Nein, ich hatte nicht geträumt: Ich war John O'Brien – aber in einem anderen Leben war ich Conan der Plünderer gewesen, und in jenem finsteren Intermezzo war eine Episode aus diesem vergangenen Leben zur Wirklichkeit erwacht, und ich hatte sie erneut durchlebt.

Ich betrat den Tunnel, durch den wir einst geflohen waren, leuchtete mit der Taschenlampe voraus und sah schließlich den Balken grauen Lichts vor mir, genau wie in jenen längst vergessenen Tagen. Hier hatten der Brite und ich, Conan, uns zu unserer Verteidigung aufgebaut. Ich wandte meinen Blick von der vertrauten Spalte in der Kuppeldecke ab und suchte nach der Treppe. Ich fand sie, halb versteckt hinter einem Wandvorsprung.

Ich stieg hinauf und erinnerte mich, wie beschwerlich der Aufstieg vor Urzeiten für Vertorix und mich gewesen war – die zischende, schäumende Meute dicht hinter uns. Mein Körper spannte sich vor Angst an, als ich mich der dunklen, gähnenden Öffnung näherte, in der die Horde uns vor Urzeiten den Weg hatte abschneiden wollen.

Ich hatte die Lampe ausgeschaltet, als ich den schwach beleuchteten Korridor hinabgegangen war, und nun blickte ich in die tiefe Schwärze des Treppenschachtes. Mit einem Aufschrei zuckte ich zurück und verlor auf den abgenutzten Stufen fast den Halt. Schwitzend stand ich im Halbdunkel, schaltete die Lampe wieder an und richtete den Lichtkegel auf die geheimnisvolle Öffnung, den Revolver fest umklammert.

Ich konnte nur die nackten, abgerundeten Wände eines kleinen, schachtartigen Tunnels erkennen und lachte nervös auf. Meine Fantasie spielte verrückt – ich hätte schwören können, dass mich widerlich gelbe Augen bösartig aus der Dunkelheit anfunkelten und dass ein kriechendes Etwas raschelnd im Tunnel verschwunden war.

Ich war ein Narr, dass ich mich durch meine Einbildung so verunsichern ließ. Die Kinder der Nacht hatten diese Höhlen schon vor langer Zeit verlassen. Diese namenlosen, abscheulichen Kreaturen, mehr Schlange als Mensch, waren vor Hunderten von Jahren wieder in die Vergessenheit entschwunden, aus der sie einst, in den schwärzesten Anfängen der Welt, heraufgekrochen waren.

Ich trat aus dem Schacht in den gewundenen Korridor, der, wie ich seit so langer Zeit wusste, leichter zu begehen war. Hier hatte mich aus dem Schatten ein lauerndes Biest mit einem Sprung auf meine Schultern angegriffen, während meine ahnungslosen Gefährten davongelaufen waren. Was für ein Tier Conan selbst doch gewesen war, dass er nach solch verheerenden Wunden noch die Kraft gehabt hatte weiterzugehen! Wahrlich, in jenen Zeiten hatten alle Männer eiserne Kräfte.

Ich gelangte an die Weggabelung, und wie zuvor nahm ich die linke Abzweigung, durch die ich an den nach unten führenden Schacht gelangte. Ich stieg hinab und lauschte auf das Tosen des Flusses, hörte jedoch nichts. Wieder schloss die Dunkelheit den Schacht langsam ein, sodass ich auf meine Taschenlampe zurückgreifen musste, wenn ich nicht den Halt verlieren und in den sicheren Tod stürzen wollte. O nein, ich, John O'Brien, bin bei Weitem kein so guter Kletterer wie ich, Conan der Plünderer; und im Gegensatz zu ihm besitze ich weder die Kraft noch die Schnelligkeit eines Tigers.

Bald erreichte ich die untere Ebene und spürte erneut die feuchte Luft, die mir sagte, dass ich mich unter dem Flussbett befand, auch wenn ich das Rauschen des Wassers noch immer nicht hören konnte. Nein, ich wusste, dass der mächtige Fluss, dessen Wassermassen einst donnernd durch diese Hügel zum Meer geflossen waren, längst nicht mehr existierte. Ich blieb stehen und leuchtete mit der Taschenlampe. Ich befand mich in einem großen Gang, der nicht sehr hoch, aber ziemlich breit war. Weitere schmalere Tunnel zweigten von ihm ab, und ich bestaunte das Netzwerk aus Gängen, das sich offensichtlich unter den Hügeln erstreckte.

Ich kann die trostlose, finstere Atmosphäre dieser dunklen, niedrigen Korridore tief unter der Erde nicht beschreiben. Über allem lag die überwältigende Aura unsagbar alter Zeiten. Weshalb hatte das Kleine Volk diese mysteriösen Grüfte aus dem Stein gehauen, und was waren das für finstere Zeiten gewesen? Waren diese Höhlen ihre letzte Zuflucht gewesen, als die Menschenflut über sie hereinbrach, oder waren sie seit Anbeginn der Zeit ihre Festung? Verwirrt schüttelte ich den Kopf; ich hatte die Bestialität der Kinder der Finsternis gesehen, und dennoch hatten sie Tunnel und Hallen gebaut, die selbst für moderne Ingenieure eine Herausforderung gewesen wären. Auch wenn sie vielleicht nur ein Werk der Natur vollendet hatten, war es dennoch eine erstaunliche Leistung für ein zwergenhaftes Urvolk.

Dann wurde mir bewusst, dass ich schon mehr Zeit in diesen düsteren Tunneln verbracht hatte, als ich sollte, und ich begann sofort, nach der Treppe zu suchen, über die Conan nach oben gestiegen war. Schließlich fand ich sie, stieg hinauf und atmete erleichtert tief ein, als der Schacht endlich in leuchtendes Tageslicht getaucht wurde.

Ich trat ins Freie auf den Felsvorsprung hinaus, der in all den Jahren so weit abgetragen worden war, dass er nur noch eine winzige Ausbuchtung an der Klippenwand bildete. Dann sah ich den mächtigen Strom, der einst wie ein eingesperrtes Ungeheuer donnernd zwischen den glatten Wänden des schmalen Canyons getobt hatte und im Laufe vieler Erdzeitalter so sehr geschrumpft war, dass außer einem winzigen Bach, der tief unter mir zwischen den Steinen scheinbar lautlos zum Meer plätscherte, nichts übrig geblieben war.

Nun, die Oberfläche der Erde verwandelt sich ständig, Flüsse schwellen an oder versickern, Berge werden höher oder stürzen ein, Seen trocknen aus, die Kontinente verschieben sich. Unter der Erde aber überdauert das Werk vergessener, geheimnisvoller Hände ungestört alle Zeit. Das Werk vielleicht, doch was ist mit den Händen, die es schufen? Haben auch sie sich all die Jahre unter den Hügeln versteckt gehalten?

Wie lange ich dort stand, in düstere Überlegungen versunken, weiß ich nicht mehr, doch als mein Blick auf den verwitterten Felsvorsprung gegenüber fiel, der ebenfalls schon zum Teil zerbröckelt war, wich ich schnell in die Öffnung hinter mir zurück. Zwei Gestalten erschienen auf dem Vorsprung und ich erkannte erschrocken, dass es Richard Brent und Eleanor Bland waren.

Nun erinnerte ich mich wieder, weshalb ich zu dieser Höhle gekommen war. Meine Hand tastete instinktiv nach dem Revolver in meiner Manteltasche. Sie hatten mich nicht gesehen. Ich konnte sie jedoch sehen, und ich konnte deutlich hören, was sie sagten, da nun kein reißender Strom mehr zwischen den Klippen toste.

»Mein Gott, Eleanor«, sagte Brent, »ich bin so froh, dass du dich entschlossen hast, mit mir zu kommen. Wer hätte gedacht, dass an den alten Geschichten über versteckte Tunnel, die mit der Höhle verbunden sind, tatsächlich etwas Wahres ist? Ich frage mich, wie der Teil dieser Wand wohl eingestürzt ist. Ich dachte, ich hätte ein Krachen gehört, als wir die äußere Höhle betraten. Glaubst du, dass vor uns in der Kammer womöglich ein Landstreicher war, der die Wand zum Einsturz gebracht hat?«

»Ich weiß es nicht«, antwortete sie. »Ich erinnere mich – oh, ich weiß auch nicht. Mir ist beinahe, als wäre ich schon einmal hier gewesen oder als hätte ich davon geträumt. Ich kann mich ganz dunkel daran erinnern, wie in einem weit entfernten Albtraum, dass ich endlos durch diese dunklen Korridore gerannt und gerannt und gerannt bin, und dass ich von widerlichen Kreaturen verfolgt wurde …«

»War ich auch dabei?«, fragte Brent scherzend.

»Ja, und John auch. Aber du warst nicht Richard Brent und John war nicht John O'Brien. Und nein, ich war auch nicht Eleanor Bland. Oh, es ist alles so düster und so weit entfernt, ich kann es nicht beschreiben. Es ist verschwommen und verschleiert und schrecklich.«

»Ich verstehe dich, ein wenig zumindest«, entgegnete er überraschenderweise. »Seit wir an der Stelle mit der eingestürzten Mauer standen, hinter der der alte Tunnel zu sehen war, verspüre ich ein Gefühl der Vertrautheit mit diesem Ort. Ich sehe Angst und Schrecken und eine Schlacht – aber auch Liebe.«

Er trat näher an den Rand und blickte in den Abgrund hinunter.

Eleanor stieß plötzlich einen spitzen Schrei aus und umklammerte ihn krampfhaft: »Tu das nicht, Richard, tu das nicht! Halt mich, oh, halt mich ganz fest!«

Er nahm sie in seine Arme. »Warum, Eleanor, was ist denn los?«

»Nichts«, brachte sie zögernd hervor, aber sie umarmte ihn noch fester und ich sah, dass sie zitterte. »Nur so ein seltsames Gefühl – plötzlicher Schwindel und diese Angst, als stürzte ich aus großer Höhe in die Tiefe. Geh nicht so dicht an den Abgrund, Dick, das macht mir Angst.«

»Das werde ich nicht, Liebste«, versicherte er und zog sie noch enger an sich. »Eleanor, es gibt etwas, das ich dich schon seit langer Zeit fragen wollte – nun, ich habe kein Talent dafür, mich besonders elegant auszudrücken. Ich liebe dich, Eleanor, schon immer. Das weißt du. Und wenn du mich nicht liebst, dann werde ich gehen und dich nie wieder belästigen. Ich bitte dich nur, mir zu sagen, was du fühlst, denn ich halte das nicht länger aus. Liebst du mich oder den Amerikaner?«

»Dich, Dick«, antwortete sie und vergrub ihr Gesicht in seiner Schulter. »Ich habe dich immer geliebt, wenn ich es auch nicht wusste. Ich habe eine hohe Meinung von John O'Brien. Ich wusste lange Zeit nicht, wen von euch beiden ich wirklich liebe. Aber heute, als wir durch diese finsteren Tunnel liefen und diese furchtbaren Stufen emporgestiegen sind, und eben in dem Moment, als ich aus irgendeinem seltsamen Grund dachte, wir würden abstürzen, wurde mir bewusst, dass du derjenige bist, den ich liebe – dass ich dich immer geliebt habe, in mehr Leben als nur in diesem. Seit Ewigkeiten.«

Ihre Lippen trafen sich und ich sah, wie sich ihr blonder Kopf an seine Schulter schmiegte. Meine Lippen waren trocken, mein Herz kalt, und dennoch fühlte ich Frieden in meiner Seele. Sie gehörten zusammen. Sie hatten bereits in einem anderen Zeitalter gelebt und sich geliebt, und wegen dieser Liebe hatten sie leiden und sterben müssen. Und ich, Conan, hatte sie ins Verderben gestürzt.

Ich sah, wie sie sich umarmt hielten und sich wieder zur Felsspalte umdrehten, dann hörte ich Tamera – ich meine Eleanor – aufschreien. Beide sprangen zurück. Aus der Felsspalte wand sich das pure Grauen ans Tageslicht, und dann stand ein unfassbar verabscheuungswürdiges Wesen blinzelnd im Sonnenschein.

O ja, ich kannte es aus uralten Zeiten – ein Überbleibsel aus vergessenen Tagen. Es drängte mit seinem widerwärtigen Körper aus der Dunkelheit des Erdinnern und der längst vergessenen Vergangenheit an die Oberfläche, um sich zu holen, was ihm gehörte.

Ich sah, was 3000 Jahre der Rückentwicklung einer ohnehin grauenhaften Kreatur antun konnten, und erschauderte.

Instinktiv wusste ich, dass es weltweit das Einzige seiner Art war, ein Scheusal, das überlebt hatte. Gott allein weiß, wie viele Jahrhunderte es sich im Schlamm seines feuchten, unterirdischen Verstecks gesuhlt hatte. Bevor das Volk der Finsternis verschwand, musste es durch sein reptilienartiges Dasein alle menschlichen Züge verloren haben. Dieses Wesen glich eher einer riesigen Schlange als irgendetwas sonst, doch es hatte verkümmerte Beine und schlangenhafte Arme mit hakenartigen Krallen. Es kroch auf dem Bauch, unter seinen gefleckten Lippen traten nadelähnliche Reißzähne hervor, die ganz gewiss vor Gift trieften. Es zischte, als es den grässlichen Kopf hob und seinen entsetzlich langen Hals reckte, während aus seinen gelben Schlitzaugen sämtliche Schrecken aufblitzten, die je in den schwarzen Höhlen unter der Erde zu finden waren.

Ich wusste, dass diese Augen mich aus der dunklen Tunnelöffnung bei der Treppe angefunkelt hatten. Aus irgendeinem Grund war die Kreatur vor mir geflohen, womöglich weil sie sich vor meiner Taschenlampe fürchtete. Die Vermutung lag nahe, dass sie das einzige Licht war, das seit langer Zeit in der Höhle zu sehen gewesen war, sonst hätte die Bestie mich bestimmt in der Dunkelheit angegriffen. Doch dank der Lampe hatte ich mich sicher durch die Tunnel bewegen können.

Nun näherte sich das reptilienartige Wesen den beiden auf dem Felsvorsprung ausgelieferten Menschen Stück für Stück. Brent hatte sich vor Eleanor gestellt, stand mit aschfahlem Gesicht vor ihr und beschützte sie, so gut er konnte. Im Stillen war ich, John O'Brien, dankbar dafür, dass ich das, was ich, Conan der Plünderer, diesen Liebenden vor so vielen Jahren angetan hatte, endlich wiedergutmachen konnte.

Das Ungeheuer richtete sich auf und mit dem Mut der Verzweiflung griff Brent es mit bloßen Händen an.

Ich zielte kurz und feuerte. Der Schuss hallte von den hohen Klippen wider, erschütternd wie am Tag des Jüngsten Gerichts, und mit einem furchtbar menschlichen Schrei begann das grauenhafte Biest wild zu taumeln und zu zucken, es kippte vornüber, schlängelte und wand sich wie ein verwundeter Python, glitschte über den Rand des abschüssigen Felsvorsprungs und stürzte, schwer wie Blei, auf die Felsen in der Tiefe hinab.

Das Ding auf dem Dach

Sie trampeln durch die Nacht
mit ihrem Elefantenschritt.
Ich schaudere vor Schrecken,
versteckt in meinem Bett.
Sie spreizen Gigantenflügel
auf hohen Giebeldächern.
Ein Beben durch das Stampfen
ihrer Mastodontenhufe.

Justin Geoffrey, Aus dem alten Land

An welcher Stelle soll ich mit meiner Erzählung beginnen? Ich war überrascht, als Tussmann mich besuchte. Wir waren nie enge Freunde gewesen. Die Geldgier des Mannes stieß mich ab, und seit unserem bitteren Streit vor drei Jahren, als er versucht hatte, mein Buch *Beweise für die Existenz der Nahua-Kultur in Yucatán* zu diskreditieren – das Ergebnis jahrelanger, sorgfältiger Forschungen –, konnte unsere Beziehung nicht länger als herzlich bezeichnet werden. Trotzdem ließ ich ihn herein. Er benahm sich ungestüm und brüsk, allerdings auf eine seltsam geistesabwesende Art und Weise. Er schien seine Abneigung gegen mich angesichts einer Leidenschaft, die ihn gepackt hatte, beiseitegeschoben zu haben.

Sein Anliegen war schnell geschildert. Er wollte, dass ich ihm dabei half, einen Band der Erstauflage von Junzts *Unaussprechliche Kulte* aufzuspüren. Diese Auflage ist besser als *Das Schwarze Buch* bekannt – das hat weniger mit der Farbe des Umschlags als vielmehr mit den dunklen Inhalten des Werkes zu tun. Nun, er hätte mich genauso gut nach der ursprünglichen griechischen Übersetzung des *Necronomicon* fragen können. Obwohl ich mich seit meiner Rückkehr aus Yucatán fast ausschließlich meinem Hobby, dem Sammeln von Büchern, gewidmet hatte, war ich auf keinerlei Hinweise gestoßen, dass ein solches Exemplar der Düsseldorfer Ausgabe noch existierte.

Kurz ein paar Worte zu diesem seltenen Werk. Aufgrund seiner stellenweise extremen Mehrdeutigkeit und des kaum ernst zu nehmenden Themas wurde es lange als das wirre Gezeter eines Wahnsinnigen angesehen und sein Autor als geisteskrank gebrandmarkt. Doch das ändert nichts an dem Umstand, dass viele der darin enthaltenen Theorien unwiderlegbar sind und er die gesamten 45 Jahre seines Lebens damit verbrachte, seltsame Orte zu erforschen und geheime und unergründliche Phänomene auszuloten. Von der ersten Auflage wurden nur geringe Stückzahlen gedruckt. Viele fielen der Übervorsichtigkeit ihrer Besitzer zum Opfer, als von Junzt eines Nachts im Jahre 1840 in seinem verriegelten und vergitterten Zimmer aufgefunden wurde. Unerklärlicherweise war er darin erwürgt worden, sechs Monate nachdem er von einer geheimnisvollen Reise in die Mongolei zurückgekehrt war.

Fünf Jahre später veröffentlichte ein Londoner Drucker – ein gewisser Bridewall – eine Raubkopie in billiger Übersetzung. Er wollte aus dem zu erwartenden Skandal Kapital schlagen. Das Buch war voller grotesker Holzschnitte, Tippfehler, falscher Übersetzungen und der üblichen Mängel einer billigen und unwissenschaftlichen Ausgabe. All das brachte das ursprüngliche Werk noch weiter in Verruf. Verlage und Öffentlichkeit vergaßen die Publikation, ehe schließlich 1909 Golden Goblin Press in New York eine weitere Ausgabe auf den Markt brachte. Sie wurde so gründlich bereinigt, dass rund ein Viertel des

Originaltextes fehlte. Das Buch war schön gebunden und mit den exquisiten und seltsam fantasievollen Illustrationen eines gewissen Diego Vasquez versehen. Die Edition war ursprünglich für die breite Öffentlichkeit bestimmt gewesen, doch die künstlerischen Ambitionen der Verleger vereitelten diesen Plan. Die Druckkosten schossen derart in die Höhe, dass man sich gezwungen sah, einen für die Allgemeinheit unerschwinglichen Preis zu verlangen.

All das erklärte ich Tussmann. Doch er unterbrach meine Ausführungen verärgert und meinte, er kenne sich in der Angelegenheit durchaus aus. Ein Exemplar der Golden-Goblin-Ausgabe schmücke auch seine Bibliothek. In ihr sei er auf eine bestimmte Stelle gestoßen, die sein Interesse geweckt habe. Wenn ich ihm ein Exemplar der Originalausgabe von 1839 beschaffen könne, werde er mich dafür angemessen entlohnen. Da er wisse, fügte er hinzu, dass es sinnlos sei, mir Geld anzubieten, werde er als Dank für meine Mühen seine damalige Kritik an meiner Yucatán-Forschung zurückziehen und in *The Scientific News* eine erschöpfende Entschuldigung veröffentlichen.

Ich gebe gern zu, dass mich sein Angebot zutiefst verwunderte. Wenn Tussmann bereit war, solche Zugeständnisse zu machen, musste ihm die Angelegenheit in der Tat sehr viel bedeuten. Ich entgegnete, dass ich seine Anschuldigungen meiner Ansicht nach vor der Weltöffentlichkeit hinreichend widerlegt hatte und nicht das Verlangen verspürte, ihn zu demütigen. Ich würde mir aber trotzdem alle erdenkliche Mühe geben, ihm das Buch zu beschaffen.

Er dankte mir kurz angebunden und trat den Heimweg an. Dabei deutete er vage an, dass er hoffte, in dem Schwarzen Buch auf eine vollständige Erklärung für etwas zu stoßen, das im Text späterer Ausgaben gekürzt worden war.

Ich machte mich umgehend an die Arbeit, indem ich Freunde, Kollegen und Buchhändler auf der ganzen Welt anschrieb.

Schon bald stellte ich fest, dass es sich um ein höchst schwieriges Unterfangen handelte. Drei Monate verstrichen, ehe meine Anstrengungen von Erfolg gekrönt wurden. Dank der Hilfe von Professor James Clement aus Richmond, Virginia, konnte ich das gewünschte Buch erstehen.

Ich benachrichtigte Tussmann, und er kam direkt mit dem nächsten Zug nach London. Seine Augen brannten vor Eifer, als er auf den dicken, staubigen Band mit dem schweren Ledereinband und der verrosteten Eisenschließe starrte. Seine Hände zitterten vor Aufregung und er blätterte mit förmlicher Gier durch die vom Alter vergilbten Seiten.

Als er einen heftigen Schrei ausstieß und mit der geballten Faust auf den Tisch schlug, wusste ich, dass er fündig geworden war.

»Hören Sie zu!«, befahl er und las mir eine Stelle über einen uralten Tempel im Dschungel von Honduras vor, in dem ein seltsamer Gott von einem Stamm angebetet wurde, der noch vor Ankunft der Spanier ausgestorben war. Die Passage berichtete von einer Mumie, die zu Lebzeiten als letzter Hohepriester des untergegangenen Volkes verehrt worden war und nun in einer Kammer in den Felsen der Klippe ruhte, die sich hinter dem Tempel erhob. Um den verwelkten Hals der Mumie hing eine Kupferkette mit einem großen roten Edelstein in Form einer Kröte. Bei dieser Kröte handele es sich um einen Schlüssel, behauptete von Junzt, um an den Tempelschatz zu gelangen, der in einer unterirdischen Gruft tief unter dem Altar versteckt lag.

Tussmanns Augen funkelten.

»Ich habe diesen Tempel mit eigenen Augen gesehen! Ich stand vor dem Altar und sah den versiegelten Eingang der Kammer, in der – wie die Eingeborenen behaupten – die Mumie des Priesters begraben liegt. Der Tempel ist ausgesprochen eigentümlich. Er gleicht den Ruinen der prähistorischen

Indianer ebenso wenig wie den modernen Gebäuden in Lateinamerika. Die Indianerstämme aus der Region bestreiten, etwas mit dem Tempel zu tun zu haben. Sie behaupten, der Tempel sei von einer anderen Rasse errichtet worden, die bereits dort war, als ihre Vorfahren in das Land kamen. Ich vermute, dass es sich dabei um die Überreste einer vor langer Zeit untergegangenen Zivilisation handelt, deren Niedergang bereits Tausende von Jahren vor dem Eintreffen der Spanier begonnen hatte.

Ich wäre gern in die versiegelte Kammer eingedrungen, aber ich hatte weder die Zeit noch die Werkzeuge dafür. Ich befand mich auf dem Weg zur Küste, durch eine Schusswunde im Fuß verletzt, die ich mir infolge eines Unfalls zugezogen hatte. Auf den Tempel war ich durch reinen Zufall gestoßen.

Seitdem will ich mir den Tempel noch einmal genauer ansehen, aber die Umstände haben mich bislang davon abgehalten. Doch jetzt wird sich mir nichts mehr in den Weg stellen! Ich stieß zufällig auf einen Abschnitt in der Golden-Goblin-Ausgabe des Buches, in welcher der Tempel beschrieben wird. Aber das war es auch schon, und die Mumie fand lediglich kurze Erwähnung. Mein Interesse war jedenfalls geweckt, und ich beschaffte mir ein Exemplar der Bridewall-Übersetzung. Dort stieß ich jedoch auf Berge von Fehlern. Aus irgendeinem ärgerlichen Grund hat der Übersetzer sogar die Lage des Krötentempels, wie von Junzt ihn nennt, verwechselt und ihn in Guatemala statt Honduras verortet.

Die allgemeine Beschreibung ist ebenfalls fehlerhaft. Der Edelstein und seine Funktion als Schlüssel werden zwar erwähnt, Bridewalls Edition schweigt sich jedoch darüber aus, wozu er als Schlüssel dient. Ich vermutete, einer bedeutenden Entdeckung auf der Spur zu sein, falls von Junzt nicht, wie von vielen behauptet, geistesgestört war. Aber es ist belegt, dass er sich zu einem gewissen Zeitpunkt wirklich in Honduras aufhielt. Niemand könnte den Tempel so lebhaft wie in dem

Schwarzen Buch beschreiben, ohne ihn mit eigenen Augen erblickt zu haben. Wie er von dem Edelstein erfahren hat, vermag ich nicht zu sagen. Die Indianer, die mir von der Mumie berichteten, erwähnten keinen Edelstein. Ich kann nur darüber spekulieren, dass von Junzt einen Weg in die versiegelte Gruft entdeckt hat. Der Mann verfügte über eine geradezu unheimliche Fähigkeit, verborgene Dinge in Erfahrung zu bringen.

Soweit ich weiß, gibt es neben von Junzt und mir nur einen anderen Weißen, der den Krötentempel aus eigener Erfahrung kennt – der spanische Reisende Juan Gonzales, der das Land 1793 teilweise erforschte. Beiläufig erwähnte er ein merkwürdiges Gotteshaus, das sich von den meisten indianischen Ruinen deutlich unterschied. Er berichtete skeptisch von einer Legende, die unter den Eingeborenen vorherrschte und besagte, dass »etwas Ungewöhnliches« unter dem Tempel versteckt wurde. Ich bin mir sicher, dass er damit auf den Krötentempel anspielt.

Morgen reise ich nach Zentralamerika. Behalten Sie das Buch ruhig, ich benötige es nicht länger. Diesmal bin ich gut vorbereitet und fest entschlossen herauszufinden, was in diesem Tempel verborgen liegt, und wenn ich ihn dafür abreißen muss! Es kann sich nur um einen wertvollen Goldschatz handeln, der von den Spaniern übersehen wurde. Als sie in Zentralamerika eintrafen, war der Krötentempel verlassen. Sie konzentrierten sich auf lebende Indianer, um ihnen durch Folter das Gold abzupressen, nicht auf die Mumien verlorener Völker. Aber ich bin fest entschlossen, diese Kostbarkeiten an mich zu bringen!«

Mit diesen Worten verabschiedete sich Tussmann. Ich setzte mich hin und öffnete das Buch an der Stelle, bis zu der er vorgedrungen war. Ich blieb bis Mitternacht sitzen und vertiefte mich in die erstaunlichen, verrückten und teilweise gänzlich vagen Darstellungen von Junzts. In Bezug auf den Krötentempel stieß ich auf weitere Details, die mich so sehr beunruhigten, dass ich am nächsten Morgen versuchte, Tussmann zu erreichen. Jedoch fand ich heraus, dass sein Schiff bereits abgelegt hatte.

Einige Monate später erhielt ich einen Brief von Tussmann, in dem er mich bat, mit ihm ein paar Tage auf seinem Anwesen in Sussex zu verbringen. Ich sollte auch das Schwarze Buch mitbringen.

Kurz nach Einbruch der Nacht erreichte ich den ziemlich abgelegenen Landsitz. Er wohnte beinahe schon feudal. Sein großes, von Efeu überwuchertes Haus und der weitläufige Rasen wurden von einer hohen Steinmauer umgeben. Als ich den von Hecken gesäumten Weg vom Tor zum Hauseingang entlangging, fiel mir auf, dass das Anwesen während Tussmanns Abwesenheit keine sonderlich sorgfältige Pflege erfahren hatte. Zwischen den Bäumen wucherte Unkraut, und das Gras erstickte förmlich unter seiner Last. Zwischen einigen vernachlässigten Büschen an der äußeren Mauer hörte ich etwas, das wie ein Pferd oder Ochse klang, der umherstapfte. Ich hörte die Hufe deutlich auf Stein klappern.

Ein Diener, der mich misstrauisch beäugte, ließ mich ein. Tussmann pirschte in seinem Studierzimmer auf und ab wie ein Löwe im Käfig. Er kam mir magerer vor als bei unserem letzten Treffen und sein Körper war von der Tropensonne gebräunt. In seinem markanten Gesicht entdeckte ich zusätzliche Furchen, und seine Augen brannten eindringlicher denn je zuvor. Ein schwelender Zorn schien ihn anzutreiben.

»Nun, Tussmann?«, grüßte ich ihn. »Waren Sie erfolgreich? Haben Sie das Gold gefunden?«

»Nicht eine Unze Gold«, knurrte er. »Das Ganze war ein ausgemachter Schwindel … Nun ja, nicht alles. Ich bin in die versiegelte Kammer eingedrungen und entdeckte die Mumie …«

»Und den Edelstein?«, wollte ich wissen.

Er zog etwas aus seiner Tasche und reichte es mir.

Ich starrte neugierig auf den Gegenstand in meiner Hand. Ein großer Edelstein, so klar wie ein Kristall. Er schimmerte in düsterem Rot und wies die Gestalt einer Kröte auf, genau wie von Junzt es beschrieben hatte. Unwillkürlich rann mir ein Schaudern über den Rücken. Die Kröte wirkte ungemein abstoßend. Ich wandte meine Aufmerksamkeit der schweren und seltsam geflochtenen Kupferkette zu, an der sie hing.

»Woher stammen die in die Kette eingravierten Schriftzeichen?«, fragte ich neugierig.

»Das weiß ich nicht«, entgegnete Tussmann. »Ich hatte gehofft, Sie könnten es mir verraten. Es besteht eine schwache Ähnlichkeit zu bislang nicht entzifferten Hieroglyphen auf einem Monolithen, der als Schwarzer Stein in den Bergen Ungarns steht. Auch ich bin daraus nicht schlau geworden.«

»Erzählen Sie mir von Ihrer Reise«, drängte ich ihn. Wir schlürften unsere Whiskey-Soda, und Tussmann begann zu berichten, wenn auch mit seltsamem Widerwillen.

»Ich fand den Tempel ohne Schwierigkeiten wieder, obwohl er in einer einsamen und kaum besuchten Region liegt. Er wurde unmittelbar vor einem steilen Felsmassiv erbaut – in einem verlassenen Tal, das auf keiner Karte verzeichnet ist und von dem Forscher noch nie gehört haben. Ich wage es nicht, sein Alter einzuschätzen, aber er besteht aus ungewöhnlich hartem Basalt, wie ich ihn noch nie irgendwo gesehen habe. Da der Tempel stark verwittert ist, muss er unglaublich alt sein.

Die meisten Säulen, welche die Fassade bilden, sind längst zerfallen. Ihre zersplitterten Überreste ragen wie die gebrochenen Zähne einer grinsenden Hexe aus dem abgenutzten Boden. Die äußeren Mauern befinden sich in einem desaströsen Zustand, aber das Innere und die Säulen, die das Dach abstützen, sind noch vollständig intakt und könnten weitere Jahrtausende überdauern, ebenso wie die Wände der inneren Kammer.

Die Hauptkammer bildet einen großen Kreis, dessen Boden aus quadratischen Steinplatten besteht. In der Mitte steht der Altar, bei dem es sich lediglich um einen schweren, runden und ungewöhnlich geschliffenen Block aus demselben Material handelt. Direkt hinter dem Opfertisch befindet sich in der massiven Steinklippe, welche die Rückwand der Kammer bildet, jene versiegelte, in den Stein gehauene Kammer, in der die Mumie des letzten Tempelpriesters aufgebahrt liegt.

Ich drang ohne größere Probleme in die Gruft ein und fand die Mumie genau so vor wie in dem Schwarzen Buch beschrieben. Obwohl sie bemerkenswert gut erhalten war, vermochte ich sie nicht zu klassifizieren. Die verwitterten Gesichtszüge und die Schädelform wiesen auf gewisse Völker Unterägyptens hin, und ich bin mir sicher, dass der Priester eher Kaukasier als Indianer war. Mehr kann ich nicht mit Sicherheit sagen. Und dort stieß ich auf besagten Edelstein! Die Kette war um den vertrockneten Hals gelegt.«

Von da an wurde Tussmanns Erzählung so vage, dass ich ihm nur noch schwer folgen konnte und mich bereits fragte, ob die tropische Sonne seinen Verstand getrübt hatte. Irgendwie hatte er mit dem Juwel eine Geheimtür im Altar geöffnet – wie genau, erwähnte er nicht, und es kam mir so vor, als verstünde er selbst die Funktionsweise des Edelsteinschlüssels nicht richtig. Aber das Öffnen der Geheimtür zeigte schlimme Auswirkungen auf die von Tussmann angeheuerten Handlanger. Obwohl sie zähe Burschen waren, weigerten sie sich strikt, durch die gähnend schwarze Öffnung hinabzusteigen, die auf gänzlich rätselhafte Weise erschienen war.

Mit Pistole und Taschenlampe ausgerüstet, betrat er die Öffnung schließlich allein. Er stieß auf eine schmale Steintreppe, die sich abwärtswandte, scheinbar bis in die Tiefen der Erde hinein. Er folgte den Stufen und gelangte kurz darauf in einen breiten Gang, dessen Schwärze den schwachen Schein seiner Taschenlampe nahezu vollständig verschluckte. Während er davon berichtete, sprach er mit seltsamem Verdruss von einer Kröte, welche die ganze Zeit über am Rand des Lichtkegels vor seinen Füßen herumgehüpft war.

Er bahnte sich den Weg durch feuchte Tunnel und Treppen in die undurchdringliche Finsternis. Endlich erreichte er eine schwere Tür, die mit fantasievollen Schnitzereien verziert war. Er ging davon aus, dass sich hier die Gruft befand, in der das Gold des alten Kultes versteckt war. Er drückte den Edelstein versuchsweise an mehreren Stellen gegen die Tür, bis sie schließlich mit lautem Knarren aufschwang.

»Und der Schatz?«, unterbrach ich ihn begeistert.

Er lachte, als verhöhnte er sich selber.

»Dort war kein Gold, auch kein kostbarer Schmuck … rein gar nichts«, er zögerte, »das ich mitnehmen konnte.«

Wieder wurden seine Schilderungen verworren. Soweit ich ihn verstand, verließ er den Tempel recht eilig, ohne weiter nach den vermeintlichen Kostbarkeiten Ausschau zu halten. Er hatte geplant, die Mumie mitzunehmen, um sie einem Museum zum Kauf anzubieten, doch als er den Tempel später verließ, blieb sie unauffindbar. Er vermutete, dass seine Männer sie in einen Brunnen oder eine Grube geworfen hatten, weil sie sich aufgrund ihres Aberglaubens gegen einen solchen Weggefährten auf ihrer Reise zur Küste sträubten.

»Und damit«, beendete er seinen Bericht, »bin ich wieder in England und kein Stück reicher als zuvor.«

»Sie haben den Edelstein«, erinnerte ich ihn. »Er ist sicher ungemein wertvoll.«

Er betrachtete ihn ohne Gefallen, aber doch mit einem Eifer, der an Besessenheit grenzte.

»Würden Sie sagen, dass es ein Rubin ist?«, fragte er.

Ich schüttelte den Kopf. »Ich kann ihn nicht einordnen.«

»Ich auch nicht. Aber geben Sie mir das Buch.«

Langsam blätterte er die schweren Seiten um, wobei sich seine Lippen beim Lesen bewegten. Manchmal schüttelte er den Kopf, als würde ihn etwas verwirren, und ich bemerkte, dass er lange an einer bestimmten Stelle verharrte.

»Dieser Mann ist so tief in verbotenes Wissen eingetaucht«, sagte er. »Es überrascht mich nicht, dass ihn ein so merkwürdiges und rätselhaftes Schicksal ereilte. Ihn muss eine Vorahnung von seinem Ende geplagt haben – hier warnt er den Leser davor, Schlafende in ihrer Ruhe zu stören.«

Eine Weile schien Tussmann in Gedanken verloren zu sein.

»Ja, Schlafende«, murmelte er vor sich hin, »die tot wirken, aber nur darauf warten, dass ein blinder Tölpel sie aufweckt. Ich hätte vor meiner Abreise mehr in dem Schwarzen Buch lesen und die Tür schließen sollen, als ich die Gruft verließ. Aber ich besitze den Schlüssel und werde ihn trotz allem behalten.«

Er unterbrach seine Tagträumerei und wollte gerade etwas sagen, als er jäh erstarrte. Irgendwo über uns war ein eigentümliches Geräusch zu hören gewesen.

»Was war das?« Er starrte mich an. Ich schüttelte ratlos den Kopf, und er stürmte zur Tür, um nach einem Diener zu rufen. Der Mann betrat das Zimmer wenige Augenblicke später und wirkte ausgesprochen blass.

»Sie waren im Obergeschoss?«, knurrte Tussmann.

»Ja, Sir.«

»Haben Sie etwas gehört?«, fragte er harsch und mit einem beinahe bedrohlichen und anklagenden Unterton.

»Durchaus, Sir«, antwortete der Mann mit verwirrtem Gesichtsausdruck.

»Was haben Sie gehört?« Er stieß die Frage recht wütend hervor.

»Nun, Sir«, erwiderte der Mann entschuldigend, »ich befürchte, Sie werden sagen, dass ich den Verstand verloren habe, aber um ehrlich zu sein, klang es wie ein Pferd, das auf dem Dach herumstampft.«

Tussmanns Augen blitzten in schierem Wahnsinn auf.

»Sie Narr!«, brüllte er. »Machen Sie, dass Sie rauskommen!« Der Mann wich erstaunt zurück, und Tussmann packte den glänzenden Edelstein in Form einer Kröte.

»Ich war ein Dummkopf!«, wütete er. »Ich habe nicht weit genug gelesen – und ich hätte die Tür schließen müssen. Doch der Schlüssel ist mein, und komme, was wolle, ich werde ihn behalten!«

Mit diesen ominösen Worten wandte er sich um und rannte nach oben. Einen Moment später fiel die Tür krachend ins Schloss, und ein Diener, der vorsichtig anklopfte, erntete lediglich einen geblafften Befehl, sich zurückzuziehen, sowie die blutrünstige Drohung, jeder, der sich Zugang zu dem Zimmer verschaffen wolle, werde umgehend erschossen.

Wenn es nicht bereits so spät gewesen wäre, hätte ich dem Haus umgehend den Rücken gekehrt, denn es schien mir sicher, dass Tussmann übergeschnappt war. So zog ich mich in ein Zimmer zurück, das mir ein verängstigter Untergebener zuwies, aber ich ging nicht zu Bett, sondern schlug das Schwarze Buch an der Stelle auf, die Tussmann zuletzt studiert hatte.

So viel stand fest, falls der Mann nicht vollkommen vom Wahnsinn getrieben wurde: In dem Krötentempel war er auf etwas Unerwartetes gestoßen. Etwas Unnatürliches hatte seinen Männern beim Öffnen des Altars Angst eingejagt, und in der unterirdischen Gruft war Tussmann auf *etwas* gestoßen, mit dem er nicht gerechnet hatte. Ich ging davon aus, dass ihm etwas aus Zentralamerika gefolgt war. Der Grund dafür musste im Edelstein zu suchen sein, den er als Schlüssel bezeichnete.

Ich suchte in von Junzts Ausführungen nach einem Hinweis und las alles über den Krötentempel, über das seltsame prä-indianische Volk und die gewaltige, kichernde Monstrosität mit Tentakeln und Hufen, die es anbetete. Tussmanns Bemerkung, nicht weit genug gelesen zu haben, fiel mir ein. Ich dachte darüber nach und entdeckte die Stelle, über der er eine Zeit lang gebrütet hatte. Dort zeichnete sich deutlich ein Abdruck seines Daumens ab. Es schien zunächst nur eine weitere der mehrdeutigen Passagen von Junzts zu sein. Sie besagte lediglich, dass der Gott eines Tempels sein Schatz war. Dann verstand ich die dunkle Konsequenz der Anspielung, und kalter Schweiß tropfte von meiner Stirn.

Der Schlüssel zum Schatz! Und der Schatz des Tempels war der Gott des Tempels! Schlafende Dinge konnten beim Öffnen der Gefängnistür aufwachen. Ich sprang auf, weil mich eine unerträgliche Vorahnung vollständig aus der Fassung brachte. In diesem Moment wurde die Stille von einem Krachen durchbrochen. Der Todesschrei eines Menschen drang in meine Ohren.

Ich verließ den Raum. Als ich die Stufen hinaufstürmte, hörte ich Geräusche, die mich seitdem an meinem Verstand zweifeln lassen. Vor Tussmanns Tür blieb ich stehen und versuchte mit zitternder Hand, den Knauf zu drehen. Es war abgeschlossen, und von drinnen hörte ich ein ekelhaftes hohes Kichern, gefolgt von einem abstoßenden Schmatzen, als ob ein Geleehaufen durch das Fenster gedrückt wurde. Das Geräusch verstummte, und ich hätte schwören können, das schwache Schlagen gigantischer Flügel gehört zu haben. Dann wurde es still.

Ich riss mich zusammen und trat die Tür ein. Fauliger Gestank waberte in gelbem Nebel aus dem Zimmer. Ich keuchte vor Übelkeit und trat ein. Alles war verwüstet, aber abgesehen von dem roten, krötenförmigen Edelstein, den Tussmann als

Schlüssel bezeichnet hatte, fehlte nichts, und der wurde nie wieder gefunden. Auf der Fensterbank klebte ein unbeschreiblicher Schleim. In der Mitte des Raumes lag Tussmann. Sein Kopf war eingedrückt worden. In der Masse aus Gesicht und Schädel war deutlich der Abdruck eines riesigen Hufs zu erkennen.

Schaufelt mir kein Grab

Das Donnern meines altmodischen Türklopfers hallte unheimlich im ganzen Haus wider und riss mich aus unruhigem, von Albträumen geplagtem Schlaf. Ich blickte aus dem Fenster. Vom schwindenden Licht des untergehenden Mondes erhellt, sah das bleiche Gesicht meines Freundes John Conrad zu mir herauf.

»Darf ich hereinkommen, Kirowan?« Er klang angespannt.

»Selbstverständlich!« Ich hörte ihn bereits zur Tür herein- und die Treppe heraufkommen, als ich meinen Morgenmantel anzog.

Nur einen Augenblick später stand er vor mir, und als ich das Licht anschaltete, sah ich, dass seine Hände zitterten und sein Gesicht unnatürlich blass war.

»Der alte John Grimlan ist vor einer Stunde gestorben«, sagte er unvermittelt.

»Wirklich? Ich wusste nicht, dass er krank geworden ist.«

»Er hatte plötzlich einen seiner heftigen, eigenartigen Anfälle, fast so wie ein epileptischer Anfall. Er litt schon seit einigen Jahren darunter, wusstest du das nicht?«

Ich nickte. Ich wusste ein paar Dinge über den alten Mann, der wie ein Einsiedler in dem großen finsteren Haus auf dem Hügel gelebt hatte. Ich hatte sogar schon einmal einen dieser Anfälle miterlebt: Der Alte hatte sich gekrümmt, geheult und gejammert und sich wie eine verwundete Schlange auf dem Boden gewunden, dabei waren entsetzliche Flüche und schreckliche Blasphemien aus ihm herausgesprudelt, bis seine

Stimme mit einem wortlosen Schrei brach und Schaum aus seinem Mund quoll. Damals verstand ich, weshalb die Menschen früher glaubten, solch arme Teufel seien von Dämonen besessen.

»… ein erblicher Defekt«, fuhr Conrad fort. »Der gute alte John hat wohl irgendeine innere Schwäche geerbt oder eine abscheuliche Krankheit, vielleicht sogar von einem ganz entfernten Vorfahren – so etwas passiert manchmal. Oder es war etwas anderes – du weißt ja, dass der alte John sich in seiner Jugend in den geheimnisvollsten Ecken der Welt herumgetrieben und den gesamten Osten bereist hat. Gut möglich, dass er von seinen Reisen irgendeine mysteriöse Infektion mitgebracht hat. In Afrika und im Orient gibt es schließlich immer noch zahllose unerforschte Krankheiten.«

»Aber du hast mir noch immer nicht gesagt, was dich um diese Zeit zu mir führt – es muss doch schon nach Mitternacht sein.«

Mein Freund schien ziemlich verwirrt.

»Nun, John Grimlan ist einsam gestorben – außer mir war niemand bei ihm. Er hat jegliche medizinische Hilfe abgelehnt, und in seinen letzten Momenten, als er bereits im Sterben lag, wollte ich trotzdem Hilfe holen gehen, aber er hat so fürchterlich geheult und geschrien, dass ich seine flehentliche Bitte nicht ablehnen konnte – er wollte nicht allein sterben.

Ich habe schon andere Menschen sterben sehen …«, Conrad wischte sich den Schweiß von seiner blassen Stirn, »… aber der Tod von John Grimlan war das Furchtbarste, was ich je miterlebt habe.«

»Hat er sehr gelitten?«

»Bestimmt litt er schreckliche körperliche Qualen, aber die schienen von einer entsetzlichen geistigen oder seelischen Pein fast völlig überschattet zu werden. Sein Schreien und die Angst in seinen weit aufgerissenen Augen gingen über jeden fassbaren weltlichen Schrecken weit hinaus. Glaub mir, Kirowan, Grimlans Angst war viel größer und tiefer als die gewöhnliche Angst vor dem Jenseits, die jeder spürt, der sich irgendwann einmal etwas hat zuschulden kommen lassen.«

Ich trat unruhig von einem Bein auf das andere. Die finstere Bedeutung, die in diesen Worten steckte, jagte mir einen Schauer namenloser, dunkler Vorahnung über den Rücken.

»Ich weiß, dass die Leute auf dem Land immer behaupten, dass er als junger Mann seine Seele dem Teufel verkauft hat und dass seine plötzlichen epileptischen Anfälle nur ein sichtbares Zeichen der Macht waren, die der Teufel über ihn hatte, aber dieses Gerede ist doch wirklich Unsinn und gehört ins finsterste Mittelalter. Wir wissen alle, dass John Grimlans Leben voller Gewalt und Bosheit war, selbst in seinen letzten Tagen. Er wurde aus gutem Grund von allen verabscheut und gefürchtet – ich wüsste nicht, dass er auch nur einmal etwas Gutes getan hätte. Du warst sein einziger Freund.«

»Und es war eine wirklich seltsame Freundschaft«, entgegnete Conrad. »Ich fühlte mich von seiner ungewöhnlichen Kraft angezogen. Trotz seines brutalen Wesens war John Grimlan ein hochgebildeter Mann. Er hat sich intensiv dem Studium des Okkulten gewidmet, und so habe ich ihn auch kennengelernt. Du weißt ja, dass ich mich selbst sehr für diesen Forschungsbereich interessiere.

Aber wie allem anderen begegnete Grimlan auch diesem Gebiet mit Boshaftigkeit, er verwandelte es in etwas Perverses. Er ließ die helle Seite des Okkulten völlig außer Acht und tauchte tief in die schwarzen, düsteren Abgründe ein – Teufelsanbetung, Voodoo und Schintoismus. Er verfügte über einen riesigen, unheilvollen Wissensschatz auf dem Gebiet dieser dunklen Künste und Wissenschaften. Wenn man ihm zuhörte, wie er von seinen Forschungen und Experimenten berichtete, verspürte man denselben Schrecken und dieselbe

Abscheu wie vor einer giftigen Schlange. Es gab keine Untiefe, in die er nicht vorgedrungen wäre, aber manches hat er selbst mir gegenüber nur angedeutet. Ich kann dir sagen, Kirowan, es lässt sich leicht über Geschichten aus dieser schwarzen Welt lachen, wenn man sich in netter Gesellschaft und im strahlenden Sonnenschein befindet, aber wenn man, wie ich, zu unchristlicher Stunde in der stillen, bizarren Bibliothek von John Grimlan sitzt, sich all seine uralten, vermoderten Bücher ansieht und seinen unheimlichen Erzählungen lauscht, dann klebt einem vor schierem Grauen die Zunge am Gaumen, und das Übernatürliche kommt einem sehr real und nahe vor – so erging es zumindest mir!«

»In Gottes Namen, Mann!«, rief ich, denn die Spannung war kaum noch auszuhalten. »Komm endlich zur Sache und sag mir, was du von mir willst!«

»Ich will, dass du mit mir zu John Grimlans Haus kommst und mir dabei hilfst, seine haarsträubenden Anweisungen bezüglich seiner Leiche auszuführen.«

Ich war nicht gerade in Abenteuerlaune, zog mich aber dennoch hastig an, wobei ich gelegentlich von schauderhaften Vorahnungen geschüttelt wurde. Als ich fertig war, folgte ich Conrad aus der Tür und über die totenstille Straße, die zu John Grimlans Haus führte. Der Weg verlief bergauf, und wann immer ich nach oben oder nach vorn blickte, sah ich das große finstere Haus wie einen bösartigen Vogel schwarz und starr auf dem Hügel sitzen, wobei es die Sterne fast völlig verdeckte. Im Westen, wo der Halbmond vor Kurzem hinter den niedrigen schwarzen Hügeln untergegangen war, leuchtete noch immer ein einzelner, blassroter Fleck. In dieser Nacht schien das Böse überall zu lauern, und das ununterbrochene Rascheln der Flügel von Fledermäusen über mir ließ mich immer wieder zusammenzucken und meine angespannten Nerven erzittern.

Um das heftige Klopfen meines eigenen Herzens zu übertönen, sagte ich: »Glaubst du auch, wie fast alle anderen, dass John Grimlan verrückt war?«

Wir gingen noch ein paar Schritte, bevor Conrad, eigenartigerweise mit offensichtlichem Widerwillen, antwortete: »Bis auf einen einzigen Zwischenfall würde ich sagen, dass kein Mensch je mehr Herr seiner Sinne war als Grimlan. Aber eines Nachts, es war in seinem Arbeitszimmer, schien er plötzlich irre geworden zu sein.

Er hatte stundenlang über sein Lieblingsthema gesprochen – die schwarze Magie –, als sein Gesicht plötzlich in einem unheilvollen Glanz erstrahlte und er brüllte: ›Wieso sitze ich hier und fasele all dieses Zeug, dieses Kindergeschwätz? Voodoo-Rituale – Schinto-Opfer – gefiederte Schlangen – Ziegen ohne Hörner – schwarze Leoparden-Kulte – pah! Dreck und Staub, die im Wind verwehen! Sie sind nichts im Vergleich zu dem wahrhaft Unbekannten – den tiefen Geheimnissen! Nichts als Echos aus der Tiefe!

Ich könnte dir Dinge erzählen, durch die dein erbärmliches Hirn zerplatzen würde! Ich könnte dir Namen ins Ohr flüstern, die dich wie einen verbrannten Grashalm verdorren lassen würden!

Was weißt du über Yog-Sothoth, über Kathulos und die versunkenen Städte? Keiner dieser Namen gehört zu einer Mythologie, die dir bekannt ist. Nicht einmal in deinen Träumen hast du je die schwarzen Zyklopenmauern von Koth gesehen oder kauernd in den giftigen Winden gezittert, die auf Yuggoth wehen!

Aber ich will dich mit meinem dunklen Wissen nicht erschlagen! Ich kann nicht erwarten, dass dein kindliches Gehirn all das begreift, was meines erfasst. Wenn du so alt wärst wie ich, wenn du gesehen hättest, was ich gesehen habe – untergehende Königreiche und aussterbende Geschlechter –, wenn auch du die reifen Früchte der dunklen Geheimnisse der Jahrhunderte geerntet hättest …‹

Er steigerte sich immer weiter in seine Ausführungen hinein, und der wahnsinnige Glanz in seinem Gesicht ließ ihn kaum noch menschlich erscheinen. Als er meine offensichtliche Verwirrung erkannte, brach er jedoch plötzlich in schreckliches, schallendes Gelächter aus.

›Gott!‹, rief er mit einer Stimme und in einem Dialekt aus, die mir völlig fremd waren. ›Jetzt hab' ich dir wohl Angst gemacht, wie? Aber das ist ja auch kein Wunder – in der hohen Kunst der Wissenschaft des Lebens bist du schließlich nichts weiter als ein nackter Wilder. Du denkst, ich sei alt, was? Ha! Du Bengel würdest tot umfallen, wenn ich dir verraten würde, wie viele Menschengeschlechter ich schon gesehen habe!‹

In diesem Augenblick erfasste mich ein solch entsetzlicher Schrecken, dass ich wie vor einer Kreuzotter vor ihm floh, und sein schrilles, diabolisches Lachen verfolgte mich, als ich aus dem finsteren Haus stürzte.

Wenige Tage später erhielt ich einen Brief, in dem er sich für sein Verhalten entschuldigte und es ganz offen – zu offen – einem angeblichen Drogenmissbrauch zuschrieb. Ich glaubte ihm kein einziges Wort, aber nach einigem Zögern erneuerte ich unsere freundschaftlichen Beziehungen.«

»Das klingt nach purem Wahnsinn«, murmelte ich.

»Ja«, entgegnete Conrad zögerlich. »Aber, Kirowan – hast du irgendwann einmal jemanden getroffen, der John Grimlan schon als jungen Mann kannte?«

Ich schüttelte den Kopf.

»Ich habe mir alle Mühe gegeben, mich diskret nach ihm zu erkundigen«, sagte Conrad. »Er hat – mit Ausnahme einiger rätselhafter Unterbrechungen, in denen er oft monatelang nicht nach Hause kam – seit 20 Jahren hier gelebt. Die älteren Dorfbewohner erinnern sich noch genau daran, wie er hierherkam und in das alte Haus auf dem Hügel zog, und sie sagen alle, dass er in all den Jahren nicht sichtbar gealtert ist. Als er hier ankam, sah er, genau wie jetzt – oder bis zu seinem Tod –, aus wie ein Mann in den Fünfzigern.

Ich habe den alten Von Boehnk in Wien getroffen, der John Grimlan während seines Studiums in Berlin vor 50 Jahren kannte. Er war überrascht, dass der Alte noch am Leben war – er sagte, damals sei Grimlan so um die 50 Jahre alt gewesen.«

Mir entfuhr ein ungläubiges Lachen, als mir klar wurde, was Conrad damit andeuten wollte.

»Unsinn! Professor Von Boehnk ist selbst schon über 80; Menschen in dem Alter bringen oft Dinge durcheinander. Er hat ihn mit jemand anderem verwechselt.« Als ich sprach, kribbelte es jedoch an meinem ganzen Körper und meine Nackenhaare stellten sich auf.

»Nun gut«, sagte Conrad, »wir sind da.«

Der riesige Kasten ragte bedrohlich vor uns in den Himmel, und als wir die Vordertür erreichten, rauschte ein unruhiger Wind durch die nahen Bäume, und törichterweise erschrak ich erneut, als das unheimliche Flattern der Fledermaus wieder zu hören war. Conrad steckte einen großen Schlüssel in das uralte Türschloss, und als wir eintraten, wehte ein flüchtiger Windstoß über uns hinweg – modrig und eiskalt wie der Luftzug aus einem Grab. Ich bekam eine Gänsehaut.

Wir tasteten uns durch die dunkle Eingangshalle ins Arbeitszimmer vor, wo Conrad eine Kerze entzündete, denn im ganzen Haus gab es weder Gaslaternen noch elektrisches Licht. Ich sah mich um und hatte schreckliche Angst davor, was mich im Schein der Kerze erwarten mochte, aber in dem Zimmer, das mit schweren Wandteppichen und bizarrem Mobiliar ausgestattet war, befand sich niemand außer uns beiden.

»Wo – wo ist – *Es?*«, fragte ich mit heiserem Flüstern aus trockener Kehle.

»Oben«, antwortete Conrad leise – die geheimnisvolle Stille des Hauses war auch ihm unheimlich. »Oben in der Bibliothek, dort ist er gestorben.«

Unfreiwillig blickte ich hinauf zur Zimmerdecke. Irgendwo über unseren Köpfen lag der einsame Herr dieses Hauses in seinem allerletzten Schlaf – völlig still, das weiße Gesicht zu einer grinsenden Totenmaske erstarrt. Ich wurde von Panik ergriffen und hatte Mühe, die Kontrolle über meine Sinne nicht zu verlieren. *Es ist doch nur die Leiche eines bösen alten Mannes, der niemandem mehr wehtun kann* – aber dieses Argument verklang nur hohl in meinem Kopf, wie die Worte eines erschrockenen Kindes, das sich selbst Mut zuspricht.

Ich drehte mich zu Conrad um. Er holte einen vergilbten Umschlag aus seiner Innentasche.

»Dies«, verkündete er, als er dem Umschlag einige dicht beschriebene Seiten vergilbten Pergaments entnahm, »sind de facto die letzten Worte von John Grimlan, auch wenn Gott allein weiß, vor wie vielen Jahren er sie niedergeschrieben hat. Er hat sie mir vor zehn Jahren gegeben, gleich nach seiner Rückkehr aus der Mongolei. Kurz danach erlitt er seinen ersten Anfall.

Er gab mir diesen Umschlag, er war versiegelt, und er ließ mich schwören, dass ich ihn gut verstecke und erst öffne, wenn er tot sei. Erst dann sollte ich ihn lesen und seinen Anweisungen ganz genau Folge leisten. Mehr noch, er nahm mir das Versprechen ab, dass ich nicht von unserer ersten Abmachung abweichen würde, was er auch sagte oder tat, nachdem er mir den Umschlag überreicht hatte. ›Denn‹, sagte er mit einem ängstlichen Lächeln, ›das Fleisch ist schwach. Ich bin ein Mann, der zu seinem Wort steht, und auch wenn ich mir in einem schwachen Moment wünschen sollte, alles rückgängig zu machen – dafür ist es längst zu spät. Du wirst es vielleicht niemals ganz verstehen, aber du musst dich genau an das halten, was ich dir sage.‹«

»Und?«

»Nun«, wieder wischte sich Conrad den Schweiß von der Stirn, »als er sich heute Abend in seinem Todeskampf wand, mischten sich wütende Anweisungen unter sein wortloses Geheul – ich solle ihm den Umschlag bringen und ihn vor seinen Augen vernichten! Während er jammernd seine Befehle ausstieß, stützte er sich auf den Ellenbogen auf, und mit erschrockenen Augen und zu Berge stehenden Haaren schrie er mich an, sodass mir das Blut in den Adern gefror. Er kreischte, ich solle den Umschlag zerstören, ihn keinesfalls öffnen. Einmal heulte er im Delirium, ich solle seinen Körper in Stücke hauen und in alle vier Himmelsrichtungen verstreuen!«

Ein unkontrollierbarer Ausruf des Schreckens entfuhr meinen ausgetrockneten Lippen.

»Schließlich«, fuhr Conrad fort, »gab ich nach. Ich erinnerte mich noch gut an seine Warnung vor zehn Jahren und blieb daher zunächst standhaft, aber letztlich, als sein Kreischen unsagbar verzweifelt klang, wandte ich mich ab, um den Umschlag holen zu gehen, obwohl das bedeutete, dass ich ihn allein lassen musste. Als ich mich jedoch umdrehte, wurde er von einem weiteren Anfall geschüttelt. Das Leben schwand in einer letzten angsterfüllten Verrenkung aus seinem vor Qualen gekrümmten Körper, und Schaum und Blutspritzer schossen aus seinem verzerrten Mund.«

Conrad faltete das Pergament auseinander.

»Ich werde mein Versprechen halten. Diese Anweisungen mögen fantastischer Irrsinn und die Launen eines verwirrten Geistes sein, aber ich habe mein Wort gegeben. Kurz gesagt, soll ich seine Leiche auf den großen schwarzen Ebenholztisch in der Bibliothek legen und um ihn herum sieben brennende schwarze Kerzen aufstellen. Türen und Fenster müssen fest verschlossen und verriegelt sein. Dann muss ich in der Dunkelheit kurz vor Tagesanbruch die Formel oder den Zauberspruch vorlesen, der in dem kleineren, versiegelten Umschlag enthalten ist, der in diesem hier steckte. Ich habe ihn noch nicht geöffnet.«

»Ist das alles?«, rief ich. »Nichts darüber, was mit seinem Vermögen, diesem Anwesen oder seiner Leiche anschließend passieren soll?«

»Gar nichts. In seinem Testament, das ich ebenfalls gesehen habe, hinterlässt er sein Anwesen und sein Vermögen einem einzigen orientalischen Herrn namens Malik Tous!«

»Was?«, brüllte ich, zutiefst entsetzt und erschüttert. »Conrad, das ist doch der Gipfel des Wahnsinns! Malik Tous – mein Gott! Kein normaler Mensch hat je diesen Namen getragen! Das ist der Name des entsetzlichen Gottes, den das geheimnisvolle Volk der Jesiden verehrt, das am verfluchten Berg Alamount lebt. Die acht Messingtürme des Volkes ragen tief in Asien in einer mysteriösen Ödlandschaft in den Himmel. Sein Götzensymbol ist ein Pfau aus Messing. Die Mohammedaner, die seine Dämonen anbetenden Anhänger hassen, sagen, er sei der Ursprung alles Bösen im Universum – der Prinz der Finsternis – Ahriman – die uralte Schlange – der leibhaftige Satan! Und du sagst, Grimlan nennt diesen mythischen Dämon in seinem letzten Willen?«

»Es ist die Wahrheit.« Conrads Kehle war trocken. »Und siehst du? Er hat etwas sehr Eigenartiges an den Rand dieses Pergaments gekritzelt: ›Schaufelt mir kein Grab, ich werde keines brauchen.‹«

Wieder lief mir ein Schauer über den Rücken.

»In Gottes Namen«, stieß ich dem Wahnsinn nahe aus, »lass uns diese haarsträubende Aufgabe endlich hinter uns bringen!«

»Ich glaube, wir könnten etwas zu trinken vertragen«, entgegnete Conrad und fuhr sich mit der Zunge über die Lippen. »Wenn ich mich recht erinnere, hat Grimlan hier seinen Wein aufbewahrt …« Er bückte sich zur Tür eines mit aufwendigen Schnitzereien verzierten Mahagonischränkchens hinab, und nach einigen Schwierigkeiten gelang es ihm, sie zu öffnen.

»Hier ist kein Wein«, sagte er enttäuscht. »Wenn man einmal etwas Anregendes braucht … Aber was ist das?«

Er zog eine staubige, gelbliche, halb mit Spinnweben verklebte Pergamentrolle hervor. Nervös und aufgeregt kam mir der Gedanke, dass offenbar auf allem in diesem düsteren Haus eine ungeheure, mysteriöse Bedeutung lag, und ich beugte mich über Conrads Schulter, als er das Papier entrollte.

»Es ist ein Familienregister«, sagte er. »Darin haben alte Familien alle Geburten, Todesfälle und so weiter aufgelistet; sie wurden bis zum 16. Jahrhundert geführt.«

»Welcher Familienname steht da?«, fragte ich.

Er betrachtete die Kritzeleien im Halbdunkel eingehend, um die verblasste, altertümliche Schrift entziffern zu können.

»G-r-y-m – jetzt hab ich's! – Grymlann! Natürlich! Das ist das Familienregister des alten John – der Grymlanns des Toad's-heath Manor in Suffolk –, was für ein merkwürdiger Name für ein Anwesen! Schau dir den letzten Eintrag an!«

Wir lasen ihn gemeinsam: »John Grymlann, geboren am 10. März 1630.« Dann entfuhr uns beiden ein Schrei. Unter diesem Eintrag standen in frischer Tinte in einer eigenartigen, krakeligen Handschrift die Worte: »Gestorben am 10. März 1930.« Darunter klebte ein Siegel aus Wachs, auf dem ein seltsamer Stempelabdruck zu erkennen war, der aussah wie ein Pfau mit aufgestelltem Rad.

Conrad starrte mich sprachlos an; aus seinem Gesicht war sämtliche Farbe gewichen. Vor Angst und Wut schüttelte es mich am ganzen Körper.

»Das ist der Scherz eines Verrückten!«, sagte ich. »Diese Bühne ist wirklich mit äußerster Sorgfalt ausgestattet worden – die

Akteure haben sich selbst übertroffen. Wer sie auch sein mögen, sie haben so viele unglaubliche Effekte eingebaut, dass sie selbst nicht mehr vonnöten sind. Das Ganze ist ein höchst albernes, absolut niveauloses Schauspiel der Illusionen.«

Aber während ich diese Worte sprach, drang eiskalter Schweiß aus meinen Poren, und mein Körper wurde wie von einem Fieberkrampf geschüttelt. Wortlos drehte Conrad sich zur Treppe um und ergriff eine große Kerze, die auf einem Mahagonitisch stand.

»Ich nehme an«, flüsterte er, »dass er der Ansicht war, ich würde diese grauenhafte Aufgabe allein erfüllen. Aber dazu fehlte es mir an Moral und an Mut, und darüber bin ich nun wirklich froh.«

Ein stummer Schrecken schwebte über dem stillen Haus, als wir die Treppe hinaufstiegen. Von irgendwo fand eine sanfte Brise ihren Weg zu uns, die die schweren Wandbehänge zum Raunen brachte, und ich bildete mir ein, dass Finger mit langen Krallen heimlich die Wandteppiche zur Seite schoben und uns rote Augen hämisch anstarrten. Einmal glaubte ich, das undeutliche Trampeln monströser Füße über uns zu hören, aber wahrscheinlich war es nur das dröhnende Klopfen meines eigenen Herzens.

Die Treppe endete in einem breiten, düsteren Korridor, in dem der schwache Schein der Kerze nur unsere blassen Gesichter erhellte und die Schatten nur noch dunkler erscheinen ließ. Wir hielten vor einer schweren Tür an und ich hörte, dass Conrad tief einatmete, wie Menschen es tun, denen eine schwere körperliche oder geistige Aufgabe bevorsteht. Unfreiwillig ballte ich die Fäuste, bis meine Fingernägel sich in meine Handflächen bohrten. Dann stieß Conrad die Tür auf.

Ein scharfer Schrei verließ seine Lippen. Die Kerze fiel aus seiner gefühllosen Hand und erlosch. John Grimlans

Bibliothek war von Licht durchflutet, obwohl es im gesamten Haus dunkel gewesen war, als wir es betreten hatten.

Das Licht strahlten sieben schwarze Kerzen aus, die in regelmäßigen Abständen auf dem großen Ebenholztisch standen, und auf diesem Tisch, zwischen den Kerzen – ich hatte geglaubt, auf diesen Anblick vorbereitet zu sein. Aber nun, durch die unheimliche Beleuchtung und beim Anblick dieses Körpers auf dem Tisch, verließ mich beinahe meine ganze Entschlossenheit. John Grimlan war in seinem Leben kein attraktiver Mann gewesen – aber im Tode war er abscheulich. Ja, er war abscheulich, obwohl sein Gesicht gnädigerweise von einem eigenartigen Seidenumhang mit fantastischem, vogelähnlichem Muster bedeckt war, der auch den Rest seines Körpers verhüllte – einzig seine gekrümmten, klauenartigen Hände und seine nackten, geschundenen Füße lagen frei.

Conrad machte ein würgendes Geräusch. »Mein Gott!«, flüsterte er. »Was ist hier los? Ich habe seine Leiche auf den Tisch gelegt und die Kerzen aufgestellt, aber ich habe sie nicht angezündet, und diesen Umhang habe ich auch nicht über ihm ausgebreitet! Und er trug Pantoffeln, als ich gegangen bin …«

Er hielt plötzlich inne. Wir waren nicht allein in dem Todeszimmer.

Wir bemerkten ihn zunächst nicht, weil er in einem großen Ohrensessel in einer entfernten Ecke des Zimmers saß, so still, dass wir ihn für den Schatten eines Wandteppichs hielten. Als ich ihn jedoch sah, verspürte ich ein Gefühl der Übelkeit in der Magengegend. Zuallererst fielen mir seine lebhaften, schräg liegenden gelben Augen auf, die uns ohne ein Blinzeln anstarrten. Der Mann erhob sich, begrüßte uns mit einer tiefen Verbeugung und einem »Salaam«, und wir erkannten, dass er aus dem Orient stammte. Wenn ich heute versuche, ihn mir vorzustellen, dann finde ich in meiner Erinnerung kein genaues Bild von ihm. Ich erinnere mich nur noch an seinen stechenden Blick und den gelben, fantastischen Umhang, den er trug.

Mechanisch wiederholten wir seinen Gruß. Dann sagte er mit leiser, klarer Stimme: »Meine Herren, ich muss Sie um Verzeihung bitten! Ich habe mir die Freiheit erlaubt, die Kerzen anzuzünden – wollen wir nun nicht mit der Erfüllung der letzten Wünsche unseres gemeinsamen Freundes fortfahren?«

Er deutete kurz auf die stumme Masse auf dem Tisch. Conrad nickte, offensichtlich nicht in der Lage zu sprechen. Uns kam gleichzeitig der Gedanke, dass auch dieser Mann einen versiegelten Umschlag erhalten hatte – aber wie konnte er so schnell zu Grimlans Haus gekommen sein? John Grimlan war seit nicht einmal zwei Stunden tot, und unseres Wissens wusste sonst niemand von seinem Ableben. Und wie hatte er in das verschlossene, verriegelte Haus eindringen können?

Die ganze Geschichte war äußerst grotesk und völlig surreal. Wir stellten uns weder vor noch fragten wir den Fremden nach seinem Namen. Er übernahm mit sachlicher Bestimmtheit das Kommando. Wir waren so in unserem Schrecken und unseren Vorstellungen gefangen, dass wir uns wie in Trance bewegten und die Anweisungen, die er in leisem, respektvollem Ton aussprach, unwillkürlich ausführten.

Ich stand an der linken Seite des Tisches und blickte über die grausame Last, die er trug, zu Conrad hinüber. Der Orientale stand mit verschränkten Armen und gesenktem Kopf an der Stirnseite, und es kam mir damals keineswegs seltsam vor, dass er dort stand und nicht Conrad, obwohl er doch vorlesen sollte, was Grimlan niedergeschrieben hatte. Mein Blick fiel auf die Abbildung, die in Brusthöhe auf dem gelben Seidenumhang des Fremden zu sehen war – eine seltsame Figur, die einem Pfau glich, einer Fledermaus oder einem fliegenden Drachen. Ich stellte verwundert fest, dass sich dieselbe Figur auch auf dem Umhang wiederfand, mit dem der Tote bedeckt war.

Die Türen waren verschlossen, die Fenster verriegelt. Conrad öffnete mit zitternden Händen den kleineren Umschlag und schüttelte die Pergamentseiten auseinander, die sich darin befanden. Die Blätter schienen viel älter zu sein als die in dem größeren Umschlag, auf denen die Anweisungen an Conrad geschrieben standen. Conrad begann mit einer monotonen Stimme zu lesen, die auf seine Zuhörer hypnotisierend wirkte, sodass sich der Kerzenschein immer wieder vor meinen Augen trübte und das Zimmer und alles darinnen zu einer seltsamen, riesigen Masse verschwamm, die sich zu einer verschleierten Halluzination verzerrte. Das meiste, was Conrad vorlas, war unverständliches Zeug; es bedeutete nichts, und dennoch erfüllten mich allein der Klang und der altertümliche Stil der Worte mit unerträglichem Schrecken.

»Zur Erfuellung des Vertrages, der da steht geschrieben an anderer Stelle, schwoere ich, John Grymlann, hiermit im Namen des Namenlosen, dass meynen reynen Glauben ich zu erfuellen gewillt sei. Diesetwegen schreybe ich hier nun mit Blute diese Worte danieder, die eynst zu mir gesprochen wurden in eyner finstren stillen Kammer in eyner toten Stadt mit Namen Koth, die niemals eyne sterbliche Seele außer der meynen erblickte. Ebendiese Worte, die ich nun daniederschreybe, sollen dereynst zur auserwaehlten Stunde ueber meynem toten Koerper gesprochen werden, auf dass ich meynen Teyl der Abmachung erfuellen moege, die ich aus meynem freyen Wunsche traf, in umfassendem Wissen und im vollen Besitze all meyner geystigen Kraefte, im Alter von fuenfzig Jahren im Jahre des Herrn 1680. So beginnet nun mit der Beschwoerung:

Vor Anbeginn der Menschheyt gab es seyt sehr langer Zeyt die Aelteren, und auch in heutigen Zeyten lebet ihr Herr noch immer in jenen finstren Schatten, aus denen keyne Menschenseele, die jemals eynen Fuß dort hineynsetzet, je wieder auf diesen Spuren zurueckzufinden vermag.«

Die Worte verschwammen zu einem primitiven Kauderwelsch, während Conrad durch eine unvertraute Sprache stolperte – eine Sprache, die entfernt an die der Phönizier erinnerte, deren furchtbar altertümlicher Klang jedoch einen Schauder in mir erzeugte, den keine jemals auf Erden bekannte Sprache ausgelöst hätte. Eine der Kerzen flackerte und erlosch. Ich wollte sie wieder anzünden, aber der stumme Orientale bedeutete mir mit einer Geste, es nicht zu tun. Sein Blick brannte sich in meine Augen und richtete sich dann wieder auf die stumme Gestalt auf dem Tisch.

Dann kehrten die Worte des Manuskripts wieder zu der verständlichen, altertümlichen Sprache zurück. »… und welch Sterblicher auch die schwarzen Zitadellen von Koth erreychen und mit dem Dunklen Herrscher sprechen moege, dessen Antlitz stets verborgen bleybt, werde doch alldieweil belohnet mit eynem wertvollen Schatze, mit der Erfuellung all der Wuensche seynes Herzens, mit Reychtuemern und Wissen in unerfasslichem Maße und mit einer Lebensdauer, die um ein Vielfaches jene aller sterblichen Wesen uebersteyget, und seyen es auch zweyhundert und fuenfzig Jahre.«

Wieder verlor sich Conrads Stimme in den unvertrauten Kehllauten. Eine weitere Kerze erlosch.

»Weychet nicht zurueck, Ihr Sterblichen, wenn die Zeyt nahe ist, dass Ihr Eure Schulden begleychen muesset und das Feuer der Hoelle in Eurem Inneren zu brennen beginnet, wenn ergo die Zeyt der Abrechnung kommet. Denn der Prinz der Finsternis nimmt sich am Ende, was seyn ist, und er laesst sich nicht bethoeren. Was Ihr versprochen habt, das moeget Ihr erfuellen. *Augantha ne shuba …*«

Bei den ersten Klängen dieser barbarischen Sprache schloss sich die kalte Hand des Entsetzens um meine Kehle. Mit hektischem Blick sah ich zu den Kerzen hinüber und es überraschte mich nicht, dass eine weitere mit einem Flackern erlosch. Und dennoch gab es keinerlei Anzeichen für einen Luftzug – die schweren Wandbehänge rührten sich nicht. Conrads Stimme bebte, er fasste sich mit der Hand an den Hals und würgte ziemlich heftig. Die Augen des Orientalen blieben die ganze Zeit starr.

»... unter den Soehnen der Menschen wandeln auf ewiglich seltsame Schatten. Die Menschen erkennen die Spuren der Krallen, doch nicht die Fueße, die sie hinterließen. Ueber den Seelen aller Menschen breyten sich schwaerzeste Fluegel aus. Es gibt nur einen Schwarzen Herrn, doch die Menschen nennen ihn Sathan – Beelzebub – Apollyon – Ahriman und Malik Tous ...«

Nebel des Schreckens umgaben mich. Entfernt nahm ich Conrads Stimme wahr, die weiterhin das Gelesene herunterleierte; verständliche Worte und Worte in dieser anderen, furchtbaren Sprache, deren entsetzliche Bedeutung ich kaum zu enträtseln wagte. Schreckliche Angst krallte sich in meinem Herzen fest, als ich eine Kerze nach der anderen erlöschen sah. Mit jedem Flackern zog sich die bittere Finsternis enger um uns, und mein Schrecken wuchs. Ich konnte nicht sprechen, ich konnte mich nicht bewegen; meine weit aufgerissenen Augen fixierten mit quälender Intensität die letzte brennende Kerze.

Auch der stumme Orientale am Kopf des grässlichen Tisches machte mir Angst. Er hatte sich weder bewegt noch gesprochen, aber unter seinen halb gesenkten Lidern flammten seine Augen in teuflischem Triumph auf. Ich wusste, dass er unter seiner undurchdringlichen Fassade von höllischer Schadenfreude erfüllt war – aber weshalb – *weshalb?*«

Ich *wusste,* dass in dem Augenblick, da das Erlöschen der letzten Kerze das Zimmer in völlige Dunkelheit tauchen würde, etwas unbeschreiblich Abscheuliches passieren würde. Conrad kam allmählich zum Ende. Seine Stimme erreichte mit einem ungeheuren Crescendo den Höhepunkt.

»So ist er nun gekommen, der Augenblick der Abrechnung. Die Raben schwingen sich auf. Die Fledermaeuse steygen in den Himmel. Die Sterne stehen wie Totenschaedel am Himmel. Seele und Koerper, beyde sind sie versprochen, und so sollen sie nunmehr uebergeben seyn. Nimmermehr werden sie zum Staube, noch kehren sie zu jenen Elementen zurueck, aus denen das Leben erwachset …«

Die Kerze flackerte leicht. Ich wollte schreien, aber aus meinem offen stehenden Mund drang nur ein tonloses Jammern; ich wollte fliehen, aber ich blieb nur wie angewurzelt stehen, vermochte nicht einmal die Augen zu schließen.

»Der Abgrund, er tut sich nun auf, und die Schuld, sie muss beglichen seyn. Das Licht versaget, die Schatten versammeln sich. Es gibt keynen Gott, nur das Boese; kein Licht, nur die Finsternis; keine Hoffnung, nur die Verderbnis …«

Ein hohles Grollen hallte im Zimmer wider. *Es schien von dem Ding zu stammen, das unter dem Umhang auf dem Tisch lag!* Der Umhang zuckte unruhig.

»Oh, Fluegel in schwaerzester Finsternis!«

Ich erschrak heftig; aus den hereinbrechenden Schatten war ein leises Rascheln zu vernehmen. Die dunklen Wandteppiche? Es klang wie das Rauschen gigantischer Flügel.

»Oh, rote Augen in den Schatten! Was eynst versprochen ward, was im Blute geschrieben steht – es ist erfuellt! Das Licht ist umgeben von schwaerzester Finsternis! Ya – Koth!«

Plötzlich erlosch die letzte Kerze, und ein grauenhafter, unmenschlicher Schrei ertönte, der uns bis aufs Mark erschütterte, aber weder aus meinem noch aus Conrads Mund kam. Der Schrecken schwappte über mich hinweg wie eine eiskalte schwarze Welle, und in der blinden Dunkelheit hörte ich, wie mir selbst ein entsetzlicher Schrei entwich. Dann fegte ein Wirbelwind mit einem Rauschen durch das Zimmer, der die Wandbehänge auffliegen ließ, Stühle durch die Luft schleuderte und Tische mit einem Krachen zu Boden warf. Für einen Augenblick brannte ein grässlich beißender Geruch in unseren Nasen, und ein leises Kichern verspottete uns aus der Finsternis; dann legte sich die Stille wie ein Leichtuch über uns.

Irgendwo fand Conrad eine Kerze und zündete sie an. In ihrem schwachen Schein sahen wir das fürchterliche Durcheinander im Zimmer, sahen das Entsetzen auf dem Gesicht des anderen und den schwarzen Ebenholztisch – er war leer! Fenster und Türen waren nach wie vor verschlossen, aber der Orientale war verschwunden – ebenso wie die Leiche von John Grimlan.

Mit dem verzweifelten Kreischen der Verdammten brachen wir die Tür auf und stürzten in vollem Lauf die Treppe hinunter, die uns wie ein langer Schacht vorkam, in dem uns die Dunkelheit mit ihren feuchtkalten Fingern packte. Als wir in den unteren Flur stolperten, durchschnitt ein greller Lichtschein die Dunkelheit, und der Geruch von brennendem Holz drang zu uns herüber.

Die Haustür unterbrach unsere rasende Flucht für einen Moment, aber schließlich gab sie nach und wir fielen ins Sternenlicht hinaus. Hinter uns stiegen die Flammen mit lautem Knistern empor, als wir den Hügel hinunterrannten. Conrad blickte über seine Schulter, hielt plötzlich an, drehte sich um, warf seine Arme wie ein Verrückter in die Höhe und brüllte: »Körper und Seele hat er Malik Tous verkauft, dem Satan persönlich, vor 250 Jahren! Dies war die Nacht der Abrechnung – Mein Gott! – Sieh nur! *Sieh doch!* Der Teufel hat sich geholt, was sein ist!«

Ich blickte, starr vor Schreck, zurück. In unfassbar kurzer Zeit hatten die Flammen, die nun in die Schatten des Nachthimmels aufstiegen, das gesamte Haus erobert, und das riesige Gebäude glich nun einem einzigen blutroten Inferno. Über dem höllischen Feuer schwebte ein gigantischer schwarzer Schatten. Er sah aus wie eine monströse Fledermaus, und in ihren schrecklichen Krallen baumelte etwas Helles – allem Anschein nach der schlaff herunterhängende Körper eines Menschen. Uns entfuhr ein letzter Schreckensschrei – dann war der Schatten verschwunden, und wir sahen die zitternden Wände und das brennende Dach, das mit einem erdbebengleichen Donnern in die Flammen stürzte.

Das Königreich der Schatten

1
Ein König kommt geritten

Die Fanfarenstöße wurden lauter, so wie eine goldene Strömung und das sanfte Rauschen der Gezeiten an den Stränden von Valusia. Die Menschenmenge jubelte und Frauen warfen Blumen von den Dächern, während das rhythmische Klappern silberner Hufe näher kam und die ersten Reihen der Parade auf der breiten, weißen Prachtstraße auftauchten, die sich um den Turm des Ruhmes mit seinen goldenen Spitzen wand.

Zunächst kamen die Trompeter. Schlanke Jugendliche in scharlachroten Gewändern, die beim Reiten mit ihren langen goldenen Instrumenten die Fanfaren bliesen. Es folgten die Bogenschützen – kräftige Männer aus den Bergen –, denen sich schwer bewaffnete Fußsoldaten anschlossen. Ihre breiten Schilde schlugen im Gleichklang gegeneinander, und die langen Speere bewegten sich im schnellen Rhythmus ihrer Schritte. Hinter ihnen kamen die mächtigsten Krieger der ganzen Welt, die Roten Schlächter. Reiter, die hoch zu Ross herrlich anzusehen und von den Sporen bis zum Helm ganz in Rot gekleidet waren. Sie thronten stolz auf ihren Tieren, blickten weder nach rechts noch nach links, waren sich aber wohl der bewundernden Rufe bewusst. Sie glichen Bronzestatuen, und in dem Wald aus Wurfgeschossen, der über ihnen aufragte, schwankte nicht ein Einziger.

Ihnen schloss sich eine bunt gemischte Truppe aus Kämpfern an. Grimmige, wild aussehende Soldaten, Männer aus Mu und Kaa-u, von den Bergen im Osten und den Inseln im Westen. Sie waren ebenfalls mit Speeren bewaffnet, einige auch mit massiven Schwertern. Eine kleine Gruppe, die etwas abseits marschierte, bestand aus den Bogenschützen von Lemuria. Anschließend kam die leichte Infanterie. Weitere Trompeter beschlossen die Parade.

Der Anblick der tapferen Männer ließ die Seele von Kull, dem König von Valusia, in unbändigem Stolz erbeben. Kull hatte nicht auf dem schillernden Thron aus Topas Platz genommen, sondern wie ein wahrer Heeresanführer im Sattel eines großen Hengstes. Seine mächtigen Arme hoben sich als Reaktion auf die salutierende Menge. Sein wilder Blick wanderte wie beiläufig über die prachtvollen Trompeter, blieb etwas länger auf den Soldaten haften und seine Augen blitzten auf, als die Roten Schlächter vor ihm haltmachten. Sie schlugen ihre Waffen gegeneinander, und ihre Rosse bäumten sich auf, als sie ihm den Königssalut darboten. Sie rückten etwas enger zusammen, als die Söldner vorbeischritten. Diese grüßten niemanden. Sie marschierten mit zurückgezogenen Schultern und sahen Kull direkt und mutig an, aber auch mit einem gewissen Respekt. Ihre ungestümen Augen blinzelten nicht. Sie starrten unter ungekämmten Mähnen und dichten Brauen hervor.

Kull erwiderte ihren Blick auf gleiche Weise. Tapferen Männern ließ er viel durchgehen, und es gab keine tapfereren auf der Welt, nicht einmal unter den wilden Stämmen, die ihn jetzt verleugneten. Aber Kull hatte ohnehin nicht viel für sie übrig. Unter ihnen schwelten zu viele Streitereien. Bei einigen von ihnen handelte es sich um uralte Feinde von Kulls Nation, und obwohl sein Name in den Bergen und Tälern seines Volkes verflucht wurde und Kull nicht an sie denken mochte, wollten der uralte Hass und die Leidenschaften von damals nicht weichen. Denn Kull war kein Valusier, sondern ein Atlanter.

Die Armeen verschwanden hinter dem vor Edelsteinen glänzenden Turm des Ruhmes außer Sichtweite. Kull zügelte sein Ross und trabte in leichter Gangart auf den Palast zu. Er unterhielt sich mit den Kommandanten, die neben ihm ritten, über die Parade. Kull benötigte nur wenige Worte, um doch viel zu sagen.

»Die Armee ist wie ein Schwert«, sprach er, »und darf keinen Rost ansetzen.« Sie ritten die Straße entlang, und Kull beachtete das Geflüster nicht, das aus der Menge um ihn herum an seine Ohren gelangte.

»Seht, das ist Kull! Was für ein König! Was für ein Mann! Schaut Euch seine mächtigen Arme an! Seine imposanten Schultern!«

Es gab auch weniger schmeichelhaftes Gewisper: »Kull! Ha! Der verfluchte Thronräuber von den heidnischen Inseln.« – »Ja, Schande über Valusia, dass ein Barbar auf dem Königsthron hockt …«

Doch ihn kümmerte dieses Gerede des Pöbels nicht. Er hatte den verfallenden Thron des alten Valusia grob erobert, und noch gröber hielt er daran fest – ein Mann gegen eine Nation.

Zunächst betrat er die Ratskammer, den gemeinschaftlichen Palast, in dem er mit sorgsam verstecktem Grinsen angesichts solcher Nichtigkeiten auf die förmlichen Phrasen und Lobeshymnen der Lords und Ladys antwortete. Dann verabschiedeten sich diese, und Kull lehnte sich auf dem mit Hermelinfell bezogenen Thron zurück. Er dachte über Staatsangelegenheiten nach, bis ein Bediensteter den großen König bat, das Wort ergreifen zu dürfen. Er meldete das Erscheinen eines Abgesandten der piktischen Botschaft an.

Kull zog seinen Verstand aus den dunklen Labyrinthen valusischer Staatsführung zurück, in denen er umhergewandert war, und schaute den Pikten ohne sonderliche Zuneigung an. Der Mann erwiderte Kulls Blick, ohne zusammenzuzucken. Er war ein Krieger mit schmaler Hüfte und muskulöser Brust, mittelgroß, dunkelhäutig, wie alle Pikten, und kräftig gebaut. Aus starken bewegungslosen Gesichtszügen starrten furchtlose und undurchdringliche Augen.

»Der Häuptling aus dem Rat, Ka-nu, rechte Hand des Königs der Pikten, entsendet Grüße und spricht: ›Bei der Feier des zunehmenden Mondes steht ein Thron für Kull, den König der Könige, den Lord der Lords, den Kaiser von Valusia bereit.‹«

»Gut«, erwiderte Kull. »Richte Ka-nu dem Alten, dem Botschafter der westlichen Inseln, aus, dass der König von Valusia mit ihm Wein trinken wird, wenn der Mond über die Hügel von Zalgara flutet.«

Doch der Pikte wandte sich noch nicht zum Gehen. »Ich habe eine weitere Nachricht für den König, und nicht ...« Er machte eine verächtliche Handbewegung. »... für diese Sklaven.«

Mit einem Wort schickte Kull die Bediensteten fort und beobachtete den Pikten aufmerksam.

Der Mann trat näher und senkte seine Stimme. »Kommt heute Abend allein zu dem Fest, Lord König. Das waren die Worte meines Häuptlings.«

Die Augen des Königs verengten sich und leuchteten kalt wie der graue Stahl eines Schwertes.

»Allein?«

»Ja.«

Sie betrachteten einander wortlos, und ihre Stammesfeindschaft brodelte hinter dem Mantel der Formalitäten. Sie sprachen kultiviert, in der am Hof eines Königs üblichen Ausdrucksweise, aber in ihren Pupillen loderten die alten Traditionen der Wilden. Kull mochte der König von Valusia sein und der Pikte ein Botschafter an dessen Hof, aber hier im

Thronsaal musterten zwei Stammesmitglieder einander finster. Sie waren wild und besonnen zugleich, und die Geister von brutalen Kriegen und uralten Fehden flüsterten miteinander.

Der König war im Vorteil, was er auch voll und ganz auskostete. Er stützte seinen Kiefer auf die Hand und beäugte den Pikten, der regungslos dastand, mit zurückgeworfenem Kopf und ohne zu blinzeln.

Kulls Lippen verzogen sich zu einem Lächeln, das eher höhnisch zu sein schien.

»Ich soll also … allein kommen?« In der Zivilisation hatte er gelernt, verdeckte Andeutungen zu machen. Die dunklen Augen des Pikten glänzten, obwohl er nicht antwortete. »Woher soll ich wissen, dass wirklich Ka-nu dich geschickt hat?«

»Ich habe gesprochen«, lautete die mürrische Antwort.

»Und wann sprach ein Pikte jemals die Wahrheit?«, spottete Kull, obwohl er wusste, dass die Pikten niemals logen. Auf diese Weise wollte er den Mann lediglich aus der Reserve locken.

»Ich erkenne Euren Plan, König«, erwiderte der Pikte unerschütterlich. »Ihr wollt mich zornig machen. Bei Valka, Ihr habt Euer Ziel erreicht. Ich bin wütend genug. Und ich fordere Euch heraus, gegen mich zu kämpfen – mit dem Speer, Schwert oder Dolch, zu Pferd oder auf eigenen Füßen. Seid Ihr ein König oder ein normaler Sterblicher?«

Kulls Augen blitzten in widerwilliger Bewunderung auf, der sich ein Krieger angesichts eines mutigen Gegners nicht entziehen konnte, aber er ließ sich die Gelegenheit nicht nehmen, sein Gegenüber noch mehr zu erzürnen.

»Ein König nimmt die Herausforderung eines namenlosen Wilden nicht an«, höhnte er. »Und der Kaiser von Valusia bricht auch nicht den Frieden zwischen den Botschaftern. Du kannst gehen. Sag Ka-nu, dass ich allein kommen werde.«

Die Augen des Pikten blitzten mörderisch. Er zitterte vor primitiver Blutlust. Dann kehrte er dem König von Valusia den Rücken zu, schritt durch die Halle der Gesellschaft und verschwand aus der großen Tür.

Kull lehnte sich wieder auf dem mit Fell ausgelegten Thron zurück und dachte nach. Der Häuptling des Piktenrates wollte ihn also allein sehen? Aus welchem Grund? Verrat? Kull berührte grimmig den Griff seines mächtigen Schwertes. Das schien eher unwahrscheinlich. Den Pikten war das Bündnis mit Valusia zu wichtig, als dass sie es wegen irgendwelcher Fehden aufs Spiel setzen würden. Kull mochte ein Krieger aus Atlantis sein und damit ein natürlicher Feind aller Pikten, aber er war zugleich König von Valusia, dem mächtigsten Verbündeten der Männer des Westens.

Kull dachte lange über den seltsamen Umstand nach, sowohl ein Verbündeter alter Feinde als auch ein Feind alter Freunde zu sein. Er stand auf und wanderte rastlos mit den schnellen, lautlosen Schritten eines Löwen in der Halle auf und ab. Um seine Ziele zu erreichen, hatte er Ketten gebrochen, die aus Freunden, Stämmen und Traditionen bestanden hatten. Und, bei Valka, dem Gott der Meere und des Landes, er hatte sie erreicht! Er war der König von Valusia – einem verblassenden, degenerierten Valusia, das sich größtenteils aus Erinnerungen an längst vergangenen Ruhm speiste. Aber es war immer noch ein starkes Land und das größte der Sieben Reiche.

Die Stammesangehörigen hatten es das Land der Träume getauft, und manchmal kam es Kull vor, als befände er sich tatsächlich in einem Traum. Die Intrigen, die den Hof, den Palast, die Armee und das Volk erschütterten, hinterließen in ihm ein Gefühl der Befremdung. Alles wirkte wie eine Maskerade, bei der Männer und Frauen ihre wahren Gedanken hinter einer glatten Maske verbargen. Und doch war es leicht gewesen, den Thron in Besitz zu nehmen. Er hatte die sich bietende Gelegenheit mutig ausgenutzt, Schwerter wirbeln lassen, einen Tyrannen getötet, dessen das Volk überdrüssig war, sich kurz mit ambitionierten Politikern verschworen, die am Hof in Missgunst geraten waren – und schon hatte Kull, der umherziehende Wanderer und atlantische Exilant, die schwindelerregenden Höhen seiner Träume erklommen: Er war der Lord von Valusia, der König der Könige.

Doch jetzt wurde er den Eindruck nicht los, dass es ungleich einfacher gewesen war, den Thron zu besteigen, als ihn dauerhaft zu behaupten. Der Anblick des Pikten hatte ihn an Bilder aus seiner Jugend erinnert, an die freie Wildheit, die er als Junge genossen hatte. Jetzt überkam ihn ein seltsames Gefühl vager Unruhe, so wie es in letzter Zeit öfters geschehen war. Was maßte er sich an, ein einfacher Mann der Meere und Berge, dass er über ein Volk herrschen wollte, welches sich auf so seltsame Weise mit den Mysterien der Vergangenheit beschäftigte? Ein uraltes Volk …

»Ich bin Kull!«, verkündete er und warf den Kopf zurück wie ein Löwe seine Mähne. »Ich bin Kull.« Sein Adlerblick schweifte durch den traditionsreichen Saal. Das Selbstvertrauen kehrte zurück. Und in einer dunklen Ecke geriet ein Wandteppich leicht in Bewegung.

2
Also sprachen die alten Hallen Valusias

Der Mond war noch nicht aufgegangen, und der Garten wurde von brennenden Fackeln in silbernen Haltern erleuchtet, als sich Kull auf dem Thron vor dem Tisch von Ka-nu niederließ, dem Botschafter der westlichen Inseln. Zu seiner Rechten saß der uralte Pikte, der als Abgesandter dieses wilden Volkes die denkbar unwahrscheinlichste Wahl war. Ka-nu kannte sich in der Politik aus. Er war in diesem Spiel alt geworden. In seinen Augen, die Kull unverhohlen musterten, war keine Spur von Hass zu erkennen. Er ließ auch nicht zu, dass Stammestraditionen sein Urteil beeinflussten. Lange zurückreichende Verbindungen mit den Politikern der zivilisierten Welt hatten solche überkommenen Verhaltensweisen getilgt. Die wichtigste Frage für Ka-nu lautete nicht: *Wer und was ist dieser Mann?* Vielmehr überlegte er: *Kann ich ihn für mich benutzen, und wenn ja, wie?* Vorurteile besaßen lediglich einen Wert, wenn sich damit die eigenen Pläne vorantreiben ließen.

Kull beobachtete seinerseits Ka-nu, ging knapp auf seine Einwürfe ein und fragte sich, ob die Zivilisation aus ihm einen Mann wie den Pikten machen würde. Denn Ka-nu war verweichlicht und dickbäuchig. Viele Jahre waren am Horizont vorbeigezogen, seit Ka-nu zum letzten Mal ein Schwert geschwungen hatte. Zwar war er alt, doch hatte Kull ältere Männer als ihn bei Kämpfen in vorderster Reihe gesehen. Die Pikten lebten lange. Ein schönes Mädchen stand an Ka-nus Seite, füllte seinen Kelch nach und war damit eine ganze Weile beschäftigt. Währenddessen machte ihr Herr ununterbrochen Witze und mehr oder minder geistreiche Bemerkungen. Kull verachtete die Geschwätzigkeit seines Gegenübers insgeheim, doch ihm entging nicht eine der amüsanten Pointen.

An dem Bankett nahmen piktische Häuptlinge und Politiker teil, wobei Letztere jovial und leicht zugänglich waren. Die Krieger folgten zwar den Gesetzen der Höflichkeit, doch aufgrund ihrer gemeinsamen Stammeszugehörigkeit benahmen sie sich überaus entspannt. Kull wurde sich in einem Anflug von Neid ihrer Freiheit und Gelassenheit bewusst, als er ihr Verhalten mit der täglichen Arbeit am Hofe von Valusia verglich. Solche Freiheit herrschte auch an den einfachen Lagern von Atlantis vor. Kull zuckte mit den Schultern. Ka-nu, der anscheinend vergessen hatte, dass er ein Pikte war, was alte

Sitten und Vorurteile betraf, hatte sicherlich recht damit, dass Kull am besten ein Valusier werden sollte – dem Namen und dem Geiste nach.

Als der Mond seinen höchsten Stand erreichte, lehnte sich Ka-nu, der so viel gegessen und getrunken hatte wie drei Männer, schließlich mit einem wohligen Seufzen auf seinem Diwan zurück und erklärte: »Geht nun, Freunde, denn der König und ich möchten über Dinge sprechen, die euch nichts angehen. Ja, auch du, meine Hübsche, doch lass mich zuerst diese rubinroten Lippen küssen – so, nun darfst du hinforttanzen, meine blühende Rose!«

Ka-nus Augen zwinkerten über seinem weißen Bart, während er Kull betrachtete, der aufrecht vor ihm stand – grimmig und kompromisslos.

»Kull«, wandte sich der erfahrene Politiker plötzlich an ihn, »du findest, dass Ka-nu ein nutzloser alter Schurke ist, der zu nichts weiter taugt, als Wein zu saufen und Mädchen schöne Augen zu machen.«

Diese Bemerkung war so zutreffend und direkt formuliert, dass Kull ziemlich überrascht war, obwohl er sich nichts anmerken ließ.

Ka-nu lachte, und sein Wanst bebte vor Freude. »Wein ist rot und Frauen sind weich«, sagte er milde. »Doch – ha! Glaub nicht, dass der alte Ka-nu einem von beiden erlaubt, sich in seine Geschäfte einzumischen.«

Erneut zeigte er seine Belustigung, und Kull bewegte sich unbehaglich auf seinem Stuhl. Es kam ihm vor, als erlaubte sich Ka-nu einen Spaß mit ihm, und die Augen des Königs leuchteten auf wie die einer Katze.

Ka-nu griff nach dem Weinkrug, füllte sein Glas und blickte Kull fragend an, der gereizt den Kopf schüttelte.

»Ja«, sagte Ka-nu gelassen, »um starken Wein zu vertragen, muss man einen abgehärteten Schädel haben. Ich werde alt, Kull, warum missgönnt ihr jungen Männer mir die Vergnügungen, auf die man im fortgeschrittenen Alter zunehmend angewiesen ist? Ich Armer, ich strebe dem Grab entgegen und verwelke ohne Freund und Freude!«

Doch sein Gesichtsausdruck verriet, dass er seine Worte nicht ernst meinte. Das rötliche Gesicht glühte auf, und seine Augen funkelten, sodass sein weißer Bart gänzlich fehl am Platz wirkte. Er sah beinahe elfenhaft aus, dachte Kull, der sich auf unbestimmte Weise provoziert fühlte. Dieser Schuft hatte all die simplen Tugenden seines eigenen Volkes abgestreift und schien im hohen Alter zufriedener zu sein als je zuvor in seinem Leben.

»Hör zu, Kull«, sagte Ka-nu und hob mahnend einen Finger. »Es ist riskant, einen jungen Mann zu loben, aber ich muss meine Gedanken ehrlich aussprechen, um dein Vertrauen zu gewinnen.«

»Wenn du meinst, es durch Schmeichelei erlangen zu können ...«

»Ruhe. Wer hat etwas von Schmeichelei gesagt? Ich schmeichle nur, um jemanden zu übertölpeln.«

Ka-nus Augen funkelten mit einem kalten Glänzen, das nicht zu seinem entspannten Lächeln passen mochte. Er durchschaute die Männer, und er wusste, dass er offen mit diesem tigerhaften Barbaren umgehen musste, um sein Ziel zu erreichen. Kull würde, wie ein Wolf, der eine Falle roch, jegliche Lüge im kunstvollen Gespinst seiner Worte sofort wittern.

»Kull, du hast die Möglichkeit«, erklärte er und wählte seine nächsten Worte mit mehr Bedacht als in den Versammlungsräumen des Rates der Nation, »zu dem mächtigsten aller Könige aufzusteigen und einen Teil des verlorenen Ruhmes von Valusia zurückzugewinnen. Nun, eigentlich sind mir die Geschicke von Valusia ziemlich gleichgültig, obwohl die Frauen und der Wein dort ausgezeichnet schmecken. Doch je stärker Valusia ist, desto stärker ist die piktische Nation. Außerdem könnte Atlantis mit einem Atlanter auf dem Thron eines Tages wiedervereint werden …«

Kull lachte voller Spott. Ka-nu hatte eine alte Wunde berührt.

»In Atlantis wird mein Name verflucht, seit ich ausgezogen bin, um in den Städten der Welt Ruhm und Reichtum zu erlangen. Wir – sie – sind uralte Feinde der Sieben Reiche, wie du wahrscheinlich weißt.«

Ka-nu zupfte an seinem Bart und setzte ein geheimnisvolles Lächeln auf.

»Nein, nein. Vergiss das. Ich weiß, wovon ich spreche. Wenn der Krieg aufhört – und mit Krieg ist nichts zu gewinnen –, sehe ich eine Welt des Friedens und des Wohlstandes voraus. Die Menschen werden ihre Nächsten lieben, und das Gute wird vorherrschen. All das kannst du erreichen – *wenn du bis dahin noch lebst!*«

»Ha!« Kulls schlanke Hand umschloss seinen Schwertgriff, und er sprang mit einer derart schnellen, übergangslosen Bewegung auf, dass Ka-nu – der Männer bewunderte, wie andere reinrassige Pferde bewundern – spürte, wie sein betagtes Blut in Wallung geriet. Bei Valka, was für ein Krieger! Nerven und Sehnen aus Stahl und Feuer, in perfekter Abstimmung miteinander verwoben, perfektioniert durch den kriegerischen Instinkt, wie er nur den überragendsten Kämpfern zu eigen ist.

Doch Ka-nus leicht sarkastischer Tonfall verriet seine Begeisterung nicht.

»Komm schon. Setz dich. Sieh dich um. Niemand sonst hält sich im Garten auf, wir beide sind die Einzigen. Hast du etwa Angst vor *mir?*«

Kull ließ sich erneut auf den Sitz sinken und spähte misstrauisch umher.

»Aus dir spricht der Wilde. Glaubst du etwa, ich würde einen geplanten Verrat ausgerechnet hier in die Wege leiten, wo jeglicher Verdacht sofort auf mich fällt? Pah! Die jungen Stammesmitglieder müssen noch viel lernen. Meine Häuptlinge waren unruhig, weil du in den Bergen von Atlantis geboren wurdest, und du verachtest mich, weil ich ein Pikte bin. Pah! Für mich bist du Kull, der König von Valusia, nicht etwa Kull, der waghalsige Atlanter, der die Räuber anführte, welche die westlichen Inseln plünderten. Also solltest du mich ebenso wenig als Pikten betrachten, sondern als Mann von Welt. Nun zu deiner Rolle: Wer wäre König, falls du morgen getötet wirst?«

»Kaanuub, der Baron von Blaal.«

»Siehst du. Ich habe aus vielen Gründen etwas gegen Kaanuub, vor allem weil er nicht mehr als ein Strohmann ist.«

»Wirklich? Er war mein größter Gegner, aber ich wusste nicht, dass ihn etwas außer seinen eigenen Zielen antreibt.«

»Die Nacht hat ihre Ohren überall«, entgegnete Ka-nu ausweichend. »Es gibt Welten innerhalb von Welten. Aber du kannst mir vertrauen, und du kannst Brule vertrauen, dem Speerschlächter. Schau!« Er zog ein goldenes Armband aus seiner Robe, in das ein geflügelter Drache eingeprägt war – der Schwanz dreifach aufgerollt, dazu drei Hörner aus Rubin auf dem Haupt.

»Präge es dir gut ein. Brule wird es morgen Nacht am Arm tragen, wenn er zu dir kommt, damit du ihn erkennst. Vertraue Brule so, wie du dir selbst vertraust, und tu, was er dir sagt. Und als Zeichen des Vertrauens – sieh her!«

Mit der Geschwindigkeit eines Habichts, der sich auf seine Beute stürzt, zog der Alte etwas aus seiner Robe, das einen seltsamen grünen Schimmer auf sie beide warf. Sofort steckte er es wieder ein.

»Der gestohlene Edelstein!«, rief Kull aus und zuckte im gleichen Moment zurück. »Der grüne Juwel aus dem Tempel der Schlange! Valka! Du hast ihn! Warum zeigst du ihn mir?«

»Um dein Leben zu retten. Als Vertrauensbeweis. Wenn ich dich verrate, kannst du es mir auf gleichem Wege vergelten. Mein Leben liegt in deinen Händen. Jetzt könnte ich dich nicht mehr verraten, denn ein einziges Wort reicht aus, um meinen Untergang zu besiegeln.«

Trotz seiner Worte strahlte der alte Halunke fröhlich und schien ausgesprochen zufrieden mit sich selbst zu sein.

»Aber warum verleihst du mir diese Gewalt über dich?«, fragte Kull, der von Sekunde zu Sekunde verwirrter war.

»Ich habe es dir doch gesagt. Jetzt weißt du, dass ich kein falsches Spiel mit dir treiben will. Wenn Brule dich morgen Nacht besucht, wirst du seinem Rat folgen, ohne einen Verrat zu fürchten. Doch genug. Eine Eskorte wartet vor dem Garten, um mit dir zum Palast zu reiten.«

Kull stand auf. »Aber du hast mir nichts erzählt.«

»Pah. Wie ungeduldig die Jugend ist!« Mehr als je zuvor sah Ka-nu wie ein schelmischer Elf aus. »Geh und träume vom Thron, von Macht und Königreichen, während ich in meinem Schlummer Wein, sanfte Frauen und Rosen vor Augen habe. Viel Glück, König Kull.«

Als er den Garten verließ, warf Kull einen kurzen Blick zurück. Ka-nu rekelte sich noch immer faul in seinem Sitz. Ein fröhlicher alter Mann, der die ganze Welt an seiner freundlichen Umarmung teilhaben ließ.

Draußen wartete ein berittener Krieger auf den König, und Kull war überrascht, dass es sich um denselben Mann handelte, der Ka-nus Einladung überbracht hatte. Sie wechselten nicht ein Wort miteinander, als Kull in den Sattel stieg und sie durch die leeren Straßen ritten.

Farbe und Fröhlichkeit des Tages waren der unheimlichen Stille der Nacht gewichen. Das hohe Alter war der Stadt unter dem gekrümmten, silbernen Mond deutlicher denn je anzusehen. Die hohen Säulen der Häuser und Paläste ragten zu den Sternen empor. Die breiten Treppen, die still und verlassen dalagen, schienen sich schier endlos nach oben zu winden, bis sie in der Dunkelheit der höheren Sphären verschwanden.

Stufen zu den Sternen, dachte Kull, dessen fantasievoller Geist von der mystischen Erhabenheit der Szenerie inspiriert wurde.

Klack! Klack!, tönten die silbernen Hufe auf den breiten, mondüberfluteten Straßen, aber sonst war kein Geräusch zu hören. Der König empfand das unglaubliche Alter der Stadt als nahezu bedrückend. Als verlachten die großen, stummen Gebäude ihn tonlos in undurchschaubarem Spott. Welche Geheimnisse mochten sie verbergen?

»Du bist jung«, sprachen die Paläste, Tempel und Schreine, »doch wir sind alt. Die Welt war wild vor Jugend, als wir uns erhoben. Du und dein Stamm, ihr werdet vergehen, aber wir sind unbesiegbar und trotzen dem Zerfall. Wir ragten schon über eine seltsame Welt auf, als sich Atlantis und Lemuria aus dem Meer erhoben.

Wir werden immer noch herrschen, wenn sich die grünen Gewässer weit über den Türmen von Lemuria und den Hügeln von Atlantis ausgebreitet haben und die Inseln im Westen als Berge eines neuen Imperiums dienen.

Wie viele Könige haben wir bereits durch diese Straßen reiten sehen, ehe Kull von Atlantis auch nur ein Traum im Verstand von Ka, dem Vogel der Schöpfung, war? Reite weiter, vergänglicher Kull aus Atlantis. Größere Könige sollen auf dich folgen, größere Könige waren vor dir da. Allesamt zu Staub zerfallen, allesamt vergessen. Wir bleiben erhalten im Wissen um unsere Bedeutung. Reite weiter, Kull von Atlantis, Kull der König, Kull der Narr.«

Und Kull hatte den Eindruck, dass die klappernden Hufe einen stillen Refrain spöttisch in die Nacht stampften:

»Kull – der – König! Kull – der – Narr!«

Scheine, Mond, du weist einem König den Weg! Strahlt, Sterne, ihr seid Fackeln auf dem Weg eines Kaisers! Und klappert, ihr silbernen Hufe, die ihr davon kündet, dass Kull durch Valusia reitet.

He! Wach auf, Valusia! Hier reitet Kull, der König!

»Wir kannten viele Könige«, wisperten die stillen Hallen von Valusia.

So erreichte Kull den Palast schließlich in nachdenklicher Stimmung. Dort übernahmen seine Leibwächter – Männer der Roten Schlächter – die Zügel des Hengstes und begleiteten Kull zu seinem Schlafgemach. Der Pikte, der unvermindert stumm und mürrisch wirkte, zog brutal an den Zügeln und riss sein Pferd herum. Dann floh er in die Dunkelheit wie ein Phantom. Kulls angeregte Fantasie stellte sich vor, dass er durch die stillen Straßen galoppierte wie ein Goblin aus der Älteren Welt.

In dieser Nacht fand Kull keinen Schlaf, denn die Sonne ging schon fast auf, und er verbrachte die restlichen Stunden damit, im Thronsaal auf und ab zu schreiten und über das nachzudenken, was ihm widerfahren war. Ka-nu hatte sich ihm zwar nicht anvertraut, und doch hatte er sich ganz in Kulls Hand begeben. Worauf hatte er angespielt, als er meinte, der Baron von Blaal sei nur ein Strohmann? Und wer war dieser Brule, der nachts zu ihm kommen und das mystische Drachenamulett tragen sollte?

Das größte Rätsel war, warum Ka-nu ihm den grünen Edelstein des Grauens gezeigt hatte, der vor langer Zeit aus dem Tempel der Schlange gestohlen worden war. Er konnte leicht die ganze Welt in einen Krieg stürzen, wenn die alten Hüter des Tempels erfuhren, wo er sich befand. Nicht einmal Ka-nus Stammeskrieger würden ihn vor ihrer grausamen Rache bewahren können. Doch Ka-nu befand sich in Sicherheit, überlegte Kull, denn der Politiker war zu klug, als dass er sich in Gefahr begeben würde, ohne einen Vorteil daraus zu ziehen. Ging es darum, den König zu übertölpeln und einen Verrat anzuzetteln? Würde Ka-nu es wagen, ihn weiter am Leben zu lassen? Kull zuckte mit den Schultern.

3
Die durch die Nacht streifen

Der Mond war noch nicht aufgegangen, als Kull mit einer Hand am Schwertgriff auf ein Fenster zutrat, das den Blick auf den großen inneren Garten des königlichen Palastes preisgab. Die dünnen Vorhänge wehten im Nachtwind, der den Geruch von Muskatnussbäumen mit sich brachte. Der König schaute hinaus. Die Wege und Wäldchen lagen verlassen da. Sorgsam gestutzte Bäume bildeten massige Schatten. Brunnen sprudelten in der Nähe ihren silbernen Schimmer in das Sternenlicht, und die weiter entfernten Quellen stimmten ein. In diesem Garten patrouillierten keine Wachen, da seine Mauern so streng bewacht waren, dass ein Eindringling sie unmöglich überwinden konnte.

An den Steinwällen kräuselten sich Ranken, und gerade als Kull darüber sinnierte, wie leicht man an ihnen hinaufklettern könnte, löste sich ein Schatten aus der Dunkelheit zu seinen Füßen. Ein nackter brauner Arm schwang sich mit der raschen Bewegung eines Leoparden über die Fensterbank.

»Bist du Brule?«, fragte Kull und hielt dann überrascht, aber zugleich misstrauisch und verärgert inne. Denn es handelte sich um denselben Mann, den er in der Halle der Gesellschaft provoziert und der ihn auf dem Rückweg von der piktischen Botschaft eskortiert hatte.

»Ich bin Brule, der Speerschlächter«, antwortete der Pikte in gedämpftem Tonfall. Dann beugte er sich nahe an Kulls Gesicht und sagte rasch, kaum lauter als ein Flüstern:

»Ka nama kaa lajerama!«

Kull zuckte zusammen. »Was soll das bedeuten?«

»Wisst Ihr es nicht?«

»Nein, die Worte sind mir nicht bekannt und entstammen einer Sprache, die ich niemals gehört habe. Und doch ... bei Valka! Irgendwie scheinen sie mir vertraut ...«

»Ja«, sagte der Pikte nur. Seine Blicke wanderten durch den Raum – das Studierzimmer des Palastes.

Im Vergleich zum allgegenwärtigen Prunk wirkte es relativ schlicht. Es standen lediglich ein paar Tische, ein Diwan und große Regale mit Pergamenten und gebundenen Folianten darin.

»Sagt mir, König, wer bewacht die Tür?«

»18 der Roten Schlächter. Aber wie ist es dir gelungen, dich nachts durch den Garten zu schleichen und die Palastmauern zu erklimmen?«

Brule schnaufte. »Die Wachen von Valusia sind blinde Büffel. Ich könnte ihnen unter der eigenen Nase ihre Mädchen stehlen. Ich habe mich unter sie gemischt, und sie haben mich weder gesehen noch gehört. Was die Mauern angeht, so könnte ich sie auch ohne die Ranken überwinden. Ich habe Tiger an Stränden gejagt, an denen der scharfe Ostwind den Nebel vom Meer hinüberwehte, und ich habe die steilen Gipfel westlich des Meeres bezwungen. Doch kommt und ... nein, berührt zuerst das Amulett.«

Er hielt seinen Arm hin und seufzte offensichtlich erleichtert, als Kull der Aufforderung verwundert nachkam.

»So. Nun legt Eure königlichen Gewänder ab, denn heute Nacht liegen Taten vor Euch, von denen kein Atlanter je geträumt hat.«

Brule selbst war nur mit einem knappen Lendenschurz bekleidet, an dem ein kurzes, gebogenes Schwert baumelte.

»Und wieso erdreistest du dich, mir Befehle zu erteilen?«, wollte Kull leicht empört wissen.

»Hat Ka-nu Euch nicht gebeten, mir unbedingt Folge zu leisten?«, fragte der Pikte gereizt. Seine Augen blitzten kurz auf. »Ich habe nicht viel für Euch übrig, mein Lord, aber im Moment habe ich den Gedanken an Fehden verdrängt. Tut es mir nach. Aber folgt mir.«

Mit lautlosen Schritten führte er Kull durch den Raum zur Tür. Ein schmaler Schlitz, der von der anderen Seite nicht zu erkennen war, gab den Blick in den Flur frei. Der Pikte bat Kull hindurchzusehen.

»Was erkennt Ihr?«

»Nichts außer den 18 Wächtern.«

Der Pikte nickte und bedeutete Kull, ihm zu folgen. Vor einer Abdeckung an der gegenüberliegenden Wand blieb Brule stehen und machte sich daran zu schaffen. Mit einer raschen Bewegung trat er zurück und zog dabei sein Schwert aus der Scheide. Kull stieß einen überraschten Laut aus, als die Abdeckung geräuschlos aufschwang und einen schwach erleuchteten Gang freilegte.

»Ein Geheimgang!«, fluchte Kull leise. »Und ich hatte keine Ahnung! Bei Valka, dafür wird jemand tanzen müssen.«

»Ruhe!«, zischte der Pikte.

Brule stand reglos wie eine Bronzestatue vor dem Durchgang, als wären all seine Nerven angespannt, weil er auf das leiseste Geräusch achtete. Etwas an seinem Verhalten sorgte dafür, dass sich Kulls Nackenhaare aufrichteten. Nicht Angst war der Grund dafür, sondern eine unheimliche Vorahnung. Dann winkte Brule ihm zu und trat durch die offen stehende Geheimtür. Der Gang war leer, aber nicht so staubbedeckt, wie ein unbenutzter Gang es hätte sein sollen. Ein verschwommenes, graues Licht drang von irgendwo heran, aber seine Quelle ließ sich nicht ausmachen. Alle paar Meter erspähte Kull Türen, die, wie er wusste, von außen nicht sichtbar waren, wohl aber von dieser Seite.

»Der Palast ist eine Honigwabe«, murmelte er.

»Ja. Ihr werdet bei Tag und Nacht von zahllosen Augen beobachtet, König.«

Der König war von Brules Vorgehensweise beeindruckt. Der Pikte ging langsam und vorsichtig vorwärts, wobei er halb kroch und sein Schwert nach vorn gerichtet hielt. Er sprach flüsternd und warf fortwährend Blicke nach links und rechts.

Der Gang vollzog eine scharfe Kurve, und Brule spähte behutsam um die Ecke.

»Seht!«, flüsterte er. »Aber denkt daran: kein Wort! Kein Laut! Euer Leben hängt davon ab.«

Kull blickte vorsichtig an Brule vorbei in den vor ihnen liegenden Abschnitt. Eine Treppe führte nach unten. Dann sprang Kull entsetzt zurück. Am Ende der Stufen lagen alle 18 Roten Schlächter, die vor dem Studierzimmer des Königs Wache gehalten hatten. Nur Brules fester Griff um seinen starken Arm und das angespannte Flüstern seines Begleiters hielten Kull davon ab, die Stufen hinunterzurennen.

»Seid still, Kull, in Valkas Namen!«, zischte der Pikte. »Nun sind diese Gänge leer, aber ich habe viel riskiert, indem ich sie Euch zeigte, damit Ihr dem Glauben schenkt, was ich zu verkünden habe. Gehen wir in Euer Studierzimmer zurück.« Und er schlug denselben Pfad ein, den sie gekommen waren. Kull folgte ihm. Sein Verstand war vor lauter Verwunderung vollständig aufgewühlt.

»Das ist Verrat«, murmelte der König. Seine stahlgrauen Augen glühten. »Ein elender und schneller Verrat! Vor fünf Minuten standen diese Männer noch Wache.«

Als sie wieder in dem Studierzimmer angekommen waren, verschloss Brule sorgsam die geheime Abdeckung und gab Kull ein Zeichen, erneut durch den Spalt in der Tür zu spähen. Kull keuchte deutlich vernehmbar. *Dort draußen standen unversehrt die 18 Wächter!*

»Zauberei«, flüsterte er und zog sein Schwert zur Hälfte aus der Scheide. »Bewachen tote Männer den König?«

»Ja!«, lautete Brules leise Antwort. In den funkelnden Augen des Pikten lag ein seltsamer Ausdruck. Brule und Kull blickten einander kurz an. Kulls Brauen verzogen sich zu einem verwirrten, finsteren Blick, als er versuchte, seinen rätselhaften Besucher zu durchschauen. Dann formten Brules Lippen, fast ohne sich zu bewegen, die Worte:

»Die ... Schlange ... die ... spricht!«

»Sei still!«, flüsterte Kull und bedeckte Brules Mund mit seiner Hand. »Es bedeutet den Tod, das zu sagen! Dieser Name ist verflucht!«

Die furchtlosen Augen des Pikten starrten ihn fest an.

»Vergewissert Euch noch einmal, König Kull. Vielleicht wurden die Wachen ausgetauscht.«

»Nein, es sind dieselben Männer. In Valkas Namen, das ist Zauberei – das ist Wahnsinn! Ich habe die Leichen dieser Männer vor nicht einmal acht Minuten mit eigenen Augen gesehen. Und doch stehen sie hier.«

Brule trat von der Tür zurück.

»Kull, was wisst Ihr über die Traditionen des Volkes, das Ihr beherrscht?«

»Vieles – und doch wenig. Valusia ist so alt ...«

»Ja.« Brules Augen leuchteten seltsam. »Wir sind nur Barbaren – Säuglinge im Vergleich zu den Sieben Reichen. Nicht einmal sie selbst wissen, wie alt sie sind. Weder die Erinnerungen der Bevölkerung noch die Annalen der Historiker reichen weit genug zurück, um uns zu verraten, wann die ersten Menschen über das Meer kamen und an der Küste ihre Siedlungen errichteten. Doch, Kull, *Menschen wurden nicht immer von Menschen beherrscht!*«

Der König zuckte zusammen. Ihre Blicke begegneten sich.

»Ja, in meinem Volk gibt es eine Legende ...«

»In meinem auch!«, unterbrach ihn Brule. »Sie stammt aus einer Zeit, bevor wir Inselbewohner mit Valusia verbündet waren. Ja, zur Zeit von Löwenzahn, dem siebten Kriegshäuptling der Pikten, vor so vielen Jahren, dass sich niemand an ihre Zahl erinnern kann. Wir kamen von den Inseln des Sonnenuntergangs über das Meer, umrandeten die Küsten von Atlantis und stürmten die Strände Valusias mit Feuer und Schwertern. An den langen weißen Stränden erschallte das Aufeinanderstoßen von Speeren, und die Nacht war infolge der brennenden Burgen hell wie der Tag. Und der König von Valusia, der an diesem dunklen Tag auf dem roten Meeresstrand sein Leben ließ …« Brule verstummte, und sie starrten einander schweigend an. Dann nickten sie beide.

»Valusia ist uralt«, flüsterte Kull. »Die Hügel von Atlantis und Mu waren Inseln im Meer, als Valusia jung war.«

Der Nachtwind zog durch das offene Fenster heran. Dies war nicht die freie, klare Meeresluft, die Brule und Kull kannten und genossen, sondern ein Atmen wie ein Bote aus der Vergangenheit. Sie roch nach Moschus und den Düften vergangener Zeiten, führte Geheimnisse mit sich, die schon alt gewesen waren, als die Welt erst aufblühte.

Die Wandteppiche raschelten, und Kull kam sich angesichts der undurchschaubaren Weisheit der Historie wie ein nacktes Kind vor. Wieder drängte sich ihm der Eindruck des Unwirklichen auf. Tief in seiner Seele schlichen dunkle gigantische Geister umher, die monströse Geheimnisse aussprachen. Er spürte, dass Brule ähnliche Gedanken durch den Kopf gingen. Die Blicke des Pikten waren mit grimmiger Eindringlichkeit auf sein Gesicht gerichtet. Kull verspürte eine enge Kameradschaft mit diesem Angehörigen eines verfeindeten Stammes. Wie verfeindete Leoparden, die sich gemeinsam gegen Jäger wehrten, verbündeten sich diese zwei Wilden gegen unmenschliche Mächte früherer Zeiten.

Brule näherte sich erneut der Geheimtür. Leise betraten sie den dunklen Gang und schritten ihn ebenso leise entlang. Diesmal gingen sie in die entgegengesetzte Richtung. Nach einer Weile blieb der Pikte stehen und presste sich eng an eine der Geheimtüren. Er bedeutete Kull, mit ihm durch den verborgenen Schlitz zu spähen.

»Dahinter befindet sich eine kaum benutzte Treppe, die zu einem Gang führt, der an der Tür des Studierzimmers entlang verläuft.«

Sie blickten auf die Treppe. Gerade kam lautlos eine Gestalt die Treppe herauf.

»Tu, das oberste Ratsmitglied!«, erkannte Kull. »Bei Nacht und Dolch, was hat das zu bedeuten, Brule?«

»Mord! Und übelster Verrat!«, zischte Brule. Als Kull die Tür aufreißen und sich auf die Gestalt stürzen wollte, sagte er: »Nein! Wir sind verloren, wenn Ihr ihn angreift, da am Ende der Treppe noch mehr von ihnen lauern. Kommt.«

Sie eilten durch den Gang zurück. Brule führte ihn wieder durch die Geheimtür, die er verschloss, um dann das Zimmer zu durchqueren und eine angrenzende Kammer zu betreten, die nur selten genutzt wurde. Dort zog er einige Wandteppiche zur Seite, die eine dunkle Nische verbargen. Er zog Kull hinter sich her, und sie traten hinter die Wandteppiche. Kull hörte, wie in dem anderen Raum die Vorhänge im Wind wehten, was ihm wie das Murmeln von Gespenstern vorkam. Dann schlich sich Tu, das oberste Ratsmitglied des Königs, durch die Tür. Offensichtlich war er durch das Studierzimmer gekommen. Da er es leer vorgefunden hatte, suchte er sein Opfer dort, wo es sich am wahrscheinlichsten aufhielt.

Er näherte sich mit einem in die Höhe gehobenen Dolch und bewegte sich mit leisen Schritten. Er blieb kurz stehen und schaute sich in dem scheinbar leeren Raum um, der von einer einzigen Kerze schwach erleuchtet wurde. Dann ging er vorsichtig weiter. Er verstand offenbar nicht, warum der König nicht hier war. Er stand vor dem Versteck und …

»Töte ihn!«, zischte der Pikte.

Mit einem gewaltigen Sprung stürzte sich Kull in den Raum. Tu wirbelte herum, aber angesichts der blitzschnellen Attacke hatte er keine Chance, sich zu wehren oder seinerseits einen Angriff einzuleiten. Der Stahl von Kulls Schwert blitzte im Dämmerlicht auf und schnitt durch Knochen, als Tu zurückstolperte. Kulls Klinge steckte zwischen seinen Schultern.

Der König beugte sich über ihn. Er entblößte seine Zähne in einem mörderischen Knurren. Seine grauen Augen glichen dem grauen Eis des kalten Meeres und blickten finster drein. Er ließ den Schwertgriff los und wich benommen zurück, spürte die jähe Gegenwart des Todes.

Vor seinen Augen verfärbte sich Tus Miene, wurde merkwürdig dunkel und unwirklich. Die Gesichtszüge flossen auf unmögliche Weise ineinander. Wie ein sich lichtender Nebel verschwanden sie gänzlich. Stattdessen *grinste ihn ein monströser Schlangenkopf an!*

»Valka!«, keuchte Kull, und Schweiß perlte von seiner Stirn. Noch einmal rief er aus: »Valka!«

Brule beugte sich vor und verzog keine Miene. Dennoch war auch in seinen glänzenden Augen das Entsetzen zu erkennen, das Kull erschütterte.

»Nehmt Euer Schwert, Lord König«, sagte er. »Wir müssen noch einige Taten vollbringen.«

Zögernd griff Kull nach dem Schwertgriff. Er schauderte, als er den Fuß auf das Grauen stellte, das vor ihnen lag. Durch eine Muskelreaktion öffnete sich plötzlich der Furcht einflößende Mund, und Kull zuckte zurück. Übelkeit ließ seine Knie zittern.

Wütend auf sich selbst zog er das Schwert aus dem Toten und inspizierte das namenlose Ding, das er als Tu gekannt hatte. Abgesehen von dem Reptilienkopf entsprach es exakt einem Menschen.

»Ein Mann mit einem Schlangenkopf!«, murmelte Kull. »Ist dies also ein Priester des Schlangengottes?«

»Tu schläft, ohne etwas davon zu wissen. Diese Teufel können sämtliche Formen annehmen, die sie möchten. Durch einen Zauberspruch oder etwas Ähnliches weben sie ein magisches Gespinst um ihre Gesichter – so wie ein Schauspieler eine Maske aufsetzt –, um jedem gewünschten Gegenüber ähnlich zu sehen.«

»Also sind die alten Legenden wahr«, überlegte der König. »Die düsteren alten Geschichten, die nur wenige zu flüstern wagen, wenn sie nicht als Gotteslästerer sterben wollen, sind keine Hirngespinste. Bei Valka, ich hatte geglaubt ... vermutet ... aber es übersteigt die Grenzen der Wirklichkeit. Ha! Die Wachen vor der Tür ...«

»Auch sie sind Schlangenmänner. Wartet! Was wollt Ihr tun?«

»Sie töten«, stieß Kull zwischen zusammengebissenen Zähnen aus.

»Schlagt nach ihren Schädeln«, riet Brule. »Vor der Tür warten 18 von ihnen, und ein paar weitere in den Fluren. Hört zu, König – Ka-nu hat von dieser Verschwörung erfahren. Seine Spione sind zu den inneren Kreisen der Schlangenpriester vorgedrungen und haben Hinweise auf eine Verschwörung erhalten. Schon vor langer Zeit entdeckte Ka-nu die Geheimgänge des Palastes. Auf seinen Befehl hin habe ich eine Karte der Gänge studiert und bin heute Nacht zu Euch gekommen, damit Ihr nicht wie andere Könige von Valusia sterbt.

Ich kam allein, da mehr als ein Mann verdächtig gewesen wäre. Mit mehreren Männern hätte ich mich nicht in den Palast einschleichen können. Ihr habt einen Teil der üblen

Verschwörung gesehen. Schlangenmänner bewachen Eure Tür, und derjenige, der als Tu getarnt war, konnte sich frei im Palast bewegen. Wenn die Priester es nicht schaffen, Euch zu töten, werden die echten Wachen wieder an ihre Stelle treten, ohne etwas zu wissen und ohne sich zu erinnern. Sie würden beschuldigt werden, wenn den Priestern ihr Attentat gelingt. Bleibt hier, während ich dieses Aas beseitige.«

Mit diesen Worten warf sich der Pikte die schreckliche Kreatur unbeeindruckt über die Schulter und verschwand hinter einer weiteren verborgenen Abdeckung. Kull blieb allein zurück, und seine Gedanken rasten. Wie viele Novizen der mächtigen Schlange trieben sich in seinen Städten herum? Wie konnte er sie von normalen Menschen unterscheiden? Ja, wie viele seiner Ratsherren und Generäle waren Sterbliche aus Fleisch und Blut? Wie konnte er sich dessen vergewissern?

Die geheime Abdeckung schwang auf, und Brule trat zu ihm.

»Du warst schnell.«

»Ja. Auf dem Teppich ist Blut, seht Ihr?«

Kull beugte sich vor. Aus dem Augenwinkel nahm er eine verschwommene Bewegung und das Aufblitzen von Stahl wahr. Wie eine Bogensehne schnellte er nach vorn. Der Krieger stürzte auf das Schwert des Königs, sein eigenes fiel klappernd zu Boden. Kull dachte grimmig, wie passend es war, dass der Verräter durch die gleiche Tötungsmethode sein Leben ließ, die sein Volk so gern anwandte. Dann, als Brule vom Schwert glitt und bewegungslos auf dem Boden liegen blieb, verzerrte sich sein Gesicht und … Kull hielt den Atem an und seine Nackenhaare sträubten sich. Die menschlichen Gesichtszüge Brules verschwanden, und der ekelhafte Kiefer einer Schlange trat zutage. Die Knopfaugen blitzten selbst im Angesicht des Todes noch hasserfüllt auf.

»Er war die ganze Zeit über ein Schlangenpriester«, keuchte der König. »Bei Valka! Was für ein ausgeklügelter Plan, um mich zu übertölpeln. Und Ka-nu – ist er ein Mensch? Habe ich im Garten tatsächlich mit Ka-nu gesprochen? Allmächtiger Valka!« Kull bekam eine Gänsehaut, als er überlegte: »Ist das Volk von Valusia überhaupt menschlich, oder sind sie *alle* Schlangen?«

Ratlos verharrte er und bemerkte beiläufig, dass die Kreatur, die sich Brule genannt hatte, das Drachenamulett nicht länger trug. Ein Geräusch ließ ihn herumfahren.

Brule kam durch die Geheimtür.

»Halt!« Brule hielt einen Arm in die Höhe, um den König davon abzuhalten, ihn mit seinem Schwert zu erschlagen. Am Arm glitzerte das Drachenamulett. »Valka!« Der Pikte stutzte. Dann umspielte ein Grinsen seine Lippen.

»Bei den Göttern des Meeres! Diese Dämonen sind unfassbar geschickt. Einer von ihnen muss mir in den Gängen aufgelauert haben, und als er sah, wie ich den Kadaver wegschleppte, nahm er meine Erscheinung an. Also muss ich noch einen von ihnen beseitigen!«

»Moment!« Kulls Stimme klang bedrohlich. »Ich habe gesehen, wie sich vor meinen Augen zwei Männer in Schlangen verwandelt haben. Was verschafft mir die Gewissheit, dass du wirklich ein Mensch bist?«

Brule lachte. »Ich nenne Euch zwei Gründe, König Kull. Kein Schlangenwesen trägt dies!« Er deutete auf das Drachenamulett. »Auch kann kein Schlangenwesen diese Worte aussprechen.« Wieder hörte Kull den seltsamen Satz: *»Ka nama kaa lajerama.«*

»Ka nama kaa lajerama«, wiederholte Kull automatisch. »Wo in Valkas Namen habe ich das schon einmal gehört? Oder täusche ich mich? Und doch …«

»Ja, Ihr erinnert Euch, Kull«, sagte Brule. »Die Worte dringen durch die verschlungenen Pfade Eures Gedächtnisses. Obwohl Ihr sie noch nie in diesem Leben gehört habt.

Doch in vergangenen Zeitaltern haben sie sich auf furchtbare Weise in der Seele eingeprägt, die niemals stirbt. Ihr werdet Euch immer nur schwach an sie erinnern, obwohl Euch weitere Jahrmillionen der Wiedergeburt bevorstehen. Denn dieser Ausdruck kroch heimlich durch düstere und blutige Äonen, seit er vor ungezählten Jahrhunderten als Kennwort für die Menschenrasse diente, die gegen die grausamen Wesen des Älteren Universums kämpfte. Nur ein Mensch vermag sie auszusprechen, weil sich Kiefer und Mund von denen aller übrigen Lebewesen unterscheiden. Ihre Bedeutung ist in Vergessenheit geraten, aber nicht die Worte selbst.«

»Es stimmt«, entgegnete Kull. »Ich erinnere mich an die Legenden – o Valka!« Er stutzte, denn plötzlich taten sich unergründliche Tiefen seines Unterbewusstseins auf, als ob eine mystische Tür leise aufgeschwungen wäre. Einen Augenblick lang meinte er durch die unermesslichen Weiten zu schauen, die sich über mehrere Lebensspannen erstreckten, und in einem geisterhaften Nebel dunkle Gestalten zu sehen, die verblasste Jahrhunderte von Neuem durchlebten – Männer, die sich mit entsetzlichen Monstern duellierten und einen Planeten von furchterregenden Schrecken befreiten.

Vor einer grauen, ständig in Bewegung befindlichen Kulisse zogen albtraumhafte Formen umher, Fantasiebilder aus Wahnsinn und Angst. Der Mensch als willkommener Zeitvertreib der Götter, der blind von Staubkorn zu Staubkorn strebte, dem jegliche Weisheit fehlte, folgte der langen, blutigen Spur seines Schicksals – ohne so recht zu wissen, weshalb. Getrieben von animalischen Instinkten beging er Fehler, wie ein großes mörderisches Kind, verspürte zugleich aber einen Funken göttlichen Feuers in sich.

Kull presste erschüttert die Hand gegen seine Stirn. Solche abrupten Blicke in die Abgründe der Erinnerung erschreckten ihn immer wieder.

»Sie sind verschwunden«, erklärte Brule, als läse er in Kulls geheimen Gedanken. »Die Vogelfrauen, die Harpyien, die Fledermausmenschen, die fliegenden Teufel, die Wolfsmänner, Dämonen und Goblins – alle außer den Wesen, von denen eins vor unseren Füßen liegt, und einigen der Wolfsmenschen. Der Krieg war lang und schrecklich, er währte viele blutige Jahrhunderte, seit der erste Mensch sich aus dem Morast des Affentums erhob und gegen diejenigen wandte, die über die Welt herrschten.

Letzten Endes obsiegte die Menschheit, doch vor so langer Zeit, dass davon nichts außer verschwommenen Legenden zu uns gedrungen ist. Das Schlangenvolk wich als Letztes. Doch irgendwann bezwangen die Menschen auch sie und vertrieben sie in die Wüsten der Welt. Dort paarten sie sich mit echten Schlangen, bis diese entsetzliche Brut eines Tages gänzlich verschwinden wird, wie weise Männer behaupten. Doch kehrten diese Wesen zurück, und zwar geschickt getarnt, während die Menschen verweichlichten und degenerierten und die uralten Kriege vergaßen.

Ah, das war ein grimmiger und geheimer Krieg! Zwischen den Menschen der Jüngeren Erde schlichen die Furcht einflößenden Monster des Älteren Planeten umher, die durch ihre schreckliche Weisheit und Mysterien vor Schaden bewahrt wurden. Sie nahmen jegliche Form und Gestalt an und vollstreckten grauenvolle Taten im Verborgenen. Niemand wusste, wer ein echter Mensch war und wer nicht. Niemand konnte einem anderen trauen. Doch clevere Geister entwickelten ihre eigene Methode, um wahr von falsch zu unterscheiden.

Als Zeichen erwählten sie sich das Bild des fliegenden Drachen, des geflügelten Dinosauriers, eines Monsters aus vergangenen Zeitaltern, das zugleich den erbittertsten Feind der Schlange darstellte. Und die Menschen benutzten die Worte, die ich zu Euch sprach, als Erkennungsmerkmal und Symbol, denn – wie ich schon sagte – nur ein Mensch vermag sie auszusprechen. Und so triumphierte die Menschheit. Doch nach vielen Jahren des Vergessens kamen die teuflischen Wesen zurück. Der Mensch ist immer noch ein Affe, denn er vergisst, was er nicht direkt vor Augen hat.

Sie kamen als Priester. In ihrem Luxus und ihrer Macht hatten die Menschen den Glauben an die alten Religionen und Rituale verloren. Die Schlangenwesen traten als Verkünder eines neuen und wahren Kultes auf und gründeten eine monströse Religion um die Verehrung des Schlangengottes. Sie sind so einflussreich geworden, dass es heute den Tod bedeutet, die alten Legenden, die von ihrer Existenz künden, zu erzählen. Wieder verneigen sich die Menschen vor dem Schlangengott in neuer Gestalt. Die Massen sind blind und töricht, keinen Zusammenhang zwischen dieser neuen Macht und jenen Feinden zu erkennen, die sie vor Äonen zu bezwingen glaubten. Als Priester beschränken sich die Schlangenwesen auf das Herrschen, und doch …« Er verstummte.

»Erzähl mir mehr.« Kull spürte, wie sich seine Nackenhaare sträubten.

»Könige haben als Menschen in Valusia geherrscht«, flüsterte der Pikte, »und sind doch als Schlangen gestorben, wenn sie im Kampf getötet wurden – so wie der, der durch den Speer von Löwenzahn auf dem roten Strand starb, als wir Inselbewohner die Sieben Reiche plünderten. Doch wie kann das sein, Lord Kull? Diese Könige wurden von Frauen zur Welt gebracht und lebten als Männer. Die wahren Könige starben heimlich, so wie Ihr heute Nacht beinahe gestorben wärt, und die Schlangenpriester herrschten an ihrer statt, ohne dass jemand davon wusste.«

Kull stieß einen Fluch aus. »Ja, so muss es gewesen sein. Niemand hat je einen Schlangenpriester gesehen, ohne dafür mit dem Tod zu zahlen, das ist bekannt. Sie leben im Verborgenen.«

»Die Politik in den Sieben Reichen ist eine verwirrende, monströse Angelegenheit«, meinte Brule. »Da gibt es Menschen, die wissen, dass sich Spione der Schlange in ihren Reihen befinden, und Menschen, die mit der Schlange verbündet sind – so wie Kaanuub, der Baron von Blaal. Doch aus Angst vor Rache wagt es niemand, einen Verdächtigen zu entlarven. Niemand traut seinem Nächsten über den Weg, und die Politiker trauen sich nicht, das auszusprechen, was alle wissen. Wären sie sicher und könnten ein Schlangenwesen enttarnen oder eine Verschwörung enthüllen, würde das die Macht der Schlange schwer beschädigen. Denn dann würden sich alle verbünden und gemeinsam die Verräter aussieben.

Nur Ka-nu ist klug und mutig genug, um es mit den Schlangenwesen aufzunehmen, doch selbst er hat lediglich erfahren, was heute Nacht passieren würde – und was bisher geschehen ist. Davon hat er mir berichtet. Bis zu diesem Moment war ich vorbereitet, aber fortan müssen wir auf unser Glück und unser Können vertrauen. Im Moment sind wir in Sicherheit, glaube ich, die Schlangenwesen an der Tür werden es nicht wagen, ihren Posten zu verlassen, es sei denn, Menschen kommen vorbei. Aber morgen werden sie einen neuen Versuch starten, dessen könnt Ihr Euch gewiss sein. Was sie unternehmen werden, weiß niemand, nicht einmal Ka-nu. Wir müssen zusammenhalten, König Kull, bis wir gemeinsam siegen oder tot sind. Kommt mit mir, wenn ich diesen Kadaver in das Versteck trage, in dem der andere bereits liegt.«

Kull folgte dem Pikten mit seiner grausigen Last durch die Geheimtür und den dunklen Gang. Ihre Füße, die an die Stille der Wildnis gewohnt waren, verursachten keine Geräusche. Wie Gespenster glitten sie durch das unheimliche Licht. Kull wunderte sich, dass die Gänge verlassen waren. Hinter jeder Biegung rechnete er damit, auf eine schreckliche Erscheinung zu stoßen. Wieder wurde er misstrauisch: Führte ihn der Pikte in einen Hinterhalt? Er fiel ein, zwei Schritte hinter Brule zurück, und sein Schwert schwebte über dem Rücken des ahnungslosen Begleiters. Im Fall eines Verrates sollte Brule als Erster sterben.

Doch falls der Pikte sich des Misstrauens des Königs bewusst war, ließ er es sich nicht anmerken. Unbeirrt lief er weiter, bis sie einen staubigen und seit langer Zeit ungenutzten Raum erreichten, in dem schwere und verschimmelte Wandteppiche hingen. Brule zog einige davon zur Seite und verbarg die Leiche dahinter.

Dann machten sie kehrt und gingen denselben Weg zurück. Brule blieb so abrupt stehen, dass er dem Tod näher war, als er ahnte, denn Kulls Nerven waren zum Zerreißen gespannt.

»In dem Gang bewegt sich etwas«, zischte der Pikte. »Ka-nu sagte, niemand würde sich hier herumtreiben, aber …«

Er zog sein Schwert und schlich sich weiter. Kull folgte ihm vorsichtig. Vor ihnen tauchte ein undeutliches Licht auf, das sich näherte. Angespannt warteten sie mit den Rücken an der Wand. Worauf sie warteten, wussten sie nicht, doch Kull hörte, wie Brule zischend durch die Zähne ausatmete, und war sich seiner Loyalität wieder gewiss.

Das Licht verformte sich zu einer dunklen Gestalt. Sie ähnelte einem Menschen, wirkte aber undeutlich und trügerisch wie eine Nebelschwade. Während sie sich heranschob, wurde sie immer greifbarer und doch nie ganz körperlich. Ein Gesicht blickte Kull und Brule entgegen, ein großes, leuchtendes Augenpaar, in dem sich die Qualen von einer Million Jahrhunderten widerzuspiegeln schienen. Von dem erschöpften Konterfei ging keine Bedrohung aus, nur großes Mitleid, und das Gesicht … das Gesicht …

»Allmächtige Götter!«, stöhnte Kull, und eine eisige Hand umklammerte seine Seele. »Es ist Eallal, König von Valusia, der im letzten Jahrtausend starb.«

Brule wich so weit zurück, wie er konnte. Seine schmalen Augen weiteten sich in nacktem Entsetzen. Sein Schwert zitterte in der Hand, und zum ersten Mal in dieser Nacht brachte ihn etwas ernsthaft aus der Fassung. Kull stand aufrecht und trotzig im Gang. Instinktiv brachte er sein nutzloses Schwert in Position. Mit Gänsehaut und fiebriger Erwartung stand er da, doch war er noch immer ein König der Könige, ebenso bereit, den Mächten der unbekannten Toten zu trotzen wie jenen der Lebenden.

Das Phantom hielt direkt auf sie zu und beachtete sie gar nicht. Kull wich zurück, als es an ihnen vorbeiglitt, und verspürte einen Atem, der eisiger war als die arktischen Winde. Die Gestalt ging mit langsamen, lautlosen Schritten und verschwand hinter einer Kurve.

»Bei Valka!« Kull schüttelte verblüfft den Kopf. »Hast du das Gesicht nicht erkannt? Das war Eallal, der vor rund 1000 Jahren über Valusia herrschte. Er wurde auf heimtückische Weise in seinem Thronsaal ermordet –, seitdem spricht man vom *Verfluchten Raum.* Hast du seine Statue im Ruhmessaal der Könige nicht gesehen?«

»Doch, ich erinnere mich jetzt an die Geschichte. Bei den Göttern, Kull! Das ist ein weiteres Zeichen für die beängstigende und üble Macht der Schlangenpriester. Dieser König wurde von ihrem Volk getötet, woraufhin seine Seele zu ihrem Sklaven wurde, um bis in alle Ewigkeit ihren Befehlen Folge zu leisten! Die weisen Männer haben schon immer betont, dass der Geist eines Mannes, der durch ein Schlangenwesen ermordet wird, dazu verdammt ist, ihnen als Sklave zu dienen.«

Ein Schaudern rieselte durch Kulls gigantischen Körper. »Allmächtiger Valka! Was für ein Schicksal! Hör zu!« Seine Finger schlossen sich wie Stahl um Brules sehnigen Arm. »Schwöre, dass du, wenn ich von diesen elenden Monstern tödlich verwundet werden sollte, dein Schwert durch meine Brust stoßen wirst, damit meine Seele nicht versklavt wird.«

»Ich schwöre es«, entgegnete Brule. Seine wilden Augen leuchteten. »Und Ihr werdet mit mir dasselbe tun, Kull.«

Ihre starken rechten Hände besiegelten wortlos das blutige Abkommen.

4
Masken

Kull hockte auf seinem Thron und starrte nachdenklich auf das ihm zugewandte Meer aus Gesichtern. Ein Höfling sprach in monotonem Tonfall zu ihm, aber der König hörte ihn kaum. Tu, das oberste Ratsmitglied, stand in seiner Nähe und wartete auf Anweisungen. Jedes Mal wenn Kull ihn ansah, schauderte der König innerlich. Die Oberfläche des Lebens am Hof kam ihm vor wie die glatte Meeresoberfläche zwischen Ebbe und Flut. Dem nachdenklichen König kamen die Ereignisse der letzten Nacht wie ein Traum vor, bis sein Blick auf die Armlehne seines Throns fiel. Darauf ruhte eine braune, sehnige Hand, an deren Gelenk ein Drachenamulett erkennbar war. Brule stand neben dem Thron, und das heimliche Flüstern des Pikten brachte ihn stets aus dem Reich des Unwirklichen zurück, in das seine Gedanken abzuwandern drohten.

Nein, diese monströse Nacht war kein Traum gewesen. Während Kull auf dem Thron in der Halle der Gesellschaft saß und auf die Höflinge, die Ladys, die Lords und die Politiker hinabsah, konnte er sich des Eindrucks nicht erwehren, dass es sich bei ihren Gesichtern um Illusionen handelte, die nur als Schatten und Substanz gewordene Verspottung existierten. Er hatte ihre Antlitze schon immer als Masken betrachtet, aber stets mit verächtlicher Duldung geglaubt, hinter den Masken leere, winzige Seelen zu erkennen, die habsüchtig, lüstern und betrügerisch waren.

Doch nun schwang in der Vorstellung einer Maske ein düsterer Unterton mit, eine unheimliche Bedeutung. Sie war mit einem undeutlichen Grauen verknüpft, das hinter den glatten Gesichtszügen lauerte. Während Kull Höflichkeiten mit irgendeinem Adeligen oder Ratsmitglied austauschte, schienen sich die lächelnden Gesichter zu verflüchtigen, woraufhin die offen stehenden Mäuler von Schlangen zutage traten. Wie viele von denen, die er vor sich sah, waren in Wahrheit abscheuliche Monstren, die hinter der hypnotisierenden Maske eines menschlichen Gesichts seinen Tod ausheckten?

Valusia, das Land der Träume und Albträume, war ein Königreich der Schatten, das von Phantomen beherrscht wurde, die von Vorhang zu Vorhang huschten und über einen nutzlosen König spotteten, der auf dem Thron saß – und selbst kaum mehr als ein Schatten war.

Brule stand wie ein Freund an seiner Seite. Seine dunklen Augen funkelten im reglosen Gesicht. Ein echter Mann, dieser Brule! Kull spürte, wie sich seine Freundschaft mit dem Wilden verfestigte und dass Brule eine Verbundenheit mit ihm empfand, die über die bloßen Notwendigkeiten der Politik hinausging.

Worauf, überlegte Kull, kam es im Leben an? Auf Ambitionen, Macht, Stolz? Die Freundschaft zwischen den Menschen, die Liebe einer Frau – die Kull unbekannt war –, Kampf, Plünderung? Saß der echte Kull auf dem Thron oder hatte der echte Kull die Berge von Atlantis vermessen, die entlegenen Inseln des Sonnenuntergangs geplündert und die grün wogenden Gezeiten des Atlantischen Meeres verlacht? Wie konnte ein Mann in seinen Reinkarnationen so unterschiedlich sein? Kull wusste, dass es viele Kulls gab, und er fragte sich, welcher seinem wahren Ich am nächsten kam. Schließlich gingen die Schlangenpriester mit ihrer Magie lediglich einen Schritt weiter, weil letztlich alle Menschen Masken trugen. Viele wechselten sie sogar, je nachdem, wem sie begegneten. Kull fragte sich, ob nicht hinter jeder Maske eine Schlange lauerte.

So saß er da und hing seinen verworrenen Grübeleien nach. Die Höflinge kamen und gingen, und die alltäglichen Geschäfte wurden abgehandelt. Schließlich waren der König und Brule, abgesehen von ein paar schläfrigen Bediensteten, allein in der Versammlungshalle.

Kull war müde. Weder er noch Brule hatten ein Auge zugetan, und Kull fehlte zusätzlich der Schlaf aus der Nacht zuvor, als er in Ka-nus Garten zum ersten Mal von den seltsamen Vorkommnissen erfahren hatte. Nachdem sie vor wenigen Stunden aus dem Geheimgang in das Studierzimmer zurückgekehrt waren, war nichts weiter geschehen. Sie hatten es jedoch nicht gewagt zu schlafen, und der Schlaf war ihnen auch nicht wichtig gewesen. In seinen wilden Tagen verzichtete Kull mit der Vitalität eines Wolfes manchmal eine ganze Woche lang auf Schlaf, doch jetzt fühlte er sich durch das andauernde Nachgrübeln und die Geschehnisse der letzten Nacht deutlich angespannt. Er musste sich dringend ausruhen, doch dafür blieb im Moment keine Zeit.

Er hätte es ohnehin nicht gewagt, sich jetzt ins Bett zu legen, zumal ihn der Umstand erschütterte, dass er und Brule genau aufgepasst hatten, ob und wann die Wachen vor dem Studierzimmer ausgewechselt wurden, ihnen aber nichts aufgefallen war. Und doch: Die Männer, die am nächsten Morgen Wache standen, konnten Brules magische Worte problemlos wiederholen, erinnerten sich darüber hinaus aber an nichts Ungewöhnliches. Sie zeigten sich ferner davon überzeugt, die ganze Nacht im Dienst gewesen zu sein, so wie immer. Kull widersprach ihnen nicht. Er hielt sie für Menschen, aber Brule hatte ihm absolute Geheimhaltung auferlegt, was Kull ebenfalls für ratsam hielt.

Nun lehnte sich Brule über den Thron und senkte seine Stimme, sodass ihn nicht einmal ein fauler Bediensteter hören konnte: »Ich glaube, sie werden bald zuschlagen, Kull. Vor einiger Zeit gab mir Ka-nu ein geheimes Zeichen. Die Priester wissen natürlich, dass wir von ihrer Verschwörung erfahren haben, aber sie wissen nicht, wie viel wir wissen. Wir müssen für alle Eventualitäten gerüstet sein. Ka-nu und die piktischen Häuptlinge werden in Rufweite bleiben, bis die Sache vorbei ist. Ha, Kull! Wenn es zur offenen Schlacht kommt, wird das Blut durch die Straßen und Burgen von Valusia strömen.«

Kull lächelte grimmig. Er würde sämtliche Kämpfe mit großer Freude willkommen heißen. Dieses Umherirren in einem Labyrinth aus Illusion und Magie widersprach seiner Natur. Er sehnte sich nach dem Schwingen und Klirren von Schwertern und der unbeschwerten Freiheit des Kampfes.

Dann traten Tu und die übrigen Ratsmitglieder wieder in die Halle der Gesellschaft.

»Lord König, die Ratsversammlung steht an, und wir sind bereit, Euch in den Saal des Rates zu geleiten.«

Kull stand auf, und die Ratsmitglieder knieten nieder, als er zwischen ihnen hindurchschritt. Sobald er sie passiert hatte, erhoben sie sich und folgten ihm in einer stummen Prozession. Zur allgemeinen Verwunderung ging der Pikte trotzig hinter dem König her, doch niemand wagte es, sich ihm in den Weg zu stellen.

Die Gruppe durchquerte mehrere Hallen und erreichte schließlich den Saal des Rates. Die Tür war wie immer verschlossen, und die Ratsmitglieder bezogen in der Reihenfolge ihres Rangs Position vor dem Podium, auf dem der König stand. Brule stellte sich wie eine Bronzestatue hinter Kull auf.

Kull ließ den Blick rasch durch den Raum schweifen. Hier war bestimmt kein Verrat möglich. In dem Saal befanden sich 17 Ratsmitglieder, die er allesamt kannte. Sie alle hatten ihn unterstützt, als er den Thron bestieg.

»Männer aus Valusia«, begann er ruhig, doch dann unterbrach er seine Rede verwundert. Die Ratsmitglieder waren gleichzeitig aufgestanden und kamen auf ihn zu. Auf ihren Gesichtern lag keine Feindseligkeit, aber ihr Verhalten war für eine Versammlung äußerst ungewöhnlich. Der vorderste Mann hatte ihn beinahe erreicht, als Brule wie ein Leopard vorsprang.

»Ka nama kaa lajerama!«, hallte seine Stimme durch die unheimliche Stille. Der vorderste Mann wich zurück, und die Hand tastete in seine Robe. Brule sprang ihm schnell wie eine Feder entgegen, und der Mann stürzte kopfüber in das Schwert des Pikten. Dann blieb er reglos auf dem Boden liegen, bis sein Gesicht verblasste und dem Kopf einer großen Schlange wich.

»Kämpft, Kull!«, keuchte der Pikte. »Es sind allesamt Schlangenwesen.«

Der Rest war ein blutrotes Durcheinander. Kull sah, wie die ihm vertrauten Gesichter verblassten wie sich auflösender Nebel. An ihrer Stelle gafften ihn Reptiliengesichter an, und die ganze Gruppe stürzte sich auf ihn. Kulls Verstand war benommen, aber sein Körper versagte ihm nicht die Gefolgschaft.

Der Gesang seines Schwertes erfüllte den Raum, und die über ihn herfallende Flut von Leibern löste sich in einer roten Welle auf. Doch sie drängten erneut vor und waren anscheinend bereit, ihr Leben achtlos wegzuwerfen, um den König zu überwältigen. Ekelhafte Mäuler klafften ihm entgegen, entsetzliche Augen starrten ihn an, ohne zu blinzeln. Ein übler Gestank breitete sich aus. Es war der Schlangengeruch, den Kull aus den Dschungeln des Südens kannte.

Schwerter und Dolche stießen auf ihn zu, und er bekam am Rande mit, dass sie ihn verwundeten. Aber Kull war in seinem

Element. Noch nie zuvor hatte er es mit derart finsteren Gegnern zu tun gehabt, doch das machte ihm nichts aus. Sie waren lebendig, in ihren Adern floss Blut, das vergossen werden konnte, und sie starben, wenn sein großes Schwert ihre Schädel spaltete oder in ihre Körper drang. Hieb, Stoß, Schlag und Schwung folgten kurz aufeinander. Doch wäre Kull an diesem Ort gestorben, wenn es den Mann an seiner Seite nicht gegeben hätte, der Schläge abwehrte und selber pausenlos austeilte.

Der König war ein Berserker, der auf die brutale Weise der Atlanter kämpfte, die den Tod als notwendiges Übel akzeptierten, um selbst töten zu können. Er kümmerte sich nicht darum, Angriffen auszuweichen. Stattdessen stand er aufrecht und stellte sich unbeirrbar dem Gegner. In seinem aufgewühlten Geist gab es nichts als den Gedanken an das Töten. Nur selten vergaß Kull in primitivem Zorn seine Kampfeskünste, doch nun war in seiner Seele eine Kette gerissen, und sein Geist wurde von einer roten Welle der Mordlust überschwemmt. Mit jedem Schlag tötete er einen Gegner, doch sie warfen sich ihm weiterhin entgegen. Immer wieder wehrte Brule einen Schlag ab, der Kull getötet hätte, während er neben dem König kauerte und ihn mit effizientem Talent beschützte. Er tötete nicht wie Kull mit weit ausholenden Schlägen und Stichen, sondern mit kurzen Hieben nach oben.

Kull lachte, und es donnerte wie bei einem Wahnsinnigen. Die fürchterlichen Gesichter wirbelten in einem Scharlachfeuer um ihn herum. Er spürte, wie sich Stahl in seinen Arm bohrte, und ließ sein Schwert in einem Bogen niedersausen, der seinen Gegner bis zum Brustbein zerteilte. Dann verzogen sich die Schwaden und der König sah, dass er und Brule allein über eine Landschaft aus ekelhaften, blutroten Gestalten regierten, die unbewegt auf dem Boden lagen.

»Allmächtiger Valka! Was für ein Kampf!«, rief Brule und wischte sich das Blut aus den Augen. »Kull, wenn diese

Männer Krieger gewesen wären, die wissen, wie man mit Stahl umgeht, wären wir an Ort und Stelle gestorben. Diese Schlangenpriester verstehen nichts von hoher Kampfeskunst und sterben schneller als jeder andere Gegner, den ich je bezwungen habe. Doch wären ein paar mehr von ihnen im Saal gewesen, hätte die Sache vermutlich ein weniger glückliches Ende gefunden.«

Kull nickte. Das Berserkerfeuer war erloschen und hatte ein Gefühl großer Müdigkeit hinterlassen. Aus Wunden an Brust und Schultern, Armen und Beinen floss Blut. Brule, der sich selbst zahlreiche klaffende Fleischwunden zugezogen hatte, sah ihn besorgt an.

»Lord Kull, beeilen wir uns, damit die Frauen Eure Wunden versorgen können.«

Kull stieß ihn mit dem mächtigen Arm zur Seite wie ein Betrunkener.

»Nein, erst bringen wir diese Sache zu Ende. Du solltest jedoch gehen und deine Wunden behandeln lassen – ich befehle es dir.«

Der Pikte lachte grimmig. »Eure Wunden sind schlimmer als meine, Lord König«, setzte er an, doch dann hielt er inne, als ob ihm ein Licht aufging. »Bei Valka, Kull! Dies ist gar nicht der Saal des Rates!«

Kull schaute sich um, und im gleichen Moment schien sich ein weiterer Schleier zu heben. »Nein, dies ist der Raum, in dem Eallal vor 1000 Jahren starb – der seitdem ungenutzt ist und als verflucht gilt.«

»Bei den Göttern, dann ist es ihnen doch gelungen, uns in die Irre zu leiten!«, brüllte Brule wütend und trat gegen die Leichen zu ihren Füßen. »Sie ließen uns wie Tölpel in ihren Hinterhalt laufen. Mit ihrer Magie haben sie das Aussehen der Umgebung verändert …«

»Dann steht eine weitere Teufelei bevor«, erkannte Kull.

»Wenn im Rat von Valusia echte Menschen sitzen, dann sind diese jetzt im tatsächlichen Saal des Rates. Komm schnell mit!«

Sie ließen die Leichen zurück und eilten durch Hallen, die verlassen wirkten, bis sie den eigentlichen Verhandlungssaal erreichten. Dann blieb Kull mit einem Schaudern stehen. *Denn aus dem Saal drang eine Stimme, und es war seine eigene!*

Mit zitternden Händen schob er die Wandteppiche zur Seite und spähte hinein. Dort saßen die Ratsmitglieder – die Gegenstücke zu den Männern, die er und Brule gerade getötet hatten –, und auf dem Podest stand Kull, der König von Valusia.

»Das ist Wahnsinn«, flüsterte er. »Bin ich Kull? Stehe ich hier, oder ist das dort drüben in Wirklichkeit Kull und ich bin nichts als ein Schatten, ein Hirngespinst?«

Brules Hand packte ihn an der Schulter, schüttelte ihn kräftig und brachte ihn zur Vernunft.

»In Valkas Namen, seid kein Narr. Wie könnt Ihr Euch nach allem, was wir erlebt haben, noch über so etwas wundern? Seht Ihr nicht, dass Eure Männer von einem Schlangenmann verhext werden, der Euer Aussehen angenommen hat? Ihr solltet in diesem Moment eigentlich schon tot sein, und das Monster soll an Eurer Stelle regieren, ohne dass die Untertanen den Wechsel bemerken. Springt vor und tötet das Wesen, ansonsten sind wir erledigt. Die Roten Schlächter sind Menschen und stehen links und rechts neben ihm. Niemand außer Euch kann zu ihm vordringen und ihm ein Ende bereiten. Beeilt Euch!«

Kull schüttelte die Benommenheit ab, die von ihm Besitz ergriffen hatte, und warf den Kopf in einer altvertrauten trotzigen Geste zurück. Er atmete tief ein wie ein Schwimmer, bevor er in das Meer eintaucht. Dann schob er die Wandteppiche zur Seite und sprang wie ein Löwe auf das Podest. Brule hatte die Wahrheit gesprochen. Dort standen Rote

Schlächter. Sie waren Wachleute, die darin ausgebildet waren, sich so schnell wie ein angreifender Leopard zu bewegen.

Jeder außer Kull wäre gestorben, bevor er den Thronräuber erreicht hätte. Aber der Anblick von Kull, der mit dem Mann auf dem Podest identisch war, lähmte sie. Für einen Augenblick waren sie zu verwirrt, um zu reagieren, und dieser Augenblick währte lange genug. Der Mann auf dem Podest griff nach seinem Schwert, aber schon als sich seine Finger um den Griff schlossen, ragte Kulls eigene Waffe aus seinem Rücken. Das Wesen, das die Männer fälschlicherweise für ihren König gehalten hatten, polterte vom Podest und blieb leblos auf dem Boden liegen.

»Wartet!« Kull hob die Hand, und der Klang seiner majestätischen Stimme ließ die Männer innehalten. Während sie erstaunt stehen blieben, zeigte Kull auf das Ding, das vor ihnen lag. Dessen Gesicht verwandelte sich in das einer Schlange. Sie wichen zurück, und durch eine der Türen betrat Brule den Saal, durch eine andere Ka-nu.

Die beiden hielten den König an den blutigen Händen, und Ka-nu sprach: »Männer von Valusia, ihr habt es mit eigenen Augen angesehen. Dies ist der wahre Kull, der mächtigste König, vor dem sich Valusia je verbeugt hat. Die Macht der Schlange ist gebrochen, und ihr seid alle Menschen. König Kull, Eure Befehle?«

»Hebt dieses Aas auf«, forderte Kull, und alle Wachen beeilten sich, seiner Anweisung nachzukommen.

»Folgt mir nun.« Er bewegte sich auf den Verfluchten Raum zu. Brule bot mit besorgtem Gesichtsausdruck an, ihn beim Gehen zu stützen, aber Kull schüttelte ihn unwirsch ab.

Dem blutenden König kam die Entfernung endlos vor, aber schließlich erreichte er die Tür. Er lachte grimmig, als er die entsetzten Schreie der Ratsmitglieder hörte.

Auf seinen Befehl hin warfen die Wachen die Leiche, die sie trugen, auf den Haufen zu den anderen. Kull bedeutete allen, die Kammer zu verlassen. Er trat als Letzter hinaus und verschloss die Tür hinter sich.

Ein Schwindelanfall überkam Kull. Alle Gesichter, blass und verwundert, richteten sich auf ihn. Er spähte verschwommen durch einen geisterhaften Nebel und spürte, wie das Blut aus seinen Wunden über Arme und Beine rann. Er wusste ganz genau, was er zu tun hatte und dass es schnell geschehen musste oder nie.

Also zog er sein Schwert aus der Scheide.

»Brule, bist du hier?«

»Ja.« Brules Gesicht tauchte hinter den Schwaden auf und schien sich in der Nähe seiner Schulter zu befinden. Doch seine Stimme klang viele Meilen und Äonen entfernt.

»Denk an unseren Schwur, Brule. Und nun befiehl ihnen zurückzutreten.«

Mit einer Bewegung seines linken Arms verschaffte er sich Platz und ließ sein Schwert in die Höhe schnellen. Dann stieß er es mit all seiner verbliebenen Kraft in den Türpfosten. Er versenkte die Klinge bis zum Griff im Holz und versiegelte den Raum so für immer.

Mit weit gespreizten Beinen schwankte er wie ein Betrunkener und wandte sich an die entsetzten Ratsmitglieder. »Lasst diesen Raum doppelt verflucht sein. Und lasst die verfaulenden Skelette auf ewig darin liegen, als Zeichen dafür, dass die Macht der Schlange erstorben ist. Ich schwöre hiermit, dass ich die Schlangenwesen auf der ganzen Welt zu Land und zu Wasser jagen werde. Ich werde nicht ruhen, bis ich sie alle erschlagen habe, damit das Gute triumphiert und die Macht der Hölle gebrochen ist. Dies schwöre ich – ich … Kull … König … von … Valusia.«

Seine Knie gaben nach. Die Gesichter wirbelten durcheinander. Die Ratsmitglieder sprangen heran, doch bevor sie ihn erreichten, sackte Kull zu Boden und blieb mit dem Gesicht nach oben reglos liegen. Die Ratsmitglieder stürzten sich auf ihren gefallenen König, plapperten und kreischten wild durcheinander, doch Ka-nu trieb sie mit geballten Fäusten zurück und fluchte ungehobelt.

»Zurück, ihr Narren. Wollt ihr das bisschen Leben, das noch in ihm keimt, ersticken? Brule, ist er tot oder wird er durchkommen?«, wollte er von dem Krieger wissen, der sich über den längs ausgestreckten Kull gebeugt hatte.

»Tot?«, höhnte Brule verärgert. »Ein Mann wie er ist nicht so leicht zu töten. Schlafentzug und Blutverlust haben ihn lediglich geschwächt. Bei Valka, er hat einige tiefe Wunden, aber keine davon ist tödlich. Aber sorg dafür, dass diese schnatternden Trottel sofort die Frauen des Hofes holen.«

Brules Augen leuchteten wild und stolz auf.

»Brule, hier ist ein Mann, von dem ich nicht dachte, dass er in diesen degenerierten Zeiten existiert. In wenigen Tagen sitzt er wieder im Sattel, und dann sollen sich die Schlangenwesen vor Kull von Valusia fürchten! Bei Valka! Das wird eine Jagd, wie es sie selten zuvor gegeben hat. In der Tat, mit solch einem König auf dem Thron von Valusia sehe ich viele Jahre des Wohlstands auf uns zukommen.«

Das Feuer von Asshurbanipal

Yar Ali nahm sein Ziel konzentriert mit dem blauen Lauf seiner Lee-Enfield ins Visier, rief inständig Allah an und jagte eine Kugel durch das Hirn von einem der heranfliegenden Reiter.

»Allahu akbar!«

Der große Afghane stieß einen Freudenschrei aus und schwang seine Waffe über dem Kopf hin und her. »Gott ist groß! Bei Allah, Sahib, ich habe schon wieder einen dieser Hunde in die Hölle geschickt!«

Sein Begleiter blickte vorsichtig über den Rand der Sandgrube, die sie mit bloßen Händen ausgehoben hatten. Er war Amerikaner, ein schlanker, drahtiger Mann. Sein Name war Steve Clarney.

»Gut gemacht, Junge«, sagte er nun. »Bleiben noch vier. Sieh nur – sie ziehen sich zurück.«

Die weiß gewandeten Reiter ritten tatsächlich davon, versammelten sich aber außer Schussweite wieder, vermutlich um sich zu beraten.

Sie waren zu siebt gewesen, als sie zum ersten Mal auf die beiden Kameraden zugestürmt waren, doch deren Gewehrfeuer aus der Sandgrube war tödlich gewesen.

»Sieh doch, Sahib – sie geben den Kampf auf!«

Yar Ali richtete sich stolz auf, und seine Schmährufe begleiteten die davoneilenden Reiter. Plötzlich drehte sich einer der Männer um und feuerte eine Kugel ab, die den Sand gut zehn Meter vor der Grube aufspritzen ließ.

»Sie schießen wie Hundesöhne«, kommentierte Yar Ali selbstgefällig. »Bei Allah, hast du gesehen, wie dieser Schurke aus dem Sattel gestürzt ist, als meine Kugel ihn traf? Steh auf, Sahib, wir verfolgen sie und machen ihnen ein Ende!«

Da er wusste, dass solch übertriebene Reaktionen zur Kultur der Afghanen gehörten, schenkte Steve diesem durchgedrehten Vorschlag keinerlei Beachtung, sondern erhob sich nur, klopfte den Staub aus seiner Hose und blickte den Reitern nach, die bald nur noch weiße Punkte in der Wüstenlandschaft waren. Dann sagte er nachdenklich: »Diese Männer reiten, als hätten sie ein bestimmtes Ziel vor Augen, und ganz und gar nicht, als wollten sie nur ein paar Demütigungen entgehen.«

»Ja«, stimmte Yar Ali sofort zu. Offenbar sah er in dieser Zustimmung keinen Widerspruch zu seinem soeben geäußerten blutrünstigen Vorschlag. »Sie holen noch mehr von ihrer Sorte – diese Falken geben ihre Beute nicht so schnell auf. Wir sollten diesen Ort schnell verlassen, Steve Sahib. Sie werden zurückkommen – vielleicht in ein paar Stunden, vielleicht in ein paar Tagen, je nachdem, wie weit die Oase ihres Stammes entfernt ist. Aber sie werden zurückkommen. Wir haben Gewehre und unser Leben – und sie wollen beides. Und sieh hier!«

Der Afghane tauschte die leere Hülse in seinem Gewehr gegen eine neue Patrone aus.

»Meine letzte Kugel, Sahib!«

Steve nickte. »Ich habe noch drei.«

Die Angreifer, die ihre Kugeln aus dem Sattel geworfen hatten, waren von ihren eigenen Kameraden ausgeplündert worden. Es hatte keinen Sinn, die Leichen im Sand nach Munition zu durchsuchen. Steve nahm seine Feldflasche und schüttelte sie. Fast kein Wasser mehr. Er wusste, dass Yar Ali noch etwas mehr hatte als er, denn der große Afridi, der in einem kargen Land wie diesem aufgewachsen war, benötigte weniger Wasser als der Amerikaner, obwohl Letzterer, zumindest verglichen mit anderen weißen Männern, die Härte und Zähigkeit eines Wolfes besaß. Als Steve den Deckel der Feldflasche abschraubte und ein paar sparsame Schlucke nahm, ließ er vor seinem inneren Auge die Ereignisse Revue passieren, die sie hierhergeführt hatten.

Sie waren Wanderer, Glücksritter, die das Schicksal zusammengeführt hatte, verbunden durch gegenseitige Bewunderung: Er und Yar Ali waren von Indien aus durch Turkestan und weiter durch Persien gewandert – ein eigenartiges, aber sehr schlagkräftiges Paar. Sie wurden getrieben von der Rastlosigkeit ihrer angeborenen Wanderlust, und ihr erklärtes Ziel – das sie schon so oft beschworen hatten, dass sie manchmal tatsächlich daran glaubten – war es, einen nicht näher bestimmten, verlorenen Schatz zu entdecken, einen Topf voller Gold am Ende eines noch ungeborenen Regenbogens.

Im antiken Shiraz hatten sie dann zum ersten Mal von dem Feuer von Asshurbanipal erfahren. Ein alter persischer Händler hatte ihnen eine Geschichte erzählt, die er selbst nur zur Hälfte glaubte, da er sie in fernen Jugendjahren aus dem Munde eines brabbelnden Mannes gehört hatte, der im Delirium lag.

Der Händler, genauer gesagt ein Perlenhändler, war etwa 50 Jahre zuvor mit einer Karawane am südlichen Ufer des Persischen Golfes durchs Land gezogen, um der Legende einer besonders seltenen Perle bis tief in die Wüste zu folgen.

Die Perle, die angeblich von einem Taucher gefunden und dann von einem inländischen Scheich gestohlen worden war, fanden sie nicht. Was sie aber fanden, war ein Türke, der durch Hunger, Durst und eine Schussverletzung im Oberschenkel dem Tode bereits sehr nahe war. Bevor er starb, erzählte er im Fieberwahn die wilde Geschichte einer schweigenden, toten Stadt aus schwarzem Stein, die in den wandernden Dünen im äußersten Westen der Wüste lag, und von einem flammenden

Juwel, das in den knochigen Fingern eines Skeletts gefangen war, das auf einem uralten Thron saß.

Er hatte nicht gewagt, das Juwel mitzunehmen, da der Ort von einem übermächtigen, düsteren Schrecken beherrscht wurde. Der Durst hatte ihn wieder in die Wüste getrieben, wo er von Beduinen verfolgt und verwundet worden war. Dennoch war er entkommen, und er hatte sein Pferd so heftig angetrieben, dass es schließlich unter ihm zusammenbrach. Er starb, bevor er sagen konnte, wie er die mystische Stadt gefunden hatte, doch der alte Händler war sich sicher, dass er aus Nordwesten gekommen sein musste – ein Deserteur der türkischen Armee, der den verzweifelten Versuch unternommen hatte, den Golf zu erreichen.

Die Männer der Karawane hatten nicht die Absicht, auf der Suche nach der Stadt noch tiefer in die Wüste vorzudringen, da sie, wie der alte Händler erklärte, annahmen, es handle sich um die antike Stadt des Bösen, von der im *Necronomicon* des verrückten Arabers Alhazred berichtet wird – die Stadt der Toten, auf der ein uralter Fluch lastet. In den Legenden hat sie ganz unterschiedliche Namen: Die Araber etwa nennen sie *Beled-el-Djinn*, die Stadt der Teufel, die Türken *Kara-Shehr*, die Schwarze Stadt. Das Juwel, ein antiker, verfluchter Edelstein, hatte einst einem König gehört, den die Griechen Sardanapalus nannten, die semitischen Völker Asshurbanipal.

Steve war von der Geschichte fasziniert gewesen. Auch wenn er wusste, dass es sich wahrscheinlich nur um eines von vielen Tausend Ammenmärchen handelte, die man sich im Orient erzählte, so bestand doch die winzige Möglichkeit, dass er mit Yar Ali über eine Spur gestolpert war, die sie zu jenem Topf voll Gold führen würde, nach dem sie schon so lange suchten. Außerdem hatte Yar Ali bereits zuvor Hinweise auf eine schweigende Dünenstadt gehört; durchreisende Karawanen waren auf ihrem Weg nach Osten Erzählungen gefolgt, die sie über das persische Hochland und durch die Wüsten Turkestans bis in die Berge und drüber hinaus führten – vage Geschichten, die flüsternd von einer schwarzen Stadt des Dschinn erzählten, die in den tiefen Nebeln einer von Geistern bevölkerten Wüste verborgen lag.

So waren die Gefährten den Spuren der Legende gefolgt, die sie von Shiraz aus an die arabische Küste des Persischen Golfes zu einem Dorf brachte, wo sie von einem alten Mann, der in seiner Jugend ein Perlentaucher gewesen war, noch weit mehr erfuhren. Mit der Redseligkeit des Alters gab er ausführlich weiter, was ihm einst die Angehörigen der wandernden Stämme erzählt hatten, die diese Geschichten wiederum von wilden Nomaden kannten, die tief im Herzen der Wüste lebten. Wieder hörten Steve und Yar Ali von der stillen schwarzen Stadt, von riesigen, aus Stein gehauenen Bestien und dem Skelett eines Sultans, in dessen Händen das leuchtende Juwel lag.

Steve hatte sich daraufhin auf dieses Abenteuer eingelassen, obwohl er sich innerlich als Narren beschimpfte, und Yar Ali war ihm in der Gewissheit gefolgt, dass das Geschehen der Welt sicher in Allahs Schoß lag. Ihre spärlichen finanziellen Mittel hatten gerade ausgereicht, um sich für die gewagte Reise ins Unbekannte mit Reitkamelen und Verpflegung zu versorgen. Ihren einzigen Anhaltspunkt bildeten die vagen Gerüchte, die sich um die Stelle rankten, an der Kara-Shehr angeblich lag.

Sie hatten harte Tage hinter sich, an denen sie die Tiere gnadenlos angetrieben und Wasser und Essen streng eingeteilt hatten. Als sie bereits tief in die Wüste vorgedrungen waren, gerieten sie in einen furchtbaren Sandsturm, der ihnen die Kamele raubte. Von da an taumelten sie durch endlose Meilen Sand, die Sonne brannte unbarmherzig auf sie herab, und zum Überleben hatten sie nichts als das schnell zur Neige gehende

Wasser in ihren Feldflaschen und die Verpflegung, die Yar Ali in einem Beutel bei sich trug.

Sie verschwendeten keinen Gedanken mehr an die geheimnisvolle Stadt. Ziellos schleppten sie sich in der Hoffnung weiter, auf eine Quelle zu stoßen; denn sie wussten, dass sie keine der Oasen, die hinter ihnen lagen, zu Fuß würden erreichen können. Es war die Hoffnung der Verzweifelten, und es war ihre einzige Hoffnung.

Dann hatten sich die weiß gewandeten Falken aus dem Dunst des Horizonts auf sie gestürzt, und aus einem flachen, hastig ausgehobenen Schutzgraben hatten die Abenteurer die Schüsse der wilden Reiter erwidert, die sie immer schneller umkreisten. Die Kugeln der Beduinen hatten ihre provisorische Festung durchdrungen, Sand in ihre Augen gespritzt und Teile ihrer Kleider zerfetzt, doch sie hatten Glück – keiner von beiden wurde getroffen.

Wenigstens dabei hatten sie Glück, dachte Clarney, und wieder verfluchte er sich für seine Torheit. Es war von Anfang an ein irrsinniges Unterfangen gewesen! Anzunehmen, dass zwei Männer die Wüste allein herausfordern und überleben konnten – von der Annahme, sie könnten ihrem unergründlichen Schoß die Geheimnisse der Urzeiten entreißen, ganz zu schweigen!

Und dann diese verrückte Geschichte von einer Skeletthand, die in einer toten Stadt ein flammendes Juwel umschlossen hielt – Schwachsinn! Ausgemachter Unsinn! Er musste ja völlig verrückt gewesen sein, um alledem Glauben zu schenken, entschied der Amerikaner mit einer Klarheit, die nur im Angesicht des Leids und der Gefahr entsteht.

»Also, mein Junge«, sagte Steve und hob sein Gewehr auf, »lass uns aufbrechen. Das Los wird entscheiden, ob wir verdursten oder durch die Kugeln der Wüstenbrüder sterben. Wie dem auch sei – hierzubleiben hat keinen Sinn.«

»Gott wird es geben«, stimmte Yar Ali ihm freudig zu. »Die Sonne wandert nach Westen. Bald wird die Kühle der Nacht uns umgeben. Vielleicht finden wir noch Wasser, Sahib. Sieh, im Süden verändert sich die Landschaft.«

Clarney schützte seine Augen vor der untergehenden Sonne mit der Hand. Hinter einer kargen, mehrere Meilen weiten Ebene wurde das Land tatsächlich felsiger, und niedrige Hügel waren zu erkennen. Der Amerikaner warf das Gewehr über seine Schulter und seufzte: »Lass uns aufbrechen – Futter für die Bussarde sind wir hier wie dort.«

Die Sonne ging unter und der Mond ging auf, und er tauchte die Wüste in ein eigenartiges silbernes Licht. Der Sand verwehte in langen Wellen, deren Schimmern aussah, als wäre das Meer urplötzlich eingefroren und erstarrt. Steve war vor Durst völlig ausgetrocknet, wagte es jedoch nicht, seinen letzten Schluck zu trinken, und stieß einen atemlosen Fluch aus. Die Wüste lag wie eine traumhafte Schönheit im Mondlicht, eine kalte, gefühllose Loreley, die Männer ins Verderben locken konnte. *Welch irrsinnige Suche!,* wiederholte sein müder Verstand erneut, und mit jedem schleppenden Schritt verschwand das Feuer von Asshurbanipal tiefer im Labyrinth der Unwirklichkeit. Die Wüste war eine wirkliche Ödnis, und nun hüllte sie sich in die grauen Nebel vergessener Zeitalter, in deren Untiefen so vieles versunken lag und träumte.

Clarney stolperte und fluchte – verließen ihn jetzt schon die Kräfte? Yar Ali zog mit der unermüdlichen Leichtigkeit der Männer der Berge weiter. Steve biss die Zähne zusammen und strengte sich noch mehr an. Schließlich erreichten sie die Hügellandschaft, deren Gelände jedoch schwieriger zu begehen war. Flache Senken und schmale Schluchten durchzogen die Gegend. Die meisten waren fast vollständig mit Sand gefüllt – weit und breit war kein Wasser zu sehen.

»Dieses Land war einst reich an Oasen«, sagte Yar Ali. »Allah allein weiß, vor wie vielen Jahrhunderten es vom Sand begraben wurde – wie so viele Städte in Turkestan.«

Sie schleppten sich weiter wie zwei Leichen in einem tristen Land der Toten. Der Mond schien rot und düster, war jedoch schon bald verschwunden. Die Schatten der Dunkelheit legten sich über die Wüste, bevor die Männer einen Punkt erreicht hatten, von dem aus sie sehen konnten, was hinter dem Hügelgürtel lag. Selbst die Beine des großen Afghanen wurden nun schwer, und Steve hielt sich nur mit eisernem Willen aufrecht. Schließlich quälten sie sich einen Hügelkamm hinauf, auf dessen Südseite das Land wieder abfiel.

»Wir rasten«, bestimmte Steve. »In diesem höllischen Land gibt es kein Wasser. Es ist sinnlos, ewig weiterzugehen. Meine Beine sind steif wie Gewehrläufe. Ich kann beim besten Willen keinen einzigen Schritt mehr tun. Schau, im Süden, dort ist ein abgebrochener Felsvorsprung, eine Art Kliff, etwa schulterhoch. Dort sind wir im Schlaf vor dem Wind geschützt.«

»Sollten wir nicht besser Wache halten, Steve Sahib?«

»Nein. Umso besser, wenn die Araber uns im Schlaf die Kehle durchschneiden. Wir sind ohnehin tot.«

Mit dieser optimistischen Einschätzung legte Clarney sich steif im tiefen Sand nieder. Yar Ali blieb jedoch stehen, lehnte sich nach vorn und blickte angestrengt in die trügerische Dunkelheit, die den sternenbedeckten Horizont mit undurchdringlichen Schatten bedeckte.

»Dort ist etwas am südlichen Horizont«, murmelte er beunruhigt. »Es könnte ein Hügel sein. Ich kann es nicht genau erkennen – ich bin nicht einmal sicher, ob ich überhaupt etwas sehe.«

»Das ist sicher nur eine Fata Morgana«, erwiderte Steve gereizt. »Leg dich hin und schlaf«, und mit diesen Worten schlief er ein.

Er erwachte, weil ihm die Sonne in die Augen schien. Er setzte sich auf, gähnte und verspürte sofort wieder großen Durst. Er griff zu seiner Feldflasche und befeuchtete seine Lippen. Es war nur noch ein Schluck übrig. Yar Ali schlief noch. Steves Blick wanderte über den südlichen Horizont, und plötzlich erschrak er und versetzte dem liegenden Afghanen einen Stoß.

»Hey, wach auf, Ali! Ich schätze, du hast dir doch nichts eingebildet. Da ist dein Hügel – und ein besonders seltsamer noch dazu.«

Als der Afridi erwachte, war er sofort hellwach, wie wilde Tiere es sind. Er griff blitzschnell zu seinem langen Messer, während er sich nach seinen Feinden umsah. Sein Blick folgte Steves Zeigefinger und seine Augen weiteten sich.

»Bei Allah und bei Allah!«, stieß er aus. »Wir sind im Land des Dschinn! Das ist kein Hügel – das ist eine Stadt aus Stein, mitten im Sand!«

Steve war so schnell auf den Beinen, als hätte er Sprungfedern unter den Füßen. Als er mit angehaltenem Atem seinen Blick schweifen ließ, entfuhr ihm ein heftiger Schrei. Unter ihm mündete der Abhang in eine weite Sandebene, die sich nach Süden erstreckte. In weiter Ferne, hinter dem Sand, konnte er gerade noch erkennen, wie der »Hügel« langsam Gestalt annahm, wie eine Fata Morgana, die aus Sandverwehungen erwächst.

Er sah hohe, unebene Mauern und riesige Zinnen, um die der Sand wie ein lebendes, fühlendes Ding herumkroch; er drang die Mauern empor und ließ die rauen Kanten sanfter erscheinen. Kein Wunder, dass die Stadt beim ersten Blick wie ein Hügel ausgesehen hatte.

»Kara-Shehr!«, rief Clarney laut aus. »Beled-el-Djinn! Die Stadt der Toten! Es war doch kein Wunschtraum! Wir haben sie gefunden – bei Gott, wir haben sie gefunden! Komm schon! Gehen wir!«

Yar Ali schüttelte unsicher den Kopf und murmelte etwas von bösen Dschinns, aber er folgte ihm. Der Anblick der Ruinen hatte Steves Hunger und Durst ebenso verschwinden lassen wie die Müdigkeit, die auch nach ein paar Stunden Schlaf noch nicht vollständig verflogen gewesen war. Voller Tatendrang wanderte er weiter. Er schien die aufkommende Hitze nicht zu bemerken, und die Gier des Entdeckers in ihm ließ seine Augen aufleuchten. Es war jedoch nicht allein die Gier nach dem sagenumwobenen Juwel, die Steve Clarney dazu gebracht hatte, sein Leben in der Wildnis aufs Spiel zu setzen. Tief in seiner Seele lauerte ein uraltes Erbe seines Volkes – der Drang, die vergessenen Orte der Welt zu finden, und dieser tiefe Drang war durch all die alten Geschichten wiedererweckt worden.

Als sie die karge Ebene durchquerten, die zwischen den Hügeln und der Stadt lag, erkannten sie die zerbrochenen Mauern langsam immer deutlicher, fast so als wären sie aus dem Morgenhimmel erstanden. Die Stadt schien aus riesigen schwarzen Felsblöcken gebaut worden zu sein, doch wie hoch die Mauern wirklich waren, ließ sich nicht sagen, da der Sand sie meterhoch umschloss. An vielen Stellen waren sie eingestürzt, und der Sand hatte die Einzelteile vollständig begraben.

Als die Sonne im Zenith stand, wurde Steves Durst trotz Eifer und Begeisterung wieder unerträglich, aber er blieb unbeirrt. Seine Lippen waren ausgetrocknet und geschwollen, doch er würde den letzten Schluck erst trinken, wenn er die Ruinen der Stadt erreicht hatte. Yar Ali befeuchtete seine Lippen an seiner Feldflasche und bot seinem Freund an, den Rest mit ihm zu teilen. Steve schüttelte den Kopf und trottete weiter.

Sie erreichten die Ruinen in der grausamen Nachmittagshitze, und als sie durch ein großes Loch in der zerbröckelnden

Stadtmauer traten, erblickten sie endlich die tote Stadt. Die uralten Straßen wurden vom Sand erstickt, was den riesigen, zerfallenen und halb versteckten Säulen ein fantastisches Aussehen verlieh. Alles war so stark zerfallen und so hoch mit Sand bedeckt, dass sich die beiden Entdecker nur schwer ein Bild von der ursprünglichen Stadt machen konnten – sie war nur noch ein Haufen verwehten Sandes und eingestürzter Felsbrocken, über denen eine Aura unfassbaren Alters schwebte wie eine unsichtbare Wolke.

Direkt vor ihnen erstreckte sich jedoch eine breite Steinallee, der nicht einmal die Verwüstungen durch den Sand und die Winde der Zeit etwas hatten anhaben können. Zu beiden Seiten der weiten Straße standen mächtige Säulen, die zwar nicht übermäßig hoch waren, sodass der Sand ihre Sockel vollständig verdeckte, aber unglaublich massiv. Auf jeder Säule erhob sich eine aus schwerem Stein gehauene Figur – große, finstere Gestalten, halb Mensch, halb Bestie, die die gefühlskalte Atmosphäre unterstrichen, die überall in der Stadt herrschte.

Steve stieß einen verblüfften Ruf aus: »Die geflügelten Stiere von Ninive! Die Stiere mit den Menschenköpfen! Bei allen Heiligen, Ali, die alten Geschichten sind wahr! Die Assyrer haben diese Stadt wirklich gebaut! Die ganze Geschichte ist wahr! Sie müssen hierhergekommen sein, als die Babylonier das Assyrische Reich zerstörten – das hier sieht genauso aus wie die Zeichnungen, die ich gesehen habe; Darstellungen, auf denen Szenen aus dem alten Ninive nachempfunden wurden. Und sieh nur!«

Er zeigte auf ein großes Gebäude, das sich am anderen Ende der Allee erhob, ein finsterer Koloss aus massiven schwarzen Felsblöcken, dessen Säulen und Mauern den Winden und dem Sand über all die Jahre getrotzt hatten. Das wogende Meer aus Sand umspülte die Grundmauern und drang an den Türen ein, doch es würde Tausende Jahre dauern, bis das gesamte Gebäude überschwemmt war.

»Hier wohnen Teufel!«, murmelte Yar Ali beunruhigt.

»Der Tempel des Baal!«, rief Steve aus. »Komm weiter! Ich hatte schon befürchtet, alle Paläste und Tempel lägen unter dem Sand und wir müssten nach dem Juwel graben.«

»Es wird uns nicht viel nützen«, sagte Yar Ali. »Wir sterben hier.«

»Vermutlich.« Steve schraubte den Deckel seiner Feldflasche ab. »Lass uns den letzten Schluck gemeinsam trinken. Immerhin sind wir vor den Arabern sicher. Sie würden niemals wagen hierherzukommen, sie sind zu abergläubisch! Lass uns trinken – dann werden wir vermutlich sterben, aber vorher finden wir das Juwel! Wenn ich gehe, will ich es in meiner Hand halten. Vielleicht wird das Glück in ein paar Hundert Jahren einem echten Teufelskerl hold sein, der unsere Skelette findet – und das Juwel. Auf ihn, wer er auch sei!«

Mit diesem makabren Scherz leerte Clarney seine Feldflasche, und Yar Ali tat es ihm gleich. Sie hatten ihr letztes Ass ausgespielt, der Rest lag in Allahs Händen.

Sie schritten die breite Straße hinunter. Yar Ali, der angesichts menschlicher Feinde niemals Angst hatte, sah sich nervös um, als erwartete er, ein fantastisches, gehörntes Biest zu entdecken, das ihn aus dem Schatten einer Säule anblickte. Auch Steve nahm die finstere Atmosphäre dieses uralten Ortes wahr und erwartete beinahe, von bronzenen Streitwagen überrollt zu werden, die die vergessenen Straßen hinunterdonnerten, oder den bedrohlichen Klang bronzener Trompeten zu vernehmen. Die Stille in Geisterstädten ist viel intensiver als die in der offenen Wüste, dachte er.

Sie erreichten das Portal des großen Tempels. Reihe um Reihe immenser Säulen säumte den breiten Eingang. Der

Boden war knöchelhoch mit Sand bedeckt. Die Öffnung zierte ein Rahmen aus massiver Bronze, der früher eine mächtige Tür gestützt haben musste, deren einst glänzendes Holz schon vor Jahrhunderten verrottet war.

Sie betraten eine mächtige Halle, die in nebligem Zwielicht lag; die Decke wurde durch einen Wald aus Säulen gestützt, die wie riesige Baumstämme wirkten. Die gesamte Architektur war Ehrfurcht einflößend und von solch düsterer, atemberaubender Pracht, dass man den Eindruck gewann, der Tempel sei von grimmigen Riesen als Residenz für dunkle Gottheiten erbaut worden.

Yar Ali setzte angstvoll einen Fuß vor den anderen, als fürchtete er, schlafende Götter zu wecken, und auch Steve, der nicht unter demselben Aberglauben wie der Afridi litt, spürte, wie die finstere Erhabenheit dieses Ortes ihre schwarzen Hände auf seine Seele legte.

Auf dem dick mit Staub bedeckten Boden waren keine Fußspuren zu erkennen; ein halbes Jahrhundert war vergangen, seit der Türke erschrocken wie vom Teufel geritten aus den stillen Hallen geflohen war. Was die Beduinen betraf, war nicht schwer zu verstehen, weshalb die abergläubischen Wüstensöhne diese Geisterstadt mieden, denn sie wurde tatsächlich heimgesucht – wenn auch nicht von echten Geistern, so doch von den Schatten längst vergangener Pracht.

Als sie durch die sandigen Hallen schritten, die ihnen endlos erschienen, gingen Steve viele Fragen durch den Kopf: Wie konnten diese Menschen, obwohl sie vor dem Zorn wilder Rebellen fliehen mussten, dennoch diese Stadt erbauen? Wie war ihnen die Flucht durch Feindesland gelungen – denn Babylonien lag zwischen Assyrien und der arabischen Wüste? Nun, es hatte einfach keinen anderen Ausweg für sie gegeben; im Westen lagen Syrien und das Meer, und im Norden und Osten wimmelte es von den »gefährlichen Medern« vom unbarmherzigen Volk der Aryas, deren Hilfe Babylons starken Arm im Kampf unbezwingbar gemacht und seine Feinde in den Staub gezwungen hatte.

Möglicherweise, dachte Steve, war Kara-Shehr – oder wie immer ihr Name in jenen finsteren Zeiten gelautet hatte – vor dem Untergang des Assyrischen Reiches als Außenposten oder Grenzstadt erbaut worden, in die die Überlebenden nach dem Umsturz flohen. Es war jedenfalls möglich, dass Kara-Shehr Ninive um mehrere Jahrhunderte überdauert hatte – eine wahrhaftig eigenartige Einsiedlerstadt, die vom Rest der Welt abgeschnitten war.

Diese Gegend war, wie Yar Ali gesagt hatte, einst mit Sicherheit fruchtbar gewesen und von Oasen bewässert worden, und zweifellos hatte es in dem Teil des Landes, durch den sie in der letzten Nacht gewandert waren, zahlreiche Steinbrüche gegeben, in denen die Steine für den Bau der Stadt gehauen wurden.

Was hatte dann ihren Untergang verursacht? Waren die Menschen durch den eindringenden Sand, der auch die Quellen unter sich begrub, dazu gezwungen worden, die Stadt aufzugeben, oder war Kara-Shehr bereits eine Stadt der Stille gewesen, als der Sand über die Mauern kroch? Lagen die Gründe für den Untergang im Inneren oder außerhalb der Mauern? Hatte ein Bürgerkrieg die Einwohner ausgelöscht oder waren sie von einem übermächtigen Feind aus der Wüste massakriert worden? Clarney schüttelte verdrossen und verwirrt den Kopf. Die Antworten auf diese Fragen lagen im Labyrinth vergessener Zeiten verborgen.

»*Allahu akbar!*« Sie hatten die große, dunkle Halle durchquert und standen nun am anderen Ende vor einem abscheulichen schwarzen Steinaltar, hinter dem eine antike Gottheit emporragte, bestialisch und grauenhaft. Steve durchzuckte ein Schauer, als er den monströsen Anblick in sich aufnahm – aye, das musste Baal sein, auf dessen schwarzem Altar sich in vergangenen Zeiten zahllose Seelen nackt und schreiend geopfert hatten. Dieses düstere Götzenbild verkörperte mit seiner umfassenden, abgrundtiefen Bestialität die Seele dieser dämonischen Stadt. Die Gebäude von Ninive und Kara-Shehr, da war Steve sicher, unterschieden sich grundlegend von allem, was die Menschen heute schufen. Ihre Kunst und Kultur waren zu schwerfällig, zu düster und zu arm an den leichteren Dingen, die Menschlichkeit ausmachten, zumindest nach den Maßstäben des modernen Menschen. Die Architektur war abstoßend – handwerklich war sie zwar beeindruckend, wirkte aber so massiv, düster und brutal, dass sie für den heutigen Menschen schier unbegreiflich war.

Die Abenteurer traten durch eine schmale Tür in der Nähe des Götzenbildes, die zu einer Reihe weiter, dunkler, staubiger Kammern führte, die durch von Säulen flankierte Korridore miteinander verbunden waren. Im gespenstisch grauen Licht durchschritten sie die Korridore, bis sie schließlich an eine breite Treppe gelangten, deren massive Steinstufen nach oben führten, wo sie im Zwielicht verschwanden.

Yar Ali hielt an. »Wir sind schon so weit vorgedrungen, Sahib«, flüsterte er. »Ist es weise, sich noch weiter zu wagen?«

Steve, der vor Aufregung und Eifer zitterte, verstand nur zu gut, was der Afghane meinte. »Glaubst du, wir sollten diese Treppe lieber nicht hinaufsteigen?«

»Sie sieht nach Unheil aus. Zu welchen Kammern der Stille oder des Schreckens sie führt, wissen wir nicht. Wenn Dschinns verlassene Gebäude heimsuchen, lauern sie stets in den oberen Zimmern. Uns könnte jeden Moment ein Dämon den Kopf abbeißen.«

»Wir sind doch ohnehin tot«, brummte Steve. »Ich mache dir einen Vorschlag: Du gehst zurück zur Halle und hältst nach den Arabern Ausschau, während ich nach oben gehe.«

»Nach einem Wind am Horizont Ausschau halten!«, antwortete der Afghane finster, nahm sein Gewehr von der Schulter und öffnete die Scheide seines langen Messers. »Hierher kommt kein Beduine. Geh voran, Sahib. Du bist verrückt, mein Freund, aber dem Dschinn wirst du nicht allein gegenübertreten.«

Damit stiegen die Kameraden die massiven Steinstufen hinauf, und bei jedem Schritt sanken ihre Füße tief in den Staub der Jahrhunderte ein. Die Treppe führte sie in solch unglaubliche Höhen, dass die Stufen unter ihnen in der vagen Finsternis der Tiefe verschwanden.

»Wir gehen blind ins Verderben, Sahib«, raunte Yar Ali. »*Allah il allah* – und Mohammed ist sein Prophet! Dennoch fühle ich, dass hier das Böse schläft – ich werde nie mehr das Rauschen des Windes auf dem Khaiberpass hören.«

Steve antwortete nicht. Er mochte weder die atemlose Stille, die über dem antiken Tempel lag, noch das grässliche graue Licht, dessen Quelle nicht auszumachen war.

Dann erhellte sich die Finsternis über ihnen etwas, und sie erreichten eine runde Kammer, die in graues Licht getaucht war, das durch Löcher in der hohen Decke hereinbrach. Aber die Kammer wurde noch durch etwas anderes erleuchtet. Steve stieß einen überraschten Schrei aus, der von Yar Ali erwidert wurde.

Sie standen auf der obersten Stufe der breiten Steintreppe und blickten zur anderen Seite der großen Kammer hinüber, deren schwerer Fliesenboden mit Staub bedeckt war. Die Wände bestanden aus schwarzem Stein. Etwa in der Mitte des Raumes führten massive Stufen zu einem steinernen Podest, auf dem ein Thron aus Marmor stand. Dieser Thron schimmerte in einem unheimlichen Licht, und als die von Ehrfurcht ergriffenen Abenteurer die Quelle des Leuchtens sahen, verschlug es ihnen den Atem. Auf dem Thron saß ein zusammengesunkenes menschliches Skelett, ein beinahe formloser Haufen vermodernder Knochen. Eine fleischlose Hand lag ausgestreckt auf dem breiten Marmorarm des Thrones, und mit festem, entsetzlichem Griff umfasste sie einen großen blutroten Stein, von dem ein pulsierendes Licht ausging, das ihn wie ein lebendiges Wesen erscheinen ließ.

Das Feuer von Asshurbanipal! Selbst als sie die verlorene Stadt zum ersten Mal vor sich im Wüstensand sahen, hatte Steve nicht zu hoffen gewagt, dass sie auch das Juwel finden würden oder dass es tatsächlich existierte. Nun sah er es mit eigenen Augen und musste daran glauben, auch wenn das bösartige, unheimliche Glühen seine Sinne verwirrte. Mit einem wilden Schrei rannte er durch die Kammer und die Stufen hinauf. Yar Ali war dicht hinter ihm, und als Steve das Juwel an sich nehmen wollte, legte der Afghane eine Hand auf seinen Arm.

»Warte!«, rief der große Mohammedaner aus. »Fass es nicht an, Sahib! Auf uralten Dingen liegt ein Fluch – und dieser Stein ist gewiss dreifach verflucht! Wieso sonst hat er seit so vielen Hundert Jahren hier gelegen, unberührt von Dieben? Es ist nicht gut, den Toten ihr Eigentum zu stehlen.«

»Unsinn!«, schnaubte der Amerikaner. »Reiner Aberglaube! Die Beduinen fürchten sich vor den Geschichten, die seit Generationen überliefert werden. Da sie Wüstenbewohner sind, misstrauen sie Städten ohnehin, und diese hier hatte zu Lebzeiten ganz gewiss einen bösen Ruf. Außer den Beduinen hat diesen Ort nie zuvor jemand gesehen – abgesehen von dem Türken, der vor Schmerzen vermutlich nicht mehr bei klarem Verstand war.

Diese Knochen mögen die des Königs sein, der in der Legende erwähnt wird – in der trockenen Wüstenluft hätten sie endlos lange erhalten bleiben können –, aber ich bezweifle es. Vielleicht ist er Assyrer – wahrscheinlich Araber –, aber bestimmt nur irgendein Dieb, der das Juwel gefunden hat und dann aus irgendwelchen Gründen auf diesem Thron gestorben ist.«

Der Afghane hörte ihn kaum. Er betrachtete den großen Stein mit ängstlicher Faszination – wie ein hypnotisierter Vogel, der einer Schlange in die Augen sieht.

»Sieh ihn dir an, Sahib«, flüsterte er. »Was ist das? Menschenhände haben niemals einen Stein wie diesen geschliffen. Sieh doch – er pulsiert und pocht wie das Herz einer Kobra!«

Steve sah sich den Stein an und verspürte ein unbestimmtes, eigenartiges Gefühl des Unbehagens. Obwohl er sich mit Edelsteinen gut auskannte, hatte er noch nie einen solchen Stein gesehen. Auf den ersten Blick hatte er ihn für den riesigen Rubin gehalten, von dem die Legenden erzählten. Nun war er sich nicht mehr so sicher und es beschlich ihn das Gefühl, dass Yar Ali recht hatte – dass dies kein natürlicher, normaler Edelstein war. Er konnte den Stil, in dem der Stein geschliffen war, nicht benennen, und das schreckliche Leuchten strahlte eine solche Macht aus, dass es ihm schwerfiel, ihn für längere Zeit genauer zu betrachten. Die ganze Szene wirkte nicht gerade beruhigend auf angespannte Nerven. Die dicke Staubschicht auf dem Boden zeugte von einer unheilvollen Vergangenheit und das graue Licht beschwor eine unwirkliche Atmosphäre herauf. Die hohen schwarzen Mauern umschlossen alles mit einer Finsternis, hinter der sich womöglich noch weit unheimlichere Dinge verbargen.

»Wir nehmen den Stein und verschwinden!«, sagte Steve, während ein ungewohntes Gefühl panischer Angst in ihm aufstieg.

»Warte!« Yar Alis Augen flammten auf, aber sein starrer Blick richtete sich nicht auf den Stein, sondern auf die dunklen Steinwände. »Wir sind Fliegen im Versteck einer Spinne! Sahib, beim Leben Allahs – in dieser Stadt des Schreckens lauern nicht nur die Geister uralter Ängste! Ich spüre, dass Gefahr sich nähert. Dieses Gefühl hatte ich schon viele Male – in einer Dschungelhöhle, in der eine Python unerkannt im Dunkeln lauerte, oder im Tempel von Thuggee, als die versteckten Würger von Siva darauf warteten, uns anzufallen – und jetzt ist es zehnmal so stark!«

Steve stellten sich die Haare auf. Er wusste, dass Yar Ali ein unerbittlicher Kämpfer war, der sich nicht durch alberne Furcht oder sinnlose Panik verunsichern ließ. Er erinnerte sich gut an die Begebenheiten, die der Afghane erwähnt hatte, ebenso wie an andere, bei denen Yar Alis orientalischer, beinahe telepathischer Instinkt ihn vor Gefahren gewarnt hatte, lange bevor sie zu sehen oder zu hören gewesen waren.

»Was für eine Gefahr, Yar Ali?«, flüsterte er.

Der Afghane schüttelte den Kopf, und seine Augen wurden von einem mysteriösen Glanz erfüllt, als er nach den in seinem Unterbewusstsein verborgenen Ahnungen lauschte.

»Ich weiß es nicht. Ich weiß nur, dass es uns sehr nahe ist, und es ist sehr alt und sehr böse. Ich glaube …« Er hielt plötzlich inne und drehte sich um, und der unheimliche Glanz in seinen Augen wich einem wolfsgleichen Blick voller Angst und Argwohn.

»Hörst du, Sahib?«, brach es aus ihm heraus. »Die Geister der Toten kommen die Treppe herauf!«

Steve erstarrte, als das Geräusch von schleichenden Schritten und weichen Sandalen auf steinernen Stufen an sein Ohr drang.

»Bei Judas, Ali!«, rief er. »Dort draußen ist etwas …«

Von den antiken Wänden hallte das Echo eines Chors wilder Schreie wider, als eine Horde schrecklicher Kreaturen die Kammer überschwemmte. Für einen Augenblick war Steve wie betäubt und glaubte, sie würden von Kriegern angegriffen, die aus einer verlorenen Zeit wiederauferstanden waren, aber dann zischte eine feindliche Kugel an seinem Ohr vorbei und der beißende Pulvergeruch sagte ihm, dass ihre Angreifer durchaus real waren. Clarney fluchte. Sie hatten sich hier in Sicherheit gewähnt und waren wie Ratten in die Falle ihrer arabischen Verfolger gegangen.

Während der Amerikaner noch sein Gewehr anlegte, feuerte Yar Ali aus kurzer Entfernung einen tödlichen Schuss aus der Hüfte ab, warf sein leeres Gewehr in die Menge und raste wie ein Wirbelsturm die Treppe hinunter, wobei sein ein Meter langes Khaibermesser in seiner behaarten Hand glänzte. In seine Begeisterung für den Kampf mischte sich echte Erleichterung darüber, dass seine Feinde menschlich waren. Eine Kugel riss ihm den Turban vom Kopf, und dann ging unter dem ersten, zerstörerischen Hieb der Klinge des Gebirgskriegers ein Araber mit gespaltenem Schädel zu Boden.

Ein großer Beduine stieß dem Afghanen seine Gewehrmündung in die Seite, doch bevor er abdrücken konnte, zerfetzte Clarneys Kugel sein Gehirn. Die schiere Anzahl ihrer Gegner behinderte deren Angriff auf den großen Afridi, dessen tigergleiche Schnelligkeit es für beide Seiten sehr gefährlich machte, auf ihn zu schießen. Die meisten ihrer Feinde drängten sich um ihn und schlugen mit Krummsäbeln und Gewehrkolben auf ihn ein, während die anderen hinter Steve die Treppe hinaufjagten. Sie waren so dicht hinter ihm, dass er sie nicht verfehlen konnte; der Amerikaner stieß seinen Gewehrlauf einfach in ein bärtiges Gesicht, und als er abdrückte, wurde es auf grauenhafte Weise bis zur Unkenntlichkeit zerstört. Die restlichen Verfolger kamen näher heran und brüllten dabei wie Panther.

Als er sich bereit machte, seine letzte Patrone zu verfeuern, sah Clarney in einem blitzartigen Moment zwei Dinge gleichzeitig: einen wilden Krieger, der ihn fast erreicht hatte – ihm hing Schaum im Bart und er schwang einen schweren Krummsäbel –, und einen weiteren, der auf dem Boden kniete und zielsicher auf Yar Ali anlegte, der sich soeben auf ihn stürzte. Steve reagierte sofort und feuerte über die Schulter des heranstürmenden Schwertkämpfers einen tödlichen Schuss auf den Mann mit dem Gewehr ab – und riskierte damit sein Leben für das seines Freundes, denn der Krummsäbel seines Angreifers fuhr nun auf seinen Kopf nieder. Aber als der Araber den Säbel schwang, wobei ihm aufgrund der Wucht ein heftiges Stöhnen entfuhr, verlor er in seinen Sandalen auf der Marmortreppe den Halt. Die gebogene Klinge änderte daraufhin ziellos ihre Richtung und traf Steves Gewehrlauf. Der Amerikaner packte sofort den Lauf, drehte das Gewehr, und als der Beduine sein Gleichgewicht wiedererlangte und erneut den Krummsäbel schwang, schlug Clarney mit all seiner hünenhaften Kraft zu. Der Kolben traf krachend auf den Schädel seines Feindes.

Dann traf ihn eine Kugel schwer an der Schulter, und von diesem Schock wurde Steve übel. Als er vor Schwindel zu taumeln begann, schleuderte ein Beduine sein Turbantuch wie eine teuflische Peitsche und es wickelte sich um Steves Füße. Clarney stürzte kopfüber die Treppe hinunter und krachte heftig auf den Boden. Er sah, wie eine schwarze Hand einen Gewehrkolben in die Höhe hob, um ihm mit einem Schlag das Hirn aus dem Schädel zu hauen, aber ein gebieterischer Befehl ließ sie innehalten.

»Erschlage ihn nicht, binde ihm nur die Hände und Füße zusammen!«

Während Steve sich benommen gegen die zahlreichen Hände wehrte, die ihn nun packten, schien es ihm, als hätte er diese gebieterische Stimme schon einmal gehört.

Der Amerikaner war innerhalb weniger Sekunden überwältigt worden. Als Steve seinen zweiten Schuss abfeuerte, hatte Yar Ali den Arm seines Angreifers bereits halb abgeschlagen und war dann selbst von einem betäubenden Stoß mit einem Gewehrkolben an der linken Schulter getroffen worden. Dank seines Mantels aus Schafleder, den er trotz der Wüstenhitze trug, hatten ihm die Hiebe von einem halben Dutzend scharfer Messer, die ihn zuvor getroffen hatten, kaum etwas anhaben können. Ein Gewehr wurde so dicht neben seinem Gesicht abgefeuert, dass das Pulver ihm schwere Verbrennungen zufügte, woraufhin dem rasenden Afghanen ein blutdurstiger Schrei entfuhr. Als Yar Ali seine tropfende Klinge erhob, hielt sein kreidebleicher arabischer Gegner sein Gewehr mit beiden Händen über den Kopf, um den Hieb abzuwehren, worauf der Afridi einen grimmigen Jubelschrei ausstieß, sich mit der Geschmeidigkeit einer Dschungelkatze zur Seite bewegte und sein langes Messer in den Bauch des Arabers tauchte. Doch in ebendiesem Augenblick fuhr ein Gewehrkolben mit all der Böswilligkeit, zu der sein Besitzer fähig war, auf den Kopf des Hünen nieder, versetzte ihm eine klaffende Wunde und zwang ihn auf die Knie.

Mit der zähen, stillen Hartnäckigkeit seines Volkes stand Yar Ali ohne nachzudenken wieder auf und schlug auf Gegner ein, die er kaum noch zu sehen vermochte, aber ein heftiger Sturm feindlicher Hiebe warf ihn wieder zu Boden. Die Schläge seiner Angreifer hörten erst auf, als er regungslos liegen blieb. Sie hätten ihm an Ort und Stelle den Rest gegeben, wenn nicht eine weitere Anweisung ihres Gebieters ihnen etwas anderes befohlen hätte. Sie fesselten den besinnungslosen Messerkämpfer und warfen ihn zu Steve hinunter, der bei vollem Bewusstsein war und die grausamen Schmerzen, die die Kugel in seiner Schulter verursachte, nur zu deutlich spürte.

Er blickte den großen Araber an, der auf ihn herabsah.

»Nun, Sahib«, begann er, und Steve erkannte, dass er kein Beduine war, »erinnerst du dich nicht an mich?«

Steve warf ihm einen finsteren Blick zu – die Schussverletzung förderte seine Konzentrationsfähigkeit nicht unbedingt.

»Doch, du kommst mir bekannt vor … Bei Judas! Ich kenne dich! Du bist Nureddin El Mekru!«

»Ich fühle mich geehrt! Der Sahib erinnert sich! *Salaam!*«, grüßte Nureddin spöttisch. »Und gewiss erinnerst du dich, bei welcher Gelegenheit du mir *dieses* Geschenk gemacht hast, nicht wahr?«

Ein bedrohlicher Schatten der Verbitterung legte sich über seine dunklen Augen, und der Scheich zeigte auf eine dünne weiße Narbe an der Seite seiner Wange.

»Ich erinnere mich«, fauchte Clarney ihn an – weder Schmerz noch Wut würden ihn unterwürfig machen. »Es war in Somaliland, vor vielen Jahren. Du warst damals als Sklavenhändler tätig. Einer der unglücklichen Männer ist dir entkommen und hat Zuflucht in meinem Lager gesucht. Eines Nachts bist du in deiner selbstherrlichen Art aufgetaucht, hast einen Streit angezettelt und bei der folgenden Prügelei hat dich ein Schlachtermesser im Gesicht getroffen. Ich wünschte, ich hätte dir deine erbärmliche Kehle durchtrennt.«

»Du hattest deine Chance«, entgegnete der Araber. »Nun hat sich das Blatt gewendet.«

»Ich dachte, dein Revier läge im Westen«, brummte Clarney, »im Jemen und in Somaliland.«

»Ich habe den Sklavenhandel vor langer Zeit aufgegeben«, antwortete der Scheich. »Er bringt nichts mehr ein. Ich habe für ein paar Jahre eine Bande von Dieben im Jemen angeführt, bis ich wieder gezwungen war, meinen Standort zu wechseln. Ein paar treue Anhänger haben mich hierher begleitet, und bei Allah, diese Wilden hier hätten mir anfangs beinahe die Kehle aufgeschlitzt. Aber ich konnte ihre Bedenken zerstreuen, und nun führe ich mehr Männer an, als mir in den letzten Jahren je gefolgt sind.

Die Reiter, die du gestern in die Flucht geschlagen hast, waren meine Männer – Späher, die ich vorausgesandt hatte. Meine Oase liegt sehr weit im Westen. Wir sind viele Tage lang geritten, denn ich war auf dem Weg zu dieser Stadt. Als meine Späher zurückkehrten und mir von zwei Wanderern erzählten, sah ich keine Veranlassung, meine Pläne zu ändern, da ich ohnehin nach Beled-el-Djinn wollte. Wir näherten uns der Stadt von Westen und fanden eure Spuren im Sand. Wir folgten ihnen – und ihr blinden Büffel habt uns nicht einmal kommen gehört.«

Steve zischte: »Ihr konntet uns nur so leicht überwältigen, weil wir uns sicher waren, dass sich kein Beduine nach Kara-Shehr wagen würde.«

Nureddin nickte. »Ich bin aber kein Beduine. Ich bin weit gereist, habe viele Länder und Völker gesehen und viele Bücher gelesen. Ich weiß, dass Furcht nichts als Rauch ist, dass die Toten tot sind und dass Dschinns und Geister nur Nebel sind, die der Wind verweht. Die Geschichte des roten Steins hat mich in diese verlassene Wüste geführt. Es hat Monate gedauert, meine Männer davon zu überzeugen, mit mir hierherzureiten.

Doch jetzt steh ich hier! Und deine Anwesenheit ist eine wundervolle Überraschung. Zweifellos hast du längst erraten, weshalb ich dich lebend wollte – mit dir und diesem paschtunischen Schwein habe ich noch einige unterhaltsame Dinge vor. Ich hole mir jetzt das Feuer von Asshurbanipal, dann können wir gehen.«

Er drehte sich zu dem Podest um und einer seiner Männer, ein bärtiger, einäugiger Riese, rief aus: »Nicht, mein Herr! Etwas Uraltes, Böses hat an diesem Ort gehaust, lange vor Mohammeds

Zeiten. Dschinns heulen durch diese Hallen, wenn die Winde tosen, und im Schein des Mondlichts kann man Geister an den Wänden tanzen sehen. Seit 1000 Jahren hat sich kein Sterblicher in diese schwarze Stadt gewagt – bis auf einen, vor einem halben Jahrhundert, und er hat schreiend die Flucht ergriffen.

Ihr seid aus dem Jemen hierhergekommen. Ihr kennt den uralten Fluch nicht, der auf dieser üblen Stadt und auf diesem bösen Stein liegt, der wie Satans rotes Herz pocht! Wir sind Euch wider besseres Wissen hierher gefolgt, da Ihr Euch als starker Mann erwiesen und uns versichert habt, dass Ihr einen Zauber gegen alles Böse kennt. Ihr habt gesagt, Ihr wollt Euch das geheimnisvolle Juwel nur ansehen, doch nun müssen wir erkennen, dass es Eure Absicht ist, es an Euch zu nehmen. Beleidigt den Dschinn nicht!«

»Nein, Nureddin, beleidigt den Dschinn nicht!«, mahnten die übrigen Beduinen im Chor. Die eigenen, hartgesottenen Männer des Scheichs, die in einer Gruppe etwas abseits der Beduinen standen, sagten nichts. Unzählige Verbrechen und gottlose Taten hatten sie hart gemacht, und sie waren weniger anfällig für Aberglaube als die Wüstenmänner, deren Volk sich die schreckliche Geschichte der verfluchten Stadt seit Jahrhunderten erzählte. Auch wenn Steve Nureddin aus tiefstem Inneren hasste, erkannte er dennoch dessen magnetische Anziehungskraft, die ihn zu einem geborenen Führer machte, dem es sogar gelungen war, jahrhundertealte Ängste und Traditionen zu überwinden.

»Der Fluch trifft nur die Ungläubigen, die in der Stadt einfallen«, entgegnete Nureddin, »aber nicht die Gläubigen. Seht doch – in diesen Kammern haben wir unsere *kafar* Feinde bezwungen!«

Ein Wüstenfalke mit weißem Bart schüttelte den Kopf.

»Der Fluch ist älter als Mohammed und kennt weder Rasse noch Religion. Böse Menschen haben diese schwarze Stadt am

Anbeginn der Zeit erbaut. Sie haben unsere Vorfahren in den schwarzen Zelten unterdrückt und sich gegenseitig bekämpft. Wahrlich, die schwarzen Mauern dieser bösen Stadt sind mit Blut beschmutzt, und sie erzählen von unheiligem Treiben und raunen sich düstere Geschichten längst vergangener Intrigen zu.

Wollt Ihr wissen, woher der Stein kommt? Am Hof von Asshurbanipal lebte ein Magier, der um das schwarze Wissen der Zeiten wusste. Um Macht und Ehre zu erlangen, wagte er sich in die Schrecken einer weiten, namenlosen Höhle, die in einem dunklen, unbereisten Land lag, und aus den von Dämonen heimgesuchten Abgründen brachte er das brennende Juwel mit, das aus den gefrorenen Flammen der Hölle geschlagen wurde! Kraft seiner Furcht einflößenden schwarzen Magie belegte er den Dämon, der das uralte Juwel bewachte, mit einem Zauber und stahl den Stein. Den Dämon aber ließ er schlafend in der unentdeckten Höhle zurück.

So lebte dieser Magier – sein Name war Xuthltan – am Hofe des Sultans Asshurbanipal. Er zauberte und machte Weissagungen, indem er tief in den grellen Stein hineinsah, in den nur seine Augen blicken konnten, ohne zu erblinden. Die Menschen nannten den Stein zu Ehren des Königs ›Feuer von Asshurbanipal‹.

Doch als das Böse über das Königreich hereinbrach, gaben die Menschen dem Zauber des Dschinn die Schuld, und in seiner großen Furcht bat der Sultan Xuthltan, das Juwel wieder in die Höhle zu werfen, aus der er es gestohlen hatte, bevor noch mehr Unheil über sie käme.

Aber der Magier wollte den Edelstein nicht aufgeben, aus dem er unglaubliche Geheimnisse aus vormenschlichen Zeiten lesen konnte, und er floh in die Rebellenstadt Kara-Shehr, in der schon bald ein Bürgerkrieg ausbrach, in dem Mann gegen Mann um das Juwel kämpfte. Auch der König, der in der Stadt herrschte, begehrte den Stein. Er ließ den Magier ergreifen und zu Tode foltern – in diesem Raum hier hat er zugesehen, wie er starb. Mit dem Juwel in der Hand setzte sich der König auf seinen Thron – dort hat er jahrhundertelang gesessen, und dort sitzt er noch heute!«

Der Finger des Arabers berührte die vermodernden Knochen auf dem marmornen Thron, und die wilden Wüstenmänner erblassten – selbst Nureddins Schergen wichen zurück und schnappten erschrocken nach Luft, doch der Scheich zeigte keinerlei Anzeichen der Beunruhigung.

»Als Xuthltan starb«, fuhr der alte Beduine fort, »verfluchte er den Stein, dessen Magie ihn nicht gerettet hatte. Laut kreischend stieß er die Worte aus, die den Zauber lösten, der auf dem Dämon lag, der die Höhle bewachte, und ließ so das Ungeheuer frei. Dann rief er die vergessenen Götter an – Cthulhu und Koth und Yog-Sothoth und all jene, die in vormenschlicher Zeit in den schwarzen Städten unter dem Meer und in den tiefsten Höhlen der Erde gehaust hatten – und mit seinem letzten Atemzug besiegelte er das Schicksal des falschen Königs: Sein Schicksal sollte es sein, bis zum Donnern des Jüngsten Gerichts auf seinem Thron zu sitzen, das Feuer von Asshurbanipal stets in seiner Hand.

Daraufhin stieß der große Stein einen Schrei aus, der von einem lebendigen Wesen hätte stammen können, und der König und seine Soldaten sahen eine schwarze Wolke aus dem Boden wirbeln, aus der ein übel riechender Wind blies, und aus dem Wind formte sich eine finstere Gestalt, die ihre grauenhaften Klauen nach dem König ausstreckte, der durch ihre Berührung völlig austrocknete und starb. Die Soldaten ergriffen brüllend die Flucht, und alle Bewohner der Stadt rannten laut heulend in die Wüste, wo sie entweder den Tod fanden oder sich durch die Einöde zu den weit entfernten Oasenstädten retteten. Kara-Shehr aber blieb still und verlassen zurück, und Eidechsen und Schakale machten die Stadt zu ihrem neuen Zuhause. Als einige der Wüstenbewohner in die Stadt eindrangen, fanden sie den König tot auf seinem Thron sitzend, das flammende Juwel noch in seiner Hand. Sie wagten nicht, es zu berühren, da sie wussten, dass der Dämon ganz in der Nähe lauerte und den Stein bis ans Ende aller Tage bewachen würde – und auch jetzt, da wir hier stehen, ist er nicht weit.«

Die Krieger erschauderten unwillkürlich und blickten sich um, und Nureddin sagte: »Wieso hat er sich nicht gezeigt, als die beiden die Kammer betraten? Ist er taub, dass der Kampfeslärm ihn nicht geweckt hat?«

»Wir haben das Juwel nicht berührt«, antwortete der alte Beduine, »und auch die beiden haben seine Ruhe nicht gestört. Viele Menschen haben es gesehen und sind am Leben geblieben, aber kein Sterblicher wird eine Berührung des Steins überleben.«

Nureddin wollte etwas erwidern, doch als er in die unbelehrbaren, beunruhigten Gesichter um ihn blickte, erkannte er, dass eine Diskussion zwecklos war. Sein Tonfall änderte sich abrupt.

»Ich bin Euer Anführer«, herrschte er sie an, wobei er eine Hand auf sein Pistolenhalfter legte. »Ich habe auf der Suche nach diesem Edelstein nicht Blut gelassen und Entbehrungen auf mich genommen, um in letzter Sekunde durch grundlose Furcht aufgehalten zu werden! Bleibt alle, wo Ihr seid! Wer sich mir nähert, läuft Gefahr, seinen Kopf zu verlieren!«

Als er sich ihnen zuwandte, seine Augen rot vor Zorn, wichen sie, eingeschüchtert von seiner Unbarmherzigkeit, zurück.

Stolz stieg er die Marmorstufen hinauf, während die Araber den Atem anhielten und sich langsam zum Ausgang zurückzogen. Yar Ali, der endlich wieder bei Bewusstsein war, stöhnte jämmerlich auf.

Mein Gott, dachte Steve, *was für eine barbarische Szene!* Auf dem staubigen Boden lagen gefesselt die Gefangenen, um sie herum standen wilde Krieger, die Waffen in ihren Händen zum Kampf bereit. In der Luft lag der beißende Geruch von Blut, Gehirnmasse und Eingeweiden – und auf dem Podium stand der falkengesichtige Scheich, der seine Umgebung nicht mehr wahrnahm und nur noch Augen für das böse, blutrote Feuer hatte, das in den Skelettfingern auf dem Marmorthron glühte.

Eine angespannte Stille breitete sich aus, als Nureddin seine Hand so langsam ausstreckte, als hätte ihn das dunkelrote, pulsierende Licht hypnotisiert. In Steves Unterbewusstsein regte sich ein düsteres Echo, als wäre etwas Riesiges, Abscheuliches plötzlich nach jahrtausendelangem Schlaf erwacht. Der Blick des Amerikaners wanderte instinktiv zu den dunklen Zyklopenmauern. Der Glanz des Juwels hatte sich seltsam verändert; das Feuer brannte nun in einem tieferen, dunkleren Rot, wütend und bedrohlich.

»Herz alles Bösen«, flüsterte der Scheich, »wie viele Prinzen sind für dich seit Anbeginn der Welt gestorben? Gewiss fließt das Blut von Königen in dir. Die Sultane, Prinzessinnen und Generäle, die dich einst besaßen, sind längst zu Staub zerfallen und vergessen, doch du brennst mit unzerstörbarer Erhabenheit, Feuer der Welt …«

Nureddin ergriff den Stein. Die Araber brachen in ängstliches Geheul aus, das von einem gellenden unmenschlichen Schrei durchbrochen wurde. Er klang grauenhaft, und Steve schien es, als hätte der große Edelstein wie ein lebendiges Wesen geschrien! Das Juwel rutschte dem Scheich aus der Hand. Vielleicht hatte Nureddin ihn fallen gelassen, aber für Steve sah es so aus, als hätte der Stein kurz gezuckt und wäre dann gesprungen, wie nur etwas Lebendiges springen konnte. Stufe für Stufe rollte er das Altarpodest hinunter.

Nureddin eilte ihm nach und fluchte jedes Mal, wenn seine Hand ins Leere griff. Das Juwel fiel auf den Boden, drehte sich blitzschnell und rollte, trotz der dicken Staubschicht, wie ein rotierender Feuerball auf die hintere Wand zu. Nureddin war dicht hinter ihm – als es gegen die Wand prallte, streckte der Scheich seine Hand aus.

Ein Schrei der Todesangst zerriss die angespannte Stille. Ohne Vorwarnung hatte sich die solide Felswand geöffnet. Aus einer Mauer schwärzester Finsternis schoss ein Tentakel hervor, packte den Scheich, wickelte sich um ihn wie ein Python um sein Opfer, und riss ihn kopfüber in die gähnende Dunkelheit hinein. Dann schien die Wand wieder so blank und solide wie zuvor zu sein, doch aus ihrem Inneren drangen gedämpfte, grauenhaft schrille Schreie hervor, die den Männern das Blut in den Adern gefrieren ließen.

Mit sprachlosem Geheul stürmten die Araber, eine wild kreischende Meute, Richtung Ausgang, drängten durch die Tür und rannten wie vom Wahnsinn befallen die breite Treppe hinunter. Steve und Yar Ali, die hilflos am Boden lagen, hörten, wie sich die irren Schreie der Fliehenden immer weiter entfernten, und starrten mit sprachlosem Schrecken auf die finstere Wand. Das Kreischen wich einer noch viel entsetzlicheren Stille.

Sie hielten den Atem an, als sie plötzlich ein Geräusch hörten, das sie erstarren ließ – irgendwo rieben Metall oder Stein aneinander: Die versteckte Tür öffnete sich wieder, und Steve konnte in der Dunkelheit ein Leuchten erkennen, das wie die funkelnden Augen eines Ungeheuers aussah. Er schloss seine Augen – er wollte das Grauen nicht sehen, das sich aus dieser schwarzen Quelle auf sie ergießen würde. Er wusste, dass es Dinge gibt, die der menschliche Verstand nicht verkraften kann, und alle Urinstinkte seiner Seele sagten ihm, dass dieses Wesen albtraumhaften Wahnsinn bedeutete. Er spürte, dass auch Yar Ali die Augen schloss, und die beiden Männer blieben wie tot am Boden liegen.

Clarney hörte kein Geräusch, aber er spürte die Anwesenheit von etwas so grauenhaft Bösem, dass es für Menschen unbegreiflich war – eines Eindringlings von weit, sehr weit her, weiter als den äußeren Abgründen und den schwärzesten Bereichen des Kosmos. Eine tödliche Kälte erfüllte die Kammer, und Steve fühlte, wie der Blick unmenschlicher Augen durch seine geschlossenen Lider drang und sein Bewusstsein gefror. Sollte er aufblicken oder auch nur die Augen öffnen, da war er sich sicher, würde er sofort dem völligen Irrsinn verfallen.

Als ein Seelen erschütternder, aasiger Atem über sein Gesicht strich, dessen Gestank ihm den Magen umdrehte, wusste er, dass sich das Ungeheuer zu ihm herabbeugte, aber er blieb so still liegen, als wäre er in einem Albtraum erstarrt. Er hielt sich an einem Gedanken fest: Weder er noch Yar Ali hatten das Juwel berührt, das dieses Monster bewachte.

Dann roch er den üblen Gestank nicht länger, die Kälte, die sie umgeben hatte, verschwand, und er hörte, wie die geheime Tür sich wieder schloss. Der Teufel zog sich wieder in sein Versteck zurück. Auch alle Legionen der Hölle hätten Steve nicht daran hindern können, seine Augen einen kleinen Spalt zu öffnen. Er erhaschte nur einen winzigen Blick, bevor die versteckte Tür zufiel, doch dieser eine Blick genügte, um sein Bewusstsein und seinen Verstand auszuschalten. Steve Clarney, Abenteurer mit eisernen Nerven, fiel zum ersten Mal in seinem ereignisreichen Leben in Ohnmacht.

Wie lange er so dagelegen hatte, wusste er nicht, doch es konnte noch nicht viel Zeit vergangen sein, als Yar Alis Flüstern ihn weckte: »Bleib ruhig liegen, Sahib, wenn ich mich in die richtige Position bringe, kann ich deine Fesseln mit meinen Zähnen öffnen.«

Steve fühlte, wie sich die starken Zähne des Afghanen durch seine Fesseln arbeiteten, und als er so mit dem Gesicht im dichten Staub lag und seine verletzte Schulter schmerzvoll zu pochen begann – er hatte sie zwischendurch völlig vergessen –, fügte er die losen Enden seiner verworrenen Gedanken wieder zusammen und erinnerte sich an alles. Wie viel von alledem, fragte er sich noch immer leicht benommen, war nur ein Albtraum gewesen? Hatten seine Leiden und der Durst, der ihm die Kehle zuschnürte, ihn in ein Delirium versetzt, in dem er sich alles nur eingebildet hatte? Der Kampf mit den Arabern war real gewesen – die Fesseln und ihre Wunden bewiesen es –, aber das grauenhafte Ende des Scheichs – dieses Ding, das aus der schwarzen Mauer gekrochen war –, das konnte mit Sicherheit nur ein Produkt seines Deliriums gewesen sein. Gewiss war Nureddin in eine Art Brunnen oder Grube gefallen …

Plötzlich spürte Steve, dass seine Hände wieder frei waren, setzte sich auf und griff nach seinem Taschenmesser, das die Araber übersehen hatten. Er blickte nicht auf, um sich in der Kammer umzusehen, als er seine Fußfesseln durchtrennte. Dann befreite er Yar Ali, was gar nicht so einfach war, da sein verletzter linker Arm steif und nutzlos war.

»Wo sind die Beduinen?«, fragte er, als der Afghane sich erhob und ihm auf die Beine half.

»Allah, Sahib«, flüsterte Yar Ali, »bist du verrückt? Hast du alles vergessen? Lass uns schnell von hier verschwinden, bevor der Dschinn zurückkommt!«

»Das war ein Albtraum«, murmelte Steve. »Sieh doch – das Juwel ist wieder auf dem Thron …« Seine Stimme erstarb. Um den antiken Thron glänzte erneut ein rot pulsierendes Licht, das von dem vermodernden Schädel reflektiert wurde, und in den ausgestreckten Fingern lag das Feuer von Asshurbanipal.

Am Fuß des Throns aber lag etwas, das vorher nicht dort gelegen hatte – der abgetrennte Kopf von Nureddin El Mekru blickte ausdruckslos in das graue Licht, das durch die steinerne Decke fiel. Seine blutlosen Lippen waren zu einem grausamen Grinsen verzerrt. In seinen starren Augen spiegelten sich unsagbare Schrecken. Auf dem staubigen Boden erkannte man drei verschiedene Spuren – die eine hatte der Scheich hinterlassen, als er dem auf die Wand zurollenden Juwel nachgeeilt war. Über ihr lagen zwei weitere Spuren, die zum Thron und wieder zurück zur Mauer führten – riesige, formlose Abdrücke von gespreizten Füßen mit gigantischen Klauen, die weder von einem Menschen noch von einem Tier stammen konnten.

»Mein Gott!«, stammelte Steve atemlos. »Es ist wahr – und dieses Ding – dieses Wesen, das ich gesehen habe …«

Steve blieb die Flucht aus der Kammer wie ein rauschender Albtraum in Erinnerung, in dem er und sein Kamerad kopflos eine endlose Treppe hinunterrasten, die wie ein grauer, Furcht einflößender Schacht war, und blindlings durch staubige, stumme Kammern eilten, vorbei an dem finster blickenden Götzenbild in der mächtigen Halle und hinaus ins grelle Sonnenlicht der Wüste, wo sie restlos erschöpft zu Boden fielen und nach Luft rangen.

Wieder wurde Steve von der Stimme des Afridi aufgeschreckt: »Sahib, Sahib, im Namen von Allah, dem Barmherzigen, das Glück ist wieder mit uns!«

Steve sah seinen Kameraden beinahe wie in Trance an. Die Kleider des großen Afghanen hingen in Fetzen und waren von Blut durchtränkt. Er war staubbedeckt und blutverschmiert, und seine Stimme glich einem Krächzen. Seine Augen aber leuchteten voller Hoffnung, und er streckte zitternd seinen Zeigefinger aus.

»Im Schatten der zerfallenen Mauer dort«, krächzte er und versuchte, seine schwarzen Lippen zu befeuchten. »*Allah il allah!* Die Pferde der Männer, die wir getötet haben. Mit Feldflaschen und Lebensmitteln in den Satteltaschen! Die Hunde sind geflohen, ohne die Rosse ihrer Brüder mitzunehmen!«

Neuer Lebensmut erfüllte Steve, und er erhob sich schwankend. »Weg von hier«, raunte er Yar Ali zu. »Bloß schnell weg hier!«

Wie sterbende Männer taumelten sie auf die Pferde zu, banden sie los und stiegen mit Mühe in die Sättel.

»Wir nehmen die anderen Pferde auch mit«, sagte Steve mit rauer Stimme, und Yar Ali nickte zustimmend.

»Sie werden uns gewiss noch von Nutzen sein, ehe wir die Küste erreichen.«

Obwohl ihre gequälten Nerven förmlich nach dem Wasser schrien, das in Feldflaschen an ihren Satteltaschen hing, wendeten sie die Reittiere und trieben sie wie wild an. Sie sahen aus wie fliegende Leichen, als sie die lange, sandige Allee Kara-Shehrs entlangritten, vorbei an zerstörten Palästen und eingestürzten Säulen, und schließlich übersprangen sie die eingestürzte Mauer und fegten hinaus in die Wüste. Keiner der beiden blickte auch nur ein einziges Mal zurück auf die Stätte des schwarzen, uralten Schreckens, und sie sprachen kein Wort, bis die Ruinen in weiter Ferne lagen und im Dunst verschwanden. Erst dann zogen sie die Zügel an und stillten ihren Durst.

»*Allah il allah!*«, sprach Yar Ali gottesfürchtig aus. »Diese Hunde haben mich geschlagen, bis es sich anfühlte, als wäre jeder Knochen in meinem Körper gebrochen. Ich bitte dich, Sahib, lass uns absteigen. Ich will nach der verfluchten Kugel in deiner Schulter suchen und dich so gut verbinden, wie meine bescheidenen Fähigkeiten es zulassen.«

Während er ihn versorgte, sprach Yar Ali weiter, doch er vermied es, seinem Freund in die Augen zu schauen. »Du hast vorhin etwas gesagt, Sahib … Du sagtest, du habest etwas gesehen. Im Namen Allahs – was hast du gesehen?«

Ein heftiger Schauder schüttelte den starken Körper des Amerikaners. »Hast du nicht hingesehen, als … als dieses … diese Kreatur das Juwel wieder in die Hand des Skeletts gelegt und Nureddins Kopf auf dem Podium zurückgelassen hat?«

»Bei Allah, ich habe es nicht gewagt!«, bekannte Yar Ali. »Meine Augen waren so fest geschlossen, als hätte Satan persönlich sie mit geschmolzenem Eisen verschweißt!«

Steve entgegnete nichts, bis sie wieder im Sattel saßen und ihre lange Reise an die Küste fortsetzten. Dank der zusätzlichen Pferde, des Essens, des Wassers und der Waffen hatten sie gute Chancen, ihr Ziel zu erreichen.

»Ich habe hingesehen«, sagte der Amerikaner schließlich mit düsterer Stimme. »Ich wünschte, ich hätte es nicht getan, denn ich weiß, dass es mich für den Rest meines Lebens in meinen Träumen verfolgen wird. Ich habe es nur ganz kurz gesehen und ich kann es nicht mit Worten beschreiben, mit denen wir irdische Dinge erklären. Gott helfe mir, aber es war nicht von dieser Welt und gewiss nicht bei gesundem Verstand. Der Mensch ist nicht der erste Herrscher der Erde, sie wurde von anderen Geschöpfen beherrscht, lange bevor es ihn gab – und es gibt noch immer Überlebende aus diesen grauenhaften, uralten Zeiten. Vielleicht dringen heute noch unbeobachtet Kreaturen in unser Universum ein, die nicht von dieser Welt stammen. Zauberer haben schon früher schlafende Teufel geweckt und sie durch ihre Magie beherrscht. Es ist also nicht unmöglich, dass ein assyrischer Magier aus Rache einen Urdämon aus den Schächten der Erde heraufbeschwor und ihn dazu verfluchte, etwas zu bewachen, das ohnehin aus der Hölle stammt.

Ich will versuchen, dir zu erklären, was ich gesehen habe, und dann werden wir nie wieder darüber sprechen: Es war gigantisch, schwarz und schattenhaft. Ein schwerfälliges Ungeheuer, das aufrecht ging wie ein Mensch, aber es sah auch aus wie eine Kröte, ja, und es hatte Flügel und Tentakel. Ich habe es nur von hinten gesehen – hätte ich in sein Gesicht geblickt, hätte ich zweifellos den Verstand verloren. Der alte Araber hatte recht, Gott beschütze uns – es war das Monster, das Xuthltan einst aus den dunklen, blinden Höhlen der Erde heraufbeschworen hat, um das Feuer von Asshurbanipal zu bewachen!«

Das Kleine Volk

Meine Schwester warf das Buch, das sie gerade las, durchs Zimmer. Um genau zu sein: Sie warf es mir zu.

»So ein Unsinn!«, sagte sie. »Märchen! Gib mir den Band von Michael Arlen dort.«

Ich folgte ihrer Bitte mechanisch und schaute kurz auf das Buch, das ihren jugendlichen Groll ausgelöst hatte: *Die leuchtende Pyramide* von Arthur Machen.

»Mein liebes Mädchen«, bemerkte ich, »das ist ein Meisterwerk der fantastischen Literatur.«

»Ja, aber allein der Gedanke!«, entrüstete sie sich. »Für Märchen war ich schon mit zehn zu alt.«

»In dieser Geschichte soll ja auch nicht der alltägliche Realismus vertreten werden«, entgegnete ich geduldig.

»Zu weit hergeholt«, sagte sie mit der Bestimmtheit einer 17-Jährigen. »Ich möchte über Dinge lesen, die wirklich passieren könnten. Wer gehörte denn diesem Kleinen Volk an, von dem er erzählt? Bestimmt die üblichen Elfen und Trolle, habe ich recht?«

»Alle Legenden basieren auf wahren Begebenheiten. Nicht alles ist völlig abwegig …«

»Willst du damit sagen, dass solche Wesen tatsächlich existiert haben? Das ist doch Blödsinn!«

»Nicht so schnell, junges Fräulein«, mahnte ich, leicht gereizt. »Ich will damit sagen, dass allen Mythen konkrete Fakten zugrunde liegen, die später stark verändert und verdreht wurden, sodass ihnen eine übernatürliche Bedeutung zugeschrieben wurde. Junge Menschen«, fuhr ich fort, wobei ich ihr Schmollen mit einem brüderlichen Stirnrunzeln kommentierte, »reagieren meist entweder mit umfassender Akzeptanz oder vollständiger Ablehnung auf diese Dinge, weil sie sie nicht verstehen. Bei dem *Kleinen Volk* etwa, von dem Machen erzählt, handelte es sich ursprünglich wahrscheinlich um die Nachfahren des prähistorischen Volkes, das in Europa ansässig war, bevor die Kelten aus dem Norden kamen.

Es ist unter ganz unterschiedlichen Namen bekannt – Turanier, Pikten, Mediterraner oder Knoblauchesser. Einzelne Angehörige dieses kleinen, dunkelhäutigen Menschenschlags finden sich auch heute noch in weniger entwickelten Regionen Europas und Asiens, etwa unter den Basken in Spanien, den Schotten in Galloway oder unter den Lappen.

Diese Menschen bearbeiteten Feuerstein, Anthropologen ordnen sie daher ins Neolithikum, die Jungsteinzeit, ein. Funde aus dieser Zeit belegen eindeutig, dass sie ein vergleichsweise hohes Maß an primitiver Kultur entwickelt hatten, und das bereits zu Beginn der Bronzezeit, die wiederum von den Vorfahren der Kelten eingeleitet wurde – unseren Stammesvätern also, junge Dame.

Die Kelten vernichteten oder versklavten die mediterranen Völker und wurden ihrerseits von den teutonischen Stämmen vertrieben. In ganz Europa, besonders aber in Großbritannien, existieren Legenden, wonach die Pikten, die von den Kelten als kaum menschlich betrachtet wurden, in unterirdische Höhlen flohen, wo sie fortan lebten. Sie kamen nur nachts an die Oberfläche, um zu plündern, zu morden und Kinder zu stehlen, die sie in blutigen Anbetungsriten opferten. Zweifellos hat diese Theorie eine solide Grundlage: Da sie von Höhlenmenschen abstammten, hätten diese fliehenden Zwerge sicherlich Zuflucht in Höhlen gesucht und dort bestimmt für viele Generationen unentdeckt leben können.«

»Das war vor langer Zeit«, sagte sie mit erwachendem Interesse. »Wenn es diese Völker je gegeben hat, dann sind heute längst alle tot. Immerhin sind wir hier ja mitten in ihren heimischen Gefilden, aber ich habe noch keinerlei Anzeichen für ihre Existenz gesehen.«

Ich nickte. Meine Schwester Joan reagierte auf diese seltsame Gegend im Südwesten Englands nicht auf die gleiche Weise wie ich: Die gewaltigen Menhire und Megalithformationen, die thronend aus den Moorlandschaften aufragten, schienen vage Erinnerungen an meine Herkunft zurückzubringen und meine keltische Fantasie anzuregen.

»Vielleicht«, räumte ich ein und fügte, sehr unklug, hinzu: »Aber du hast gehört, was dieser alte Dorfbewohner gesagt hat – er hat davor gewarnt, nachts durch das Moor zu gehen. Niemand tut das. So weltklug du auch sein magst, junge Dame, ich wette, du traust dich nicht, eine ganze Nacht allein in der Felsenruine zu verbringen, die von meinem Fenster aus zu sehen ist.«

Sie senkte das Buch, und ihre Augen leuchteten interessiert auf.

»Das würde ich doch! Ich werde es dir beweisen! Er sagte, niemand würde sich nachts allein in die Nähe dieser alten Felsen wagen, nicht wahr? Ich schon – und ich werde die ganze Nacht dortbleiben!«

Sie war sofort aufgesprungen und ich erkannte, dass ich einen Fehler gemacht hatte.

»Nein, auch du wirst das nicht tun«, widersprach ich. »Was sollen denn die Leute denken?«

»Was kümmert es mich, was die denken?«, entgegnete sie mit dem kühnen Temperament der Jugend.

»Du hast nachts im Moor nichts zu suchen. Auch wenn diese alten Legenden frei erfunden sind, gibt es dennoch jede Menge zwielichtige Gestalten, die einem hilflosen Mädchen ohne zu zögern Böses tun würden. Für ein Mädchen wie dich ist es nicht sicher, ohne Beschützer auszugehen.«

»Ich bin also zu hübsch?«, fragte sie naiv.

»Du bist zu töricht«, antwortete ich in bester Großer-Bruder-Manier.

Sie schnitt eine Grimasse in meine Richtung und schwieg für einen Moment, und da ich ihren regen Geist mit spielerischer Leichtigkeit lesen konnte, verrieten mir ihr versonnener Gesichtsausdruck und ihre leuchtenden Augen ganz genau, was sie dachte. In Gedanken war sie von ihren Freunden zu Hause umgeben und ich wusste, welche Worte sie sich im Geiste bereits für ihren Bericht zurechtlegte: »Meine Lieben, ich habe eine ganze Nacht in der romantischsten Ruine in ganz Westengland verbracht, angeblich soll es dort sogar spuken ...«

Ich verfluchte mich im Stillen, weil ich das Thema zur Sprache gebracht hatte, als sie plötzlich verkündete: »Ich mache es trotzdem. Mir wird bestimmt niemand etwas antun, und so ein Abenteuer würde ich mir für nichts auf der Welt entgehen lassen!«

»Joan, ich verbiete dir, heute Nacht oder in irgendeiner anderen Nacht allein auszugehen.«

Ihre Augen blitzten auf und ich wünschte mir sofort, ich hätte für mein Verbot etwas diplomatischere Worte gewählt. Meine Schwester war eine eigenwillige, temperamentvolle Person, die es gewohnt war, ihren Willen durchzusetzen, und daher auf Verbote sehr ungehalten reagierte.

»Du kannst mich nicht herumkommandieren«, entgegnete sie aufgebracht. »Du tyrannisierst mich, seit wir Amerika verlassen haben.«

»Weil es nötig war«, seufzte ich. »Ich kann mir jede Menge Freizeitbeschäftigungen vorstellen, die angenehmer sind, als mit einer aufmüpfigen Schwester durch Europa zu reisen.«

Ihr Mund öffnete sich, als wollte sie, sehr verärgert, etwas entgegnen, doch dann zuckte sie nur mit ihren schmalen Schultern, ließ sich wieder auf ihren Sessel nieder und nahm ein Buch zur Hand.

»Wie du meinst. Ich wollte sowieso nicht wirklich gehen«, sagte sie beiläufig.

Ich sah sie misstrauisch an – normalerweise war sie nicht so leicht zu überzeugen. Tatsächlich zählten einige jener Momente, in denen ich ihr schmeicheln und gut zureden musste, um sie von einer ihrer rebellischen Launen abzubringen, zu den entsetzlichsten meines Lebens.

Auch als sie kurz darauf verkündete, sie wolle schlafen gehen, und sich auf ihr Zimmer auf der gegenüberliegenden Seite des Flurs zurückzog, war mein Misstrauen noch nicht vollständig verflogen. Ich löschte das Licht und trat ans Fenster, das einen Ausblick über die karge, hügelige Moorlandschaft bot. Der Mond ging gerade auf und die kahle Landschaft schimmerte grau und feindselig in seinem kalten Licht. Es war Spätsommer, die Luft noch warm, dennoch wirkte die Landschaft unbarmherzig, trostlos und abweisend. Hinter dem Moor sah ich starr und schattenhaft die rauen, mächtigen Felsspitzen der Megalith-Ruine aufragen. Karg und Furcht einflößend erhoben sie sich in die Nacht wie verstummte Geister der Vergangenheit.

Ich konnte nicht sofort einschlafen, zu sehr schmerzte mich die offenkundige Missgunst meiner Schwester. Lange Zeit lag ich wach, grübelte und starrte dabei auf das Fenster, das eindrucksvoll vom gleißenden Silber des Mondlichts umrahmt wurde.

Schließlich fiel ich in einen unruhigen Schlaf und durch meine vagen Träume huschten düstere, geisterhafte Gestalten, deren grinsende Blicke mir Angst machten.

Ich erwachte plötzlich, setzte mich auf, blickte mich erschrocken im Zimmer um und versuchte angestrengt, meine verwirrten Sinne wieder zu ordnen. Ein erdrückendes Gefühl drohenden Unheils erfüllte mich. Während ich das volle Bewusstsein wiedererlangte, verblasste die unheimliche Erscheinung eines diffusen Traumes, in dem ein weißer Nebelschleier durch mein Fenster geschwebt war und die Gestalt eines großen, weißbärtigen Mannes angenommen hatte, der mich an der Schulter gerüttelt hatte, als wollte er mich aufwecken. Jeder kennt die sonderbaren Empfindungen nach dem Erwachen aus einem bösen Traum, wenn sich die letzten Erinnerungen an geträumte Gedanken und Gefühle langsam verdunkeln und schließlich ganz erlöschen. Doch je wacher ich wurde, desto stärker erwuchs eine Vorahnung gefährlichen Unheils in mir.

Ich sprang aus dem Bett, warf meine Kleider über, eilte zum Zimmer meiner Schwester und riss die Tür auf. Das Zimmer war leer.

Ich rannte die Treppe hinunter und fragte den Nachtportier, der aus mir völlig schleierhaften Gründen von dem kleinen Hotel beschäftigt wurde, nach meiner Schwester.

»Miss Costigan, Sir? Ja, sie ist heruntergekommen. Sie war wetterfest gekleidet. Das war kurz nach Mitternacht, vor etwa einer halben Stunde, Sir. Sie sagte, sie möchte einen Spaziergang durch das Moor machen und ich solle nicht besorgt sein, falls sie etwas länger ausbliebe.«

Ich stürzte aus dem Hotel, mein Herzschlag glich tausend wilden Trommeln. Ich blickte über das weite Moor in die Ferne zur Felsenruine, die sich mächtig und düster vor dem Mond abzeichnete, und in diese Richtung rannte ich davon. Nach einiger Zeit – es kam mir vor wie Stunden – sah ich endlich eine schlanke Gestalt in nicht allzu weiter Entfernung vor mir. Meine Schwester schien sich Zeit zu lassen, denn obwohl sie einen Vorsprung hatte, holte ich allmählich auf – bald musste ich in Hörweite sein. Aufgrund der Anstrengung keuchte ich schon heftig, dennoch erhöhte ich mein Tempo.

Die Stimmung des Moors war beinahe greifbar; sie wirkte erdrückend, meine Glieder wurden schwer – und die innere Ahnung drohenden Unheils wuchs mit jedem Schritt.

Dann sah ich, wie meine Schwester, noch immer in einiger Entfernung, plötzlich stehen blieb und sich verwirrt umschaute. Das Mondlicht warf einen trügerischen Schleier auf die Szene: Ich konnte Joan zwar sehen, aber nicht erkennen, was sie so erschreckte. Ich hastete los, das Blut schoss wie wild durch meine Adern – und gefror in dem Moment, als ich einen durchdringenden, verzweifelten Schrei hörte, dessen Echo die Nacht erfüllte.

Meine Schwester lief orientierungslos erst in die eine Richtung, dann in die andere, und ich brüllte laut zu ihr hinüber, damit sie zu mir fand. Endlich hatte sie mich gehört – sie rannte auf mich zu wie eine ängstliche Antilope – und dann *sah* ich es. Undeutliche Schatten rasten über sie hinweg, kleine, zwergenhafte Gestalten. Direkt vor mir erhoben sie sich zu einer regelrechten Mauer, die es meiner Schwester unmöglich machte, zu mir zu gelangen. Plötzlich drehte sie sich instinktiv, so schien mir, um, und rannte zu den Steinsäulen hinüber. Die schwarze Horde folgte ihr sofort, doch einige blieben zurück, um mir den Weg abzuschneiden.

Ich besaß keine Waffe, mit der ich aber wohl ohnehin nichts hätte ausrichten können. Ich war in jungen Jahren stark und athletisch gewesen, ein guter Amateurboxer mit beträchtlicher Schlagkraft in beiden Armen. Nun wurde ich von meinen Urinstinkten getrieben – ein Höhlenmensch, der Rache nehmen wollte, Rache an einem Stamm, der eine Frau aus seiner Sippe stehlen wollte. Ich verspürte keine Furcht, ich wollte all dem nur ein Ende machen. Selbst wenn sämtliche Ausgeburten der Hölle aus den unterirdischen Höhlengängen dieses Moores aufstiegen! O ja, ich kannte sie – ich kannte sie von alters her, und all die uralten Kriege erwachten erneut und erschütterten die von Nebeln verdunkelten Abgründe meiner Seele. Hass erfüllte mich, Hass so alt wie die Zeit, in der meine Vorfahren aus dem Norden gekommen waren.

Beinahe hatte ich die Kreaturen, die mir den Weg versperrten, erreicht. Ich konnte ihre verkümmerten Körper erkennen, ihre knorrigen Glieder, die glänzenden, reptilienartigen Augen, die mich starr fixierten, ihre grotesken, kantigen Gesichter, die nichts Menschliches an sich hatten, und die glänzenden Dolche aus Feuerstein, die sie in ihren verkrümmten Händen hielten.

Wie ein Tiger stürzte ich mich auf sie – ich war ein Leopard unter Schakalen – und im feuerroten Wirbel dieses Kampfes ließen sich keine Einzelheiten mehr ausmachen. Was für Wesen sie auch waren, sie waren lebendig; meine fliegenden Fäuste zerquetschten ihre Fratzen und zerschmetterten ihre Knochen. Blut schwärzte die Steine, die silbern im Mondlicht leuchteten. Ein Feuersteindolch bohrte sich bis zum Griff in meinen Oberschenkel, und plötzlich löste sich das gespenstische Gedränge zu beiden Seiten hin auf – sie flohen vor mir, wie ihre Vorfahren einst vor meinen geflohen waren. Einzig vier stumme, zwergenhafte Gestalten, die ausgestreckt auf dem Boden des Moors lagen, blieben zurück.

Ungeachtet meiner Wunde nahm ich erbittert die Verfolgung auf. Joan hatte mittlerweile die Druiden-Ruine erreicht, sie lehnte völlig erschöpft an einer Säule. Blind nach Schutz suchend, hatte sie uralten Instinkten gehorcht, wie ihre weiblichen Urahnen es von jeher getan hatten.

Die fürchterlichen Kreaturen, die sie verfolgten, hatten sie fast eingeholt – sie würden sie vor mir erreichen. Das Geschehen war, weiß Gott, entsetzlich und grauenhaft, doch in den hintersten Ecken meines Geistes regte sich das leise Flüstern weit düstererer Schrecken: Erinnerungen an Träume, in denen verkrüppelte Wesen blasse Frauen über Moorlandschaften wie diese hetzten. An diesen Plätzen schlummerten uralte Erinnerungen an jene Zeiten, als die Menschheit erwachte und gegen unmenschliche Mächte kämpfte.

Meine Schwester verlor das Bewusstsein, fiel vornüber und blieb, ein bleicher, mitleiderregender Haufen Mensch, am Fuß der höchsten Säule liegen. Sie kamen immer näher und näher und näher … Ich wusste nicht, was sie vorhatten, doch die Geister der Vergangenheit flüsterten mir zu, dass es etwas Grauenhaftes, Böses sein würde, unvorstellbar grausam und unmenschlich.

Ein Schrei brach aus mir hervor, wild und unverständlich, geboren aus reinem Entsetzen und purer Verzweiflung. Ich konnte meine Schwester nicht erreichen, bevor diese Teufel ihr fürchterliches Vorhaben in die Tat umsetzten. Jahrhunderte, ganze Zeitalter, zogen vorbei. Ihre Rituale hatten sich von Beginn an nicht verändert.

Wie ich das Folgende erklären soll, weiß ich selbst nicht genau, aber ich glaube, dass mein gellender Schrei bis in die tiefsten Abgründe der Zeit zu hören war, bis zu jenen Wesen, die meine Vorfahren einst verehrten, und dass letztlich Blut dem Blute antwortete. Ich glaube, dass das Echo dieses Schreis noch in den staubigsten Korridoren verlorener Zeitalter widerhallte und den einzigen Geist, der ein Mädchen von keltischem Blute retten konnte, aus den raunenden Abgründen der Ewigkeit herausführte.

Die vordersten Kreaturen hatten das am Boden liegende Mädchen fast erreicht. Sie wollten es ergreifen, als neben ihm plötzlich eine Gestalt erschien. Sie nahm aber nicht allmählich Form an, nein, sie tauchte urplötzlich auf und zeichnete sich nun, sehr erhaben und ganz deutlich, gegen das Mondlicht ab: Neben Joan stand ein großer, weißbärtiger Mann in langen Gewändern – der Mann, den ich in meinem Traum gesehen hatte! Ein Druide, der einmal mehr dem verzweifelten

Ruf eines Mannes seines Volkes gefolgt war. Er hatte eine hohe, edle Stirn und geheimnisvolle, weit blickende Augen – so viel konnte ich erkennen, während ich weiterlief.

Der Druide erhob einen Arm in einer gebieterischen Geste, und die Kreaturen schreckten immer weiter und weiter zurück. Schließlich barst die Menge fliehend auseinander und verschwand. Ich sank neben meiner Schwester auf die Knie und nahm sie in meine Arme.

Einen Moment lang sah ich zu dem Mann hinauf – Schwert und Schild gegen die Mächte der Dunkelheit, Beschützer der hilflosen Stämme seit frühester Zeit. Er hielt seine Hand über uns, als wollte er uns segnen; dann verschwand auch er ganz plötzlich, und das Moor lag wieder kahl und still in der Nacht.

Die Kinder der Nacht

Ich weiß noch, wir waren zu sechst in Conrads bizarr ausstaffiertem Arbeitszimmer mit seinen wunderlichen Sammlerstücken aus aller Welt und den langen Reihen von Büchern, die von der Mandrake-Press-Ausgabe des Boccaccio bis zu einem *Missale Romanum* mit Eichenholzeinband, gedruckt 1740 in Venedig, reichten. Clemants und Professor Kirowan führten gerade eine etwas hitzige anthropologische Debatte: Clemants vertrat die Theorie einer originären, eigenständigen Rasse von Alpenbewohnern, während der Professor darauf beharrte, dass diese sogenannte Rasse lediglich aus den Nachfahren ursprünglich indogermanischer Völker bestehe – möglicherweise das Ergebnis einer Vermischung der südländischen oder Mittelmeervölker mit den nordischen Stämmen.

»Und wie«, fragte Clemants, »erklären Sie sich deren Brachyzephalie? Die Mittelmeervölker sind genauso langköpfig gewesen wie die Indogermanen; wie hätte eine Vermischung dieser dolichozephalen Völker einen kurzköpfigen Mischtypus hervorbringen können?«

»Unter bestimmten Bedingungen kann sich ein ursprünglich langköpfiges Volk durchaus verändern«, versetzte Kirowan. »Beispielsweise hat Boaz demonstriert, dass sich bei Einwanderern nach Amerika oft schon nach einer Generation die Schädelform verändert. Und Flinders Petrie hat gezeigt, dass sich die Langobarden innerhalb weniger Jahrhunderte von einem langköpfigen zu einem rundköpfigen Volk gewandelt haben.«

»Aber was rief diese Veränderungen hervor?«

»Vieles ist der Wissenschaft noch unbekannt«, antwortete Kirowan, »deshalb sollten wir nicht dogmatisch denken. Bis heute weiß doch niemand, weshalb die Menschen britischer und irischer Abstammung im Distrikt Darling in Australien zu ihrer ungewöhnlichen Größe heranwachsen – man nennt sie dort ›Cornstalks‹ – oder weshalb Menschen dieser Abstammung schmalere Kieferstrukturen aufweisen, nachdem sie einige Generationen in Neuengland gelebt haben. Das Universum ist ein Hort des Unerklärlichen.«

»Und damit auch des Uninteressanten, wie Machen sagt«, warf Taverel lachend ein.

Conrad schüttelte den Kopf. »Dem muss ich widersprechen. Für mich ist gerade das Unerklärliche von aufreizender Faszination.«

»Was zweifellos all die Werke über Hexerei und Dämonologie erklärt, die ich hier in Ihren Regalen sehe«, schaltete sich Ketrick in das Gespräch ein und winkte mit der Hand in Richtung der Bücherwände.

Lassen Sie mich etwas über Ketrick sagen. Wir sechs waren alle vom gleichen Schlag – Briten oder Amerikaner britischer Herkunft. Und mit ›britisch‹ meine ich alle einheimischen Völker der Britischen Inseln. Wir repräsentierten verschiedene Linien englischen und keltischen Blutes, die jedoch im Grunde genommen alle eins sind. Ketrick allerdings – der war mir schon immer seltsam fremdländisch vorgekommen. Äußerlich zeigte sich diese Andersartigkeit in seinen Augen. Sie leuchteten bernsteinfarben, beinahe schon gelb, und waren leicht abgeschrägt. Manchmal, wenn man sein Gesicht aus bestimmten Winkeln betrachtete, schienen sie so schräg zu stehen wie die eines Chinesen.

Diese Eigentümlichkeit, sehr ungewöhnlich bei einem Mann rein angelsächsischer Herkunft, war zuvor schon anderen aufgefallen. Üblicherweise schrieb man seine schrägen Augen einem hypothetischen pränatalen Einfluss zu, und ich erinnere mich, dass Professor Hendrik Brooler einmal anmerkte, Ketrick sei ohne Zweifel ein Atavismus, bei dem körperliche Merkmale eines fernen Vorfahren mongolischen Blutes aufträten – ein atypischer Atavismus, denn niemand sonst in seiner Familie wies diese Merkmale auf.

Doch Ketrick entstammt dem walisischen Zweig der Cedrics aus Sussex, und seine Erblinie ist im *Book of Peers* festgehalten. Dort kann man seine Abstammung zurückverfolgen, die lückenlos bis in die Zeit Knuts des Großen reicht. Nicht die geringste Spur einer mongolischen Beimischung tritt in seiner Genealogie zutage, und wie hätte es im alten angelsächsischen England auch zu einer solchen Vermischung kommen können? Denn Ketrick ist die moderne Form von Cedric, und auch wenn jener Zweig der Familie vor der Invasion der Dänen nach Wales geflohen ist, haben sich ihre männlichen Erben durchweg mit englischen Familien der Grenzmarschen verheiratet, und es blieb eine reine Abstammungslinie der mächtigen Sussex-Cedrics – fast rein sächsisch.

Was den Mann selbst angeht, so ist dieser Augenmakel – wenn man ihn denn als Makel bezeichnen will – das einzig Ungewöhnliche an ihm, abgesehen von einem gelegentlichen leichten Lispeln. Er ist überaus intelligent und ein zuverlässiger Freund, wenn man von einer gewissen Distanziertheit und einer etwas kaltschnäuzigen Gleichgültigkeit absieht, die aber vielleicht nur dazu dient, eine allzu sensible Natur zu verbergen.

Auf seine Bemerkung antwortete ich lachend: »Conrad widmet sich dem Geheimnisvollen und Mystischen wie andere Männer der Liebe. Auf seinen Regalen drängen sich ergötzliche Albträume jeglicher Art.«

Unser Gastgeber nickte. »Sie werden dort eine ganze Reihe vorzüglicher Delikatessen finden – Machen, Poe, Blackwood,

Maturin. Sehen Sie, hier ist eine sehr seltene Köstlichkeit: die *Horrid Mysteries* des Marquis von Grosse in der Originalausgabe aus dem 18. Jahrhundert.«

Taverel ließ seinen Blick über die Regale schweifen. »Fantastische Literatur scheint mit Werken über Hexerei, Voodoo und schwarze Magie zu wetteifern.«

»In der Tat. Historiker und Chronisten haben oft einen öden Stil, Geschichtenerzähler jedoch nie – jedenfalls die Meister unter ihnen. Ein Voodoo-Opfer kann auf so langweilige Weise geschildert werden, dass es jeglicher Fantasie beraubt zu einem simplen niederträchtigen Mord wird. Ich gebe zu, dass nur wenige Dichter die wahren Höhen des Horrors berühren – die meisten Erzählungen sind zu konkret, enthalten zu viel irdische Gestalt und Dimension. Doch in Geschichten wie Poes *Untergang des Hauses Usher,* Machens *Geschichte vom Schwarzen Siegel* und Lovecrafts *Cthulhus Ruf* – meiner Ansicht nach den drei Meisterwerken der Horrorliteratur – wird der Leser in dunkle und unirdische Reiche der Vorstellungskraft getragen.

Aber sehen Sie dort«, fuhr er fort, »dort, eingeklemmt zwischen diesem Albtraum von Huysmans und Walpoles *Schloss von Otranto:* Friedrich Wilhelm von Junzts *Unaussprechliche Kulte* – falls Sie ein Buch suchen, das Sie die ganze Nacht wach hält!«

»Ich habe es gelesen«, sagte Taverel, »und ich bin mir sicher, dass der Mann wahnsinnig ist. Sein Werk gleicht der Unterhaltung mit einem Verrückten – für eine Weile ist es von einer erstaunlichen Klarheit, doch plötzlich driftet es in Verschwommenheit und unzusammenhängendes Gefasel ab.«

Conrad schüttelte den Kopf. »Ist Ihnen je der Gedanke gekommen, dass es möglicherweise gerade seine geistige Gesundheit war, die ihn dazu veranlasste, auf diese Weise zu schreiben? Möglicherweise wagte er nicht, alles zu Papier zu bringen, was er wusste? Vielleicht sind seine vagen Vermutungen für den Wissenden ja dunkle und mysteriöse Hinweise, Schlüssel zur Lösung des Rätsels?«

»Unfug!«, kam es von Kirowan. »Wollen Sie damit andeuten, dass einige der Kulte, von denen von Junzt schreibt, bis auf den heutigen Tag überlebt haben – falls sie überhaupt jemals existierten, außer im von Albträumen geplagten Verstand eines geistig zerrütteten Poeten und Philosophen?«

»Nicht nur er benutzte versteckte Bedeutungen«, antwortete Conrad. »In vielen Werken bestimmter großer Dichter findet man Doppeldeutigkeiten. Immer wieder sind in der Vergangenheit Menschen über kosmische Geheimnisse gestolpert und haben der Welt in kryptischen Worten einen Hinweis hinterlassen. Erinnern Sie sich an von Junzts Anspielungen auf ›eine Stadt in der Einöde‹? Was halten Sie etwa von Fleckers Zeilen:

›Geh nicht hindurch! Man sagt,
in steinern Wüsten soll noch eine Rose weh'n,
Doch ohne Scharlachrot in ihrem Blatt –
und aus dem Herzen strömt kein Duft.‹

Manche mögen durch Zufall auf verborgene Geheimnisse stoßen, doch von Junzt schöpfte tief aus verbotenen Mysterien. Er ist zum Beispiel einer der wenigen gewesen, die das *Necronomicon* in der originalen griechischen Übersetzung lesen konnten.«

Taverel zuckte die Schultern, und Professor Kirowan, sosehr er auch schnaubte und grimmig an seiner Pfeife zog, antwortete nicht sofort, denn er hatte sich ebenso wie Conrad mit der lateinischen Version des Buches beschäftigt und dort Entdeckungen gemacht, die nicht einmal der nüchternste Wissenschaftler beantworten oder anfechten konnte.

»Nun«, sagte er schließlich, »selbst wenn wir die frühere Existenz von Kulten einräumen, die solche unaussprechlichen und grauenhaften Götter und Wesenheiten wie Cthulhu, Yog-Sothoth, Tsathoggua, Gol-Goroth und dergleichen anbeteten – so kann ich doch unmöglich glauben, dass die Überreste dieser Kulte in den dunklen Ecken unserer heutigen Welt lauern.«

Zu unserer Überraschung kam die Antwort darauf von Clemants. Ein großer, hagerer Mann, schweigsam, fast schon wortkarg, dessen zähes Ringen gegen die Armut seiner Jugendzeit tiefere Spuren in seinem Gesicht hinterlassen hatte, als es seinem Alter gemäß schien. Wie viele andere Künstler führte er ein ausgesprochen zwiespältiges literarisches Leben – seine Abenteuerromane sicherten ihm ein großzügiges Einkommen, während sein Redakteursposten beim *Cloven Hoof* ihm die gewünschte künstlerische Plattform verschaffte. Der *Cloven Hoof* war eine Poesiezeitschrift, deren bizarre Inhalte schon oft das schockierte Interesse der konservativen Kritiker geweckt hatten.

»Sie werden sich erinnern, dass von Junzt in seinem Buch einen sogenannten Bran-Kult erwähnt«, sagte Clemants, während er seinen Pfeifenkopf mit einer besonders scheußlichen Sorte Shagtabak stopfte. »Ich meine einmal gehört zu haben, wie Sie und Taverel sich darüber unterhalten haben.«

»Wie ich seinen Hinweisen entnehme«, schnaubte Kirowan, »rechnet von Junzt diesen Kult jenen zu, die angeblich noch existieren. Das ist absurd.«

Clemants schüttelte den Kopf. »Als ich ein junger Mann war und mich durch die Universität mühte, hatte ich als Zimmergenossen einen Burschen, der ebenso arm und ehrgeizig war wie ich. Sie wären überrascht, würde ich Ihnen seinen Namen nennen. Obwohl er einer alten schottischen Familie aus Galloway entstammte, war er ganz offensichtlich von nicht indogermanischem Typus.

Was ich Ihnen hier erzähle, ist natürlich streng vertraulich. Mein Zimmergenosse redete im Schlaf. Nach und nach konnte ich mir etwas aus seinem wirren Gemurmel zusammenreimen. Und dabei hörte ich zum ersten Mal von diesem uralten Kult, den von Junzt erwähnt; von einem König, der das Dunkle Imperium regierte, welches das Erbe eines noch älteren und dunkleren Reiches angetreten hatte, dessen Wurzeln bis in die Steinzeit zurückreichen; und von der riesigen, namenlosen Höhle, in welcher der *Dunkle Mann* steht – das Bildnis von Bran Mak Morn, von Meisterhand nach seinem Abbild aus Stein gehauen, als der große König noch gelebt hat, und zu dem jeder Anbeter Brans einmal in seinem Leben eine Pilgerfahrt unternimmt. Ja, dieser Kult hat bis heute in den Nachfahren von Brans Volk überlebt – als lautlose, unbekannte Strömung im großen Meer des Lebens wartet er darauf, dass das steinerne Abbild des glorreichen Bran zu plötzlichem Leben erwacht und aus seiner Höhle hervorkommt, um sein verlorenes Imperium erneut zu errichten.«

»Und wer sind die Bewohner dieses Reiches gewesen?«, wollte Ketrick wissen.

»Pikten«, antwortete Taverel. »Zweifelsohne war das Volk, das später als die wilden Pikten von Galloway bekannt wurde, vorwiegend keltisch – eine Mischung aus gälischen, kymrischen, indigenen und möglicherweise teutonischen Elementen. Ob sie ihren Namen von einem älteren Volk übernahmen oder diesem Volk ihren Namen liehen, ist bislang umstritten. Aber wenn von Junzt von Pikten redet, so meint er ausdrücklich dieses kleinwüchsige, dunkle, Knoblauch essende Volk mediterraner Abstammung, das die neolithische Kultur nach Britannien gebracht hat. Sie waren die ersten Besiedler dieses Landes, und sie waren es, auf die sich die Geschichten über Erdgeister und Kobolde bezogen.«

»Da muss ich Ihnen widersprechen«, meinte Conrad. »Die Legenden schreiben den Sagengestalten ein deformiertes und wenig menschenähnliches Erscheinungsbild zu. Die Pikten jedoch hatten nichts an sich, was ein solches Entsetzen und eine solche Abscheu bei den indogermanischen Völkern hervorrufen konnte. Ich denke eher, dass dem mediterranen Volk ein mongolider Typus vorausging, auf einer sehr niedrigen Entwicklungsstufe, der Anlass zu diesen Geschichten…«

»Das mag sein«, unterbrach Kirowan, »aber ich glaube kaum, dass sie den Pikten, wie Sie sie nennen, nach Britannien vorausgingen. Troll- und Zwergenlegenden finden wir überall auf dem Kontinent, und ich neige zu der Annahme, dass die mediterranen und indogermanischen Völker diese Legenden vom Kontinent mitbrachten. Sie müssen wenig Menschenähnliches an sich gehabt haben, diese frühen Mongolenvölker.«

»Jedenfalls«, sagte Conrad, »habe ich hier ein Feuersteinbeil, das ein Bergarbeiter in den walisischen Hügeln gefunden und mir überlassen hat. Die Herkunft des Werkzeugs konnte nie ganz geklärt werden. Es ist offensichtlich nicht von der üblichen neolithischen Machart. Sehen Sie, wie klein es im Vergleich mit den meisten anderen Gerätschaften aus jener Zeit ausfällt, fast wie ein Kinderspielzeug. Und doch ist es überraschend schwer, und zweifelsohne konnte damit ein tödlicher Schlag geführt werden. Ich habe einen Stiel dafür angefertigt, und Sie wären überrascht, wie schwierig es sich darstellte, ihm eine Form und Balance zu geben, die zum Steinkopf passt.«

Wir betrachteten das Werkzeug. Sorgfältig gefertigt und oberflächlich poliert, so wie andere Relikte aus dem Neolithikum, die ich gesehen hatte, und trotzdem schien es, wie Conrad schon sagte, auf seltsame Weise anders zu sein. Die geringe Größe wirkte merkwürdig beunruhigend, denn ansonsten sah es keinesfalls wie ein Spielzeug aus. Es beschwor ähnlich unheilvolle Assoziationen herauf wie ein aztekischer Opferdolch. Conrad hatte den Eichenstiel mit außergewöhnlichem Geschick gefertigt, und indem er ihn passend zum Kopf geschnitzt hatte, war es ihm gelungen, ihm ein ähnlich fremdartiges Aussehen zu verleihen wie dem Beil selbst. Er hatte sogar die Handwerkskunst der Urzeit kopiert und den Kopf mit Lederschnüren im Spalt des Stiels befestigt.

»Du meine Güte!« Taverel simulierte mit dem Beil einen unbeholfenen Ausfall gegen einen imaginären Gegner und hätte dabei beinahe eine kostbare Shang-Vase zerschlagen. »Die Balance dieser Waffe ist ja völlig exzentrisch; ich müsste meine ganze Körperhaltung und mein Gleichgewicht ändern, um damit umzugehen.«

»Lassen Sie mich mal sehen.« Ketrick nahm das Werkzeug und versuchte ungeschickt, das Geheimnis seiner Handhabung zu entschlüsseln. Schließlich, schon leicht verärgert, schwang er es in die Höhe und schlug energisch nach einem Schild, der dort an der Wand hing. Ich stand direkt daneben, sah, wie sich das höllische Beil in seiner Hand wie eine lebende Schlange wand und seinen Arm aus der Schlagrichtung riss. Ich hörte einen erschrockenen Warnruf – und dann umfing mich Dunkelheit, als mich der Stein am Kopf traf.

Langsam kam ich wieder zu Bewusstsein. Zuerst gab es da nur ein dumpfes Gefühl der Blindheit und der völligen Desorientierung; ich wusste nicht, wo oder was ich war. Dann ein vager Eindruck von Leben und Sein, und ich spürte, wie sich etwas Hartes schmerzhaft in meine Seite drückte. Und schließlich lichteten sich die Nebel, und ich kam vollends zur Besinnung.

Ich lag auf dem Rücken, halb in einem Gestrüpp. Mein Kopf pochte entsetzlich. Mein Haar war mit klumpigem Blut verklebt, das offenbar von einer Kopfverletzung herrührte. Doch meine Augen wanderten über meine Gliedmaßen und meinen Körper – nackt bis auf einen Lendenschurz aus Hirschleder und Sandalen aus dem gleichen Material – und entdeckten keine weiteren Wunden. Das, was sich da so unangenehm in meine Seite presste, musste meine Axt sein, auf die ich gestürzt war.

Jetzt drang ein abscheuliches Gebrabbel an meine Ohren und riss mich endgültig aus der Benommenheit. Die Laute erinnerten entfernt an Sprache, aber nicht an Sprache, wie Menschen sie gewohnt waren. Es klang mehr wie das wiederholte Zischen vieler großer Schlangen.

Entsetzt schlug ich die Augen auf. Ich befand mich in einem ausgedehnten, düsteren Wald. Die Lichtung lag ganz im Schatten, daher wirkte sie selbst im Tageslicht sehr dunkel. Aye – dieser Wald war dunkel, kalt, still, gigantisch und überaus grausig. Und ich blickte direkt auf die Lichtung.

Mir bot sich ein Schlachtfeld. Fünf Männer lagen dort – oder das, was einmal fünf Männer gewesen waren. Als ich ihre entsetzlichen Verstümmelungen gewahrte, schrie meine Seele auf. Und über ihnen kauerten die … *Kreaturen.* Sie waren wohl so etwas wie Menschen, auch wenn sie mir nicht so vorkamen. Klein und stämmig, mit klobigen Köpfen, zu groß für ihre dürren Körper. Ihr Haar wirkte verfilzt und strähnig, ihre Gesichter breit und plump, mit flachen Nasen, grässlich schiefen Augen, einem schmalen Spalt als Mund und spitzen Ohren. Gekleidet waren sie in Tierhäute, so wie ich, doch diese Häute schienen nur grob bearbeitet zu sein. Sie trugen kleine Bogen und Pfeile mit Feuersteinspitzen, Steinmesser und Keulen. Und sie kommunizierten mit Lauten, die so abscheulich waren wie sie selbst, mit zischenden, reptilienhaften Lauten, die mich mit Entsetzen und Abscheu erfüllten.

Oh, ich hasste sie; mein Geist tobte in weißglühender Wut. Und jetzt erinnerte ich mich auch: Wir hatten gejagt, wir sechs jungen Männer des Schwertvolkes, tief waren wir in diesen düsteren Wald gewandert, den unser Volk für gewöhnlich mied. Müde von der Jagd hatten wir eine Rast eingelegt; mir wurde die erste Wache übertragen, denn in jenen Tagen war kein

Schlaf sicher ohne einen Wachtposten. Jetzt zerrissen Scham und Ekel mein Inneres. Ich war eingeschlafen – hatte meine Gefährten im Stich gelassen. Und da lagen sie, erschlagen und zerfleischt – abgeschlachtet im Schlaf von diesem Ungeziefer, das es nie gewagt hätte, sich ihnen im fairen Kampf zu stellen. Ich, Aryara, hatte ihr Vertrauen verraten.

Aye, ich erinnerte mich. Ich war eingeschlafen, und mitten in einem Traum von der Jagd explodierten plötzlich Feuer und Funken in meinem Kopf und ich versank in eine noch tiefere Dunkelheit, in der es keine Träume gab. Und dies erwies sich als meine Strafe. Die Kreaturen, die uns verstohlen durch den dichten Wald gefolgt waren und mich bewusstlos geschlagen hatten, hatten sich nicht damit aufgehalten, mich ebenfalls zu verstümmeln. Sie hielten mich für tot und machten sich eilig an ihre grausige Arbeit. Und jetzt mochten sie mich vorübergehend vergessen haben. Ich hatte etwas abseits der anderen gesessen, und als sie mich niederschlugen, war ich halb unter einige Büsche gestürzt. Bald jedoch würden sie sich wieder meiner entsinnen. Und dann würde ich nie wieder jagen, nie wieder die Tänze von Jagd und Liebe und Krieg tanzen, nie mehr die Flechthütten des Schwertvolkes erblicken.

Aber ich hatte auch gar nicht den Wunsch, zu meinem Volk zurückzukehren. Sollte ich etwa mit meiner Geschichte von Schande und Ehrlosigkeit angekrochen kommen? Sollte ich mir die Worte der Verachtung anhören, mit denen mein Stamm mich bedachte, sollte ich mir ansehen, wie die Mädchen verächtlich mit dem Finger auf den jungen Mann zeigten, der auf der Wache eingeschlafen war und seine Gefährten den Messern dieses Gewürms überantwortet hatte?

Tränen brannten in meinen Augen, und ein brütender Hass stieg in meiner Brust und meinem Geist auf. Niemals würde ich das Schwert des Kriegers tragen, niemals über würdige Gegner triumphieren und ehrenvoll unter den Pfeilen der Pikten oder den Äxten des Wolfsvolkes oder des Stamms unten am Fluss sterben. Nein, ich würde den Tod durch die Hand dieses widerlichen Gesindels finden, das die Pikten schon vor langer Zeit wie Ratten in das Dickicht des Waldes getrieben hatten.

Und eine rasende Wut ergriff mich und trocknete meine Tränen, ersetzte sie durch die Berserkerglut des Zornes. Wenn diese Reptilien mir mein Ende bereiten wollten, dann musste ich dafür sorgen, dass es ein Ende wurde, das sie so schnell nicht vergaßen – falls solche Tiere überhaupt ein Gedächtnis besaßen.

Ganz vorsichtig bewegte ich meine Hand, bis sie auf dem Griff meiner Axt zu liegen kam. Und dann rief ich Il-marinen an und sprang auf wie ein Tiger. Und wie ein Tiger fuhr ich zwischen meine Feinde und zerschmetterte einen flachen Schädel, wie man den Kopf einer Schlange zertritt. Ein wildes Geschrei erhob sich unter meinen Opfern, und für einen Moment scharten sie sich um mich und schlugen und stachen auf mich ein. Ein Messer versetzte mir einen Schnitt über die Brust, doch ich beachtete ihn nicht. Ein roter Nebel wogte vor meinen Augen, Gliedmaßen und der ganze Körper bewegten sich im Einklang mit meinem kämpfenden Geist. Fauchend hackte und schlug ich um mich wie ein Tiger unter Reptilien. Nur Augenblicke später wichen sie zurück und flohen, ließen mich mit einem halben Dutzend verkümmerter Leichen zurück. Aber mein Blutdurst war noch nicht gestillt.

Ich verfolgte den Größten von ihnen, dessen Kopf mir höchstens bis zur Schulter reichte und der ihr Anführer zu sein schien. Er floh eine Art Trampelpfad entlang, kreischte dabei wie eine monströse Eidechse, und als ich ihn fast erreicht hatte, tauchte er mit schlangenartigem Geschick in die Büsche ab. Doch ich war zu schnell für ihn, und so zerrte ich ihn heraus und schlachtete ihn auf blutrünstigste Weise ab.

Und durch die Büsche sah ich den Pfad, den er zu erreichen versucht hatte – einen Pfad, der sich zwischen den Bäumen wand, beinahe zu schmal, um einem Menschen normaler Größe die Fortbewegung zu ermöglichen. Ich hackte den abscheulichen Kopf meines Opfers ab, und mit dieser grausigen Trophäe in der Linken ging ich die geschlängelte Fährte entlang, die blutige Axt in der anderen Hand haltend.

Als ich nun eilig den Pfad entlangging und bei jedem Schritt das Blut aus der durchtrennten Halsader meines Feindes auf meine Füße spritzte, dachte ich über jene nach, die ich da jagte. Aye, wir hatten vor ihnen eine so geringe Achtung, dass wir am Tage sorglos in dem Wald jagten, in dem sie ihr Unwesen trieben. Wie sie sich selber nannten, hatten wir nie erfahren, denn keiner aus unserem Stamm hatte je dieses verfluchte Zischen erlernt, das sie als Sprache benutzten. Doch wir nannten sie *Kinder der Nacht*. Und Nachtwesen waren sie, denn sie schlichen durch die Tiefen der dunklen Wälder und ihre unterirdischen Behausungen und wagten sich nur dann in das Hügelland vor, wenn ihre Bezwinger schliefen. Nur des Nachts begingen sie ihre niederträchtigen Untaten – das schnelle Zustoßen eines Feuersteinmessers, um ein Stück Vieh abzuschlachten, manchmal auch einen vom Weg abgeirrten Menschen, oder sie entführten ein Kind, das sich zu weit vom Dorf entfernt hatte.

Doch es war mehr als das, was ihnen ihren Namen eingebracht hatte. Sie konnten wahrhaftig als Bewohner der Nacht und der Dunkelheit und der uralten grauenerfüllten Schatten längst vergangener Zeiten gelten. Denn diese Kreaturen waren alt und entstammten einem vergessenen Zeitalter. Sie hatten einst dieses Land überrannt und besessen; später hatten sie die finsteren, grimmigen Pikten dann ins Dunkel der Wälder vertrieben. Jene Pikten, mit denen wir nun im Krieg lagen und die sie ebenso hassten und verabscheuten wie wir.

Die Pikten unterschieden sich äußerlich von uns, sie waren untersetzt und hatten eine dunklere Haut und ebensolche

Augen und Haare, während wir hochgewachsen und kräftig aufragten, mit blondem Haar und hellen Augen. Aber trotz allem waren sie vom gleichen Schlag wie wir. Diese Kinder der Nacht dagegen betrachteten wir mit ihren deformierten zwergenhaften Körpern, der gelben Haut und den abstoßenden Gesichtern nicht als Menschen. Aye, sie waren Reptilien. Nichts als Ungeziefer.

Und mein Geist schien vor Zorn platzen zu wollen, als ich darüber nachdachte, mit diesem Ungeziefer meine Axt zu tränken und anschließend zu sterben. Bah! Es liegt keine Ehre darin, Schlangen abzuschlachten oder an ihren Bissen zu verrecken. Meine ganze Wut und wilde Enttäuschung richtete sich auf die Objekte meines Hasses, und mit dem altbekannten roten Nebel vor meinen Augen schwor ich bei allen Göttern, die ich kannte, vor meinem Tod ein solch blutiges Gemetzel anzurichten, dass die Überlebenden sich meiner mit Entsetzen erinnerten.

Mein Volk würde mich dafür nicht in Ehren halten, denn zu sehr verachtete es die Kinder der Nacht. Doch diejenigen, die ich am Leben ließ, würden sich mit Schaudern an mich erinnern. Das schwor ich und verstärkte den Griff um meine Axt, deren Blatt aus Bronze bestand, fest mit Lederschnüren in einem Spalt des Eichengriffs befestigt.

Nun hörte ich ein abscheuliches zischendes Gemurmel, und ein widerlicher Gestank wehte mir durch die Bäume entgegen – menschlich, ja, aber zugleich weniger als menschlich. Einige Augenblicke später trat ich aus den tiefen Schatten auf einen großen freien Platz. Noch nie zuvor hatte ich ein Dorf der Kinder der Nacht gesehen. Es handelte sich um eine Ansammlung von Lehmkuppeln mit niedrigen, halb in den Boden eingelassenen Eingängen; armselige Behausungen, halb über und halb unter der Erde. Aus den Erzählungen alter Krieger wusste ich, dass diese Bauten durch unterirdische

Gänge miteinander verbunden waren, das ganze Dorf ähnelte also mehr einem Ameisennest oder einem Gewirr von Schlangenlöchern. Und ich fragte mich, ob nicht von hier aus andere unterirdische Gänge ausgingen und erst weit entfernt von den Dörfern zurück ans Tageslicht kamen.

Vor den Lehmbauten hatte sich zischend und plappernd eine große Gruppe dieser Kreaturen zusammengerottet.

Ich hatte meinen Schritt beschleunigt, und als ich nun aus der Deckung brach, tat ich es mit der Leichtfüßigkeit meines Volkes. Ein wildes Geschrei erhob sich aus dem Gebrabbel, als die Kreaturen den Rächer hoch aufragend, blutüberströmt und mit blitzenden Augen aus dem Wald stürmen sahen. Mit wütendem Gebrüll schleuderte ich das rot triefende Haupt zwischen sie und stürzte mich wie ein verwundeter Tiger in das dichteste Getümmel.

Oh, jetzt gab es kein Entkommen mehr für sie! Sie hätten vielleicht in ihre Gänge fliehen können, aber ich wäre ihnen gefolgt bis in die tiefsten Eingeweide der Hölle. Sie wussten, sie mussten mich töten, und so umringten sie mich, 100 Mann stark.

Da gab es kein wildes Auflodern glorreicher Wut in meinem Geist, wie ich es gegen einen ehrenvollen Feind empfunden hätte. Aber der alte Berserkerwahn meines Volkes tobte in meinem Blut, und der Geruch nach Tod und Verderben stieg in meine Nase.

Ich weiß nicht, wie viele von ihnen ich niedermetzelte. Ich weiß nur, dass sie wie eine wimmelnde, tödliche Masse über mich herfielen, so wie Schlangen über einen Wolf, und dass ich sie niedermähte, bis die Klinge meiner Axt schartig und verbogen und der Griff kaum mehr als ein Knüppel war; ich zerschmetterte Schädel, spaltete Köpfe, zermalmte Knochen und verspritzte Blut und Gehirnmasse in einem einzigen blutigen Opferfest für Il-marinen, den Gott des Schwertvolkes.

Aus Dutzenden von Wunden blutend, halb geblendet von einem Schnitt über den Augen, spürte ich, wie ein Steinmesser tief in meine Leiste eindrang und zur selben Zeit eine Keule meine Kopfhaut aufriss. Ich ging in die Knie, aber ich kämpfte mich erneut hoch und gewahrte in einem dichten roten Nebel einen Ring von heimtückisch grinsenden, schiefäugigen Gesichtern. Ich schlug um mich wie eine sterbende Raubkatze, und die Gesichter zerplatzten zu blutigen Fratzen.

Als ich niedersank, aus dem Gleichgewicht gebracht von der Heftigkeit meines Schlages, umklammerte eine klauenbewehrte Hand meine Kehle, und ein Steinmesser wurde zwischen meine Rippen getrieben und brutal herumgedreht. Unter einem Hagel von Schlägen ging ich zu Boden, aber der Mann mit dem Messer lag unter mir, und mit meiner linken Hand fand ich ihn und brach ihm das Genick, bevor er sich davonwinden konnte.

Das Leben wich nun rasch aus mir; durch das Zischen und Heulen der Kinder der Nacht konnte ich die Stimme von Il-marinen vernehmen. Und noch einmal kämpfte ich mich trotzig hoch, in einem Wirbelwind aus Keulen und Speeren. Ich konnte meine Feinde nicht länger sehen, nur noch den roten Nebel.

Aber ich konnte ihre Schläge spüren und wusste, dass sie auf mich eindrangen. Ich stemmte meine Füße in den Boden, packte den schlüpfrigen Stiel der Axt mit beiden Händen, und indem ich noch einmal Il-marinen anrief, hob ich die Waffe und teilte einen letzten verheerenden Schlag aus. Ich muss auf meinen Füßen gestorben sein, denn ich spürte keinen Fall; und während ich wusste, mit einem letzten Aufwallen von Wildheit, dass ich traf, während ich das Zersplittern von Schädeln unter meiner Axt spürte, überschwemmten mich Dunkelheit und Vergessen.

Unvermittelt kam ich zu mir. Ich saß zurückgelehnt in einem großen Sessel, während Conrad mir Wasser ins Gesicht spritzte. Mein Kopf schmerzte, etwas Blut war mir ins Gesicht gelaufen und halb getrocknet. Kirowan, Taverel und Clemants umringten mich mit besorgten Gesichtern, während Ketrick direkt vor mir stand, mit einer Miene höflicher Bestürzung, die seine Augen nicht widerspiegelten. Er hielt noch immer das Beil in der Hand. Beim Anblick dieser verfluchten Augen wallte eine blutrote Raserei in mir auf.

»Sehen Sie«, sagte Conrad gerade, »ich habe Ihnen doch gesagt, dass er gleich wieder zu sich kommt; es ist nur ein leichter Schlag gewesen. Er hat schon Schlimmeres eingesteckt. Alles wieder in Ordnung, nicht wahr, O'Donnel?«

Doch ich stieß ihn zur Seite und stürzte mich mit einem hasserfüllten Knurren auf Ketrick. Er wurde völlig überrumpelt und hatte keine Chance, sich zu wehren. Meine Hände umklammerten seine Kehle, und gemeinsam krachten wir auf die Überreste eines Diwans. Die anderen schrien überrascht und entsetzt auf und sprangen vor, um uns zu trennen – oder besser gesagt: mich von meinem Opfer herunterzureißen, denn Ketricks schräge Augen traten ihm bereits aus den Höhlen.

»Um Gottes willen, O'Donnel!«, schrie Conrad, während er versuchte, meinen Griff zu lösen. »Was ist denn in Sie gefahren? Ketrick hat Sie doch nicht absichtlich geschlagen – lassen Sie los, Sie Idiot!«

Ein wilder Zorn überkam mich, Zorn auf diese Männer, die meine Freunde waren, Männer meines eigenen Stammes, und ich verfluchte sie und ihre Blindheit, als es ihnen endlich gelang, meine strangulierenden Finger von Ketricks Hals zu lösen. Verzweifelt nach Luft schnappend, setzte er sich auf und tastete die blauen Abdrücke ab, die meine Finger hinterlassen hatten, während ich tobte und fluchte und mich fast aus dem gemeinsamen Griff der vier anderen winden konnte.

»Ihr Narren!«, schrie ich. »Lasst los! Lasst mich meine Pflicht als Mann meines Stammes tun! Was schert mich der jämmerliche Schlag, mit dem er mich getroffen hat – er und seinesgleichen haben mir härtere Schläge versetzt, in vergangenen Zeitaltern. Ihr Narren, er ist gezeichnet mit dem Brandmal des Tieres – des Reptils –, des Ungeziefers, das wir vor Jahrhunderten ausgerottet haben! Ich muss ihn zertreten, ihn ausmerzen, die unschuldige Erde vom Fluch seiner Besudelung befreien!«

So wütete und tobte ich, bis Conrad Ketrick keuchend über die Schulter zurief: »Gehen Sie, schnell! Er hat den Verstand verloren! Er ist übergeschnappt! Gehen Sie ihm besser aus dem Weg.«

Und nun blicke ich hinaus auf das Hügelland und die Anhöhen und dichten Wälder dahinter und denke nach. Irgendwie hat mich der Schlag dieses uralten verfluchten Steinbeils zurück in ein anderes Zeitalter und ein anderes Leben geworfen. Während ich Aryara gewesen bin, war ich mir keines anderen Lebens bewusst. Kein Traum, eher ein verirrter Splitter einer Realität, in der ich, John O'Donnel, einst lebte und starb und in die ich durch einen unbeabsichtigten Schlag gegen den Kopf über die Abgründe von Raum und Zeit hinweg zurückversetzt wurde. Die verschiedenen Zeiten sind wie Zahnräder, die nicht ineinandergreifen, sondern sich gegenseitig ignorierend vor sich hin mahlen. Gelegentlich jedoch – oh, sehr selten! – greifen die Zähne ineinander; die Teile des Puzzles setzen sich für einen kurzen Augenblick zusammen und gestatten dem Menschen einen flüchtigen Blick hinter den Schleier dieser alltäglichen Blindheit, die wir Realität nennen.

Ich bin John O'Donnel, und ich war Aryara, der träumte von glorreichen Schlachten und Jagden und Festen und der starb auf einem blutigen Leichenhaufen seiner Feinde in einem vergessenen Zeitalter. Aber in welchem Zeitalter? Und wo?

Die letzte Frage kann ich beantworten. Berge und Flüsse ändern ihre Form, Landschaften wandeln sich – doch das Hügelland bleibt. Ich blicke auf das Land hinaus und erinnere mich daran, nicht nur mit John O'Donnels Augen, sondern auch mit Aryaras. Das Hügelland hat sich kaum verändert. Nur der große Wald ist geschrumpft und an vielen Stellen ganz verschwunden. Aber hier in diesem Hügelland hat Aryara gelebt und gekämpft und geliebt, und in jenem Wald ist er gestorben. Kirowan hatte unrecht. Die kleinen, wilden, dunklen Pikten sind nicht die ersten Menschen auf den Inseln gewesen. Vor ihnen waren schon andere Wesen hier – aye, die Kinder der Nacht. Legenden – nein, die Kinder der Nacht waren uns nicht unbekannt, als wir auf die Insel gekommen sind, die heute Britannien heißt. Schon vorher sind wir ihnen begegnet, lange vorher. Wir erzählten uns bereits Legenden über sie. Aber wir fanden sie in Britannien wieder. Die Pikten hatten sie nicht vollständig ausgerottet.

Und die Pikten sind auch nicht, wie so viele glauben, Jahrhunderte vor uns gekommen. Wir haben sie bei unserer Ankunft vor uns hergetrieben, auf der langen Wanderung aus dem Osten. Ich, Aryara, kenne alte Männer, die noch an dieser jahrhundertelangen Wanderung teilgenommen hatten; die als Säuglinge in den Armen blonder Frauen über unzählige Meilen von Wald und Ebenen getragen worden und als junge Männer in der Vorhut der Invasoren marschiert waren.

Was das Zeitalter angeht – dazu vermag ich nicht viel zu sagen. Aber ich, Aryara, bin zweifelsohne ein Indogermane, genau wie mein Volk indogermanisch war – und Teil einer der unzähligen unbekannten und nirgendwo verzeichneten Völkerwanderungen, durch die sich blonde, blauäugige Stämme über die ganze Welt verteilten. Die Kelten sind nicht die Ersten gewesen, die in das westliche Europa kamen. Ich, Aryara, bin vom selben Blut und gleichen Erscheinungsbild wie die Menschen, die Rom plünderten, aber meine Abstammungslinie reicht noch viel weiter zurück. Von der Sprache, die ich spreche, ist kein Echo im wachen Geist von John O'Donnel verblieben, aber ich weiß, dass Aryaras Idiom sich zum Altkeltischen verhält wie das Altkeltische zum modernen Gälisch.

Il-marinen! Ich erinnere mich an den Gott, den ich angerufen habe, den uralten Gott der Metallbearbeitung – damals Bronze. Denn Il-marinen war einer der Urgötter der Indogermanen, aus dem viele andere Götter hervorgingen; im Zeitalter des Eisens nannte man ihn Wieland und Vulkan. Aber für Aryara war er Il-marinen.

Und Aryara – er war nur ein Mann aus vielen Stämmen und vielen Wanderungen. Nicht nur das Schwertvolk kam und lebte in Britannien. Vor uns war das Flussvolk hier, und das Wolfsvolk kam nach uns. Indogermanen wie wir, helläugig, groß und blond. Wir kämpften gegen sie, aus den gleichen Gründen, aus denen die zahlreichen Zweige der Indogermanen schon immer gegeneinander gekämpft hatten, genau wie die Achäer gegen die Dorier kämpften, wie die Kelten und Germanen sich gegenseitig die Kehlen durchschnitten – aye, genau wie die Hellenen und die Perser, die einst als ein Volk auf Wanderschaft gingen, sich dann aber auf dem langen Treck in zwei unterschiedliche Richtungen wandten und Jahrhunderte später erneut aufeinandertrafen und Griechenland und Kleinasien mit Blut tränkten.

Aber man muss verstehen, dass ich das alles nicht als Aryara wusste. Ich, Aryara, hatte keine Ahnung von diesen weltumspannenden Wanderungen meines Volkes. Ich wusste nur, dass wir Eroberer waren, dass meine Vorfahren vor einem Jahrhundert noch in den großen Ebenen weit im Osten gelebt hatten, Ebenen, bevölkert mit grimmigen, gelbhaarigen, helläugigen Menschen wie mir; dass meine Vorfahren in einer großen Wanderung nach Westen gezogen waren; und dass meine Stammesangehörigen, wenn sie bei dieser Wanderung auf die Stämme anderer Völker trafen, diese zertraten und vernichteten. Und wenn sie auf andere gelbhaarige, helläugige Stämme trafen, sei es von früheren oder neueren Wanderungen, kämpften sie brutal und gnadenlos gegen sie, entsprechend den alten, unlogischen Gebräuchen der Indogermanen.

All das wusste Aryara, und ich, John O'Donnel, der so viel mehr und doch so viel weniger weiß, als ich, Aryara, wusste, habe das Wissen dieser beiden Identitäten vereint und bin dabei zu Schlussfolgerungen gelangt, die viele geachtete Forscher und Historiker verblüffen und erschrecken dürften.

Eine Tatsache jedoch ist wohlbekannt: In einem sesshaften und friedlichen Leben degenerieren Indogermanen schnell. Die ihnen gemäße Lebensweise ist das Nomadentum. Wenn sie sesshaft werden und Ackerbau betreiben, bereiten sie damit den Weg für ihren Niedergang; und wenn sie sich hinter Stadtmauern einpferchen, besiegeln sie ihr Schicksal. Denn ich, Aryara, erinnere mich an die Geschichten der alten Männer – wie die Söhne des Schwertes auf ihrer langen Wanderung auf Dörfer weißhäutiger, blonder Menschen stießen, die schon Jahrhunderte zuvor nach Westen gezogen waren und ihr Nomadenleben aufgegeben hatten, um neben den dunklen, Knoblauch essenden Völkern zu leben und sich ihren Lebensunterhalt aus der Scholle zu holen. Und die alten Männer erzählten davon, wie weich und schwach sie waren und wie schnell sie unter den Bronzeschwertern des Schwertvolkes fielen.

Und folgt denn nicht die gesamte Geschichte der indogermanischen Völker diesem Muster? Man sehe sich nur an, wie schnell die Perser auf die Meder folgten, die Griechen auf die Perser, die Römer auf die Griechen und die Germanen auf die Römer. Aye, und die Normannen beerbten die germanischen Stämme, als diese nach einem Jahrhundert des Friedens und der Untätigkeit weich wurden, und nahmen diesen die Beute weg, die sie in den südlichen Ländern geraubt hatten.

Aber lassen Sie mich über Ketrick reden. Ha – die Nackenhaare sträuben sich mir, sobald nur sein Name erwähnt wird! Ein Atavismus, aye, ein Rückfall auf alte Abstammungsmerkmale – aber nicht die Merkmale eines modernen Chinesen oder Mongolen. Die Dänen hatten seine Vorfahren in die Hügel von Wales getrieben, und dort, in welchem mittelalterlichen Jahrhundert und auf welch heimtückische Weise auch immer, hat sich dieser verfluchte urzeitliche Makel in das reine sächsische Blut der keltischen Linie eingeschlichen, um lange Jahre im Verborgenen zu schlummern. Die keltischen Waliser haben sich ebenso wenig mit den Kindern der Nacht vermischt wie die Pikten. Aber es muss Überlebende gegeben haben – Überreste dieses Ungeziefers, lauernd in jenen düsteren Hügeln, die über ihre Zeit hinaus fortbestanden haben. Schon zu Aryaras Zeiten waren sie kaum menschlich. Wie müssen sich tausend Jahre der Degeneration auf sie ausgewirkt haben?

Welche schändliche Kreatur schlich sich in einer längst vergessenen Nacht in die Burg der Ketricks oder stürzte sich aus dem Halbdunkel auf eine Frau des Stammes, die allein die Hügel durchstreifte?

Die Vorstellungskraft schreckt vor diesem Bild zurück. Aber eins weiß ich: Es muss noch Überlebende aus jener abscheulichen reptilienhaften Epoche gegeben haben, als die Ketricks nach Wales kamen. Vielleicht gibt es sie heute noch. Doch dieser Wechselbalg, dieser Bastard der Finsternis, diese Horrorgestalt, die den noblen Namen der Ketricks trägt – er ist mit dem Zeichen der Schlange gebrandmarkt, und bis zu seiner Vernichtung wird es keine Rast für mich geben. Nun, da ich weiß, was er wirklich ist, verpestet er die saubere Luft und hinterlässt den Schleim des Schlangengezüchts auf der grünen Erde. Der Klang seiner lispelnden, zischenden Stimme erfüllt mich mit einem schleichenden Grauen, und der Anblick seiner schiefen Augen weckt in mir die Raserei.

Denn ich entstamme einem königlichen Volk, und so etwas wie er ist eine ständige Beleidigung und Bedrohung, wie eine Schlange, die zu meinen Füßen kriecht. Ich gehöre einem majestätischen Volk an, auch wenn es mittlerweile durch die ständige Vermischung mit eroberten Völkern degeneriert und im Niedergang begriffen ist. Die verschiedenen Wellen fremden Blutes haben mein Haar schwarz werden lassen und meine Haut abgedunkelt, aber noch immer verfüge ich über die herrschaftliche Statur und die blauen Augen eines königlichen Indogermanen.

Und ebenso, wie meine Vorfahren – und ich, Aryara – den Abschaum, der sich unter unseren Füßen wand, vernichtet haben, so werde ich, John O'Donnel, diese heimtückische Kreatur ausmerzen, diese monströse Brut mit ihrem reptilienhaften Makel, der so lange ungeahnt in den unverdorbenen angelsächsischen Adern schlummerte; dieses kriecherische Schlangenwesen, das der Söhne der Indogermanen spottet. Es heißt, der Schlag, den ich erhielt, habe meinen Verstand beeinträchtigt, doch ich weiß, dass er mir lediglich die Augen öffnete.

Mein uralter Feind wandert oft allein durch die Moore, angetrieben von ererbten Begierden, auch wenn es ihm nicht bewusst sein mag. Und auf einer dieser einsamen Wanderungen werde ich ihm begegnen, und wenn ich ihn treffe, breche ich ihm mit meinen eigenen Händen seinen widerlichen Hals, so wie ich, Aryara, vor langer, langer Zeit die Hälse der verabscheuenswerten Nachtwesen gebrochen habe.

Und dann mögen sie mich nehmen und mir mein Genick am Ende eines Seils brechen, wenn sie wollen. Ich bin nicht blind, auch wenn meine Freunde es möglicherweise sind. Und in den Augen der alten indogermanischen Götter, wenn schon nicht in den blinden Augen der Menschen, werde ich meinem Stamm treu gedient haben.

Die Kreatur mit den Hufen

Marjory weinte über den Verlust von Bozo, ihrem fetten Malteser-Kater – das Tier war von seinem allnächtlichen Spaziergang nicht zurückgekehrt. In letzter Zeit waren in der Nachbarschaft mehrere Katzen spurlos verschwunden, und nun war Marjory untröstlich. Da ich es nicht ertragen konnte, Marjory weinen zu sehen, brach ich auf, um nach ihrem vermissten Liebling zu suchen, wenn ich auch wenig Hoffnung hatte, ihn zu finden. Leider kommt es nicht selten vor, dass irgendein Perverser seinen sadistischen Trieben freien Lauf lässt, indem er Tiere vergiftet, die ihren Besitzern viel bedeuten. Ich befürchtete, Bozo und die anderen Tiere, die in den letzten Monaten verschwunden waren, könnten solch einer degenerierten Person in die Hände gefallen sein.

Ich verließ das Anwesen der Familie Ash, und mein Weg führte mich an mehreren leeren, unkrautüberwucherten Grundstücken vorbei, bis ich schließlich das letzte Haus auf dieser Seite der Straße erreichte. Das Haus fiel fast auseinander, war sehr heruntergekommen und erst kürzlich von einem Mr. Stark bezogen worden, einem offenbar alleinstehenden Pensionär aus dem Osten, der jedoch keinerlei Anstrengungen unternahm, es zu renovieren. Während ich das baufällige Haus betrachtete, das etwa 100 Meter von der Straße entfernt stand, kam mir der Gedanke, dass Mr. Stark möglicherweise etwas Licht in diese rätselhafte Angelegenheit bringen konnte.

Als ich durch das herunterhängende, rostige Eisentor trat und über einen Weg aus gesprungenen Steinplatten zum Haus ging, fiel mir die allgemeine Verwahrlosung des Anwesens auf. Über den neuen Eigentümer war wenig bekannt, und obwohl er nun schon seit etwa sechs Monaten mein Nachbar war, hatte ich ihn noch nicht persönlich kennengelernt. Man munkelte, dass er allein lebe, sogar ohne Bedienstete, obwohl er verkrüppelt war. Ein exzentrischer Wissenschaftler, sehr wortkarg und so wohlhabend, dass er sich voll und ganz seinen Hobbys widmen könne – das war jedenfalls die gängige Meinung.

Die breite Veranda, die nahezu mit Efeu überwuchert war, verlief entlang der gesamten Vorderseite sowie an beiden Seiten des Hauses. Als ich gerade den altmodischen Türklopfer betätigen wollte, hörte ich das Geräusch humpelnder, schleichender Schritte, und als ich mich umdrehte, sah ich den Hausbesitzer auf der Veranda um die Ecke hinken. Trotz seiner Behinderung war er eine beeindruckende Erscheinung. Sein Gesicht war das eines Asketen und Denkers, mit erhabener hoher Stirn, dichten schwarzen Augenbrauen, die sich beinahe in der Mitte trafen, und tiefen, dunklen Augen, die mich mit einem durchdringenden, magnetischen Blick ansahen. Seine schmale römische Nase hatte Ähnlichkeit mit dem Schnabel eines Raubvogels, seine dünnen Lippen verliehen ihm einen ernsten Ausdruck und sein kräftiger, hervorstehender Kiefer ließ ihn kompromisslos und entschlossen, ja beinahe brutal erscheinen. Er war nicht besonders groß, wäre es auch völlig gerade aufgerichtet nicht gewesen, aber sein dicker kurzer Hals und seine breiten Schultern zeugten von einer Kraft, auf die seine gebeugte Haltung nicht schließen ließ. Er konnte sich nur langsam und mit offensichtlicher Mühe bewegen, wobei er sich auf eine Krücke stützte, und ich sah, dass ein Bein auf unnatürliche Weise verdreht war und dass er einen speziellen Schuh trug, wie ihn Menschen mit Klumpfüßen brauchen.

Er sah mich fragend an und ich sagte: »Guten Morgen, Mr. Stark, bitte entschuldigen Sie die Störung. Ich bin Michael

Strang. Ich wohne im letzten Haus auf der anderen Straßenseite. Ich wollte Sie nur fragen, ob Sie kürzlich vielleicht einen großen Malteser-Kater gesehen haben.«

Sein Blick durchbohrte mich beinahe. »Was bringt Sie dazu zu glauben, ich könnte irgendetwas über eine Katze wissen?«, fragte er mit tiefer, zitternder Stimme.

»Nichts«, gestand ich und kam mir wie ein Narr vor. »Der Kater gehört meiner Verlobten, und es würde ihr das Herz brechen, ihn zu verlieren. Da Sie auf dieser Straßenseite ihr nächster Nachbar sind, hatte ich gehofft, es bestünde vielleicht die Möglichkeit, dass Sie das Tier gesehen haben.«

»Ich verstehe«, entgegnete er lächelnd. »Es tut mir leid, dass ich Ihnen nicht helfen kann. Letzte Nacht habe ich zwar ein paar Katzen zwischen meinen Bäumen kreischen und miauen gehört – leider nur allzu deutlich, da ich wieder an meiner Schlaflosigkeit litt –, aber den Kater, den Sie meinen, habe ich nicht gesehen. Tut mir leid, von seinem Verschwinden zu hören. Möchten Sie nicht hereinkommen?«

Die Neugier, mehr über meinen Nachbarn zu erfahren, war groß, und so nahm ich seine Einladung an. Ich folgte ihm in sein Arbeitszimmer, in dem es nach Tabak und den ledernen Einbänden der Bücher roch. Interessiert ließ ich meinen Blick über die vielen Bände schweifen, die die Regale bis unter die Decke füllten, aber ich bekam nicht die Gelegenheit, mir die Titel näher anzuschauen, da sich mein Gastgeber als überraschend gesprächig herausstellte. Er schien sich über meine Anwesenheit zu freuen und ich wusste, dass er sonst nur selten oder gar keinen Besuch bekam. Ich empfand ihn als sehr kultiviert, ein charmanter Gesprächspartner und ein überaus zuvorkommender Gastgeber. Aus einem antiken lackierten Schränkchen, dessen Tür aus einer hochglanzpolierten massiven Silberplatte zu bestehen schien, holte er Whiskey und Soda hervor, und während wir die Drinks genossen, wechselte er von einem interessanten Thema zum anderen. Einer beiläufigen Bemerkung entnahm er, dass ich mich sehr für die anthropologische Forschung von Professor Hendrik Brooler interessierte, und so erklärte er dessen Arbeit ausführlich und erläuterte einige Punkte, die mir bis dahin noch nicht ganz klar gewesen waren.

Fasziniert von der offenkundigen Belesenheit des Mannes, konnte ich mich erst nach fast einer Stunde wieder losreißen, und mein schlechtes Gewissen gegenüber Marjory, die auf Neuigkeiten von ihrem vermissten Bozo wartete, wuchs nun zusehends. Ich verabschiedete mich und versprach, bald wiederzukommen, und als ich zur Vordertüre hinausging, wurde mir bewusst, dass ich trotz allem nichts über meinen Gastgeber erfahren hatte. Er war sehr bedacht darauf gewesen, die Unterhaltung in unpersönlichen Bahnen zu halten. Auch wenn er nichts über Bozo wusste, sah ich dennoch als positives Zeichen an, dass wohl eine Katze im Haus lebte, denn während unserer Unterhaltung hatte ich über uns mehrfach ein Trippeln gehört. Doch als ich im Nachhinein genauer darüber nachdachte, hatte es eigentlich nicht nach einem herumrennenden Nagetier geklungen. Eher schon nach einem kleinen Kind, einem Lamm oder einem anderen kleinen Huftier, das immer wieder hin und her lief.

Meine gründliche Suche in der weiteren Nachbarschaft brachte keine Spur des vermissten Bozo, und so kehrte ich unverrichteter Dinge zu Marjory zurück. Als kleinen Trost brachte ich ihr eine tapsige, o-beinige Bulldogge mit, deren Gesicht wie das einer typischen Wasserspeier-Figur aussah und die das treueste Herz hatte, das je in einer Hundebrust schlug. Marjory weinte noch immer um den verlorenen Kater und nannte ihren neuen Gefährten zu seinem Andenken Bozo. Als ich sie verließ, tollte sie mit dem Hündchen im Garten umher, als wäre sie zehn, nicht 20 Jahre alt.

Die Erinnerung an meine Unterhaltung mit Mr. Stark war noch sehr lebhaft, und so besuchte ich ihn in der folgenden Woche erneut. Einmal mehr war ich von seinem vielfältigen Wissensschatz sehr beeindruckt. Absichtlich sprach ich die unterschiedlichsten Themen an, und bei jedem erwies er sich als Meister des Fachs und drang tiefer in die Materie ein, als ich es je zuvor bei einem Gesprächspartner erlebt hatte. Wissenschaft, Kunst, Wirtschaft, Philosophie – auf allen Gebieten war er gleichermaßen versiert. Obwohl ich von seinen Ausführungen wieder höchst fasziniert war, ertappte ich mich dabei, wie ich nach dem seltsamen Geräusch horchte, das ich beim letzten Mal gehört hatte, und ich wurde nicht enttäuscht. Dieses Mal war das Trippeln jedoch lauter, woraus ich schloss, dass sein Haustier gewachsen war. Vielleicht, so dachte ich, hielt er es im Haus, weil er fürchtete, es würde dasselbe Schicksal ereilen wie die verschwundenen Katzen. Weil das Haus, wie ich wusste, keinen Keller hatte, war es völlig natürlich, dass das Tier in einem Zimmer unter dem Dach hauste. Da Stark ein einsamer Mann ohne Freunde war, verspürte er wahrscheinlich große Zuneigung zu dem Tier, was auch immer es sein mochte.

Wir unterhielten uns bis tief in die Nacht; tatsächlich dämmerte es bereits, als ich mich endlich dazu zwang, mich zu verabschieden. Wie bei meinem letzten Besuch nahm er mir das Versprechen ab, bald wiederzukommen. Er entschuldigte sich dafür, dass er meine Besuche nicht erwidern konnte, da seine Krankheit ihm lediglich erlaubte, in den frühen Morgenstunden, bevor die Hitze des Tages hereinbrach, zur Ertüchtigung ein paar humpelnde Schritte über sein Anwesen zu machen.

Ich versicherte ihm, ihn bald wieder zu besuchen, aber trotz meiner festen Absicht hielten mich geschäftliche Verpflichtungen für mehrere Wochen von einem Besuch ab. Während dieser Zeit erfuhr ich von einem dieser mysteriösen

Ereignisse, die nicht selten eine ganze Nachbarschaft in Aufruhr versetzen, um dann ungeklärt wieder in Vergessenheit zu geraten: Nun verschwanden auch Hunde – sie waren bislang von dem unbekannten Katzenräuber verschont geblieben –, und die betroffenen Besitzer konnten ihre ungeheure Wut nicht mehr zügeln.

Als ich an einem Nachmittag zu Fuß auf dem Nachhauseweg aus der Stadt war, holte mich Marjory in ihrem kleinen Roadster ein. Ich wusste sofort, dass etwas geschehen war, denn sie war sehr beunruhigt. Bozo, ihr ständiger Begleiter, zeigte mir ein Respekt einflößendes Grinsen, leckte mir dann aber mit seiner langen feuchten Zunge freudig das Gesicht ab.

»Jemand hat letzte Nacht versucht, Bozo zu entführen, Michael«, sagte sie, und aus ihren tiefschwarzen Augen sprachen Sorge und Entrüstung. »Ich möchte wetten, dass es dieses furchtbare Ungeheuer war, das in letzter Zeit auch die anderen Haustiere gestohlen hat.«

Sie erzählte mir alles ganz genau, und es hatte den Anschein, als wäre Bozo für den geheimnisvollen Übeltäter schlicht zu viel Hund gewesen. Die Familie hatte spät in der Nacht plötzlich Lärm gehört, der nach einem heftigen Kampf klang und vom wilden Heulen des großen Hundes begleitet wurde. Alle waren sofort zu Bozos Zwinger gerannt, und obwohl der Eindringling bereits verschwunden war und sie ihn nicht mehr stellen konnten, hörten sie noch deutlich, wie er davoneilte. Der Hund zerrte an seiner Kette, seine Augen leuchteten feuerrot, sein Fell hatte sich aufgestellt und er tat sein Missfallen mit einem tief donnernden Bellen kund. Von seinem Angreifer fehlte jedoch jede Spur – er war entkommen und über die hohe Gartenmauer geflohen.

Anscheinend hatte der Vorfall Bozos Misstrauen gegenüber Fremden geweckt, denn bereits am nächsten Morgen musste ich Mr. Stark zu Hilfe eilen und ihn vor dem Tier retten.

Wie bereits erwähnt, war Mr. Starks Anwesen das letzte auf seiner Straßenseite, meines das letzte auf der anderen. Mein Haus war auch gleichzeitig das allerletzte in der Straße und lag etwa 300 Meter von der vorderen Ecke von Starks großem bewaldeten Garten entfernt. An der anderen Ecke, die an die Straße und das Anwesen der Ashs grenzte, stand eine Gruppe kleiner Bäume auf einer der ungenutzten Grünflächen, die die beiden Anwesen voneinander trennte. Als ich auf meinem Weg zu den Ashs an diesem Hain vorbeiging, hörte ich plötzlich einen Aufschrei – die Hilferufe eines Mannes gepaart mit dem wütenden Knurren eines Hundes.

Ich stürzte zwischen den Bäumen hindurch und sah einen großen Hund, der immer wieder hochsprang und nach einer Gestalt schnappte, die sich an den unteren Ästen eines Baumes festklammerte. Der Hund war Bozo, die Gestalt war Mr. Stark, dem es trotz seiner Verkrüppelung gelungen war, sich außer Reichweite auf den Baum zu retten. Ebenso erschrocken wie erstaunt eilte ich zu Hilfe, zog Bozo mit einiger Mühe von seinem Opfer fort und schickte das beleidigte Tier nach Hause. Ich half Mr. Stark vom Baum herunter, und kaum dass er festen Boden unter den Füßen hatte, brach er völlig zusammen.

Ich konnte keine Verletzungen bei ihm feststellen, und er versicherte mir, nachdem er wieder etwas Atem geschöpft hatte, dass es ihm bis auf den Schock, die Angst und die Erschöpfung gut gehe. Er erzählte, er habe sich im Schatten der Bäume von einem zu langen Spaziergang über sein Anwesen erholen wollen, als der Hund plötzlich auftauchte und ihn angriff. Ich bat vielmals für Bozos Verhalten um Entschuldigung und versicherte ihm, dass so etwas nicht wieder passieren würde. Dann stützte ich ihn auf dem Weg in sein Arbeitszimmer, wo er sich auf dem Diwan ausstreckte, und reichte ihm ein Glas Whiskey Soda; die Getränke hatte ich in dem lackierten Schränkchen gefunden. Er reagierte sehr gelassen auf den Vorfall, versicherte mir, dass er keinen Schaden davongetragen hatte, und erklärte den Angriff damit, dass er für den Hund ein Fremder war.

Während er sprach, hörte ich im oberen Stock plötzlich wieder das Trappeln der Hufe, und ich erschrak, da das Geräusch viel lauter war als zuvor, wenn auch seltsam gedämpft. Es klang, als würde ein einjähriges Fohlen über Teppichboden gehen. Meine Neugier war groß, und ich konnte mich nur sehr schwer zurückhalten, um nicht nach der Ursache zu fragen, doch da dies anmaßend gewesen wäre und ich erkannte, dass Mr. Stark Ruhe und Erholung brauchte, verabschiedete ich mich, sobald er sich besser fühlte.

Etwa eine Woche später trug sich der erste der unheimlichen, rätselhaften Vorfälle zu. Wieder handelte es sich um ein unerklärbares Verschwinden, doch dieses Mal ging es nicht um eine Katze oder einen Hund – sondern um ein dreijähriges Kind, das noch kurz vor Sonnenuntergang in der Nähe des heimischen Gartens beim Spielen gesehen worden war. Es verschwand spurlos, kein Mensch hatte jedoch irgendetwas Verdächtiges beobachtet. Ich muss sicher nicht erwähnen, dass das Geschehen die gesamte Stadt in Aufruhr versetzte. Einige hatten das Verschwinden der Tiere mit der schieren Bösartigkeit des Täters erklärt, und der jüngste Vorfall deutete zweifellos darauf hin, dass hinter den Taten eine wirklich teuflische Person stand.

Die Polizei durchkämmte die ganze Stadt und die gesamte Umgebung, doch sie fand keinerlei Spur des vermissten Kindes – und innerhalb der nächsten zwei Wochen verschwanden an unterschiedlichen Orten der Stadt vier weitere Kinder. Die Eltern erhielten weder Briefe von Entführern, in denen Lösegeld gefordert wurde, noch gab es Anzeichen dafür, dass Feinde hier böswillig Rache übten. Die Opfer wurden einfach von einer gähnenden Stille verschlungen, die undurchdringlich war. Vergeblich setzten die verzweifelten Bürger ihre

Hoffnung auf die Zivilbehörden, die jedoch bereits alles getan hatten, was in ihrer Macht stand, und ebenso ratlos waren wie die Öffentlichkeit.

Man dachte darüber nach, den Gouverneur um die Entsendung von Soldaten zu bitten, die in der Stadt patrouillieren sollten; viele Männer gingen nur noch bewaffnet aus dem Haus und kehrten schon lange vor Einbruch der Dunkelheit wieder zu ihren Familien zurück. Finstere Gerüchte, dass übernatürliche Kräfte am Werk seien, machten flüsternd die Runde und viele sprachen von unheimlichen Vorahnungen, da es keinem Sterblichen möglich sein konnte, Kinder zu stehlen und dabei so lange unverdächtig und unerkannt zu bleiben. Hinter dem Verschwinden der Kinder lag jedoch kein unerklärliches Geheimnis. Es war schlicht und einfach unmöglich, jede Ecke einer so großen Stadt zu bewachen und jederzeit ein Auge auf jedes einzelne Kind zu haben. Trotz elterlicher Warnungen und Anordnungen hielten sie sich weiterhin in einsamen Parks auf und spielten auch nach Sonnenuntergang noch im Freien, sodass die Dunkelheit bereits hereinbrach, wenn sie nach Hause liefen. Es musste kein jenseitiger Entführer sein, der in Parks oder auf Spielplätzen in den Schatten der Bäume lauerte, um sich ein Kind zu schnappen, das ein Stück hinter seine Kameraden zurückgefallen war. Selbst auf einsamen Straßen oder in dunklen Gassen konnte ein solches Verbrechen unbemerkt geschehen. Der Schrecken lag weniger in der Art, wie die Kinder gestohlen wurden, als eher in der Tatsache, dass sie gestohlen wurden. Hinter den Taten schien weder ein wahnsinniges noch nachvollziehbares Motiv zu stehen. Eine Atmosphäre der Angst hatte sich wie ein Tuch über die Stadt gebreitet, und durch dieses Tuch rollte eine Welle des Entsetzens und des Schreckens.

In einem der abgelegeneren Parks am Rande der Stadt wurde ein junges Paar, das dort intime Stunden der Zweisamkeit genießen wollte, von einem furchtbaren Schrei zu Tode erschreckt, der aus einem dunklen Wäldchen zu ihnen herüberdrang. Die beiden wagten nicht, sich zu bewegen, aber sie beobachteten, wie eine gedrungene, schattenhafte Gestalt erschien, die ganz zweifellos eine menschliche Leiche auf ihrem Rücken wegschleppte. Die grauenhafte Gestalt verschwand zwischen den Bäumen, und das Paar, vor Angst fast von Sinnen, raste mit dem Wagen in Richtung der hellen Lichter der Stadt zurück. Zitternd und völlig außer Atem erzählten sie dem Polizeichef, was sie beobachtet hatten, und innerhalb kürzester Zeit durchsuchten alle verfügbaren Kräfte den Park. Es war jedoch bereits zu spät – dem unbekannten Mörder, ob Mensch oder Bestie, war die Flucht gelungen. In dem Wäldchen, aus dem der Täter gekommen war, wurde ein schäbiger Hut gefunden, der zerknüllt und von Blutflecken bedeckt war, und einer der Polizisten erkannte ihn als den Hut eines Landstreichers, den er am Tag zuvor in Gewahrsam genommen, aber bald wieder auf freien Fuß gesetzt hatte. Der Herumtreiber musste in dem Park geschlafen haben, als das Unheil zuschlug.

Ansonsten wurden keinerlei Hinweise gefunden. In dem festen federnden Boden und dichten Gras waren keine Fußspuren zu erkennen, und der rätselhafte Vorfall war ebenso mysteriös wie alle anderen zuvor. Die Angst, die die Menschen in der Stadt erfasst hatte, nahm nun beinahe unerträgliche Ausmaße an. Ich dachte oft an Mr. Stark, der ganz allein und verkrüppelt in diesem finsteren alten Haus lebte, mehr oder weniger völlig isoliert, und ich war in großer Sorge um ihn. Ich machte es mir zur Gewohnheit, fast täglich bei ihm vorbeizuschauen, um mich zu vergewissern, dass es ihm gut ging. Diese Besuche waren meist sehr kurz. Mr. Stark wirkte gedankenverloren, und obwohl er immer freundlich war, hatte ich das Gefühl, dass er mich als etwas aufdringlich empfand, und ich wollte seine Privatsphäre nicht verletzen. Tatsächlich habe ich während dieser Zeit sein Haus nie betreten, da ich ihn stets bei seinem hinkenden Spaziergang durch den Garten oder beim Entspannen in einer Hängematte vorfand, die er zwischen zwei großen Eichen gespannt hatte. Entweder machten ihm seine Gebrechen mehr zu schaffen als sonst oder die schrecklichen Geschehnisse, die die Stadt in Atem hielten, versetzten ihn, genau wie alle anderen, in Sorge. Er wirkte meist müde, seine Augen lagen hinter tiefen Schatten, und er war von psychischem Stress oder körperlicher Erschöpfung schwer gezeichnet.

Einige Tage nach dem Verschwinden des Landstreichers ermahnten die städtischen Behörden alle Bürger zur Wachsamkeit, da man aufgrund vergangener Ereignisse befürchtete, dass der unbekannte Mörder bald wieder zuschlagen würde, vielleicht sogar in dieser Nacht. Die Anzahl der Polizeikräfte war fast verdoppelt worden, und darüber hinaus wurden einige Bürger als Zusatzkräfte der Polizei vereidigt. Schwer bewaffnete Männer mit finsterem, entschlossenem Blick patrouillierten durch die Straßen, und als die Nacht hereinbrach, legte sich eine unerträgliche Spannung über die Stadt, die einem fast die Luft abschnürte.

Kurz nach Einbruch der Dunkelheit klingelte mein Telefon. Es war Stark.

»Würde es Ihnen etwas ausmachen, zu mir herüberzukommen?«, fragte er, und es klang fast entschuldigend. »Die Tür an meinem Schränkchen hat sich verklemmt, ich kann es nicht öffnen. Ich wollte Sie nicht stören, aber es ist zu spät, um noch einen Handwerker zu rufen, und alle Geschäfte haben bereits geschlossen. Mein Schlafmittel ist in dem Schränkchen, und wenn ich es nicht nehme, steht mir eine elende Nacht bevor; ich verspüre schon die ersten Anzeichen der Schlaflosigkeit.«

»Ich bin sofort bei Ihnen«, versprach ich.

Ich eilte zu ihm hinüber, und als er mich ins Haus führte, entschuldigte er sich mehrmals.

»Es tut mir entsetzlich leid, dass ich Ihnen solche Umstände bereite«, sagte er, »aber ich habe einfach nicht genug Kraft, um die Tür aufzubrechen, und ohne Schlafmittel wälze ich mich die ganze Nacht unruhig im Bett.«

Im Haus gab es keinen Strom, aber mehrere Kerzen auf dem Tisch verbreiteten ausreichend Licht. Ich kniete mich vor das lackierte Schränkchen und machte mich an der Tür zu schaffen. Wie bereits erwähnt, schien die Tür aus einer silbernen Platte zu bestehen. Als ich versuchte, das Schränkchen zu öffnen, fiel mein Blick auf diese Platte, die so glänzend poliert war, dass man sich darin spiegeln konnte. Dann gefror mir das Blut in den Adern: Über meiner Schulter sah ich das Spiegelbild von John Stark, doch er sah fremd und schrecklich entstellt aus. In seiner Hand hielt er einen Schlaghammer, und als er sich mir schleichend näherte, hob er ihn langsam an. Ich sprang abrupt auf und drehte mich zu ihm um. Sein Gesicht war so unergründlich wie immer, doch durch meine plötzliche Reaktion hatte sich ein Ausdruck der Verblüffung auf seine Züge gelegt. Er streckte mir den Hammer hin.

»Vielleicht geht es hiermit.«

Ich nahm ihn wortlos entgegen, wandte meinen Blick dabei nicht von Stark ab, und mit einem heftigen Hieb sprang die Tür des Schränkchens auf. Seine Augen weiteten sich überrascht, und für einen Moment sahen wir einander an, ohne etwas zu sagen. Es lag eine beinahe elektrische Spannung in der Luft, und dann hörte ich über mir wieder das Trampeln der Hufe. Eine unheimliche Kälte durchfuhr mich wie eine namenlose Angst – ich hätte jeden Eid geschworen, dass in den Räumen über mir ein Pferd oder sogar ein noch größeres Tier trabte!

Ich warf den Hammer zu Boden, stürmte ohne ein Wort aus dem Haus und atmete erst wieder völlig ruhig, als ich meine

Bibliothek erreicht hatte. Dort ließ ich mich grübelnd nieder, doch mein Verstand war ein chaotisches Durcheinander. Hatte ich mich zum Narren gemacht? War der höllische Ausdruck auf John Starks Gesicht, als er sich hinter mir anschlich, nur eine verzerrte Spiegelung gewesen? War die Fantasie mit mir durchgegangen? Oder – und bei diesem Gedanken drangen dunkle Ängste in mein Bewusstsein – hatte ebendiese Spiegelung in der silbernen Platte mein Leben gerettet? War John Stark wahnsinnig?

Mich schüttelte es bei diesem schrecklichen Gedanken. War etwa er für die verabscheuungswürdigen Verbrechen der letzten Zeit verantwortlich? Dieser Verdacht war absolut haltlos. Welchen Grund könnte ein kultivierter, älterer Gelehrter haben, Kinder zu entführen und Landstreicher umzubringen? Wieder regten sich Ängste in mir, dass er möglicherweise doch ein Motiv haben könnte – vor meinem inneren Auge entstanden schauderhafte Bilder von einem grauenvollen Labor, in dem ein verrückter Wissenschaftler entsetzliche Experimente an Menschen durchführte.

Dann musste ich über mich selbst lachen. Selbst wenn John Stark wirklich wahnsinnig war, so lagen die kürzlich begangenen Verbrechen doch weit außerhalb seiner körperlichen Kräfte.

Nur ein Mann mit beinahe übermenschlichen Fähigkeiten vermochte lebhafte Kinder lautlos fortzuschleppen und die Leiche eines Ermordeten auf seinen Schultern zu tragen. Für einen Krüppel war dies unmöglich.

Die Höflichkeit gebot es, dass ich noch einmal zu Mr. Stark ging und mich für mein albernes Benehmen bei ihm entschuldigte – aber dann traf mich eine plötzliche Erkenntnis wie ein eiskalter Wasserstrahl. Ich hatte etwas gesehen, aber nicht bewusst wahrgenommen, sodass es sich nur in meinem Unterbewusstsein festgesetzt hatte: Als ich mich bei der Reparatur des lackierten Schränkchens zu John Stark umgedreht hatte, stand er aufrecht vor mir, ohne Krücke.

Verwirrt schüttelte ich den Kopf, wies den Gedanken von mir und ließ mich mit einem Buch auf meinem Lesesessel nieder. Das Buch, das ich nur zufällig gegriffen hatte, eignete sich nicht sonderlich gut dazu, mich aus den dunklen Schatten meiner quälenden Gedanken zu führen. Ich hielt die äußerst seltene Düsseldorf-Ausgabe von Von Junzts *Unaussprechliche Kulte* in Händen, auch das »Schwarze Buch« genannt, was nicht an seinem Ledereinband mit den Eisenklammern liegt, sondern an seinem finsteren Inhalt. Ich schlug das Buch auf einer beliebigen Seite auf und vertiefte mich in das Kapitel über die Heraufbeschwörung von Dämonen aus der Leere. Mehr als jemals zuvor ahnte ich, dass ein tief greifendes, dunkles Wissen hinter den unglaublichen Behauptungen des Autors stand, als ich von unbekannten, gottlosen Welten las. Laut von Junzt wirken grausame unerklärliche Kräfte aus diesen Welten, die von blasphemischen Wesen bewohnt werden, auf unser Universum ein. Von Zeit zu Zeit durchdringen sie auf Anweisung böser Zauberer mit schrecklicher Macht den Schleier zwischen den Welten, um den Verstand der Menschen zu zerstören und ihren Durst an deren Blut zu stillen.

Über der Lektüre döste ich schließlich ein, und ich erwachte aus meinem Schlummer, als sich eine kalte Angst wie ein Schatten auf meine Seele legte. In meinen unruhigen Träumen hatte ich Marjory ganz leise nach mir rufen gehört, so als wäre sie durch neblige, unendlich tiefe Abgründe von mir getrennt. Aus ihrer Stimme sprach entsetzliche Angst, die das Blut in meinen Adern erstarren ließ, und sie klang, als würde sie von einem scheußlichen Schrecken bedroht, der die menschliche Vorstellungskraft bei Weitem überstieg. Der Albtraum ließ meinen ganzen Körper erschaudern, und mir war überall kalter Schweiß ausgebrochen.

Ich griff zum Telefon und rief bei den Ashs an. Mrs. Ash meldete sich und ich bat darum, mit Marjory sprechen zu dürfen.

Als sie sprach, spürte ich die Angst in ihrer Stimme durch die Leitung. »Aber Michael, Marjory ist schon vor über einer Stunde gegangen! Ich habe gehört, wie sie telefonierte, und dann sagte sie, dass du dich im Wäldchen an der Ecke des Stark-Anwesens mit ihr treffen willst, um einen Spaziergang zu machen. Ich dachte noch, dass es merkwürdig ist, dass du sie nicht wie sonst zu Hause abholst, und mir gefiel der Gedanke nicht, sie allein ausgehen zu lassen, aber ich dachte, du müsstest es schließlich am besten wissen – du weißt ja, dass wir dir stets blind vertrauen, Michael –, also habe ich sie gehen lassen. Du denkst doch nicht … Du denkst doch nicht … dass ihr irgendetwas … irgendetwas …«

»O nein!«, lachte ich, aber mein Lachen klang hohl und meine Kehle war wie ausgetrocknet. »Ihr ist nichts passiert, Mrs. Ash. Ich bringe sie sofort nach Hause, es dauert nicht lange.«

Als ich auflegte und mich abwandte, hörte ich draußen vor der Tür ein Geräusch – ein Kratzen, das von einem leisen Wimmern begleitet wurde. Kleinigkeiten können unter gewissen Umständen schreckliche Ängste auslösen – mir stellten sich die Haare zu Berge und die Zunge blieb an meinem Gaumen kleben. Ich wusste nicht, was ich zu erwarten hatte, als ich die Tür aufriss. Ein Schrei brach aus mir heraus, als eine staubige, blutbefleckte Gestalt ins Haus humpelte und gegen meine Beine taumelte. Es war Marjorys Hund, Bozo. Allem Anschein nach war er auf brutale Weise geprügelt worden. Ein Ohr war gespalten, und er trug am ganzen Körper Dutzende von verfärbten Flecken und offenen Wunden.

Er schnappte nach meinem Hosenbein und schob mich in Richtung Tür, wobei er ein tiefes Knurren vernehmen ließ. In mir kochte eine höllische Wut hoch, und ich wollte ihm gerade folgen, als mir der Gedanke kam, eine Waffe mitzunehmen. Im selben Moment erinnerte ich mich jedoch, dass ich meinen Revolver einem Freund geliehen hatte, der sich nachts nicht mehr unbewaffnet auf die Straße traute. Mein Blick fiel auf ein großes Breitschwert, das an der Wand hing. Die Waffe war seit acht Jahrhunderten in Familienbesitz und schon auf unzähligen Schlachtfeldern in Blut getränkt worden, seit sie zum ersten Mal am Gürtel eines meiner Vorfahren, eines Kreuzritters, gehangen hatte.

Ich zog das Schwert aus der Scheide, in der es seit 100 Jahren unbehelligt geruht hatte, und der kalte blaue Stahl glänzte makellos im Licht. Dann folgte ich dem knurrenden Hund in die Nacht. Er schwankte zwar etwas, war aber dennoch schnell, und ich hatte Mühe, mit ihm mitzuhalten. Intuitiv hatte ich geahnt, wohin er mich führen würde – zum Haus von John Stark.

Als wir Starks Anwesen erreicht hatten, ergriff ich Bozos Halsband und zog ihn zurück, als er gerade über die zerfallene Mauer springen wollte. Mir war nun alles klar. John Stark war das personifizierte Böse. Er hatte die Stadt in Angst und Schrecken versetzt. Ich erkannte seine Methode wieder – mit einem Telefonanruf hatte er sein Opfer zu sich gelockt. Auch ich war bereits in diese Falle getappt, aber durch einen glücklichen Zufall entkommen. Also hatte er Marjory ausgewählt – es war ihm gewiss nicht schwergefallen, meine Stimme zu imitieren. Was auch immer er war – mörderischer Irrer oder verrückter Wissenschaftler –, ich wusste, dass sich Marjory irgendwo in diesem finsteren Haus befand, gefangen oder bereits tot. Ich wollte Stark nicht die Möglichkeit geben, mich zu erschießen, indem ich ihn offen angriff. Rasende Wut überkam mich, und ich spürte eine Kraft in mir, die oft durch außergewöhnliche Leidenschaft freigesetzt wird. Ich würde dieses finstere Haus betreten und John Stark mit jener Klinge den Kopf abschlagen, die einst die Hälse von Sarazenen, Piraten und Verrätern durchtrennt hatte.

Ich befahl Bozo, hinter mir zu bleiben, wandte mich von der Straße ab und ging schnell, aber vorsichtig an der Gartenmauer entlang, bis ich auf der Höhe der hinteren Hauswand war. Ein Schimmer über den Bäumen im Osten mahnte mich, dass der Mond schon aufging – ich wollte bereits im Haus sein, bevor mich eventuelle Beobachter in seinem Licht erkennen konnten. Bozo folgte mir wie ein Schatten, als ich über die zerbrochene Mauer kletterte und den Garten durchquerte; ich hielt mich dabei stets im Schatten der Bäume.

Das finstere Haus lag in tiefer Stille, als ich auf die hintere Veranda schlich, die Klinge kampfbereit in meiner Hand. Bozo schnüffelte an der Tür, und ein Winseln drang aus seiner Kehle. Ich kauerte mich nieder und wartete, ob etwas passierte. Ich wusste weder, welche Gefahren in diesem geheimnisvollen, dunklen Gebäude auf mich warteten, noch ob ich es mit einem einzelnen Wahnsinnigen oder einer ganzen Bande von Mördern aufnehmen musste. Ich will mich nicht als besonders mutig bezeichnen, aber die unheimliche Rage, die in mir tobte, löschte jeden Gedanken an persönliche Ängste aus. Vorsichtig versuchte ich, die Tür zu öffnen. Das Haus war mir zwar nicht sonderlich vertraut, ich glaubte aber, dass die Tür in einen Vorratsraum führte. Sie war von innen verschlossen. Ich schob die Schwertspitze in den Spalt zwischen Tür und Rahmen und stemmte mich vorsichtig, aber kräftig dagegen. Es war unmöglich, die antike Klinge, geschmiedet mit uralter handwerklicher Kunstfertigkeit, zu zerbrechen, und ich war mir sicher, dass irgendetwas an der Tür nachgeben musste, wenn ich meine ganze, recht beträchtliche Kraft aufbrachte – es war das altmodische Schloss, das nachgab. Dann brach die Tür mit einem Knarren auf, das mir in der völligen Stille schrecklich laut vorkam.

Während ich eintrat, versuchte ich angestrengt in der völligen Dunkelheit etwas zu erkennen. Bozo huschte lautlos an mir vorbei und verschwand in der Finsternis. Um mich herum herrschte vollkommene Stille, und plötzlich jagte mir das Klirren einer Kette einen Schauder namenloser Angst über den Rücken. Ich wirbelte herum, meine Haare sträubten sich, ich hob das Schwert an – und dann hörte ich das gedämpfte Schluchzen einer Frau.

Ich wagte es, ein Streichholz anzuzünden. Im schwachen Schein erkannte ich ein großes staubiges Zimmer, in dem sich jede Menge Gerümpel zu zahllosen Bergen auftürmte – und in einer Ecke des Raumes kauerte eine Gestalt, die wie ein bemitleidenswertes Mädchen aussah. Es war Marjory, und Bozo war bereits bei ihr und leckte ihr winselnd übers Gesicht. Stark war nirgendwo zu sehen, und die einzige andere Tür, die aus dem Raum führte, war verschlossen. Ich trat rasch hinüber und schob den altmodischen Riegel zur Seite. Dann zündete ich einen Kerzenstummel an, den ich auf dem Tisch gefunden hatte, und eilte zu Marjory. Stark konnte zwar unerwartet durch die Außentür zu uns hereinkommen, aber ich wusste, dass Bozo uns warnen würde, falls er sich näherte. Der Hund zeigte keinerlei Anzeichen von Nervosität oder Zorn, die auf die Anwesenheit eines versteckten Feindes hingedeutet hätten, doch ab und an blickte er zur Zimmerdecke hinauf und ließ ein tiefes, beunruhigendes Knurren vernehmen.

Marjory war geknebelt, ihre Hände waren hinter ihrem Rücken gefesselt. Um ihre schlanke Taille lag eine kleine Kette, mit der sie an einen schweren Ring in der Wand gefesselt war, aber der Schlüssel steckte im Schloss. Ich befreite sie sofort, und als sie ihre Arme krampfhaft um mich schlang, wurde sie von einem heftigen Zittern geschüttelt. Sie sah mich aus ihren großen dunklen Augen an, schien mich jedoch nicht zu erkennen, aus ihrem Blick sprach ein Schrecken, der meine

Seele erschütterte, und eine nie gekannte, unheimliche Vorahnung ließ das Blut in meinen Adern gefrieren.

»Marjory!«, keuchte ich. »Was um Himmels willen ist mit dir passiert? Hab keine Angst, dir wird nichts geschehen. Sieh mich nicht so an! Um Gottes willen, Marjory …«

»Hör doch!«, flüsterte sie zitternd. »Das Trampeln – das furchtbare Trampeln der Hufe!«

Ich riss den Kopf hoch und sah, wie Bozo, bei dem sich jedes einzelne Haar aufgestellt hatte, zusammenzuckte. Über unseren Köpfen erklang das Stampfen der Hufe, aber nun waren die Tritte gigantisch, elefantös. Bei jedem Schritt erzitterte das ganze Haus. Es lief mir eiskalt über den Rücken.

»Was um Himmels willen ist das?«, flüsterte ich.

Marjory presste sich noch enger an mich.

»Ich weiß es nicht! Ich wage nicht, darüber nachzudenken! Wir müssen von hier weg! Lass uns schnell fliehen! *Es* wird zu uns herunterkommen – *es* wird aus seinem Gefängnis ausbrechen. Ich höre *es* nun schon seit Stunden …«

»Wo ist Stark?«, fragte ich leise.

»Dort … dort oben!« Sie erschauderte erneut. »Ich erzähle dir rasch alles – aber dann müssen wir fliehen! Ich fand, dass deine Stimme seltsam klang, als du mich angerufen hast, aber ich habe mir nichts weiter dabei gedacht und bin hinausgegangen, um dich zu treffen. Ich habe Bozo mitgenommen, weil ich mich draußen in der Dunkelheit allein gefürchtet hätte. Als ich dann im Schatten des Wäldchens stand, sprang mich etwas an. Bozo bellte und stürzte sich auf den Angreifer, aber der schlug wieder und wieder mit einem schweren Knüppel auf ihn ein, auch als er schon auf dem Boden lag. Ich habe mich die ganze Zeit gewehrt und zu schreien versucht, aber diese Kreatur drückte mir mit einer riesigen, gorillaartigen Hand die Kehle zu und erwürgte mich beinahe. Dann warf sie mich über ihre Schulter und trug mich durch das

Wäldchen und über die Mauer zu Starks Haus. Ich war kaum noch bei Bewusstsein, und erst als er mich in diesen Raum brachte, sah ich, dass es John Stark war. Er humpelte jedoch nicht und bewegte sich mit der Leichtigkeit eines großen Affen. Er trug sehr enge schwarze Kleidung, sodass er in der Dunkelheit kaum zu erkennen war.

Ich flehte ihn vergeblich an, Erbarmen mit mir zu haben, doch er knebelte mich und fesselte meine Hände. Dann kettete er mich an die Wand, ließ den Schlüssel jedoch stecken, so als wollte er mich bald holen kommen. Ich glaube, er ist wahnsinnig – aber er hat auch vor irgendetwas Angst. In seinen Augen flammte ein unheimlicher Glanz und seine Hände zitterten, wie bei einer Schüttellähmung. Er sagte ›Du fragst dich sicher, weshalb ich dich hierhergebracht habe. Ich werde es dir sagen, es macht keinen Unterschied, ob du es weißt oder nicht – in einer Stunde wirst du überhaupt nichts mehr wissen!

Morgen werden die Zeitungen voll von Meldungen darüber sein, dass der geheimnisvolle Entführer wieder zugeschlagen hat, direkt vor der Nase der Polizei! Nun, ich fürchte, die werden sich bald mit anderen Dingen befassen müssen als mit gelegentlich vermissten Personen. Eine weniger gefestigte Person als ich könnte schnell überheblich werden, wenn es ihr, wie mir, gelingt, die Behörden auszutricksen – aber es war mir ein Leichtes, mir diese dummen Narren vom Leib zu halten. Mein Stolz wird durch weit Größeres genährt. Meine Planungen waren sehr gut. Als ich das *Geschöpf* erschaffen habe, wusste ich, dass es Nahrung brauchen würde – sehr viel Nahrung. Ich bin hierhergezogen, weil man mich hier nicht kannte und ich so eine Lähmung und körperliche Schwäche vortäuschen konnte – ich, der ich über die Muskelkraft eines Riesen verfüge! Niemand hatte mich im Verdacht – niemand außer Michael Strang. Heute Abend sah ich Zweifel in seinen Augen – ich hätte ihn niederschlagen sollen, obwohl er mich gesehen hatte, hätte den vielleicht tödlichen Kampf mit ihm aufnehmen sollen, auch wenn er sehr stark ist …

Du verstehst mich nicht. Ich sehe es in deinen Augen – du verstehst mich nicht. Ich will versuchen, es dir zu erklären. Die Menschen halten mich für sehr kultiviert, doch sie haben keine Ahnung, wie weit mein Wissen wirklich reicht. Ich bin weiter gegangen, als es je ein Mensch im Bereich der Kunst oder der Wissenschaft getan hat. Beide bieten nur Nahrung für armselige Geister, finde ich. Ich bin viel tiefer gegangen. Ich habe mit dem Okkulten experimentiert wie ein Wissenschaftler. So habe ich erkannt, dass ein weiser Mensch durch besondere uralte schwarze Künste den Schleier, der die Universen voneinander trennt, zur Seite schieben und gottlose Gestalten auf diese Erde holen kann. Ich habe mich sofort an die Arbeit gemacht, um meine Theorie zu beweisen. Du fragst dich, weshalb, nicht wahr? Warum machen Wissenschaftler Experimente? Der Beweis ihrer Theorie ist Grund genug – das Wissen, das sie dabei erwerben, ist der Zweck, der die Mittel heiligt. Dein Gehirn würde vertrocknen und zerbröseln, wenn ich versuchen wollte, dir zu erklären, welche Beschwörungen, Zaubersprüche und seltsamen Besänftigungen ich ausgesprochen habe, um dieses wimmernde, schreiende, nackte *Ding* aus der Leere hierherzulocken.

Es war nicht leicht. Monatelang habe ich recherchiert und mich gequält, ich tauchte tief in blasphemische Bücher und modrige Manuskripte voller gottloser Überlieferungen ein. Dabei tastete ich mich in die äußersten, dunkelsten Räume vor, und mein körperloser Geist drang immer weiter in sie ein, und dann *spürte* ich die Existenz und die Anwesenheit unheilvoller Wesen und versuchte, mit ihnen in Kontakt zu treten, um wenigstens eines in dieses materielle Universum zu locken. Lange Zeit fühlte ich lediglich, wie *es* die äußersten Ränder meines eigenen Bewusstseins streifte. Doch schließlich gelang es mir dank düsterer Opfer und uralter Rituale, es über die Kluft zu ziehen. Anfangs war es nur ein breiter, anthropomorpher Schatten an der Wand. Ich konnte beobachten, wie es sich langsam aus dem Nichts zu einem lebendigen Wesen unserer materiellen Sphäre entwickelte. Ich sah, wie seine Augen in den Schatten brannten und wie die Atome seiner nicht weltlichen Substanz herumzuwirbeln begannen, sich veränderten, klarer wurden und schrumpften, und während sie schrumpften, entstanden Kristalle, und schließlich verbanden diese Kristalle sich zu der Art von Materie, die wir kennen. Dann lag vor mir auf dem Boden das wimmernde, schreiende, nackte Ding, das aus den Abgründen des Universums gekommen war, und als ich seine Natur erkannte, erschrak auch ich und hätte beinahe von meinem Vorhaben abgelassen.

Anfangs war es nicht größer als eine Kröte. Aber ich habe es fürsorglich gefüttert – ich wusste, dass es nur durch frisches Blut zu Kräften kommen würde. Erst habe ich ihm lebende Fliegen und Spinnen gegeben, Insekten, die anderen Lebewesen Blut aussaugen. Zu Beginn ist es zwar nur langsam gewachsen, aber es ist gewachsen. Dann habe ich ihm größere Tiere verfüttert – Mäuse, Ratten, Hasen und schließlich Katzen. Irgendwann war es selbst nach einem ausgewachsenen Hund noch nicht satt.

Ich erkannte, wohin das führte, war aber entschlossen, mich nicht beirren zu lassen. Also habe ich ein kleines Kind gestohlen und ihm zu fressen gegeben, und danach rührte es nichts anderes mehr an. Da erfasste zum ersten Mal Angst meine Seele. Das Ding nahm durch das menschliche Blut erschreckende, widerwärtige Ausmaße an. Es machte mir wirklich Angst. Ich betrachtete es nicht länger mit Stolz. Es bereitete mir keine Freude mehr, ihm beim Fressen der Beute zuzusehen, die ich gefangen hatte. Ich war in einer Falle gefangen, die ich mir selbst gestellt hatte. Wenn es auch nur für kürzeste Zeit kein Futter bekam, wurde das Ding gefährlich für mich. Es verlangte immer öfter nach Nahrung, und so war ich gezwungen, verzweifelte Maßnahmen zu ergreifen, um seinen großen Hunger zu stillen.

Heute Nacht ist dein Geliebter durch reines Glück jenem Schicksal entronnen, das dich nun ereilt hat. Ich hege keinen Groll gegen Michael Strang. Die Notwendigkeit ist ein grausamer Lehrmeister. Es wird mir kein Vergnügen bereiten, dich dem Ungeheuer lebend zum Fraß vorzuwerfen und zuzusehen, wie du dich vor ihm auf dem Boden windest. Aber ich habe keine andere Wahl. Um mich selbst zu retten, muss ich ihm weiterhin Menschenblut geben, sonst falle auch ich ihm zum Opfer. Du fragst dich sicher, weshalb ich nicht einfach zerstöre, was ich erschaffen habe. Diese Frage habe ich mir auch schon gestellt. Ich wage nicht, es zu versuchen. Ich bezweifle, dass ein Mensch es töten kann. Ich bin nicht länger Herr meines Geistes. Ich, der ich einst sein Meister war, bin nun nichts weiter als ein Sklave, der es mit Nahrung versorgt. Seine schreckliche, unmenschliche Intelligenz hat mir meine Willenskraft geraubt und mich versklavt. Komme, was wolle – ich muss es weiterhin füttern!

Es wird weiterwachsen, bis es schließlich sein Gefängnis sprengt, geifernd über die Welt zieht und weitere Opfer reißt. Nach den letzten Fütterungen wuchs es jedes Mal um ein Vielfaches an. Wer weiß, ob es jemals zu wachsen aufhört. Aber ich wage nicht, ihm das Futter zu verweigern.‹

Dann zuckte er zusammen, als das Haus durch ein donnerndes Stampfen im oberen Stockwerk erschüttert wurde, und er wurde leichenblass. ›Es ist erwacht und hat Hunger‹, zischte er. ›Ich werde zu ihm gehen und ihm sagen, dass es noch zu früh für eine Fütterung ist!‹ Er nahm die Kerze, die auf dem Tisch brannte, und rannte aus dem Raum. Ich hörte, wie er die Treppen hinaufstieg …« Sie versteckte das Gesicht in ihren Händen, und ihr schlanker Körper wurde von einem Weinen geschüttelt.

»Ich hörte einen schrecklichen Schrei«, wimmerte sie, »dann wurde es bis auf ein furchtbar herzzerreißendes, knirschendes Geräusch ganz still, und das Bam-Bam-Bam der Hufe setzte wieder ein! Ich lag die ganze Zeit hier – es kam mir wie eine Ewigkeit vor. Einmal hörte ich einen Hund jaulend an der Haustür kratzen und wusste, dass Bozo das Bewusstsein wiedererlangt hatte und mir hierher gefolgt war. Ich konnte nicht nach ihm rufen und er verschwand bald wieder, aber ich lag hier, völlig allein, und lauschte und horchte …«

Ich zitterte – mir war, als hätte mich ein kalter Wind gestreift, der nicht von dieser Welt war. Dann erhob ich mich und umfasste fest das antike Schwert.

Marjory sprang auf und umklammerte mich krampfhaft. »O Michael, lass uns gehen!«

»Warte!« Ein unüberwindbarer Drang überkam mich. »Bevor ich gehe, muss ich sehen, was sich dort oben verbirgt.«

Sie schrie verzweifelt auf und umklammerte mich noch fester.

»Nein, Michael, bitte nicht! Bei Gott, du weißt nicht, was du da sagst! Es ist ein schreckliches Wesen, nicht von dieser Welt – ein grauenhaftes Wesen von irgendwo *dort außerhalb!* Menschliche Waffen können ihm nichts anhaben. Geh nicht – um meinetwillen, Michael, geh nicht! Wirf dein Leben nicht weg!«

Ich schüttelte den Kopf.

»Es geht mir nicht um Heldenmut, Marjory, oder um reine Neugier. Ich schulde es den Kindern – den hilflosen Bürgern dieser Stadt. Hat Stark nicht gesagt, dass das Biest aus seinem Gefängnis ausbrechen wird? Nein, ich muss mich ihm jetzt entgegenstellen, solange es noch in diesem Haus gefangen ist.«

»Aber was kannst du schon mit deiner kümmerlichen Waffe ausrichten?«, weinte sie händeringend.

»Ich weiß es nicht«, antwortete ich. »Aber eines weiß ich – dass dämonisches Verlangen nicht stärker ist als menschlicher Hass, und dass diese Klinge, die in alten Zeiten Hexen, Zauberer, Vampire und Werwölfe geschlagen hat, es auch mit den widerwärtigen Armeen der Hölle aufnehmen kann. Geh! Nimm den Hund und lauf so schnell du kannst nach Hause!«

Trotz ihrer Proteste und ihres Flehens löste ich mich aus ihrer Umklammerung, schob sie sanft nach draußen und schloss mit einem Blick auf ihr verzweifeltes, tränenüberströmtes Gesicht die Tür. Dann nahm ich die Kerze und lief schnell in die Diele hinaus, an die der Vorratsraum anschloss. Die Treppe lag dunkel und bedrohlich vor mir – ein schwarzer Quell der Schatten. Plötzlich erlosch die Kerze in meiner Hand durch einen schwachen Luftzug. Ich durchsuchte meine Taschen, musste jedoch feststellen, dass ich kein weiteres Streichholz bei mir hatte, um sie wieder anzuzünden. Der Mond schien schwach durch die weit oben liegenden kleinen Fenster, und in diesem fahlen Schein schritt ich die dunklen Stufen hinauf, unaufhaltsam von einer Kraft getrieben, die stärker war als jede Furcht, das Schwert meiner kriegerischen Vorfahren fest in meiner Hand.

Die ganze Zeit war das Getöse der riesigen Hufe, die hin und her stampften, von oben zu hören. Mit jedem Stampfen gefror mir das Blut in den Adern, und kalter Schweiß bedeckte meinen kalten Körper. Ich wusste, dass dieses Trampeln nicht von irdischen Füßen stammte. All die düsteren, schreckensreichen Ahnungen, die sich hinter uralten Ängsten verbargen, drangen flüsternd in meinen Geist ein. Bilder von vagen fantastischen Gestalten, die in meinem Unterbewusstsein lauerten, erhoben sich zu fürchterlicher, gigantischer Größe, und all die Erinnerungen an längst vergessene, grausame Völker erwachten erneut und suchten meinen Verstand heim. Jeder Widerhall der schwerfälligen Tritte erweckte in meiner Seele entsetzliche, nebelhafte Bilder blasser Erinnerungen, aber ich ging dennoch weiter.

Die Tür am Ende der Treppe war mit einem Schnappschloss versehen – anscheinend von innen und außen, denn als ich die Klammer gelöst hatte, ließ sich die massive Tür trotzdem nicht öffnen. Hinter der Tür war weiterhin das elefantöse Stampfen zu hören. Wie im Rausch – ich fürchtete, meine Entschlossenheit könnte schreiender, panischer Verzweiflung weichen – schlug ich mit meinem Schwert dreimal kräftig auf die Tür ein, sodass die Latten zersplitterten. Dann stieß ich die zerstörte Tür ganz auf und betrat das Zimmer.

Das Obergeschoss bestand aus einem einzigen großen Raum. Er wurde durch schwaches Mondlicht erleuchtet, das durch die fest vernagelten Fenster hereinschien. Das große Zimmer wirkte gespenstisch – das Licht fiel in weißen Balken auf ein Meer aus wogenden Schatten. Unwillkürlich entfuhr mir ein unmenschlich klingender Schrei.

Vor mir stand der fleischgewordene Schrecken. Im Mondlicht erkannte ich vage eine albtraumhafte, wahnwitzige Gestalt. Doppelt so groß wie ein erwachsener Mann, waren ihre Konturen denen eines Menschen nicht unähnlich, doch ihre riesigen Beine endeten in gigantischen Hufen, und statt Armen wanden sich ein Dutzend Tentakel wie Schlangen um den riesenhaften, massigen Körper. Die fleckige, reptilienartige Haut der Kreatur erinnerte mich an einen Leprakranken, und als sie sich geifernd mit blutbefleckten Wangen zu mir umdrehte und mich aus brennenden Augen anfunkelte, die aus Millionen Facetten zu bestehen schienen, wurde mein Schrecken noch größer. An seinem vortretenden, missgebildeten Kopf war nichts Menschliches – und so wahr mir Gott helfe, es war auch nichts Bestialisches an ihm, denn das Bestialische kann der Mensch begreifen. Um meinen gesunden Verstand zu wahren, wandte ich den Blick von dem grausamen Kopf ab, doch mein Blick fiel auf ein anderes, schreckliches Bild, dessen ungeheure Grausamkeit sich sofort in mein Gehirn brannte: Neben den riesigen Hufen lagen die von Reißzähnen abgetrennten Körperteile eines Menschen. Der Kopf wurde von einem Mondstrahl beleuchtet – aus den glasigen, toten Augen sprach unfassbares Grauen. Es war der Kopf von John Stark.

Furcht kann so immense Ausmaße annehmen, dass sie sich in sich selbst verliert. Als ich wie angewurzelt dort stand und mein grauenhafter Feind durch all die verstreuten Überreste auf mich zustampfte, wurde meine Angst von einem roten Feuersturm wahnsinniger Rage hinweggefegt. Mit geschwungenem Schwert trat ich dem Ungeheuer entgegen – die pfeifende Klinge trennte die Hälfte seiner Fangarme ab, die sich nun wie Schlangen auf dem Boden wanden.

Mit einem abscheulich schrillen Kreischen bäumte sich das Monster hoch über meinem Kopf auf, und seine fürchterlichen Hufe krachten mit einem schrecklichen Donnern zu Boden. Durch dieses mächtige Stampfen knickten meine ausgestreckten Arme wie Streichhölzer ein und ich fiel zu Boden. In einem grauenhaften Totentanz stürzte das Ungeheuer mit einem markerschütternden Triumphgeheul schwerfällig auf mich zu. Das gesamte Gebäude ächzte und schwankte.

Irgendwie gelang es mir, zur Seite zu rollen und den tödlichen Hufen zu entkommen, die mich sonst zu rotem Brei zerquetscht hätten. Ich kam wieder auf die Beine, und in mir setzte sich ein Gedanke fest: Mein Gegner mochte zwar aus gestaltloser Leere zu fester Masse erwachsen sein, doch offensichtlich konnte man ihn mit herkömmlichen Waffen verletzen. Mit meiner unverletzten Hand ergriff ich das Schwert, das vor uralten Zeiten ein heiliger Mann für den Kampf gegen die Mächte der Finsternis gesegnet hatte, und eine blutrote Welle der Angriffslust schwappte über mich hinweg.

Die Bestie drehte sich unbeholfen zu mir um, und mit einem wortlosen Kampfschrei stürzte ich mich mit voller Körperkraft auf sie. Ich wirbelte das große Schwert wild durch die Luft. Die Klinge schlug geradewegs durch die breiige, weiche Masse, sodass der widerliche Oberkörper zur einen Seite fiel, die riesigen Beine zur anderen.

Doch die Kreatur war noch nicht tot – sie schlängelte mit ihren Tentakeln auf mich zu, erhob ihren grauenhaften Kopf, ihre Augen funkelten angstvoll, und mit ihrer gespaltenen Zunge bespuckte sie mich mit Gift. Ich schwang mein Schwert und schlug immer wieder zu, bis ich das Scheusal in kleine Teile zerlegt hatte, die jeder für sich über den Boden schlängelten, als wäre ihnen ein eigenes Leben gegeben. Erst als ich den Kopf in Stücke geschlagen hatte, sah ich, wie sich die Form und Beschaffenheit der verstreuten Einzelteile veränderte. Im Körper des Biestes schien es keinen einzigen Knochen zu geben. Abgesehen von den riesigen festen Hufen und den krokodilartigen Reißzähnen war alles an ihm widerlich schlaff und matschig, wie bei einer Kröte oder einer Spinne.

Nun sah ich, wie die einzelnen Fragmente zu einer schwarzen, stinkenden, zähflüssigen Masse *verschmolzen,* die über die menschlichen Überreste floss, die einst John Stark gewesen waren. In diesen schwarzen Wogen zerfielen die Körper- und Knochenteile immer mehr und lösten sich schließlich völlig auf, wie Salz sich in Wasser auflöst, erblassten, verschwanden letztlich ganz und wurden eins mit dem entsetzlichen schwarzen Strudel, der in der Mitte des Raumes wirbelte, wobei sie in unzähligen Lichtfacetten und -strahlen leuchteten – wie die Augen von Millionen riesiger Spinnen. Ich drehte mich um und rannte nach unten.

Am Fuß der Treppe stolperte ich über einen weichen Haufen, und ein vertrautes Weinen holte mich aus dem Labyrinth unbegreiflicher Schrecken zurück, in das ich gefallen war. Marjory hatte nicht auf mich gehört – sie war zu diesem Schreckenshaus zurückgekehrt. In tiefer Ohnmacht lag sie vor mir, und der treue Bozo wachte über sie. Ich habe keinen Zweifel daran, dass er, hätte ich den grausamen Kampf verloren und wäre das Ungeheuer die Treppe hinuntergewankt, sein Leben gegeben hätte, um sein Frauchen zu retten. Mit einem Seufzer hob ich das Mädchen hoch und drückte ihren schlaffen Körper an mich, und Bozo zuckte zusammen und knurrte, als er die vom Mondlicht erhellten Stufen hinaufsah. Eine schwarz glänzende Welle kroch schwerfällig die Treppe hinunter.

Ich rannte los, als würde ich aus der Hölle fliehen, doch in dem alten Vorratsraum hielt ich kurz inne, um hastig mit einer Hand über den Tisch zu streichen, auf dem ich zuvor die Kerzen gefunden hatte. Auf dem Tisch lagen mehrere abgebrannte Streichhölzer, aber dazwischen fand ich ein unbenutztes. Schnell zündete ich es an und warf es brennend in einen staubigen Papierhaufen neben der Wand. Das Holz war alt und trocken; es ging rasch in Flammen auf und brannte lichterloh.

Als ich gemeinsam mit Marjory und Bozo ins Feuer starrte, wusste ich etwas, das die aus dem Schlaf gerissenen Bürger der Stadt nicht einmal ahnten: Das Grauen, das über die Stadt und das umliegende Land hereingebrochen war, verschwand in diesen Flammen, und wie ich inständig hoffte – für immer.

Das Schädelgesicht

1
Das Gesicht im Nebel

O Herz, da die Welt nichts als Schatten und Schein
Warum quälst du dich ab in unendlicher Pein?
Omar Khayyam

Das erste Mal ergriff der Schrecken in der unkonkretesten aller Welten von mir konkreten Besitz: in einem Haschischtraum. Ich war zu einer Reise jenseits von Raum und Zeit durch die seltsamen Sphären aufgebrochen, die zu diesem Daseinszustand gehören: eine Million Meilen entfernt von der Erde und allem Irdischen. Und doch spürte ich, wie etwas über die unbekannte Leere hinweg nach mir griff. Etwas, das rücksichtslos an dem Vorhang zerrte, der meine Illusionen umschloss und in meine Visionen eindrang.

Ich kehrte nicht wirklich in meinen alltäglichen Wachzustand zurück. Und doch sah und bemerkte ich Dinge, die nicht zu dem Traum passen wollten, an dem ich mich in jenem Augenblick berauschte. Auf jemanden, der nie die Freuden des Haschisch erlebt hat, muss meine Erklärung chaotisch und unmöglich wirken. Dennoch nahm ich wahr, dass da Nebel zerrissen, und dann drängte sich dieses Gesicht in mein Blickfeld.

Zuerst hielt ich es bloß für einen Totenschädel, aber dann sah ich, dass er grässlich gelb, nicht etwa weiß war und mit einem abscheulichen Leben erfüllt. Die Augen glühten tief in ihren

Höhlen und die Kiefer bewegten sich, als würden sie sprechen. Den Körper selbst, mit Ausnahme der schmalen, hohen Schultern, konnte ich nur vage und undeutlich erkennen, aber die vor und unter dem Schädel in den Nebeln schwebenden Hände waren auf entsetzliche Weise lebendig und jagten mir Angstschauder über den Rücken. Wie die Hände einer Mumie wirkten sie, lang, schlank und gelb, mit knorrigen Gelenken und grausam gekrümmten Krallen.

Und dann, wie um das undefinierbare Entsetzen komplett zu machen, das unaufhaltsam von mir Besitz ergriff, erklang eine Stimme – stellen Sie sich einen Mann vor, der schon so lange tot ist, dass seine Stimmbänder rostig geworden sind und das Sprechen verlernt zu haben scheinen. Das war der Gedanke, der sich mir aufdrängte und mir Furcht einjagte, während ich ihren Worten lauschte.

»Ein kräftiger Kerl, der uns irgendwie nützlich sein könnte. Sorge dafür, dass er so viel Haschisch bekommt, wie er braucht.«

Dann wich das Gesicht von mir zurück, gerade als ich begriff, dass er von mir sprach, und die Nebel wallten sich wieder zusammen. Und doch hatte ich einen Moment lang ein verblüffend klares Bild vor mir. Ich schnaufte – oder versuchte es zumindest. Denn über der hochgezogenen, merkwürdigen Schulter der Erscheinung war einen Moment lang ein Gesicht ganz deutlich zu erkennen. Sein Besitzer schien mich zu mustern. Rote, halb geöffnete Lippen, lange, dunkle Wimpern, die feuchte Augen umrahmten, eine schimmernde Wolke aus Haar … Über die Schultern des Schreckens blickte mir einen Augenblick lang atemberaubende Schönheit direkt ins Gesicht.

2
Sklave des Haschisch

Vom Zentrum der Erde durchs siebte Tor
Stieg ich auf den Thron des Saturn empor.
Omar Khayyam

Mein Traum von dem Schädelgesicht überwand die für gewöhnlich unpassierbare Grenze zwischen dem Zauber des Haschisch und dem Stumpfsinn des Alltags. Ich hockte im Schneidersitz auf einer Matte in Yun Shatus Tempel der Träume und setzte die schwindenden Kräfte meines im Zerfall begriffenen Gehirns darauf an, sich an Ereignisse und Gesichter zu erinnern.

Dieser letzte Traum war völlig anders gewesen als alle, die ich jemals zuvor gehabt hatte. Er riss mich aus meiner Gleichgültigkeit und ich wollte seiner Herkunft auf den Grund gehen. Als ich angefangen hatte, mit Haschisch zu experimentieren, bemühte ich mich, physikalische oder psychische Erklärungen für die damit verbundenen, wild wuchernden Illusionen zu finden. In letzter Zeit begnügte ich mich damit, einfach zu genießen, ohne mich mit Ursache und Wirkung auseinanderzusetzen.

Wie war zu erklären, dass mir diese Vision so unerklärlich vertraut erschien? Ich nahm meinen pochenden Schädel zwischen die Hände und suchte mühsam nach einem Hinweis. Ein lebender Toter und ein Mädchen von ungewöhnlicher Schönheit, das über seine Schulter geblickt hatte. Und dann erinnerte ich mich.

Einst im Nebel der Tage und Nächte, der die Erinnerung eines Haschischsüchtigen verschleiert, war mein Geld zur Neige gegangen. Es schien mir Jahre, vielleicht sogar Jahrhunderte her zu sein, aber mein stockender Verstand sagte mir, dass es eigentlich nur ein paar Tage gewesen sein konnten. Jedenfalls war ich wie gewöhnlich in Yun Shatus schäbiger Kneipe erschienen und war von seinem kräftigen Helfer Hassim hinausgeworfen worden, als sich herausstellte, dass ich kein Geld mehr besaß.

Während meine kleine Welt in ihre Einzelteile zerfiel und meine Nerven wie gespannte Klaviersaiten vor Gier zitterten, kauerte ich in der Gosse. Ich gab Laute von mir wie ein Tier, bis Hassim herausstolziert kam und mein Jammern mit einem Schlag zum Schweigen brachte, der mich halb benommen zu Boden sinken ließ.

Als ich mich schließlich wieder erhob, taumelnd und mit keinem anderen Gedanken als an den Fluss, der ganz in meiner Nähe mit kühlem Murmeln dahinplätscherte – als ich mich also erhob, legte sich eine sanfte Hand auf meinen Arm, so als würde mich eine Rose berühren. Ich fuhr erschreckt herum und stand verzaubert vor lauter Liebreiz, der sich meinem Blick darbot. Dunkle Augen, feucht vor Mitleid, musterten mich und die schmale Hand auf meinem zerlumpten Ärmel zog mich zur Tür des Tempels der Träume. Ich zuckte zurück, aber eine leise Stimme, weich und melodisch, drängte mich und erfüllte mich auf seltsame Weise mit Vertrauen, sodass ich meiner schönen Führerin mit schwankenden Schritten folgte.

An der Tür erwartete uns Hassim mit erhobenen Pranken und einem finsteren Blick auf seinem affenähnlichen Gesicht. Aber wie ich so geduckt dastand und jeden Augenblick mit einem Schlag rechnete, hielt er inne, als er die erhobene Hand des Mädchens und ihre gebieterisch klingende Stimme wahrnahm.

Ich verstand nicht, was sie genau sagte, aber ich nahm wie durch einen Schleier wahr, dass sie dem Schwarzen Geld gab. Dann führte sie mich zu einem Diwan, bedeutete mir, mich hinzulegen, und rückte mir die Kissen zurecht, als wäre ich der König von Ägypten und nicht ein zerlumpter, schmutziger

Abtrünniger, der nur noch für das Haschisch lebte. Ihre schlanke Hand ruhte einen Moment lang kühl auf meiner Stirn, dann war sie verschwunden. Yussef Ali kam und brachte mir den Stoff, nach dem meine Seele lechzte – und bald wanderte ich aufs Neue durch jene fremden und exotischen Länder, wie sie nur ein Sklave des Haschisch kennt.

Als ich so auf der Matte saß und über den Traum mit dem Schädelgesicht nachgrübelte, stellte ich mir weitere Fragen. Seit das unbekannte Mädchen mich zurück in die Kaschemme geführt hatte, kam und ging ich wie früher, als ich noch genügend Geld gehabt hatte, um Yun Shatu zu bezahlen. Offensichtlich bezahlte jetzt jemand für mich, und während mein Unterbewusstsein mir einredete, dass es das Mädchen war, hatte mein eingerostetes Gehirn es nicht geschafft, diese Tatsache in ihrer Gänze zu erfassen oder sich zu fragen, warum sie das tat. Wozu auch fragen? Jemand bezahlte und die bunten Träume dauerten an, wen kümmerte es also? Aber jetzt stelle ich mir trotzdem Fragen, denn das Mädchen, das mich vor Hassim beschützt und mir das Haschisch beschert hatte, war dasselbe Mädchen, das ich in meinem Traum mit dem Schädelgesicht gesehen hatte.

Durch den Sumpf meiner Erniedrigung drang ihr Lockruf wie ein Messer, das mein Herz durchbohrte. Er brachte auf merkwürdige Art und Weise die Erinnerung an jene Tage zurück, als ich ein Mann wie andere Männer gewesen war – und noch kein hündisch kriechender Sklave meiner Träume. Fern und blass waren sie, schimmernde Inseln im Nebel der Jahre – aber was für eine dunkle See lag doch dazwischen!

Ich blickte auf meinen ausgefransten Ärmel und die schmutzige, wie eine Klaue wirkende Hand, die aus ihm hervorragte. Ich spähte durch den dichten Rauch, der den schäbigen Raum vernebelte, sah auf die niedrigen Pritschen entlang der Wand, auf denen die glasig ins Leere starrenden

Träumer lagen – Sklaven wie ich, Sklaven des Haschisch oder des Opiums. Ich starrte auf die lautlos in ihren Pantoffeln hin und her huschenden Chinesen, die Pfeifen oder glühende Kugeln mit konzentriertem Fegefeuer über winzig flackernden Flammen entzündeten. Und ich starrte Hassim an, der mit verschränkten Armen wie eine große Statue aus schwarzem Basalt neben der Tür stand.

Ich zitterte und verbarg mein Gesicht in den Händen, weil ich im schwachen Dämmerlicht, das mich dem Menschsein wieder näher brachte, erkannte, dass dieser letzte und grausamste aller Träume nutzlos war – ich hatte ein Meer überquert, das mich nie wieder nach Hause bringen konnte, mich von der Welt gewöhnlicher Männer und Frauen entfernte. Nichts blieb mir, als diesen Traum zu ertränken, so wie ich all meine anderen Träume ertränkt hatte – schnell und in der Hoffnung, bald jene endlosen Weiten zu erreichen, die jenseits aller Träume liegen.

So sind sie, diese flüchtigen Momente der Klarheit und der Sehnsucht, welche den Sklaven der Droge den Schleier entreißen – unerklärlich und zugleich hoffnungslos unerreichbar.

Also kehrte ich in meine leeren Träume zurück, in mein Trugbild der Illusionen. Aber manchmal, so wie ein Schwert, das einen Nebel zerteilt, schwebte das Leuchten dunkler Augen und schimmernden Haars wie halb vergessene Musik durch die Hügel, Täler und Seen meiner Visionen.

Sie fragen sich sicher, wie ich, Stephen Costigan, Amerikaner und kulturell gebildeter Mann mit gewissen Errungenschaften, in einer schmierigen Kneipe im Limehouse-Viertel von London gestrandet war? Die Antwort ist einfach: Ich bin kein abgestumpfter Lüstling, der in den Geheimnissen des Orients nach neuer Erfüllung sucht, nein. Meine Antwort lautet – Argonne! Himmel, diese eine Schlacht deckt wirklich sämtliche Dimensionen des Schreckens ab! Kriegsneurosen.

Schier endlos erscheinende Tage und Nächte. Die brüllende rote Hölle des Niemandslands, in der ich mich mit von Kanonen und Bajonetten zerfetztem, blutigem Fleisch wiederfand. Mein Körper hat sich davon erholt. Ich weiß nicht einmal genau, wie. Mein Geist hingegen niemals.

Die Flammenhöllen und wabernden Schatten in meinem gequälten Geist trieben mich die Stufen der Erniedrigung immer weiter hinunter, frei von jeglichem Gefühl, bis ich in Yun Shatus Tempel der Träume Linderung fand. Hier tauschte ich meine roten Träume gegen andere ein – Haschischvisionen, mit denen ein Mann in die Abgründe blutroter Höllen hinabstürzen oder in jene namenlosen Höhen aufsteigen kann, wo die Sterne unter seinen Füßen wie Stecknadeln aus Diamant aufblitzen.

Ich durchlebte nicht die Visionen von Trinkern und Bestien. Stattdessen erreichte ich das Unerreichbare und fand im Angesicht des Unbekannten in kosmischer Ruhe Antwort auf die großen Fragen. Auf gewisse Weise war ich damit zufrieden, bis der Anblick von glattem Haar und scharlachroten Lippen mein im Traum aufgebautes Universum wegfegte und mich schaudernd in seinen Ruinen zurückließ.

3
Meister des Verderbens

Und Er, der dich ins Feld hineinschleudert
Er weiß wirklich alles – Er weiß! Er weiß!
Omar Khayyam

Eine Hand schüttelte mich unsanft, als ich träge aus meiner jüngsten Ausschweifung erwachte.

»Der Meister verlangt nach dir! Steh auf, du Schwein!«

Hassim war es, der mich schüttelte und so zu mir sprach.

»Zur Hölle mit dem Meister!«, antwortete ich, denn ich hasste Hassim – und fürchtete ihn.

»Steh auf oder du bekommst kein Haschisch mehr«, lautete seine brutale Antwort, und ich erhob mich zitternd und hastig.

Ich folgte dem hünenhaften Schwarzen. Er führte mich in den hinteren Teil des Gebäudes und wich dabei geschickt den armseligen Wracks von Träumern auf dem Boden aus.

»Alle Mann an Deck!«, dröhnte die Stimme eines Seemanns von einer Pritsche. »Alle Mann!«

Hassim riss die Tür am hinteren Ende auf und bedeutete mir einzutreten. Ich war nie zuvor durch jene Tür getreten und hatte immer angenommen, dass sie in Yun Shatus private Räumlichkeiten führte. Aber im Inneren fanden sich lediglich eine Pritsche, eine Bronzefigur, vor der Weihrauch brannte, und ein schwerer Tisch.

Hassim bedachte mich mit einem finsteren Blick und packte den Tisch, als wollte er ihn drehen. Tatsächlich fing er an zu rotieren, als stünde er auf einer beweglichen Plattform. Ein Teil des Fußbodens drehte sich mit und gab den Blick auf eine verborgene Falltür frei. Stufen führten hinab in die Dunkelheit.

Hassim entzündete eine Kerze und forderte mich mit einer schroffen Handbewegung auf, hinunterzusteigen. Ich gehorchte mit der trägen Folgsamkeit eines Rauschgiftsüchtigen, und der Farbige folgte mir, schloss die Tür über uns und sicherte sie mit einem eisernen, an ihrer Unterseite befestigten Hebel. Im Halbdunkel kletterten wir die wacklige Treppe hinab – neun oder zehn Stufen waren es, schätze ich – und fanden uns dann in einem schmalen Korridor wieder.

Hier übernahm Hassim wieder die Führung und hielt dabei die Kerze vor sich in die Höhe. Die Ränder des höhlenähnlichen Gangs konnte ich kaum ausmachen, ahnte aber, dass er nicht besonders breit war. Im flackernden Kerzenlicht konnte man erkennen, dass es keinerlei Mobiliar gab, sah man von ein paar seltsam aussehenden Truhen ab, die die Wände säumten – Behälter für Opium und anderes Rauschgift, vermutete ich.

Ein ständiges Rascheln und kleine rote Augen, die gelegentlich aufblitzten, bevölkerten die Schatten. Das deutete darauf hin, dass es hier in großer Zahl Ratten gab, wie sie sich am Themse-Ufer in diesem Stadtviertel tummelten.

In der Dunkelheit vor uns waren wieder Treppenstufen zu erkennen, als der Korridor unvermittelt endete. Hassim führte mich nach oben und klopfte dort viermal gegen Bretter, die wie die Unterseite eines Fußbodens aussahen. Eine verborgene Tür öffnete sich und weiches, trügerisches Licht strömte hindurch.

Hassim schubste mich grob nach oben, dann stand ich blinzelnd in einer Umgebung, wie ich sie selbst in meinen wahnwitzigsten Opiumträumen nie zu Gesicht bekommen hatte. Ich stand in einem Dschungel von Palmen, durch den sich eine Million grellbunter Drachen wand! Als sich meine verblüfften Augen allmählich an das Licht gewöhnt hatten, sah ich, dass ich nicht etwa plötzlich auf einen anderen Planeten versetzt worden war, wie ich zunächst gedacht hatte. Die Palmen waren da und die Drachen, aber die Bäume waren künstlich und standen in großen Töpfen, während sich die Drachen als Motiv auf schweren Teppichen wiederfanden, die an den Wänden hingen.

Der Raum selbst war eine monströse Angelegenheit – übermenschlich groß, wie es mir vorkam. Dicker Rauch, gelb und irgendwie tropisch wirkend, hing in der Luft, vernebelte die Decke und durchkreuzte die Blicke nach oben. Der Rauch ging, wie ich jetzt sah, von einem Altar vor der Wand zu meiner Linken aus.

Ich zuckte zusammen. Durch den safranfarben wallenden Nebel blickten mich scheußlich große, glänzende Augen an und die verhangenen Umrisse eines tierischen Götzen nahmen undeutlich Gestalt an. Ich sah mich verstört um, registrierte die orientalischen Diwane und Sofas und das bizarre Mobiliar, dann verharrte mein Blick auf einer mit Lack bedeckten Abtrennung unmittelbar vor mir.

Ich konnte nicht hindurchsehen und sie schien jeglichen Schall zu schlucken. Trotzdem spürte ich Augen, die sich durch das Material in mein Bewusstsein bohrten. Augen, die sich in die Tiefe meiner Seele zu brennen schienen. Eine seltsame Aura des Bösen ging von dieser Wand mit ihren unheimlichen Schnitzereien und gottlosen Verzierungen aus.

Hassim machte eine grüßende Bewegung, so wie man sie im Orient vollzieht, eine Verbeugung, bei der die Hand erst die Stirn und dann das Herz berührt. Dann trat er ohne ein Wort beiseite und verschränkte die Arme wie eine Statue über seiner Brust.

Plötzlich durchbrach eine Stimme die schwere und drückende Stille: »Du, der du ein Schwein geworden bist, würdest du gern wieder ein Mann sein?«

Ich erschauderte. Die Stimme klang unmenschlich, kalt – ja mehr noch, man hatte den Eindruck als würde sie von lange nicht mehr benutzten Stimmbändern erzeugt –, die Stimme, die ich in meinem Traum gehört hatte!

»Ja«, erwiderte ich wie in Trance. »Ich würde gern wieder ein Mann sein.«

Eine Weile herrschte Stille, dann war die Stimme wieder zu vernehmen, diesmal mit einem bösartig flüsternden Unterton, begleitet von einem Geräusch, das klang, als würden Fledermäuse durch eine Höhle fliegen.

»Ich werde dich wieder zu einem Mann machen, weil ich ein Freund aller gebrochenen Männer bin. Ich werde dafür nichts fordern, auch keine Dankbarkeit. Ich gebe dir ein Zeichen, um mein Versprechen und mein Gelöbnis zu besiegeln. Streck deine Hand durch die Trennwand.«

Diese merkwürdigen, schwer verständlich artikulierten Worte verblüfften mich. Nachdem die unsichtbare Stimme ihren letzten Befehl wiederholt hatte, trat ich vor und schob meine Hand durch einen Schlitz, der sich lautlos in der Wand geöffnet hatte. Ich spürte, wie ein eiserner Griff mein Handgelenk packte, und etwas, das siebenmal kälter war als Eis, berührte die Innenfläche. Dann wurde losgelassen, und als ich meine Hand zurückzog, erblickte ich an der Daumenwurzel ein seltsames Symbol mit blauer Färbung – es sah aus wie ein Skorpion.

Jetzt sprach die Stimme wieder, diesmal in einer zischelnden Sprache, die ich nicht verstand, und Hassim trat unterwürfig vor. Er griff um den Wandschirm herum und drehte sich dann zu mir. Er hielt jetzt einen Kelch mit einer bernsteinfarbenen Flüssigkeit in Händen, den er mir mit einer ironischen Verbeugung überreichte. Ich nahm ihn zögernd entgegen.

»Trinke und fürchte dich nicht«, sprach die unsichtbare Stimme. »Es ist nur ein ägyptischer Wein mit Leben spendenden Eigenschaften.«

Also hob ich den Kelch und leerte ihn. Der Geschmack war nicht unangenehm, und schon während ich Hassim den Becher zurückgab, schienen neues Leben und Kraft durch meine müden Venen zu fließen.

»Bleibe in Yun Shatus Haus«, forderte die Stimme. »Du wirst Nahrung und ein Bett bekommen, bis du stark genug bist, um für deinen Unterhalt zu arbeiten. Du wirst kein Haschisch konsumieren und es auch nicht brauchen. Geh!«

Wie betäubt folgte ich Hassim zurück durch die versteckte Klappe, kletterte die Treppen hinab und lief durch den dunklen Korridor zurück zur ersten Tür, die uns wieder in den Tempel der Träume brachte.

Als wir aus dem Hinterzimmer in den Hauptraum der Träumer traten, wandte ich mich fragend zu dem Farbigen um.

»Meister? Meister von was? Meister des Lebens?«
Hassim lachte wild und spöttisch.
»Meister des Verderbens!«

4
Die Spinne und die Fliege

Da war ein Tor, den Schlüssel fand ich nicht;
ein Schleier auch, doch durch ihn drang kein Licht.
Omar Khayyam

Ich saß auf Yun Shatus Kissen und grübelte. Mein Verstand war dabei so klar, dass es mir neu und zugleich fremd vorkam. Überhaupt schienen mir all meine Empfindungen neu und fremd zu sein. Ich hatte das Gefühl, ich wäre aus einem ungeheuer langen Schlaf erwacht. Obwohl meine Gedanken träge flossen, verspürte ich das Gefühl, etwas habe die Spinnweben, die sie zäh und unbeweglich gemacht hatten, teilweise weggewischt.

Ich strich mir mit der Hand über die Stirn und spürte ein Pochen. Ich war schwach und zittrig, aber irgendwie hungrig – nicht nach Rauschgift, sondern nach Nahrung. Was war in dem Becher gewesen, den ich in dem Raum der Geheimnisse ausgetrunken hatte? Und warum hatte der »Meister« aus all den Jammergestalten bei Yun Shatu gerade mich zur Rettung auserwählt?

Und wer war dieser Meister überhaupt? Irgendwie klang das Wort auf unbestimmte Art vertraut – ich kämpfte um meine Erinnerung. Ja – ich hatte es vernommen, als ich halb wach auf den Pritschen oder auf dem Boden lag, hatte gehört, wie Yun Shatu oder Hassim oder Yussef Ali, der Maure, das Wort zischelnd flüsterte. Es in ihren leisen Unterhaltungen aufgeschnappt, immer durchmischt mit Begriffen, die ich nicht verstand. War denn etwa nicht Yun Shatu der Meister des Tempels der Träume?

Ich hatte wie die anderen Süchtigen geglaubt, der verwelkte Chinamann herrsche uneingeschränkt über dieses düstere Reich und Hassim und Yussef Ali wären seine Bediensteten. Und die vier jungen Chinesen, die mit Yun Shatu Opium rösteten – sie würden ebenso von Yun Shatu bezahlt, so glaubten wir, wie Yar Khan, der Afghane, und Santiago, der Haitianer, und Ganra Singh, der abtrünnige Sikh. Allesamt abhängig vom Herrn des Opiums dank Gold oder Furcht.

Denn Yun Shatu galt als Macht in der Chinatown Londons; ich hatte gehört, dass sich sein Einfluss über die Meere bis hin zu den mächtigen und geheimnisvollen Tongs erstreckte. War das Yun Shatu hinter der Trennwand gewesen? Nein – ich kannte die Stimme des Chinesen. Außerdem hatte ich ihn vor dem Tempel herumwerkeln gesehen, als ich durch die Hintertür eintrat.

Ein anderer Gedanke schoss mir durch den Kopf. Wenn ich in den späten Nachtstunden oder im frühen Grau der Morgendämmerung halb benommen dagelegen hatte, waren mir häufig Männer und Frauen aufgefallen, die sich in den Tempel davonstahlen. Männer, deren Kleidung und Verhalten seltsam fehl am Platz und unpassend wirkten. Hochgewachsene, aufrechte Männer, häufig in vornehmer Kleidung, mit tief in die Stirn gezogenen Hüten. Gepflegte Damen mit Schleier und teuren Gewändern aus Seide und Pelz. Nie erschienen zwei von ihnen gleichzeitig, immer kamen sie einzeln und verbargen ihre Gesichter, huschten zum Hintereingang, wo sie den Tempel betraten und Stunden später manchmal wieder herauskamen.

Da ich wusste, dass das Bedürfnis nach Rauschgift auch vor besseren Kreisen nicht haltmacht, hatte ich mir darüber nie großartig Gedanken gemacht, hatte angenommen, dass dies der Sucht zum Opfer gefallene wohlhabende Männer und Frauen der Gesellschaft waren. Und hatte vermutet, dass es irgendwo im hinteren Bereich des Gebäudes einen besonderen Raum für Leute wie sie gab. Aber jetzt kamen mir erste Zweifel – manchmal waren diese Personen nur ein paar Augenblicke geblieben –, war es wirklich immer das Opium gewesen, das sie herführte, oder gingen auch sie durch jenen geheimnisvollen Korridor und sprachen mit dem, der sich hinter der Trennwand verbarg?

Ich stellte mir einen großen Spezialisten vor, zu dem Menschen aller Klassen kamen, um sich von ihrer Sucht befreien zu lassen. Aber es kam mir seltsam vor, dass sich so jemand ausgerechnet eine Rauschgiftspelunke aussuchte, um zu praktizieren – und noch seltsamer, dass der Besitzer jenes Hauses ihm offenbar solche Ehrfurcht entgegenbrachte.

Ich hörte auf zu grübeln, als mein Kopf vor lauter Nachdenken zu schmerzen begann und mein Bauch knurrend nach Nahrung verlangte. Yussef Ali brachte mir Essen auf einem Tablett, so schnell, dass es mich verblüffte. Außerdem verbeugte er sich tief, als er mich verließ, und ich geriet erneut ins Grübeln. Diesmal fragte ich mich, was meinen Status im Tempel der Träume wohl so positiv verändert haben mochte.

Ich fragte mich, was *Er* hinter der Wand von mir wollte. Nicht eine Sekunde glaubte ich daran, dass er mir seine wahre Absicht verraten hatte. Das Leben in der Unterwelt hatte mich gelehrt, dass niemand etwas zu verschenken hat. Und zur Unterwelt gehörte auch der geheimnisvolle Raum, so kunstvoll und bizarr er auch wirkte. Wo genau mochte er sich befinden? Wie weit war ich wirklich durch den Korridor gegangen? Ich zuckte die Achseln und fragte mich, ob es sich nicht doch um eine Haschischvision handelte. Doch dann fiel mein Blick auf meine Hand – und ich konnte klar die Umrisse des Skorpions erkennen.

»Alle Mann an Deck!«, dröhnte die Stimme des Seemanns auf der Pritsche. »Alle Mann!«

Mit Einzelheiten der nächsten paar Tage würde ich wohl jeden langweilen, der nicht selbst schon das qualvolle Sklaventum des Rauschgifts kennengelernt hat. Ich wartete, dass die Sucht mich wieder packen würde – wartete in bitterer Hoffnungslosigkeit. Den ganzen Tag, die ganze Nacht … noch einen Tag … und dann erkannte mein zweifelnder Verstand, dass ein Wunder geschehen war. Entgegen allen Theorien und Erkenntnissen der Wissenschaft und des gesunden Menschenverstandes hatte mich das Verlangen nach Stoff so plötzlich und vollkommen verlassen wie ein schlimmer Traum! Zuerst wollte ich meinen Empfindungen nicht trauen und fürchtete, mich immer noch im Griff eines Rauschgifttraums zu befinden.

Und doch war es wahr. Seit dem Augenblick, als ich in dem geheimnisvollen Raum den Becher geleert hatte, spürte ich nicht mehr das geringste Verlangen nach dem Zeug, das für mich lange das Wichtigste im Leben gewesen war. Mir schoss durch den Kopf, dass das irgendwie gottlos war und allen Regeln der Natur widersprach. Wenn das Schreckenswesen hinter der Wand das Geheimnis kannte, die furchtbare Macht des Haschisch zu brechen, welche anderen Mysterien hatte es wohl noch enträtselt? Welche unvorstellbare Macht besaß es? Die Vorstellung des Bösen wand sich wie eine Schlange durch mein Bewusstsein.

Ich blieb in Yun Shatus Haus, ausgestreckt auf eine Pritsche oder auf Kissen, die über den Boden verteilt waren, aß und trank, wenn mir danach war. Aber jetzt, wo ich kurz davorstand, wieder ein normaler Mensch zu werden, empfand ich meine Umgebung als zunehmend widerwärtig. Der Anblick der erbärmlichen, sich in ihren Träumen windenden Leute um mich herum erinnerte mich auf unangenehme Weise daran, wie ich selbst einmal gewesen war. Es stieß mich ab und verursachte Übelkeit in mir.

Also stand ich eines Tages auf, als mich niemand beobachtete, ging auf die Straße hinaus und schlenderte runter an den Fluss. Die von Rauch und üblen Gerüchen getränkte Luft füllte meine Lungen mit seltsamer Frische und schenkte meinem Körper, der früher einmal kräftig gewesen war, frische Energie. Ich interessierte mich für die Männer, die dort lebten und arbeiteten, und der Anblick eines Schiffes, das an einem der Kais entladen wurde, erregte mich regelrecht.

Nur wenige Hafenarbeiter waren an Deck und kurzerhand packte ich mit an, hob und schleppte mit ihnen gemeinsam Säcke und Ballen. Und obwohl mir der Schweiß in Strömen über die Stirn lief und meine Glieder vor Anstrengung zitterten, genoss ich den Gedanken, dass ich wenigstens wieder in der Lage war, für mich selbst zu sorgen – so primitiv und langweilig die Arbeit auch sein mochte.

Als ich an jenem Abend zu Yun Shatus Tempel zurückkehrte, todmüde, aber mit einer neu entdeckten Kraft, wie sie nur ehrliche Anstrengung verleiht, trat mir Hassim an der Tür entgegen.

»Wo bist du gewesen?«, fragte er schroff.

»Ich habe an den Kais gearbeitet«, antwortete ich knapp.

»Du brauchst nicht an den Kais zu arbeiten«, knurrte er. »Der Meister hat Arbeit für dich.«

Er ging voraus, und wieder folgte ich ihm die dunkle Treppe hinab und durch den Korridor unter der Erde. Diesmal war meine Wahrnehmung nicht durch die Drogen verschleiert und ich erkannte, dass der Tunnel nicht länger als zehn oder zwölf Meter sein konnte. Danach stand ich erneut vor der lackierten Trennwand und lauschte der unmenschlichen Stimme des lebenden Todes.

»Ich kann dir Arbeit geben«, sagte die Stimme. »Bist du bereit, für mich zu arbeiten?«

Ich stimmte sofort zu. Schließlich stand ich trotz der Angst, die die Stimme in mir erzeugte, tief in der Schuld ihres Besitzers.

»Gut. Nimm das hier.«

Als ich einen Schritt in Richtung auf den Wandschirm tat, brachte mich ein scharfer Befehl zum Stehen. Hassim trat vor, griff hinter den Schirm und nahm, was man ihm hinhielt. Ein Bündel Bilder und Papiere, wie mir schien.

»Studiere sie«, sagte *Er* hinter dem Schirm. »Lerne alles, was du kannst, über den abgebildeten Mann. Yun Shatu wird dir Geld geben; kauf dir Kleidung, wie Seeleute sie tragen, und nimm dir ein Zimmer vor dem Tempel. Nach zwei Tagen wird Hassim dich wieder zu mir bringen. Geh!«

Als sich die verborgene Tür über mir schloss, wurde ich den Eindruck nicht los, dass die Augen der Statue mich durch den ständigen Rauch spöttisch musterten.

Im vorderen Teil des Tempels der Träume gab es Zimmer, die vermietet wurden. Eine Tarnung, um dem Gebäude den Anstrich einer Hafenpension zu geben. Die Polizei hatte Yun Shatu mehrmals aufgesucht, aber nie belastendes Material gegen ihn gefunden.

Und so mietete ich mich in einem dieser Räume ein und machte mich daran, die mir übergebenen Dokumente zu studieren.

Die Bilder zeigten alle denselben Mann. Er war groß und kräftig, von ähnlichem Körperbau wie ich und mit einem vergleichbar geschnittenen Gesicht. Der wesentliche Unterschied war, dass er einen dichten Bart trug und seine Haare im Gegensatz zu meinen blond und nicht dunkel waren. Wie ich den beigefügten Papieren entnehmen konnte, handelte es sich um Major Fairlan Morley, einen Sonderkommissar für die britischen Provinzen Natal und Transvaal. Amt und Titel waren mir neu, und ich fragte mich, welche Querverbindung es zwischen einem für Afrika zuständigen Beamten und einer Opiumhöhle am Ufer der Themse geben mochte.

Die Papiere enthielten umfangreiche Daten, die offenbar aus authentischen Quellen abgeschrieben waren und sich alle auf Major Morley bezogen. Dazu kamen zahlreiche private Unterlagen mit Einzelheiten über das Leben des Majors. Auf einem weiteren Blatt fand ich eine ausführliche Beschreibung vom Aussehen Morleys und seinen Gewohnheiten. Einige davon erschienen mir höchst belanglos.

Ich fragte mich, welchen Zweck das alles hatte und wie *Er* hinter dem Schirm in den Besitz so vertraulicher Details gekommen sein mochte.

Ich fand keine Hinweise, die mir diese Frage hätten beantworten können. Deshalb widmete ich meine gesamte Energie der gestellten Aufgabe. Ich stand tief in der Schuld des unbekannten Mannes, der mir den Auftrag erteilt hatte, und war fest entschlossen, mich nach besten Kräften zu revanchieren. Damals deutete noch nichts darauf hin, dass es sich um eine Falle handelte.

5
Der Mann auf der Couch

Den hat eine Houri der Lanzen gesäugt,
der so seinen Tod verlacht.
Rudyard Kipling

Als die beiden Tage um waren, winkte Hassim mich zu sich, als er mich im Opiumraum stehen sah. Ich ging mit wendigen Schritten zu ihm und war mir sicher, dass ich den Papieren alles entlockt hatte, was hinsichtlich Morleys von Bedeutung war. Ich war ein neuer Mensch geworden. Meine geistige

Beweglichkeit und mein körperlicher Zustand überraschten mich selbst – manchmal kamen sie mir fast unnatürlich vor.

Hassim musterte mich aus zusammengekniffenen Augen und wies mich wieder an, ihm zu folgen. Als wir durch den Raum gingen, fiel mein Blick auf einen Mann, der auf einer Couch dicht an der Wand lag und Opium rauchte. An seinen zerlumpten, schmutzigen Kleidern war nichts Verdächtiges, auch nicht an seinem dreckigen, bärtigen Gesicht oder seinem glasigen Blick. Und doch nahmen meine ungewöhnlich geschärften Augen irgendetwas wahr, das nicht zu seinem ungepflegten Körper passte und das auch die zerlumpten Kleider nicht verbergen konnten.

Hassim rief mich ungeduldig und ich wandte mich von dem Mann ab. Wir betraten das Hinterzimmer, und als Hassim die Tür schloss und den Tisch drehte, bewegte dieser sich von selbst, und eine Gestalt schob sich durch die verborgene Tür. Der Sikh, Ganra Singh, ein schlanker, bösartig blickender Riese, kam heraus. Er ging auf die Tür zu, die in den Opiumraum führte, und blieb davor stehen, bis wir hinuntergestiegen waren und die geheime Tür hinter uns geschlossen hatten.

Wieder stand ich im wallenden gelben Rauch und lauschte der verborgenen Stimme.

»Glaubst du, genug über Major Morley zu wissen, um in seine Identität schlüpfen zu können?«

»Ohne Zweifel könnte ich das«, antwortete ich verblüfft. »Es sei denn, ich würde auf jemanden treffen, der ihn näher kennt.«

»Ich werde dafür Sorge tragen, dass das nicht passiert. Hör mir jetzt gut zu. Morgen schiffst du dich auf dem ersten Boot nach Calais ein. Dort wirst du einen meiner Agenten treffen. Er wird dich sofort ansprechen, wenn du den Kai betrittst, um dir weitere Anweisungen zu geben. Du wirst zweiter Klasse reisen und jedes Gespräch mit Fremden vermeiden. Nimm die

Papiere mit. Der Agent wird dir bei der Verwandlung helfen. Deine Maskerade wird in Calais beginnen. Das ist alles. Geh!«

Ich ging und meine Verblüffung wuchs. Das ganze Theater hatte offenbar einen Sinn, auch wenn ich ihn nicht erkannte. Zurück im Opiumraum, forderte Hassim mich auf, auf den Kissen Platz zu nehmen und auf seine Rückkehr zu warten. Als ich nachfragte, knurrte er, er werde jetzt gehen, um, wie man es ihm befohlen hatte, ein Ticket für die Kanalfähre zu kaufen.

Er ging und ich setzte mich, lehnte mich mit dem Rücken an die Wand. Während ich so saß und grübelte, hatte ich plötzlich das Gefühl, Augen auf mir zu spüren, die mich so scharf musterten, dass es mir Unbehagen bereitete. Ich blickte auf, aber da schien niemand zu sein, der mich beobachtete. Der Rauch zog wie üblich durch den überhitzten Raum. Yussef Ali und die Chinesen huschten hin und her und versorgten die Träumenden.

Unvermittelt öffnete sich die Tür des Hinterzimmers, und eine fremdartige, widerwärtige Gestalt trat mit stockenden Schritten heraus. Nicht alle, die Zugang zu Yun Shatus Hinterzimmer erhielten, waren Aristokraten oder Mitglieder der besseren Gesellschaft. Dieser zählte eindeutig zu den Ausnahmen. Ich hatte ihn schon mehrmals kommen und gehen sehen. Eine hochgewachsene, hagere Gestalt in formlosen, zerlumpten Kleidern, die ihr Gesicht völlig verbarg. Aber das war vermutlich besser so, denn seine Lumpen versteckten ohne Zweifel einen grausigen Anblick. Der Mann war ein Leprakranker. Irgendwie musste er den scharfen Blicken der öffentlichen Wächter entkommen sein, wie so manche, die man gelegentlich in den düsteren und geheimnisvolleren Regionen des East End antraf – ein Geheimnis selbst für die armseligsten Bewohner von Limehouse.

Plötzlich nahm mein überempfindliches Bewusstsein eine Veränderung wahr. Der Leprakranke humpelte zur Tür hinaus und schloss sie hinter sich. Mein Blick wanderte instinktiv zur Couch, wo der Mann lag, der vorher meinen Verdacht geweckt hatte. Ich hätte schwören können, dass mich eiskalte, stählerne Augen drohend anfunkelten, ehe sie sich blitzschnell wieder schlossen. Ich trat mit einem Schritt näher und beugte mich über ihn. Etwas an seinem Gesicht schien mir unnatürlich zu sein – die gesunde Bronzetönung unter der Blässe.

»Yun Shatu!«, rief ich. »Ein Spion ist im Haus!«

Dann geschah alles mit verblüffender Geschwindigkeit. Der Mann auf der Couch sprang wie ein Raubtier in die Höhe, ein Revolver blitzte in seiner Hand. Ein sehniger Arm stieß mich zur Seite, als ich ihn zu packen versuchte, und eine scharfe befehlsgewohnte Stimme übertönte das Gewirr von Stimmen, das plötzlich den Raum erfüllte.

»Hey! Du da! Bleib stehen!«

Die Waffe in der Hand des Fremden war auf den Leprakranken gerichtet, der mit langen Schritten zur Eingangstür rannte!

Ringsum herrschte blankes Chaos. Yun Shatu schnatterte lautstark auf Chinesisch, und die vier jungen Chinesen und Yussef Ali kamen von allen Seiten angerannt und hielten Messer in ihren Händen.

All das erkannte ich mit unnatürlicher Klarheit, während ich mir das Gesicht des Fremden einprägte. Der fliehende Leprakranke machte keine Anstalten, stehen zu bleiben, doch ich sah, wie die Augen sich zu stählerner Entschlossenheit verengten, als er über den Lauf des Revolvers zielte – in seinen Gesichtszügen erkannte ich die grimmige Entschlossenheit zu töten. Der Leprakranke hatte die Tür nach draußen fast erreicht, aber der Tod würde zuschlagen, bevor er hindurchtreten konnte.

Und dann, in dem Augenblick, als der Finger des Fremden sich um den Abzug spannte, warf ich mich nach vorn, und meine rechte Faust krachte gegen sein Kinn. Er ging wie von einem Hammer getroffen zu Boden. Der Revolver entlud sich wirkungslos in die Luft.

In diesem Augenblick wurde mir in einem plötzlichen Moment der Klarheit, wie man ihn manchmal erlebt, bewusst, dass es sich bei dem Leprakranken um *Ihn* – den Mann hinter der Wand – handelte! Ich beugte mich über ihn. Er war zwar nicht völlig bewusstlos, aber mein gewaltiger Schlag hatte ihn kurzzeitig außer Gefecht gesetzt. Er bemühte sich aufzustehen, sichtbar benommen, aber ich stieß ihn unsanft wieder zu Boden, zerrte an dem falschen Bart, den er trug, und riss ihn ab. Ein schmales, gebräuntes Gesicht kam zum Vorschein. Nicht einmal der künstliche Schmutz und die Farbe konnten seine kräftigen Konturen kaschieren.

Jetzt beugte sich Yussef Ali über ihn, den Dolch in der Hand, die Augen zu mörderischen Schlitzen verengt. Die braune, sehnige Hand hob sich – ich packte sie am Gelenk.

»Nicht so schnell, du schwarzer Teufel! Was hast du vor?«

»Das ist John Gordon«, zischte er, »der größte Feind des Meisters! Er muss sterben, verflucht sollst du sein!«

John Gordon! Der Name kam mir irgendwie bekannt vor, und doch konnte ich nicht direkt eine Verbindung zur Londoner Polizei herstellen oder begreifen, was die Anwesenheit des Mannes in Yun Shatus Rauschgiftkneipe zu bedeuten hatte. Aber in einem Punkt stand mein Entschluss fest.

»Du wirst ihn jedenfalls nicht töten. Aufstehen!« Mein letztes Kommando galt Gordon, der sich nach wie vor benommen mit meiner Hilfe aufrappelte.

»Der Schlag hätte einen Stier fällen können«, sagte ich verblüfft, »ich wusste nicht, dass ich das in mir habe.«

Der falsche Leprakranke war verschwunden. Yun Shatu stand da und starrte mich, die Hände in den weiten Ärmeln verborgen, reglos wie eine Statue an. Yussef Ali trat einen

Schritt zurück, fluchte aggressiv vor sich hin und strich mit dem Daumen über die Schneide seines Dolchs, als ich Gordon aus dem Opiumraum und durch die unschuldig wirkende Bar führte, die ihn von der Straße trennte.

Draußen auf der Straße sagte ich zu ihm: »Ich habe keine Ahnung, wer Sie sind oder was Sie hier suchen, aber Sie sehen, dass das ein äußerst ungesunder Ort für Sie ist. Hören Sie auf meinen Rat und lassen Sie sich hier nicht mehr blicken!«

Als einzige Reaktion darauf warf er suchende Blicke um sich. Dann machte er auf dem Absatz kehrt und ging mit schnellen, nach wie vor etwas unsicheren Schritten auf der Straße davon.

6
Das Mädchen aus dem Traum

Aus letztem düster'm Thule fand
Ich jüngst erst her in dieses Land.
Edgar Allan Poe

Draußen vor meinem Zimmer waren leise Schritte zu hören. Der Knauf drehte sich vorsichtig, dann öffnete die Tür sich langsam. Ich sprang keuchend auf. Rote Lippen, halb geöffnet, dunkle Augen wie tiefe Seen des Wunders, eine Fülle glänzenden Haars – so stand das Mädchen aus meinen Träumen in der dunklen Türöffnung!

Sie trat ein und schloss mit einer geschmeidigen halben Drehung die Tür hinter sich. Ich sprang auf und streckte ihr die Hände entgegen, erstarrte aber in meiner Bewegung, als sie einen Finger an die Lippen legte.

»Du darfst nicht laut sprechen«, flüsterte sie fast. »Er hat nicht gesagt, dass ich nicht zu dir kommen darf. Aber trotzdem …«

Ihre Stimme war weich und musikalisch mit einem Hauch von Akzent, den ich ganz reizend fand. Was das Mädchen selbst anging, so deutete jede Bewegung, jeder Ton auf den Orient. Sie war ein duftender Hauch aus dem Osten, vom nachtschwarzen Haar, das sich hoch über ihrer Alabasterstirn türmte, bis hinunter zu den kleinen Füßen, die in spitzen Pantoffeln mit hohen Absätzen steckten, verkörperte sie das höchste Ideal asiatischer Lieblichkeit. Ein Effekt, den die englische Bluse und der Rock, die sie trug, eher noch verstärkten.

»Du bist schön«, sagte ich wie benommen. »Wer bist du?«

»Ich bin Zuleika«, antwortete sie mit einem scheuen Lächeln. »Ich – es freut mich, dass ich dir gefalle. Ich bin froh, dass mit deinen Haschischträumen Schluss ist.«

Seltsam, dass ein so schmächtiges Ding mein Herz so wild schlagen ließ.

»Das verdanke ich alles dir, Zuleika«, sagte ich mit heiserer Stimme. »Hätte ich nicht jede Stunde, seit du mich aus der Gosse geholt hast, von dir geträumt, wäre ich nicht stark genug gewesen, auf die Befreiung von meinem Fluch zu hoffen.«

Sie errötete, und ihre weißen Finger schlangen sich nervös ineinander. »Du verlässt morgen England?«, fragte sie plötzlich.

»Ja. Hassim ist noch nicht mit meinem Ticket zurück.« Ich zögerte plötzlich, erinnerte mich daran, dass mir Stillschweigen befohlen worden war.

»Ja, ich weiß, ich weiß!«, flüsterte sie schnell. Ihre Augen weiteten sich dabei. »Und John Gordon ist hier gewesen! Er hat dich gesehen!«

»Ja!«

Sie trat mit einer schnellen, fließenden Bewegung auf mich zu. »Du sollst dich als jemand anderer ausgeben! Hör zu, Gordon darf dich dabei unter keinen Umständen sehen! Er würde dich erkennen, ganz egal wie gut deine Maske ist! Er ist ein schrecklicher Mann!«

»Ich begreife nicht«, sagte ich völlig verwirrt. »Wie hat der Meister meine Haschischsucht gebrochen? Wer ist dieser Gordon und warum kommt er hierher? Weshalb verkleidet der Meister sich als Leprakranker – und wer ist er überhaupt? Und am wichtigsten, weshalb soll ich mich für einen Mann ausgeben, den ich noch nie gesehen und von dem ich noch nie gehört habe?«

»Ich darf nicht – ich traue mich nicht, es dir zu sagen!«, flüsterte sie und ihr Gesicht wurde bleich. »Ich …«

Irgendwo im Haus war der schwache Klang eines chinesischen Gongs zu hören. Das Mädchen zuckte zusammen wie eine verschreckte Gazelle.

»Ich muss gehen! Er verlangt nach mir!«

Sie öffnete die Tür, huschte hinaus, blieb kurz stehen und elektrisierte mich mit ihrem leidenschaftlichen Ruf: »Oh, sei vorsichtig, sei sehr vorsichtig, Sahib!«

Dann war sie verschwunden.

7
Der Mann mit dem Totenschädel

Welche Kett' und Hammer fand
in welch' Esse den Verstand?
Welcher Amboss, welche Welt
deine Todesschrecken hält?
William Blake

Nachdem mich meine schöne und so geheimnisvolle Besucherin verlassen hatte, saß ich eine Weile in Gedanken versunken da und versuchte, dem Rätsel auf den Grund zu kommen. Ein paar Erklärungsversuche hatte ich bald parat: Yun Shatu, der Opium-Lord, könnte der Agent oder Diener einer Organisation oder eines einzelnen Auftraggebers sein. Es ging nicht lediglich darum, Rauschgiftsüchtige im Tempel der Träume zu versorgen. Nein, gebraucht wurden Mitarbeiter aus allen Klassen der Gesellschaft. Mit anderen Worten, ich sollte mich einer Gruppe von Opiumschmugglern anschließen, die in gigantischem Ausmaß tätig war. Gordon hatte diesen Fall ohne Zweifel untersucht, und allein schon seine Anwesenheit deutete an, dass es sich um keinen gewöhnlichen Kriminalfall handelte. Ich wusste nämlich, dass er eine hohe Position bei der englischen Regierung bekleidete, wenn auch nicht genau, in welcher Funktion.

Opium oder nicht, ich war entschlossen, meine Verpflichtung gegenüber dem Meister zu erfüllen. Die dunklen Pfade, auf denen ich mich bewegt hatte, hatten mich moralisch abgestumpft. Dass ich im Begriff war, ein verabscheuungswürdiges Verbrechen zu begehen, kam mir nicht in den Sinn. Ich war härter geworden und das Gefühl, eine Schuld begleichen zu müssen, vergrößerte sich beim bloßen Gedanken an das Mädchen ins Unermessliche.

Dem Meister hatte ich es zu verdanken, dass ich wieder auf eigenen Füßen stehen und ihr in die Augen sehen konnte, wie ein Mann das sollte. Wenn er mich also als Rauschgiftschmuggler haben wollte, warum nicht? Ohne Zweifel sollte ich in die Rolle eines Mannes schlüpfen, der bei der Regierung hochgeschätzt war und gegen den die Zollbeamten deshalb keine Handhabe besaßen. Sollte ich etwa irgendeinen seltenen Erzeuger von Träumen, eine besondere Droge, nach England schmuggeln?

Diese Gedanken beschäftigten mich, als ich die Treppe hinunterging, aber es schwangen auch weitaus verlockendere Gedanken mit. Was war der Grund, dass das Mädchen wie eine Rose in einem Müllhaufen hier in der schmutzigen Absteige wohnte, und wer war sie?

Als ich die äußere Bar betrat, betrat Hassim den Raum. Er blickte finster, fast verärgert, und ich glaubte auch Furcht in seinen Zügen zu erkennen. Er hielt eine zusammengefaltete Zeitung in der Hand.

»Ich habe gesagt, du sollst im Opiumraum warten«, herrschte er mich an.

»Du warst so lange weg, dass ich in mein Zimmer hinaufgegangen bin. Hast du das Ticket?«

Er gab nur ein Knurren von sich und zwängte sich an mir vorbei in den Opiumraum. Ich stand an der Tür und beobachtete, wie er im Hinterzimmer verschwand. Meine Verwirrung wuchs. Als sich nämlich Hassim an mir vorbeigedrängt hatte, war mir auf der Titelseite der Zeitung etwas aufgefallen. Etwas, worauf sich sein schwarzer Daumen drückte, als wollte er die Meldung auf keinen Fall aus den Augen verlieren.

Mit dem unnatürlich klaren Denken und Handeln, das mir in jenen Tagen zu eigen war, hatte ich die ersten Zeilen blitzschnell überflogen:

SONDERKOMMISSAR FÜR AFRIKA
ERMORDET AUFGEFUNDEN

Die Leiche von Major Fairlan Morley ist gestern im Rumpf eines heruntergewirtschafteten Schiffs in Bordeaux entdeckt worden …

Mehr hatte ich nicht erkennen können, aber das allein reichte aus, um mich nachdenklich zu machen! Allmählich nahm die Angelegenheit hässliche Züge an. Und dennoch –

Ein weiterer Tag verstrich. Als ich Hassim fragte, erklärte er kurz angebunden, die Pläne hätten sich geändert und ich solle nicht nach Frankreich reisen. Später am Abend kam er erneut zu mir und forderte mich wieder auf, ihm in den Raum der Geheimnisse zu folgen.

Ich stand vor der lackierten Wand, der gelbliche Rauch brannte in meiner Nase, die gewebten Drachen wanden sich über die Teppiche und die Palmen ragten dick und bedrückend in die Höhe.

»Unsere Pläne haben sich geändert«, erklärte die verborgene Stimme. »Du wirst nicht nach Frankreich reisen, wie es vorher entschieden worden war. Aber ich habe eine andere Arbeit für dich. Vielleicht entspricht sie auch besser deinen Fähigkeiten. Ich muss nämlich zugeben, dass du mich in letzter Zeit enttäuscht hast. Du hast dich da neulich in etwas eingemischt, was mir in Zukunft noch große Probleme bereiten wird.«

Ich sagte nichts, spürte aber, wie der Zorn in mir wuchs.

»Obwohl einer meiner vertrautesten Diener versucht hat, dich daran zu hindern«, fuhr die tonlose Stimme fort, ohne irgendwelche Emotionen erkennen zu lassen, sie wurde nur etwas lauter, »hast du darauf bestanden, meinen erklärten Todfeind entkommen zu lassen. In Zukunft musst du umsichtiger sein.«

»Ich habe dein Leben gerettet!«, widersprach ich ärgerlich.

»Und allein deshalb sehe ich über deinen Fehler hinweg – dieses eine Mal!«

Jetzt konnte ich meine Wut kaum noch beherrschen.

»*Dieses eine Mal!* Mach dieses eine Mal das Beste daraus, denn ich versichere dir, ein nächstes Mal wird es nicht geben. Ich stehe tiefer in deiner Schuld, als ich es jemals wieder wettmachen kann, aber das macht mich noch lange nicht zu deinem Sklaven. Ich habe dein Leben gerettet, die Schuld ist damit so gut getilgt, wie ein Mann das nur kann! Geh du künftig wieder deinen Weg. Und ich gehe meinen!«

Ein unterdrücktes widerwärtiges Lachen war die Antwort. Es klang wie das Zischen eines Reptils.

»Du Narr. Du wirst mit den Mühen deines ganzen Lebens bezahlen! Du sagst, du seist nicht mein Sklave? Ich sage, du bist es – so wie der schwarze Hassim da neben dir mein Sklave ist, und so wie das Mädchen Zuleika, die dich mit ihrer Schönheit verhext hat.«

Diese Worte ließen eine Welle von heißem Blut in mein Gehirn strömen und ich spürte eine Aggression in mir, die einen Moment lang das klare Denken unmöglich machte. Obwohl in diesen Tagen all meine Stimmungen und Sinne geschärft schienen, ging diese Aufwallung von Emotionen weit über die Wut hinaus, die ich noch kurz zuvor verspürt hatte.

»Zur Hölle!«, kreischte ich. »Du Teufel – wer bist du und was verleiht dir eine solche Macht über mich? Ich will dich sehen oder sterben!«

Hassim sprang mich an, aber ich stieß ihn zurück, hastete mit einem langen Schritt an die Trennwand und stieß sie mit bislang ungekannter Kraft beiseite. Dann zuckte ich zurück, meine Hände erstarrten ausgestreckt, ein Schrei stahl sich auf meine Lippen. Eine hochgewachsene, hagere Gestalt stand vor mir, auf groteske Weise in einen seidenen, mit Brokat bestickten Umhang gehüllt. Dieser fiel zu Boden.

Aus den Ärmeln des Umhangs ragten Hände, die mich mit schleichendem Entsetzen erfüllten – lange, räuberische Klauen mit dünnen, knochigen Fingern und gekrümmten Krallen, bräunlich-gelbe Pergamenthaut, verkümmert wie die Hände eines längst verstorbenen Menschen.

Die Hände – aber, o Gott, erst dieses Gesicht! Ein Schädel, an dem nicht mehr der kleinste Rest von Fleisch haftete, aber auf dem straffe, bräunlich-gelbe Haut wucherte und jedes Detail dieses schrecklichen Totenkopfs scharf hervortreten ließ. Die Stirn war hoch, irgendwie prächtig, aber zu den Schläfen hin wurde der Schädel seltsam schmal. Unter der Stirn, die wie ein

Vordach dort ragte, wo sich sonst die Augenbrauen befanden, funkelten große Augen, Tümpel aus gelbem Feuer. Die Nase hatte eine hohe Wurzel und war ganz schmal, der Mund wie ein farbloser Schnitt, eine Narbe zwischen dünnen, grausamen Lippen. Ein langer, knochiger Hals trug diese furchterregende Vision und machte die Wirkung eines reptilischen Dämons aus einer mittelalterlichen Hölle perfekt.

Ich sah mich Auge in Auge mit dem Totenschädel-Mann aus meinen Träumen.

8
Schwarze Weisheit

Im Geist eine schleichende Ruine
im Leben ein wahrer Sumpf
Gebrochen das Herz in der Brust der Welt
Am Ende des Gierens Triumph
G. K. Chesterton

Der schreckliche Anblick verdrängte kurz jeden Gedanken an Widerstand aus meinem Bewusstsein. Das Blut erstarrte in meinen Venen. Ich stand reglos da und hörte, wie Hassim hinter mir grimmig auflachte. Die Augen in dem ausgezehrten Gesicht starrten mich voll bösartigem Feuer an und die satanische Wut, die in ihnen loderte, ließ mich erblassen.

Dann lachte das Schreckensgebilde und begann zischelnd zu sprechen:

»Ich erweise Ihnen eine große Ehre, Mr. Costigan. Es gibt nur sehr wenige, selbst unter meinen eigenen Dienern, die von sich behaupten können, dass sie mein Gesicht gesehen haben und noch leben. Ich denke, du wirst mir lebend nützlicher sein als tot.«

Ich schwieg und war völlig entnervt. Die Vorstellung, dass dieser Mann lebte, fiel mir schwer, weil sich der Gedanke daran durch sein Aussehen verbot. Er wirkte auf schreckliche Art und Weise wie eine Mumie. Dennoch bewegten sich seine Lippen beim Sprechen und in seinen Augen flackerte eine besonders widerliche Form von Leben auf.

»Du wirst tun, was ich sage«, erklärte er abrupt und seine Stimme klang jetzt befehlsgewohnt. »Du kennst ohne Zweifel Sir Haldred Frenton oder kannst zumindest mit seinem Namen etwas anfangen?«

»Ja.«

Jeder kultivierte Mensch in Europa und Amerika kannte die Reisebeschreibungen von Sir Haldred Frenton, einem Schriftsteller und Abenteurer.

»Du wirst noch heute Abend zum Anwesen von Sir Haldred gehen ...«

»Ja?«

»Und ihn töten!«

Ich taumelte im wahrsten Sinne des Wortes. Dieser Befehl war unglaublich, unfassbar! Ich war tief gesunken, tief genug, um Opium zu schmuggeln. Aber bewusst einen Menschen umzubringen, den ich noch nie zuvor gesehen hatte, einen Menschen, der für seine guten Taten bekannt war! Das war so abartig, dass es meine Vorstellungskraft überstieg.

»Du weigerst dich nicht?«

Seine Stimme zischte, man konnte den Spott aus ihr heraushören. Es klang wie bei einer Schlange. »Weigern?«, schrie ich und fand endlich meine Stimme wieder. »Weigern? Du Ausgeburt des Teufels! Natürlich weigere ich mich, du ...«

Sein Wesen war so selbstbewusst und kalt, dass es mich erstarren ließ – mir blieben die Worte regelrecht im Hals stecken.

»Du Narr!«, sagte er ruhig. »Ich habe die Ketten des Haschisch zerbrochen, und weißt du, wie? In vier Minuten wirst du es wissen und den Tag deiner Geburt verfluchen! Kam es dir nicht seltsam vor, wie schnell deine Gedanken und wie ausdauernd dein Körper waren? Bei einem Hirn, das eingerostet und träge sein sollte, einem Körper, an dem Jahre des Missbrauchs ihre Spuren hinterlassen haben? Der Schlag, den du John Gordon versetzt hast – kam dir nicht die Frage in den Sinn, woher du diese Kraft nimmst? Die Leichtigkeit, mit der du dir das Wissen über Major Morley angeeignet hast – sie verwundert dich nicht? Du Narr, dich binden Ketten aus Stahl und Blut und Feuer an mich! Ich war es, der dich am Leben und bei Verstand gehalten hat, ich allein. Man hat dir täglich das rettende Elixier im Wein verabreicht. Ohne dieses Elixier könntest du nicht leben und bei Verstand bleiben. Und ich, nur ich allein, kenne seine Zusammensetzung!«

Er schaute auf eine eigenartige Uhr, die auf einem Tisch neben seinem Ellenbogen stand.

»Diesmal habe ich Yun Shatu angewiesen, auf das Elixier zu verzichten. Ich habe damit gerechnet, dass du rebellierst. Die Zeit ist nahe – ha, die Zeit schlägt zu!«

Er sagte noch etwas anderes, aber ich hörte es schon nicht mehr. Ich sah nichts und konnte auch nichts mehr fühlen im menschlichen Sinne des Wortes. Ich wand mich zu seinen Füßen, schrie und stammelte, während ich Höllenqualen durchlitt, wie man sie sich nicht vorzustellen vermag.

Ja, jetzt wusste ich es! Er hatte mir einfach ein deutlich stärkeres Rauschgift verabreicht, um die Wirkung des Haschisch zu überdecken. Das erklärte meine fast schon übernatürlichen Fähigkeiten – ich hatte unter der Einwirkung von etwas gehandelt, in dem sich alle Höllen vereinten. Etwas, das wie Heroin stimulierte, aber dessen Wirkung vom Opfer unbemerkt blieb. Ich hatte keine Ahnung, um was es sich handelte. Vermutlich wusste es nur jenes teuflische Wesen, das da vor mir stand und mich mit grimmiger Belustigung beobachtete. Aber das Gift hatte mein Gehirn stimuliert und meinen Kreislauf davon abhängig gemacht. Und jetzt zerriss die entsetzliche Gier danach meine Seele.

Niemals, nicht einmal in den Augenblicken größter Angst auf dem Schlachtfeld oder Momenten, in denen mich das Verlangen nach Haschisch zerriss, habe ich je etwas Ähnliches erlebt. In mir brannten tausend Höllen, zugleich hatte ich das Gefühl, etwas, das hundertmal kälter war als Eis, würde von mir Besitz ergreifen.

Es riss mich in die tiefsten Höhlen der Folter hinab und stieß mich im selben Moment auf die höchsten Gipfel der Qual – eine Million brüllender Teufel drangen auf mich ein, stachen auf mich ein, schrien und brüllten. Knochen für Knochen, Ader für Ader, Zelle für Zelle spürte ich, wie mein Körper sich auflöste und in blutigen Atomen quer durchs Universum geschleudert wurde. Und jede einzelne Zelle war ein ganzer Verbund aus zitternden, brüllenden Nerven. In den fernen Weiten des Alls sammelten sie sich wieder, um sich zu einer noch weitaus größeren Qual zu vereinen.

Durch die feurig-blutigen Nebel hörte ich meine eigene Stimme schreien, ein monotones Wimmern. Dann sah ich mit vor Entsetzen geweiteten Augen den goldenen Kelch, wie er von einer klauenähnlichen Hand gehalten langsam in mein Blickfeld schwebte – einen Kelch, der mit einer bernsteinfarbenen Flüssigkeit gefüllt war.

Mit einem bestialischen Schrei ergriff ich ihn mit beiden Händen, nahm nur schemenhaft wahr, dass der Stiel aus Metall unter meinen Fingern nachgab. Ich spürte den Rand des Kelchs an meinen Lippen und trank in rasender Hast, ohne darauf zu achten, dass Teile der Flüssigkeit auf meine Brust hinabtropften.

9
Kathulos von Ägypten

Die Nacht thront dreifach über dir,
der Himmel als eisernes Mark.
G. K. Chesterton

Er mit dem Schädelgesicht stand vor mir und musterte mich kritisch, als ich keuchend und völlig erschöpft auf einer Couch saß. Er hielt den Kelch in der Hand und betrachtete den goldenen Stiel, der so zerdrückt war, dass man keine Form mehr erkennen konnte. Das war ich in meiner Gier gewesen.

»Übermenschliche Kraft, selbst für einen Mann in deinem Zustand«, proklamierte er in einer Art knarrenden Pedanterie. »Ich bezweifle, dass selbst Hassim dazu imstande wäre. Bist du jetzt bereit, meine Anweisungen entgegenzunehmen?«

Ich nickte wortlos. Dabei strömte das Elixier mit seiner höllischen Kraft durch meine Venen und regenerierte meinen ausgebrannten Körper. Ich fragte mich, wie lange ein Mann so leben konnte – ständig ausgemergelt und künstlich wieder aufgebaut.

»Man wird dir eine Verkleidung geben und du wirst allein zu Frentons Anwesen gehen. Niemand vermutet irgendwelche Anschläge gegen Sir Haldred. Deshalb sollte es vergleichsweise leicht sein, dir Zugang zum Anwesen und zum Haus selbst zu verschaffen. Die Verkleidung – eine Verkleidung von besonderer Art – ziehst du erst unmittelbar, bevor du das Anwesen betrittst, an. Dann wirst du dich zu Frentons Zimmer begeben und ihm mit bloßer Hand das Genick brechen – das ist entscheidend –«

Die Stimme dröhnte weiter, erteilte ihre grausigen Anweisungen in erschreckend beiläufiger, fast schon selbstverständlicher Manier. Kalter Schweiß trat mir auf die Stirn.

»Nach der Tat wirst du das Anwesen verlassen und dafür sorgen, dass irgendwo deutlich sichtbar ein Abdruck deiner Hand zu sehen ist. Das Fahrzeug, das an einem sicheren Ort in der Nähe auf dich warten wird, bringt dich hierher zurück. Vorher legst du deine Verkleidung ab. Für den Fall, dass es zu Komplikationen kommt, gibt es genügend Männer, die beschwören werden, dass du die ganze Nacht im Tempel der Träume verbracht und ihn nie verlassen hast. Aber es darf auf keinen Fall passieren, dass du entdeckt wirst! Sei auf der Hut und erledige deine Aufgabe zuverlässig. Die Alternative kennst du jetzt.«

Ich kehrte diesmal nicht ins Opiumhaus zurück, sondern wurde durch gewundene, mit schweren Teppichen abgehängte Gänge in eine kleine Kammer geführt, in der lediglich eine orientalisch anmutende Couch stand. Hassim gab mir zu verstehen, dass ich bis zum Einbruch der Nacht hier warten müsse, und ließ mich dann allein. Die Tür wurde geschlossen, aber ich versuchte gar nicht erst festzustellen, ob sie versperrt war. Der Meister mit dem Gesicht eines Totenschädels brauchte keine Schlösser und Riegel, um mich von der Flucht abzuhalten.

So saß ich denn auf der Couch in der bizarren Umgebung eines Raums, der gut Teil eines indischen Harems hätte sein können. Ich setzte mich nüchtern mit den Tatsachen auseinander und bereitete mich auf das Gefecht vor. In mir steckte noch mehr Männlichkeit, als das Scheusal annahm. Und dazu fügte sich schwarze Verzweiflung. Ich traf meine Wahl und entschied mich für den einzigen Weg, der mir noch blieb.

Plötzlich öffnete sich leise die Tür. Eine Eingebung sagte mir, wer da zu mir kam, und ich wurde nicht enttäuscht. Da stand Zuleika. Wie eine strahlende Vision, eine Vision, die mich verspottete, die meine Verzweiflung noch tiefer, noch schwärzer werden ließ und mich doch mit wildem Sehnen und unsinniger Freude erfüllte.

Sie trug ein Tablett mit Speisen, das sie neben mich stellte, dann setzte sie sich auf die Couch und ihre großen Augen fixierten mein Gesicht. Sie glich einer Blume in einer Schlangengrube und ihre Schönheit eroberte mein Herz im Sturm.

»Steephen!«, flüsterte sie und mich erfasste Entzücken, als ich zum ersten Mal hörte, dass sie meinen Namen aussprach.

Plötzlich glänzten Tränen in den leuchtenden Augen und sie legte ihre schmale Hand auf meinen Arm. Ich ergriff sie mit meinen beiden rauen Pranken.

»Sie haben dir eine Aufgabe gestellt, die du fürchtest und hasst!«, stammelte sie.

»Ja.« Beinahe hätte ich gelacht. »Aber ich werde sie täuschen! Zuleika, sag mir, was hat das alles zu bedeuten?«

Sie blickte verängstigt um sich.

»Ich weiß es nicht ...«, zögerte sie. »Die Bedrängnis, in der du dich befindest, ist allein meine Schuld, aber – ich hatte noch Hoffnung, Steephen. Ich habe dich beobachtet, monatelang, seit du zu Yun Shatu gekommen bist. Du hast mich nicht gesehen, aber ich habe dich gesehen. Und ich habe in dir nicht den zerbrochenen Trunkenbold gesehen, auf den deine Lumpen hindeuteten, sondern eine verwundete Seele, die auf den Schlachtfeldern des Lebens auf schreckliche Weise verletzt wurde. Tief in meinem Herzen habe ich dich bedauert. Als Hassim dich dann an jenem Tag misshandelt hat« – wieder traten ihr Tränen in die Augen – »konnte ich es nicht ertragen. Ich wusste, wie du gelitten hast, weil du kein Haschisch bekamst. Also habe ich Yun Shatu bezahlt, und dann bin ich zum Meister gegangen und ich – oh, du wirst mich dafür hassen!«, schluchzte sie.

»Nein – nein – niemals ...«

»Ich habe ihm gesagt, dass du ein Mann seist, der ihm nützlich sein könnte, und habe ihn angefleht, er solle Yun Shatu dazu bringen, dir das zu geben, was du brauchst. Du warst ihm bereits aufgefallen, denn er hat das Auge eines Sklavenhändlers, und die ganze Welt ist sein Sklavenmarkt. Also hat er Yun Shatu angewiesen, das zu tun, worum ich ihn gebeten hatte, und jetzt – ach, wärst du nur so geblieben, wie du warst, mein Freund.«

»Nein! Nein!«, rief ich. »Ich habe ein paar Tage der Wiederherstellung erlebt, selbst wenn sie nicht echt war! Ich stand als Mann vor dir. Das ist mir mehr wert als alles andere!«

Alles, was ich für sie empfand, muss ihr aus meinen Augen entgegengeleuchtet haben, denn sie senkte den Blick und errötete. Man frage mich nicht, wie die Liebe einen Mann erfasst; aber ich wusste, dass ich Zuleika liebte – dieses geheimnisvolle orientalische Mädchen. Wie ich sie seit dem Augenblick geliebt hatte, als ich sie zum ersten Mal sah. Und irgendwie hatte ich das Gefühl, dass sie meine Zuneigung in gewissem Maße erwiderte. Diese Erkenntnis ließ den Pfad, für den ich mich entschieden hatte, noch dunkler und trostloser erscheinen. Und dennoch, weil die reine Liebe einem Mann immer Kraft gibt, gab sie auch mir den Mut, das zu tun, was ich tun musste.

»Zuleika«, sagte ich eilig, »die Zeit vergeht wie im Flug und es gibt Dinge, die ich erfahren muss. Sag mir, wer bist du und weshalb bist du in diesem Höllenloch geblieben?«

»Ich bin Zuleika – das ist alles, was ich weiß. Nach Blut und Geburt bin ich Tscherkessin; Türken haben mich als kleines Kind meinen Eltern geraubt. Danach wurde ich in einem Harem in Stambul großgezogen. Und wenn ich auch noch zu jung war, um zu heiraten, so hat mein Meister mich doch als Geschenk … *Ihm* … gegeben.«

»Und wer ist er, dieser Mann mit dem Totenschädelgesicht?«

»Er ist Kathulos von Ägypten – das ist alles, was ich weiß. Mein Meister.«

»Ein Ägypter? Was tut er dann in London, warum all diese Geheimnisse?«

Ihre Finger schlangen sich nervös ineinander.

»Steephen, bitte, sprich leiser. Es gibt immer jemanden, der lauscht, und zwar überall. Ich weiß nicht, wer der Meister ist oder weshalb er hier ist und weshalb er diese Dinge tut. Ich schwöre es bei Allah! Wenn ich es wüsste, würde ich es dir sagen.

Manchmal kommen bedeutend aussehende Männer in diesen Raum hier und werden vom Meister empfangen. Nicht dort, wo du ihn gesehen hast – und dann muss ich vor ihnen tanzen und hinterher ein bisschen mit ihnen flirten. Und ich muss ihm immer genau erzählen, was sie alles zu mir gesagt haben. Überall muss ich das tun – in der Türkei, in den Berberstaaten, in Ägypten, in Frankreich und in England. Der Meister hat mir Französisch und Englisch beigebracht und mich in vielen Dingen selbst unterrichtet und ausgebildet. Er ist der größte Magier auf der Welt und weiß alles über uralte Zauber und vieles andere.«

»Zuleika«, sagte ich, »mein Rennen ist bald gelaufen, aber ich würde dich gern hier herausholen – komm mit mir, und ich schwöre dir, ich schaffe dich von diesem Scheusal weg!«

Sie schauderte und verbarg ihr Gesicht in den Händen.

»Nein, nein, das kann ich nicht.«

»Zuleika«, fragte ich mit sanfter Stimme, »welche Macht hat er über dich, Kleines – auch Rauschgift?«

»Nein, nein!«, wimmerte sie. »Ich weiß es nicht, ich weiß es nicht, aber ich kann nicht – ich werde ihm nie entkommen!«

Ich saß ein paar Augenblicke benommen da, dann fragte ich: »Zuleika, wo sind wir jetzt?«

»Dieses Gebäude ist ein verlassenes Lagerhaus hinter dem Tempel der Träume.«

»Das habe ich mir gedacht. Was ist in den Truhen im Tunnel?«

»Das weiß ich nicht.«

Dann fing sie plötzlich leise zu weinen an. »Auch du bist ein Sklave so wie ich, obwohl du so stark und freundlich bist. O Steephen, ich kann es nicht ertragen!«

Ich lächelte. »Komm ganz nahe zu mir, Zuleika, dann verrate ich dir, wie ich diesen Kathulos täuschen werde.«

Sie blickte besorgt zur Tür.

»Du musst leise sprechen. Ich werde in deinen Armen liegen und du musst mir ins Ohr flüstern, während du so tust, als würdest du mich umarmen.«

Sie drängte sich an mich, und dort auf der Couch mit den Drachenmustern in jenem Haus des Schreckens spürte ich zum ersten Mal, wie herrlich es war, Zuleikas schlanke Gestalt in meine Arme zu schmiegen. Ich spürte, wie ihre weiche Wange sich an meine Brust presste, ihr Duft stieg in meine Nase, ihr Haar vor meinen Augen. Meine Sinne taumelten, dann flüsterten meine Lippen, begraben in ihrem seidigen Haar:

»Ich werde zuerst Sir Haldred Frenton warnen – und dann werde ich John Gordon aufsuchen und ihm von dieser Lasterhöhle berichten. Ich werde die Polizei hierherführen, und du musst aufmerksam beobachten und jederzeit bereit sein, dich vor *Ihm* zu verstecken – bis wir die Tür aufbrechen und ihn töten oder fangen. Und dann wirst du frei sein.«

»Aber du!«, stieß sie erbleichend hervor. »Du brauchst doch das Elixier, und nur er …«

»Ich weiß, wie ich ihn überlisten kann, meine Kleine«, erwiderte ich.

Sie wurde bemitleidenswert blass und ihre weibliche Intuition zog sofort die richtigen Schlüsse.

»Du wirst dich töten!«

Und sosehr es mich schmerzte, ihre Gefühle zu sehen, spürte ich doch qualvolles Entzücken darüber, dass sie so für mich empfand. Ihr Arm schlang sich fester um meinen Hals.

»Tu es nicht, Steephen!«, flehte sie. »Es ist besser zu leben, selbst …«

»Nein, nicht um jeden Preis. Manchmal ist es besser, in Würde unterzugehen, solange man noch einen Rest von Männlichkeit in sich trägt.«

Sie starrte mich einen Augenblick lang entsetzt an, dann presste sie unvermittelt ihre roten Lippen auf meine, sprang auf und rannte hinaus. Was die Liebe doch für merkwürdige Wege geht. Wie zwei gestrandete Schiffe an den Ufern des Lebens waren wir unaufhaltsam aufeinander zugetrieben. Und obwohl wir keine Liebeserklärung ausgetauscht hatten, hörten wir doch deutlich die Stimme unserer Herzen. Durch Schmutz und Lumpen und ihre Sklavenkleidung spürten wir, was unsere Herzen füreinander empfanden. Wir liebten einander so natürlich und rein, wie es uns vom Anbeginn der Zeiten an bestimmt war.

Doch dieser Anfang ging einher mit einem Ende für mich – denn sobald ich meine Aufgabe erfüllt hatte und bevor ich erneut die Qualen meiner Sucht verspürte, würden Leben und Schönheit und Qual gemeinsam mit der unabwendbaren Endgültigkeit einer Revolverkugel ausgelöscht, die mein verfaulendes Gehirn zerschmetterte. Besser ein sauberer Tod als …

Die Tür öffnete sich erneut, und Yussef Ali trat ein.

»Die Stunde für den Aufbruch naht«, sagte er knapp. »Steh auf und folge mir.«

Ich hatte natürlich keine Ahnung, wie spät es war. Die Kammer, in der ich mich befand, besaß kein Fenster nach draußen – auch sonst waren mir keine aufgefallen. Die Räume wurden von Kerzen beleuchtet, die in Weihrauchfässern von der Decke hingen. Als ich aufstand, warf der schlanke, junge Maure einen finsteren Blick in meine Richtung.

»Das ist eine Sache zwischen dir und mir«, sagte er mit

zischender Stimme. »Wir sind Diener desselben Meisters – aber das betrifft nur uns allein. Halte dich von Zuleika fern – der Meister hat sie mir in den Tagen des Imperiums versprochen.«

Meine Augen verengten sich zu Schlitzen, als ich in das düster dreinblickende, hübsche Gesicht des Orientalen sah. In mir wallte Hass auf, wie ich ihn selten erlebt hatte. Meine Finger öffneten und schlossen sich mechanisch, und der Maure, dem das nicht entgangen war, trat einen Schritt zurück und stemmte die Hände in seinen Gürtel.

»Nicht jetzt – jetzt gibt es für uns Arbeit –, aber vielleicht später.« Und dann, urplötzlich, in einer kalten Aufwallung von Hass: »Schwein! Affenmensch! Wenn der Meister mit dir fertig ist, werde ich meinen Dolch in dein Herz stoßen!«

Ich lachte grimmig.

»Sorge dafür, dass das bald geschieht, du Wüstenschlange, sonst zerdrücke ich dein Rückgrat mit beiden Händen.«

10
Das dunkle Haus

Gegen von Menschenhand erschaff'ne Fesseln und Qualen
Allein – endlich – und ohne Hilfe lass ich and're zahlen!
Talbot Mundy

Ich folgte Yussef Ali durch die gewundenen Gänge, dann die Treppe hinunter – Kathulos hielt sich nicht im Raum mit der Trennwand auf – weiter durch den Tunnel, die Räumlichkeiten des Tempels der Träume. Wir traten hinaus auf den Bürgersteig, wo die Straßenlaternen verträumt durch den Nebel und einen leichten Nieselregen strahlten. Auf der anderen Straßenseite stand ein Auto. Die Vorhänge hinter den Scheiben waren zugezogen.

»Der Wagen ist für dich«, sagte Hassim, der zu uns getreten war. »Steig ganz normal ein. Verhalte dich nicht verdächtig. Vielleicht werden wir beobachtet. Der Fahrer weiß, was zu tun ist.«

Dann kehrten er und Yussef in die Bar zurück, und ich machte einen einzigen Schritt auf den Bürgersteig zu.

»Steephen!«

Eine Stimme, die meinem Herzen einen freudigen Stich versetzte, sprach meinen Namen! Eine weiße Hand winkte aus dem Schatten einer Türöffnung zu mir herüber. Ich ging schnell zu ihr.

»Zuleika!«

»Schschsch!«

Sie umklammerte meinen Arm und drückte mir etwas in die Hand. Undeutlich konnte ich erkennen, dass es sich um ein kleines goldenes Fläschchen handelte.

»Versteck das! Schnell!«, flüsterte sie eindringlich. »Komm nicht hierher zurück, sondern tauche an einem anderen Ort unter. Die Phiole ist mit dem Elixier gefüllt – ich werde versuchen, dir mehr davon zu besorgen, ehe der Nachschub ausgeht. Du musst nach einer Möglichkeit suchen, dich mit mir in Verbindung zu setzen.«

»Ja, aber wo hast du das denn her?«, fragte ich verblüfft.

»Ich habe es dem Meister gestohlen! Und jetzt muss ich gehen, bevor er mich vermisst.«

Sie sprang in die Türöffnung zurück und verschwand. Ich stand unschlüssig da. Ich war davon überzeugt, dass sie mit dieser Tat ihr Leben aufs Spiel gesetzt hatte. Ängstlich fragte ich mich, was Kathulos tun würde, sollte der Diebstahl entdeckt werden. Aber es wäre zu auffällig, in das Haus zurückzukehren. Ich hielt es für besser, an meinem Plan festzuhalten und zuzuschlagen, ehe *Er* mit dem Totenschädelgesicht bemerkte, dass sein Sklave ein doppeltes Spiel trieb.

Also überquerte ich die Straße und ging zum wartenden Auto. Der Fahrer war ein hagerer, mittelgroßer Farbiger, den ich nie zuvor gesehen hatte. Ich musterte ihn scharf und fragte mich, wie viel er mitbekommen hatte. Aber er ließ keine Anzeichen erkennen, etwas gesehen zu haben. Und selbst falls ihm aufgefallen war, wie ich zurück in die Schatten trat, konnte er nicht wahrgenommen haben, was dort geschehen war, oder das Mädchen erkannt haben, das stand für mich fest.

Er nickte bloß, als ich mich auf den Rücksitz des Wagens plumpsen ließ, und im nächsten Augenblick rollten wir über die verlassenen, mit einer Nebeldecke überzogenen Straßen davon. Bei dem Bündel, das neben mir auf dem Sitz lag, konnte es sich eigentlich nur um die Verkleidung handeln, die der Ägypter erwähnt hatte.

Meine Empfindungen, als ich durch jene regnerische Nebelnacht rollte, lassen sich kaum angemessen beschreiben. Es kam mir vor, als wäre ich bereits tot, und die leeren, öden Straßen um mich herum wären die Pfade des Jenseits, über die mein Geist nun bis in alle Ewigkeit ziehen musste. In meinem Herzen machte sich eine quälende Freude und zugleich düstere Verzweiflung breit – die Verzweiflung eines dem Untergang geweihten Mannes. Nicht dass der Tod selbst mir solchen Schrecken bereitete – ein Rauschgiftsüchtiger stirbt viele Tode –, aber es fiel schwer, genau in dem Augenblick aus dem Leben zu scheiden, als Liebe in mein ödes Leben getreten war. Außerdem war ich noch jung.

Ein bitteres Lächeln huschte über meine Lippen – sie waren auch jung gewesen, die Männer, die neben mir im Niemandsland gestorben waren. Ich schob meinen Ärmel zurück und ballte die Fäuste, spannte meine Muskeln an. An meinem ganzen Körper gab es kein überflüssiges Gramm Fett. Viel von meinem festen Fleisch war geschwunden, aber die Muskelstränge meines Bizeps traten immer noch wie eiserne Knoten hervor und deuteten massive Kraftreserven an. Aber ich wusste, dass das nur Fassade war, dass ich in Wirklichkeit ein zerbrochenes Wrack war. Mir verlieh lediglich das künstliche Feuer des Elixiers vorübergehend Kräfte, ansonsten hätte mich selbst ein schwächliches Mädchen zu Fall bringen können.

Das Auto hielt zwischen ein paar Bäumen. Wir befanden uns am Rand eines exklusiven Vororts und Mitternacht war bereits vorbei. Durch die Bäume ragte vor den fernen Lichtern des nächtlichen London dunkel ein großes Haus auf.

»Hier warte ich«, sagte der Fahrer. »Von der Straße oder vom Haus aus kann niemand den Wagen sehen.«

Im Licht eines Streichholzes, das ich so hielt, dass man seinen Schein von draußen nicht sehen konnte, untersuchte ich die »Verkleidung« und hatte Mühe, nicht in irres Lachen auszubrechen. Bei dem Kostüm handelte es sich um das komplette Fell eines Gorillas! Ich klemmte mir das Bündel unter den Arm und trottete auf die Mauer zu, die das fremde Anwesen umgab. Ein paar Schritte, und die Bäume, hinter denen sich der Farbige mit dem Wagen versteckt hielt, verschwammen zu einer dunklen Masse. Ich glaubte nicht, dass er mich sehen konnte, aber sicherheitshalber ging ich nicht auf das eiserne Tor an der Vorderseite des Hauses zu, sondern auf die Mauer an der Seite, wo es kein Tor gab.

Im Haus war kein Licht zu sehen. Sir Haldred war Junggeselle, und mir schien sicher, dass die Dienstboten längst zu Bett gegangen waren. Ich kletterte ohne Mühe über die Mauer und schlich mich über den dunklen Rasen zu einer Pforte an der Seite des Gebäudes. Die grässliche »Verkleidung« trug ich unter dem Arm. Die Tür war versperrt, wie ich das erwartet hatte, und ich wollte niemanden wecken, bis ich sicher ins Innere gelangt war, wo der Klang von Stimmen nicht bis zu einem möglichen Verfolger dringen konnte. Ich ergriff den Türknopf mit beiden Händen und begann mit der unmenschlichen Kraft, die mir das Elixier verliehen hatte, daran zu drehen. Der Knopf drehte sich in meinen Händen, und das Schloss zerbrach unvermittelt mit einem Knall, der wie ein Kanonenschuss durch die Stille hallte. Im nächsten Augenblick war ich im Haus und hatte die Tür hinter mir geschlossen.

Ich machte einen einzigen Schritt durch die Dunkelheit in die Richtung, in der ich die Treppe vermutete, und blieb stehen, als ein Lichtstrahl mein Gesicht traf. Ich nahm das Glänzen einer Pistolenmündung wahr. Dahinter schwebte ein schmales, überschattetes Gesicht.

»Stehen bleiben und Hände hoch!«

Wie verlangt hob ich meine Hände und ließ das Bündel zu Boden gleiten. Ich hatte diese Stimme nur ein einziges Mal gehört, aber ich erkannte sie – wusste sofort, dass es sich bei dem Mann mit der Lampe und der Pistole um John Gordon handelte.

»Wie viele außer dir sind noch hier?«

Seine Stimme klang scharf und herrisch.

»Ich bin allein«, antwortete ich. »Bringen Sie mich in ein Zimmer, wo man das Licht nicht von draußen sehen kann, dann werde ich Ihnen einige Dinge erzählen, die Sie interessieren dürften.«

Er blieb stumm und bedeutete mir dann mit einer kurzen Handbewegung, das zu Boden gefallene Bündel wieder aufzuheben, trat dann zur Seite und signalisierte mir, ihm ins nächste Zimmer zu folgen. Dort führte er mich zu einer Treppe und an ihrem oberen Ende zu einer Tür, wo er schließlich das Licht anknipste.

Wir betraten einen Raum, dessen Vorhänge zugezogen waren. Gordon hatte mich die ganze Zeit nicht aus den Augen gelassen, und nun stand er da und hielt mich immer noch mit seinem Revolver in Schach. Er trug jetzt konventionelle

Kleidung, und ich sah einen groß gewachsenen, schlanken, aber kräftigen Mann vor mir, größer als ich, aber nicht so kräftig gebaut. Er hatte stahlgraue Augen und ein Gesicht mit markanten, scharf geschnittenen Zügen. Etwas an dem Mann zog mich an, während ich einen Bluterguss an seinem Kinn betrachtete. Hier musste ihn bei unserem letzten Zusammentreffen meine Faust getroffen haben.

»Ich kann einfach nicht glauben«, meinte er scharf, »dass diese offensichtliche Ungeschicklichkeit und mangelnde Raffinesse keine Masche sind. Bestimmt haben Sie Ihre Gründe dafür, dass Sie mit mir in einem abgelegenen Raum sein wollen, aber ich versichere Ihnen, Sir Haldred ist trotzdem bestens beschützt. Stillhalten.«

Er drückte mir den Lauf seines Revolvers gegen die Brust und tastete mit der anderen Hand über meine Kleider, forschte nach verborgenen Waffen und schien ein wenig überrascht, als er keine fand.

»Trotzdem«, murmelte er wie im Selbstgespräch, »ein Mann, der mit bloßer Hand ein eisernes Schloss sprengen kann, braucht natürlich keine Waffen.«

»Sie vergeuden wertvolle Zeit«, sagte ich ungeduldig. »Man hat mich heute Nacht hierhergeschickt, um Sir Haldred Frenton zu töten …«

»Wer?« Die Frage kam wie ein Schuss.

»Der Mann, der sich manchmal als Leprakranker verkleidet.«

Er nickte, und seine Augen funkelten.

»Dann war mein Verdacht also richtig.«

»Ohne Zweifel. Hören Sie mir gut zu – wollen Sie, dass dieser Mann verhaftet oder getötet wird?«

Gordon lachte grimmig.

»Es hat wenig Sinn, jemandem, der an seiner Hand das Zeichen des Skorpions trägt, diese Frage zu beantworten.«

»Dann folgen Sie meinem Rat und Ihr Wunsch wird in Erfüllung gehen.«

Seine Augen verengten sich misstrauisch.

»Das war also der Grund, weshalb Sie mit so viel Getöse hier eingedrungen sind und keinen Widerstand geleistet haben«, sagte er langsam. »Hat das Rauschgift, das Ihre Augen so weitet, den Verstand so sehr beeinträchtigt, dass Sie glauben, Sie könnten mich in einen Hinterhalt locken?«

Ich presste die Hände gegen meine Schläfen. Die Zeit lief mir davon und jeder Augenblick zählte – wie konnte ich diesen Mann von meinen ehrlichen Absichten überzeugen?

»Hören Sie: Mein Name ist Stephen Costigan. Ich bin Amerikaner. Ich war regelmäßiger Gast in Yun Shatus Kneipe, und süchtig nach Haschisch, wie Sie ganz richtig erkannt haben. Jetzt aber bin ich Sklave eines weitaus stärkeren Gifts. Auf diese Weise ist es dem Mann, den Sie als falschen Leprakranken kennen und den Yun Shatu und seine Kumpane ›Meister‹ nennen, gelungen, Macht über mich zu gewinnen. Er hat mich hierhergeschickt. Ich soll Sir Haldred ermorden – warum, weiß nur Gott allein. Aber ich habe mir eine Atempause verschafft, indem ich mir einen gewissen Vorrat dieses Rauschmittels gesichert habe, das ich zum Leben brauche. Ich fürchte und hasse diesen Meister. Hören Sie mir zu, und ich schwöre Ihnen bei allen Heiligen und Unheiligen, dass der falsche Leprakranke in Ihrer Gewalt sein wird, noch ehe die Sonne aufgeht!«

Ich konnte erkennen, dass Gordon, ohne es zu wollen, beeindruckt war.

»Sprechen Sie schnell!«, herrschte er mich an.

Ich konnte spüren, dass er mir noch nicht glaubte, und fürchtete, alles könnte umsonst gewesen sein.

»Wenn Sie nicht mit mir zusammenarbeiten wollen«, sagte ich, »dann lassen Sie mich gehen und ich werde irgendwie Mittel und Wege finden, an den Meister heranzukommen und ihn zu töten. Ich habe nicht viel Zeit – meine Stunden sind gezählt, und noch konnte ich meine Rache nicht in die Tat umsetzen.«

»Lassen Sie mich hören, was Sie vorhaben, aber flott«, erwiderte Gordon.

»Es ist ganz einfach. Ich werde in den Schlupfwinkel des Meisters zurückkehren und ihm sagen, dass ich den Mord begangen habe, mit dem er mich beauftragt hat. Sie müssen mir mit Ihren Männern folgen und das Haus umstellen, während ich den Meister mit meinem Bericht ablenke. Dann brechen Sie auf mein Zeichen die Türen auf und töten ihn oder nehmen ihn fest.«

Gordon runzelte die Stirn. »Wo ist dieses Haus?«

»Der Lagerschuppen hinter Yun Shatus Kneipe ist zu einer Art orientalischem Palast umgebaut worden.«

»Der Lagerschuppen!«, rief er aus. »Wie kann das sein? Daran hatte ich zuerst auch gedacht, aber dann habe ich ihn sorgfältig von außen untersucht. Die Fenster sind vernagelt und von Spinnennetzen übersät. Sämtliche Türen sind von außen verbarrikadiert und die Siegel, die anzeigen, dass der Lagerschuppen verlassen ist, wurden nie gebrochen oder zerstört.«

»Sie haben von unten einen Tunnel gegraben«, antwortete ich. »Der Tempel der Träume ist direkt mit dem Lagerhaus verbunden.«

»Ich bin durch die Gasse zwischen den beiden Gebäuden gegangen«, sagte Gordon. »Die zur Gasse führenden Türen des Lagerschuppens sind, wie ich schon erwähnte, von außen vernagelt, so wie die ursprünglichen Besitzer sie verlassen haben. Es gibt offensichtlich keinerlei Hinterausgang beim Tempel der Träume.«

»So hören Sie mir doch zu! Ein Tunnel verbindet die Gebäude. Ein Zugang befindet sich im Hinterzimmer von Yun Shatus Kneipe, der andere im Götzenraum des Lagerhauses.«

»Ich war in Yun Shatus Hinterzimmer und habe keine derartige Verbindungstür gesehen.«

»Der Tisch steht darauf. Ist Ihnen der schwere Tisch mitten im Raum aufgefallen? Wenn Sie ihn gedreht hätten, hätte sich die Geheimtür im Boden geöffnet. Mein Plan lautet wie folgt: Ich werde durch den Tempel der Träume hineingehen und mich mit dem Meister im Götzenraum treffen. Sie werden Ihre Männer unterdessen vor dem Lagerhaus postieren und weitere auf der anderen Straße vor dem Tempel der Träume warten lassen. Yun Shatus Gebäude grenzt, wie Sie wissen, an das Ufer der Themse. Das Lagerhaus, das zur gegenüberliegenden Seite ausgerichtet ist, liegt an einer schmalen, parallel zum Fluss verlaufenden Straße.

Auf mein Zeichen lassen Sie Ihre Männer in dieser Straße die Eingangstür zum Lagerhaus aufbrechen und stürmen es. Gleichzeitig sollten die Beamten vor Yun Shatus Kneipe durch den Tempel der Träume eindringen. Stürmen Sie das Hinterzimmer und erschießen Sie gnadenlos alle, die Sie aufzuhalten versuchen. Dann öffnen Sie die Geheimtür im Boden, wie ich es erklärt habe. Meines Wissens gibt es keinen anderen Ausgang aus dem Versteck des Meisters. Deshalb werden er und seine Diener zwangsläufig versuchen, durch den Tunnel zu entkommen. Auf die Weise sind sie von beiden Seiten eingekesselt.«

Gordon überlegte, während ich mit gespanntem Interesse sein Gesicht beobachtete.

»Das könnte eine Falle sein«, murmelte er. »Oder vielleicht auch ein Versuch, mich von Sir Haldred wegzulocken, aber ...«

Ich hielt den Atem an.

»Ich bin von Natur ein Spieler«, sagte er langsam. »Ich werde mich auf mein Bauchgefühl verlassen – aber Gott stehe Ihnen bei, falls Sie mich anlügen!«

Ich sprang auf.

»Dem Himmel sei Dank! Und jetzt helfen Sie mir, in dieses Kostüm zu schlüpfen. Ich muss es tragen, wenn ich zu dem Auto zurückkehre, das auf mich wartet.«

Seine Augen verengten sich, als ich die schreckliche Maskerade ausschüttelte und sie anzulegen begann.

»Hier zeigt sich die Hand des Meisters. Man hat Sie bestimmt angewiesen, Spuren Ihrer Hände in diesen scheußlichen Handschuhen zu hinterlassen?«

»Ja, obwohl mir der Grund dafür schleierhaft ist.«

»Ich glaube, ich kenne ihn – der Meister ist dafür berüchtigt, dass er bei seinen Verbrechen keine Spuren hinterlässt. Heute Abend ist aus einem Zoo ganz in der Nähe ein großer Affe entkommen. Wenn ich jetzt diese Verkleidung sehe, scheint mir das kein Zufall zu sein. Man hätte die Schuld an Sir Haldreds Tod dem Affen zugeschoben.«

In den Anzug zu steigen war einfach, und die Illusion der Verkleidung war so perfekt, dass mich ein Schaudern überkam, als ich mich in einem Spiegel betrachtete.

»Jetzt ist es zwei Uhr«, sagte Gordon. »Wenn man die Zeit einkalkuliert, die Sie brauchen, um zurück nach Limehouse zu kommen, und die notwendigen Vorbereitungen, um meine Männer an Ort und Stelle zu bringen, kann ich Ihnen versprechen, dass das Haus um halb fünf von allen Seiten umstellt sein wird. Geben Sie mir einen Vorsprung – warten Sie hier, bis ich das Haus verlassen habe, damit ich mindestens so früh wie Sie an Ort und Stelle bin.«

»Gut!« Ich ergriff impulsiv seine Hand. »Ihnen wird sicherlich ein Mädchen begegnen. Es hat mit den schrecklichen Taten des Meisters nichts zu tun. Sie ist genau wie ich lediglich ein Opfer der Umstände. Gehen Sie sanft mit ihr um.«

»Das verspreche ich Ihnen. Auf was für ein Signal soll ich achten?«

»Ich habe keine Möglichkeit, Ihnen ein Signal zu geben.

Überhaupt bezweifle ich, dass man draußen auf der Straße irgendwelche Geräusche aus dem Haus hören würde. Lassen Sie Ihre Männer einfach um Punkt fünf zuschlagen.«

Ich wandte mich zum Gehen.

»Ein Mann erwartet Sie mit einem Wagen, stimmt das? Haben Sie die Befürchtung, dass er Verdacht schöpft?«

»Ich habe Mittel und Wege, das herauszufinden«, erwiderte ich grimmig. »Sollte er wirklich misstrauisch werden, dann kehre ich allein in den Tempel der Träume zurück.«

11
4:34 Uhr

Doch es herrschte ungebrochen
Schweigen, aus dem Dunkel krochen
Keine Zeichen.
Edgar Allan Poe

Die Tür schloss sich leise hinter mir, das große dunkle Haus ragte noch finsterer als zuvor hinter mir auf. Gebückt rannte ich über den feuchten Rasen, zweifellos eine groteske, unheimliche Gestalt. Jeder, der mich sah, hätte mich sicher nicht für einen Menschen, sondern für einen riesigen Affen gehalten. So geschickt hatte der Meister geplant.

Ich kletterte über die Mauer, ließ mich auf der anderen Seite herunterfallen und hastete durch die Finsternis und den stetig fallenden Nieselregen zur Baumgruppe, wo das Auto abfahrbereit wartete.

Der Fahrer lehnte sich aus dem Vordersitz heraus. Ich atmete keuchend und versuchte, mich wie ein Mann zu benehmen, der gerade kaltblütig gemordet hatte und vom Tatort geflohen war.

»Du hast nichts gehört, kein Geräusch, keinen Schrei?«, zischte ich und packte ihn am Arm.

»Keinen Lärm, nur ein leichtes Krachen, als Sie hineingegangen sind«, antwortete er. »Sie haben gute Arbeit geleistet – niemand, der auf der Straße vorbeikam, könnte Verdacht geschöpft haben.«

»Bist du die ganze Zeit im Wagen geblieben?«, fragte ich. Als er das bestätigte, packte ich ihn am Fußknöchel und strich mit der Hand über seine Schuhsohle. Sie war vollkommen trocken, genauso wie sein Hosenaufschlag. Zufrieden kletterte ich auf den Rücksitz. Wenn er auch nur einen Schritt ins Freie gemacht hätte, wäre eine verräterische Feuchtigkeit an Schuh und Hose nicht zu vermeiden gewesen.

Ich wies ihn an, den Motor so lange nicht zu starten, bis ich das Affenfell abgestreift hatte. Dann rasten wir durch die Nacht und mich überkamen Zweifel und Unsicherheit. Weshalb in aller Welt sollte Gordon einem Fremden und noch dazu einem ehemaligen Komplizen des Meisters vertrauen? Würde er meine Geschichte nicht als Hirngespinst eines Rauschgiftsüchtigen abtun? Oder einfach als Lüge mit der Absicht, ihn in eine Falle zu locken oder zu täuschen? Andererseits, weshalb hatte er mich gehen lassen, wenn er mir nicht glaubte?

Mir blieb nichts anderes übrig, als ihm zu vertrauen. Jedenfalls würde nichts, was Gordon tat oder nicht tat, am Ende mein Schicksal beeinflussen. Ja, Zuleika hatte mir das Elixier gegeben, aber die Ration würde nur für wenige Tage reichen. Ich dachte die ganze Zeit an sie. Und noch größer als der Wunsch nach Rache an Kathulos war die Hoffnung, dass Gordon Zuleika aus den Klauen des Unholds würde befreien können. Wenn Gordon mich im Stich ließe, hatte ich immer noch meine Hände, dachte ich grimmig. Und wenn ich die knochige Gestalt des Totenschädelgesichtigen zu fassen bekam …

Plötzlich musste ich an Yussef Ali und seine seltsamen Worte denken, deren Bedeutung mir erst jetzt bewusst wurde. *»Der Meister hat sie mir in den Tagen des Imperiums versprochen!«*

Die Tage des Imperiums – was konnte das bedeuten?

Endlich hielt das Fahrzeug vor dem Gebäude, in dem sich der Tempel der Träume verbarg. Es lag jetzt dunkel und still vor uns. Die Fahrt war mir endlos vorgekommen, und als ich ausstieg und auf die Uhr am Armaturenbrett des Wagens schaute, machte mein Herz einen Satz. Es war 4:34 Uhr, und wenn meine Augen mich nicht täuschten, konnte ich in dem Schatten auf der anderen Straßenseite Bewegung erkennen. Zu dieser späten Stunde konnte das nur zwei Dinge bedeuten – entweder wartete irgendein Bediensteter des Meisters auf meine Rückkehr oder Gordon hatte Wort gehalten. Der Farbige fuhr weg und ich öffnete die Tür, durchquerte die verlassene Bar und betrat den Opiumraum. Die Träumer lagen überall auf den Pritschen und dem Boden, denn Orte wie dieser kennen weder Tag noch Nacht wie bei normalen Menschen. Alle lagen in trunkenem Schlummer.

Die Lampen schimmerten durch den Rauch. Schweigen hing wie Nebel in der Luft.

12
Die Uhr schlägt fünf

Er sah gigantische Spuren des Todes
und vielfache Anzeichen des Unheils.
G.K. Chesterton

Zwei der jungen Chinesen hockten zwischen den flackernden Feuern und starrten mich mit unbewegter Miene an, als ich mir meinen Weg zwischen den Liegenden bahnte und zur hinteren Tür ging. Zum ersten Mal durchquerte ich den Korridor allein und ertappte mich erneut bei dem Gedanken, was wohl in den seltsamen Truhen verborgen sein mochte, die an den Wänden standen.

Ich klopfte viermal an die Unterseite der Falltür, und im nächsten Augenblick stand ich im Götzenraum. Mir stockte verblüfft der Atem – das lag aber nicht etwa daran, dass mir Kathulos in all seiner Schrecklichkeit an einem Tisch gegenübersaß. Abgesehen von dem Tisch, dem Stuhl, auf dem der Totenschädelgesichtige saß, und dem Altar – jetzt frei von Weihrauch – war der Raum völlig kahl! Mein Blick fiel auf düstere, rohe Wände des ungenutzten Lagerschuppens, nicht aber auf die kostbaren Teppiche, an die ich mich gewöhnt hatte. Die Palmen, die Statuen, die Trennwand – alles war verschwunden.

»Ah, Mr. Costigan, Sie wundern sich ohne Zweifel.«

Die tot wirkende Stimme des Meisters riss mich aus meinen Gedanken. Seine Schlangenaugen glitzerten unheilvoll. Die langen, gelben Finger schienen auf dem Tisch ständig in Bewegung zu sein.

»Ohne Zweifel hast du mich für einen vertrauensseligen Narren gehalten!«, herrschte er mich plötzlich an. »Hast du geglaubt, ich würde dich nicht beobachten lassen? Du Narr. Yussef Ali war in jedem Augenblick ganz in deiner Nähe!«

Einen Moment lang stand ich sprachlos und aufgrund seiner Worte wie erstarrt da. Doch als mir bewusst wurde, was er da gesagt hatte, warf ich mich mit einem Aufschrei nach vorn. Im gleichen Augenblick, noch ehe meine zupackenden Finger sich um die Horrorgestalt auf der anderen Seite des Tisches schließen konnten, kamen von allen Seiten Männer herangestürzt. Ich wirbelte herum und wählte mit dem ungetrübten Blick des Hasses Yussef Ali aus all den von Wut verzerrten Gesichtern aus und knallte ihm mit aller mir zur Verfügung stehenden Kraft die rechte Faust gegen die Schläfe. Als er zu

Boden ging, brachte Hassim mich zu Fall und ein Chinese schleuderte ein Fangnetz über meine Schultern. Ich stemmte mich hoch und zerfetzte das Netz, als bestünde es aus Bindfaden. Doch in dem Augenblick streckte mich ein Totschläger in der Hand von Ganra Singh zu Boden. Benommen und blutend blieb ich liegen.

Schmale, sehnige Hände packten mich und fesselten mich mit Bändern, die brutal in mein Fleisch schnitten. Als ich aus dem Abgrund halber Bewusstlosigkeit auftauchte, lag ich auf dem Altar. Der maskierte Kathulos beugte sich wie ein hagerer Elfenbeinturm über mich. Ganra Singh, Yar Khan, Yun Shatu und ein paar andere, die ich als regelmäßige Besucher im Tempel der Träume kannte, umstanden den Altar im Halbkreis. Dahinter – und ihr Anblick versetzte mir einen tiefen Stich ins Herz – sah ich Zuleika, die sich in eine Türnische duckte, das Gesicht weiß, die Hände in einer Geste voll fassungslosem Schrecken gegen die Wangen gepresst.

»Ich habe dir nicht völlig vertraut«, sagte Kathulos in seiner zischelnden Sprechweise, »also habe ich Yussef Ali hinter dir hergeschickt. Er hat die Baumgruppe vor dir erreicht, ist dir in das Anwesen gefolgt und hat deine hochinteressante Unterredung mit John Gordon belauscht – er ist wie eine Katze an der Hauswand emporgeklettert und hat sich an den Dachsims geklammert. Dein Fahrer fuhr absichtlich langsam, um Yussef Ali genügend Zeit zu geben, vor dir zurückzukommen – ich hatte ohnehin beschlossen, meine Bleibe zu wechseln. Mein Mobiliar ist bereits zu einem anderen Haus unterwegs. Sobald wir den Verräter beseitigt haben – dich! –, werden wir dieses Gebäude ebenfalls verlassen. Deinem Freund Gordon werden wir eine kleine Überraschung hinterlassen haben, wenn er gegen halb sechs hier eintrifft.«

Mein Herz machte einen plötzlichen Satz und ich schöpfte wieder Hoffnung. Yussef Ali hatte den abgesprochenen

Zeitpunkt nicht richtig verstanden, und Kathulos wähnte sich in falscher Sicherheit, während Gordons Leute das Haus bereits lautlos umstellt hatten. Ein Blick über die Schulter zeigte mir, wie Zuleika von der Tür verschwand.

Ich musterte Kathulos, ohne recht zu hören, was er sagte. Es würde gleich fünf sein, wenn er noch ein wenig zögerte. Doch dann erstarrte ich, als der Ägypter ein Wort sagte und Li Kung, ein hagerer, leichenblasser Chinamann, aus dem stummen Halbkreis trat und einen langen, dünnen Dolch aus seinem Ärmel zog.

Meine Augen suchten nach der Uhr, die immer noch auf dem Tisch stand, und mir wurde mulmig zumute. Bis fünf waren es noch zehn Minuten. Mein Tod hatte nicht viel zu bedeuten, weil er nur das Unvermeidbare beschleunigte, aber vor meinem inneren Auge konnte ich Kathulos und seine Mörder entkommen sehen, während die Polizei den Glockenschlag zur vollen Stunde erwartete.

Das Schädelgesicht hielt in seiner Tirade inne und stand lauschend da. Es kam mir so vor, als warnte sein unheimliches Gespür ihn vor einer drohenden Gefahr. Im Stakkato erteilte er Li Kung seine Befehle und dieser sprang vor, den Dolch auf meine Brust gerichtet.

Plötzlich lag eine unheimliche Spannung in der Luft. Die scharfe Dolchspitze schwebte hoch über mir – laut und klar tönte das Schrillen einer Polizeipfeife und gleich danach war ein ungeheuer lautes Poltern aus dem vorderen Bereich des Lagerhauses zu vernehmen!

Kathulos sprang auf, wurde hektisch, zischte Befehle wie eine Katze! Mit einem mächtigen Satz sprang er auf die verborgene Tür zu, die anderen folgten ihm. Alles vollzog sich mit der Geschwindigkeit eines Albtraums. Li Kung war den anderen gefolgt, aber Kathulos rief ihnen über die Schulter einen Befehl zu. Der Chinese wandte sich um und stürzte mit hoch erhobenem Dolch auf den Altar zu, wo ich mit Verzweiflung im Blick lag.

Ein Schrei durchschnitt den Lärm, und als ich mich zur Seite drehte, um dem Dolch auszuweichen, fiel mein Blick auf Kathulos, der Zuleika wegzerrte. Dann stürzte ich mit einem verzweifelten Ruck vom Altar und Li Kungs Dolch bohrte sich, meine Brust um Millimeter verfehlend, zentimetertief in die dunkel gebeizte Tischplatte und blieb zuckend darin stecken.

Ich war auf den Boden gefallen und konnte nicht genau sehen, was in dem Raum passierte, aber ich hatte ein Gefühl, als spielte sich das alles in weiter Ferne ab. Ich konnte Männer schreien hören, widerwärtig, aber aus scheinbar endloser Distanz. Dann riss Li Kung sein Messer aus der Tischplatte und sprang mit einem Satz wie ein Tiger um den Altar herum. Gleichzeitig knallte an der Tür ein Revolver – der Chinese drehte sich um seine Achse, der Dolch entglitt seiner Hand und er sackte zu Boden.

Gordon, noch mit rauchendem Revolver in der Hand, stürzte durch die Tür, wo noch vor wenigen Augenblicken Zuleika gestanden hatte. Hinter ihm drängten drei hünenhafte Männer in Zivil in den Raum. Gordon durchschnitt meine Fesseln und zerrte mich in die Höhe.

»Schnell, wo sind sie hin?«

Im Raum war niemand außer mir, Gordon und seinen Leuten, sah man von den beiden Leichen auf dem Boden ab.

Ich fand die Geheimtür und entdeckte nach ein paar Sekunden den Hebel, mit dem sie sich öffnen ließ. Mit gezogenen Waffen drängten sich die Männer um mich und spähten nervös in den dunklen Treppenschacht. Kein Laut drang aus der vollkommenen Finsternis.

»Das ist unheimlich!«, murmelte Gordon. »Ich vermute, der Meister und seine Gefolgsleute sind in diese Richtung gegangen, als sie das Gebäude verließen – denn hier sind sie ja ganz offensichtlich nicht! Leary und seine Männer hatten den Auftrag, sie entweder im Tunnel oder im Hinterzimmer von Yun Shatus Kneipe aufzuhalten. Jedenfalls hätten sie uns das inzwischen so oder so melden sollen.«

»Vorsicht, Sir!«, rief einer der Männer plötzlich. Gordon schlug unter lautem Seufzen mit dem Lauf seines Revolvers zu und zerschmetterte den Schädel einer Riesenschlange, die lautlos über die Stufen aus der Finsternis nach oben gekrochen war.

»Sehen wir, was hier los ist«, sagte er und richtete sich auf.

Aber ehe er die erste Treppenstufe betreten konnte, hielt ich ihn auf. Mir lief es eisig über den Rücken und ich begann allmählich zu begreifen, was hier geschehen war – die Stille in dem Tunnel, die Abwesenheit der Detektive, die Schreie vor ein paar Minuten, als ich auf dem Altar lag. Ich untersuchte den Mechanismus, der die Tür geöffnet hatte, und fand daneben einen anderen, kleineren Hebel – allmählich ahnte ich, was jene geheimnisvollen Truhen im Tunnel enthielten.

»Gordon.« Seine Stimme klang heiser. »Haben Sie eine elektrische Taschenlampe?«

Einer seiner Männer zog sie aus der Tasche.

»Leuchten Sie in den Tunnel. Aber wenn Ihnen Ihr Leben lieb ist, setzen Sie keinen Fuß auf die Stufen.«

Der Lichtstrahl schnitt durch die Schatten, leuchtete den Gang aus und zeichnete deutlich eine Szene nach, die mich für den Rest meines Lebens verfolgen wird. Auf dem Boden des Tunnels, zwischen den Truhen, die jetzt alle offen gähnten, lagen zwei Männer, die Londons bestem Geheimdienst angehörten. Mit verkrümmten Gliedern und schrecklich verzerrten Gesichtern lagen sie da und über ihnen wanden sich in langem, schuppigem Glanz Dutzende scheußliche Reptilien.

Die Uhr schlug fünf.

13
Der blinde Bettler im Auto

Ein Bettler, einem Schurken gleich,
giert er nach Brot und Bier.
G. K. Chesterton

Die kalte, graue Morgendämmerung stahl sich über den Fluss, während wir in der verlassenen Bar im Tempel der Träume standen. Gordon befragte die beiden Beamten, die vor dem Gebäude Wache gehalten hatten, während ihr bedauernswerter Kollege hineingegangen war, um den Tunnel zu erkunden.

»Sir, als wir den Pfiff hörten, stürmten Leary und Murken in die Bar und stießen die Tür zur Opiumkammer auf. Wir haben unterdessen wie befohlen am Eingang zur Bar gewartet. Gleich darauf kamen ein paar zerlumpte Kiffer herausgetaumelt und wir haben sie gepackt. Aber sonst hat niemand den Raum verlassen und wir haben nichts von Leary und Murken gehört, also haben wir einfach gewartet, bis dann Sie kamen, Sir.«

»Sie haben keinen hünenhaften Schwarzen oder den Chinesen Yun Shatu gesehen?«

»Nein, Sir. Nach einer Weile sind die Kollegen von der Streife gekommen und wir haben eine Blockade um das Haus gebildet, aber gesehen haben wir niemanden.«

Gordon zuckte die Achseln. Ein paar beiläufige Fragen hatten genügt, um ihn davon zu überzeugen, dass die Festgenommenen harmlose Süchtige waren, und er hatte sie freigelassen.

»Sind Sie sicher, dass sonst niemand herausgekommen ist?«

»Ja, Sir – nein, warten Sie. Ein jämmerlicher alter blinder Bettler hat das Gebäude verlassen, schmutzig, in Lumpen. Ein verwahrlostes Mädchen hat ihn geführt. Wir haben ihn angehalten, aber nicht festgenommen – eine so erbärmliche Gestalt konnte doch nicht gefährlich sein.«

»Nein?«, stieß Gordon hervor. »In welche Richtung ging er denn?«

»Das Mädchen hat ihn bis zur nächsten Straße geführt, dann hielt ein Auto an und die beiden stiegen ein und fuhren weg, Sir.«

Gordon funkelte den Mann an.

»Über die Dummheit des Londoner Detectives macht man sich zu Recht auf der ganzen Welt lustig«, sagte er mit beißendem Spott. »Es kam Ihnen sicher nicht eine Sekunde lang merkwürdig vor, dass ein Bettler aus Limehouse im eigenen Automobil herumfährt.«

Dann wischte er ungeduldig einen Verteidigungsversuch des Mannes weg und drehte sich zu mir um. Man konnte die Müdigkeit in seinen Augen erkennen.

»Mr. Costigan, wenn Sie mich bitte in meine Wohnung begleiten würden. Ich bin sicher, wir werden gemeinsam ein wenig Licht ins Dunkel bringen können.«

14
Das schwarze Reich

In Blut getaucht der neue Speer,
wie die Frau vergeblich schrie!
Oh, die Tage vor den Briten!
Ihre Rückkehr kommt wohl nie.
Talbot Mundy

Gordon zündete ein Streichholz an und sah dann abwesend zu, wie es in seiner Hand erlosch. Die türkische Zigarette hing unangezündet zwischen seinen Fingern.

»Ich denke, diese Schlussfolgerung ist logisch«, meinte er dann. »Das schwache Glied in unserer Kette war der Mangel an Leuten. Aber, verdammt, man kann schließlich nicht um zwei Uhr morgens eine ganze Armee aufbieten, auch nicht mit der Hilfe von Scotland Yard. Als ich nach Limehouse aufbrach, habe ich die Anweisung hinterlassen, mir eine Anzahl Streifenpolizisten zur Unterstützung zu schicken, sobald man sie entbehren kann. Und die sollten das Haus umstellen.

Die Männer sind zu spät gekommen, um zu verhindern, dass die Helfer des Meisters durch die Seitentüren und -fenster entkommen konnten, was ihnen ja ohne Zweifel mit Leichtigkeit gelungen ist, weil nur Finnegan und Hansen vor dem Gebäude Wache hielten. Aber sie waren rechtzeitig da, um zu vereiteln, dass der Meister selbst auf diese Weise flüchtet – ohne Zweifel hat er gewartet, um seine Verkleidung anzulegen, und deshalb wurde er gesehen. Dass er entkommen konnte, verdankt er seinem Geschick, seiner Dreistigkeit und der Tollpatschigkeit von Finnegan und Hansen. Das Mädchen in seiner Begleitung …«

»Das war ohne Zweifel Zuleika.« Ich sagte das bedrückt und fragte mich erneut, was sie an den ägyptischen Zauberer fesselte.

»Sie hat Ihnen das Leben gerettet«, knirschte Gordon und entzündete ein neues Streichholz. »Wir standen im Dunkel vor dem Lagerhaus und warteten, bis die Stunde schlug, und wussten natürlich nicht, was im Haus vor sich ging. Da erschien ein Mädchen an einem der vergitterten Fenster und flehte uns an, um Gottes willen etwas zu tun. Ein Mann würde ermordet werden, sagte sie. Also brachen wir sofort die Türen auf. Aber als wir das Gebäude betraten, war sie nirgends mehr zu sehen.«

»Sie ist ohne Zweifel in den Raum zurückgegangen«, murmelte ich, »und dort hat der Meister sie gezwungen, ihn zu begleiten. Ich hoffe nur, er weiß nicht, dass sie ihn verraten hat.«

»Ich frage mich«, sagte Gordon und ließ das verkohlte Streichholz fallen, »ob sie erraten hat, wer wir sind, oder ob sie in ihrer Verzweiflung jeden um Hilfe gebeten hätte.

Aber entscheidend ist folgender Punkt: Alles deutet darauf hin, dass Leary und Murken sofort, als sie das Pfeifsignal hörten, von vorn in Yun Shatus Kneipe eingedrungen sind, während meine drei Männer und ich uns zum gleichen Zeitpunkt durch den Fronteingang Zutritt zum Lagerhaus verschafft haben. Da wir ein paar Sekunden brauchten, um die Tür einzuschlagen, liegt die Vermutung nahe, dass Leary und Murken die Geheimtür gefunden und den Tunnel betreten haben, bevor wir uns Zugang zu dem Lagerhaus verschaffen konnten.

Da der Meister schon vorher über unsere Pläne informiert war und deshalb wusste, dass wir durch den Tunnel eindringen würden, und längst Vorkehrungen für eine solche Situation getroffen hatte …«

Ein Schauder überlief mich.

»… hat er den Hebel betätigt, mit dem die Truhen geöffnet wurden. Die Schreie, die Sie hörten, als Sie auf dem Altar lagen, waren die Todesschreie von Leary und Murken. Dann stiegen der Meister und die anderen in den Tunnel hinab und ließen den Chinesen zurück, um Sie zu erledigen. Und dann, so unglaublich es auch klingt – zwängten sie sich unverletzt zwischen den Schlangen hindurch, betraten Yun Shatus Haus und entkamen von dort, wie ich es gesagt habe.«

»Das halte ich für unmöglich. Weshalb sollten die Schlangen nicht auch sie angreifen?«

Gordon schaffte es endlich, seine Zigarette anzuzünden. Er nahm ein paar paffende Züge, ehe er mir antwortete.

»Möglicherweise waren die Reptilien noch mit den Sterbenden beschäftigt oder – ich habe bei früheren Begegnungen erlebt, dass der Meister Macht über Tiere aller Art besitzt. Wie er und seine Sklaven sich unverletzt ihren Weg zwischen diesen giftigen Bestien bahnen konnten, müssen wir für den Augenblick als eines von vielen ungelösten Rätseln im Raum stehen lassen, die diesen geheimnisvollen Mann umgeben.«

Ich rutschte unruhig auf meinem Stuhl hin und her. Wir waren jetzt an dem Punkt angelangt, der mich dazu veranlasst hatte, Gordon in seine gepflegte, aber irgendwie bizarre Wohnung zu begleiten.

»Sie haben mir noch nicht gesagt«, meinte ich abrupt, »wer dieser Mann ist und was ihn antreibt.«

»Was die Frage angeht, wer er ist, kann ich nur sagen, dass er unter der Bezeichnung bekannt ist, die auch Sie kennen – der ›Meister‹. Ich habe ihn nie ohne Maske gesehen und kenne weder seinen wirklichen Namen noch seine Nationalität.«

»Da kann ich Sie in gewisser Weise aufklären«, fiel ich ihm ins Wort. »Ich habe ihn ohne Maske gesehen und auch den Namen gehört, mit dem seine Sklaven ihn anreden.«

Gordons Augen leuchteten und er beugte sich zu mir her.

»Sein Name«, fuhr ich fort, »ist Kathulos und er behauptet, Ägypter zu sein.«

»Kathulos«, wiederholte Gordon. »Sie sagen, er *behauptet* Ägypter zu sein – haben Sie Anlass, an dieser Angabe zu zweifeln?«

»Er kann aus Ägypten stammen«, erwiderte ich bedächtig, »aber er sieht irgendwie anders aus als alle Menschen, die ich je zuvor zu Gesicht bekommen habe. Hohes Alter mag einige dieser Besonderheiten erklären, aber es gibt da ein paar Unterschiede, von denen mir meine anthropologischen Studien sagen, dass sie angeboren sein müssen – Gesichtszüge, die bei jedem anderen Menschen abnormal wären, aber bei Kathulos völlig normal scheinen. Das klingt paradox, das gebe ich zu. Aber um das schrecklich Unmenschliche des

Mannes ganz zu verstehen, müssten Sie ihn selbst einmal ohne Maske sehen.«

Gordon hörte mir aufmerksam zu, als ich ihm in schnellen Worten das Aussehen des Ägypters schilderte, wie ich es in Erinnerung hatte – ein Bild, das sich unauslöschlich in mein Gehirn eingebrannt hatte.

Als ich meine Ausführungen beendet hatte, nickte er.

»Wie ich schon sagte, ich habe Kathulos immer nur in der Verkleidung eines Bettlers, eines Leprakranken oder dergleichen zu Gesicht bekommen – und da war er immer fast völlig in Lumpen gehüllt. Dennoch ist auch mir aufgefallen, dass er auf eine kaum zu beschreibende Weise anders ist – bei anderen Menschen habe ich so etwas noch nie gesehen.«

Gordon tippte mit den Fingern auf sein Knie – das war eine Angewohnheit, die mir schon früher an ihm aufgefallen war. Er tat das immer dann, wenn ihn irgendein Problem stark beschäftigte.

»Sie haben mich gefragt, was dieser Mann für Ziele hat«, begann er dann langsam. »Ich werde Ihnen alles sagen, was ich weiß.

Die Position, die ich bei den britischen Behörden einnehme, ist ungewöhnlich und sehr speziell. Man könnte mich einen Sonderbeauftragten nennen – mit Vollmachten, die ganz auf meine Tätigkeit zugeschnitten sind. Ich habe im Krieg als Geheimdienstbeamter meine Vorgesetzten davon überzeugt, dass ein solches Amt gebraucht wird und ich die Fähigkeiten mitbringe, um es auszuüben.

Vor etwas mehr als 17 Monaten hat man mich nach Südafrika geschickt, um Informationen über die Unruhen zu beschaffen, die sich dort seit dem Weltkrieg bei den Eingeborenen ausgebreitet haben. Sie haben in letzter Zeit beunruhigende Ausmaße angenommen. Dort geriet ich zum ersten Mal auf die Spur des Mannes, den Sie Kathulos nennen. Ich stellte fest, dass

Afrika sich als brodelnder Kessel des Aufruhrs präsentierte, von Marokko bis Kapstadt. Das alte Gelübde war erneuert worden – die Neger und die Mohammedaner sollten sich zusammenrotten und den weißen Mann ins Meer treiben.

Es ist natürlich nicht das erste Mal, dass ein solcher Bund geschlossen wurde, aber bis jetzt hatte man ihn immer wieder zerschlagen können. Aber diesmal spürte ich hinter all den Verschleierungstaktiken die Handschrift eines gewaltigen Intellekts und ein unheimliches Genie, das mächtig genug war, um tatsächlich eine solche Vereinigung herbeizuführen und sie dauerhaft zu erhalten.

Ausschließlich auf Grundlage von Andeutungen und vagen Hinweisen folgte ich der Spur durch Zentralafrika bis hinauf nach Ägypten. Dort stieß ich endlich auf unumstößliche Beweise für die Existenz eines solchen Mannes. Die Gerüchte sprachen von einem lebenden Toten – einem Mann mit einem *Totenschädelgesicht*. Ich erfuhr, dass er der Hohepriester der mysteriösen Skorpion-Gesellschaft von Nordafrika sei. Die einen nannten ihn Schädelgesicht, die anderen Meister und wieder andere ›den Skorpion‹.

Ich heftete mich an die Spur bestochener Beamter und entwendeter Staatsgeheimnisse und spürte ihn schließlich in einer Kneipe im Eingeborenenviertel von Alexandria auf – verkleidet als Leprakranker. Ich hörte, wie die Eingeborenen ihn ›mächtiger Skorpion‹ nannten, aber er konnte mir entkommen.

Dann führten plötzlich alle Spuren ins Nichts und ich verlor seine Fährte, bis Gerüchte von seltsamen Geschehnissen in London an meine Ohren drangen. Daraufhin kehrte ich nach England zurück und ging hier Hinweisen über eine undichte Stelle im Kriegsministerium nach.

Wie ich angenommen hatte, war mir der Skorpion zuvorgekommen. Dieser Mann, dessen Ausbildung und Geschick alles übertrifft, was mir je begegnete, ist schlicht und einfach der Anführer und Betreiber einer globalen Bewegung, wie sie die Welt noch nie zuvor gesehen hat. Seine erklärte Absicht ist der Sturz der weißen Rassen!

Sein Endziel ist ein schwarzes Imperium mit ihm als Kaiser der Welt. Und um das zu erreichen, hat er die Schwarzen, die Braunen und die Gelben in einer monströsen Verschwörung zusammengerottet.«

»Jetzt verstehe ich, was Yussef Ali gemeint hat, als er ›Die Tage des Imperiums‹ ansprach«, murmelte ich.

»Genau«, stieß Gordon mit kaum verhohlener Erregung hervor. »Kathulos' Macht ist grenzenlos und unvorstellbar. Seine Tentakel reichen wie die eines Tintenfischs in die höchsten Kreise der Zivilisation und die fernsten Winkel der Erde. Und seine mächtigste Waffe ist – Rauschgift! Er hat Europa und sicherlich auch Amerika mit Opium und Haschisch überflutet. Trotz aller Bemühungen war es bisher unmöglich, die Lücken in den Grenzen zu schließen, durch die das Teufelszeug hereingeschmuggelt wird. Und damit umgarnt und versklavt er Männer und Frauen gleichermaßen.

Sie haben mir berichtet, Sie hätten aristokratisch wirkende Männer und Frauen beobachtet, die Yun Shatus Kneipe besuchten. Ohne Zweifel waren das Rauschgiftsüchtige – denn wie ich schon sagte, die Sucht lauert auch an höchsten Stellen. Sie macht selbst vor Regierungsbeamten nicht halt. Sie holen sich das Zeug, nach dem sie lechzen, und bezahlen dafür mit Staatsgeheimnissen, Insiderinformationen und Schutzversprechen, die der Meister dann für seine Verbrechen ausnutzt.

Oh, der ›Meister‹ ist geschickt, er arbeitet nicht ohne Plan! Er wird vorbereitet sein, wenn die schwarze Flut ausbricht. Wenn seine Strategie aufgeht, werden die Regierungen der weißen Rassen von einem Geflecht aus Korruption durchzogen sein – die stärksten Männer der weißen Rassen werden tot sein, die militärischen Geheimnisse der weißen Männer werden auch die seinen sein. Wenn es dazu kommt, erwarte ich, dass sich die farbigen Rassen überall auf der Welt gegen die weiße Herrschaft auflehnen – Rassen, die im letzten Krieg gelernt haben, wie der weiße Mann Krieg führt, und die unter der Führung eines Mannes wie Kathulos und mithilfe der besten Waffen des weißen Mannes schier unbesiegbar sein dürften.

Nach Ostafrika hat sich ein stetiger Strom von Gewehren und Munition ergossen, der erst versiegte, nachdem ich seine Quelle ausfindig gemacht hatte. Ich habe herausgefunden, dass eine seriöse und verlässliche schottische Firma diese Waffen liefert. Mehr noch: Der Direktor des Unternehmens war ein Opiumsklave. Das reichte mir. Ich fand heraus, dass Kathulos die Hand im Spiel hatte. Der Geschäftsmann wurde verhaftet und hat später in seiner Zelle Selbstmord verübt – aber das ist nur eine der vielen Situationen, zu deren Lösung man mich heranzieht.

Und dann der Fall von Major Fairlan Morley. Er nahm, ähnlich wie ich, eine sehr flexible Sonderstellung ein. Man hatte ihn nach Transvaal geschickt, wo er sich mit demselben Fall wie ich befasste. Er hat eine Anzahl von Geheimberichten nach London geschickt. Sie trafen vor ein paar Wochen ein und wurden im Safe einer Bank verwahrt. Ein Begleitbrief enthielt detaillierte Anweisungen, wonach die Papiere ausschließlich auf Verlangen dem Major persönlich auszuhändigen seien. Im Falle seines Todes sollten sie mir übergeben werden.

Als ich erfuhr, dass Fairlan Afrika verlassen hatte, schickte ich vertrauenswürdige Männer nach Bordeaux, wo sein erster Landgang auf europäischem Boden vorgesehen war. Es gelang meinen Leuten nicht, das Leben des Majors zu retten, aber sie bestätigten mir immerhin seinen Tod. Sie fanden seine Leiche nämlich in einem verlassenen Schiff, dessen Wrack an den Strand getrieben worden war. Trotz aller Bemühungen, die Angelegenheit geheim zu halten, ist sie irgendwie zu den Zeitungen durchgesickert – mit dem Ergebnis …«

»Ich beginne zu begreifen, weshalb ich in die Rolle des bedauernswerten Majors schlüpfen sollte«, fiel ich ihm ins Wort.

»Genau! Mit einem falschen Bart und blond gefärbtem Haar wären Sie in der Bank erschienen und hätten die Papiere dort von dem Bankier entgegengenommen. Der kennt Major Morley zwar persönlich, aber nicht gut genug, um sich nicht von Ihrem Aussehen täuschen zu lassen. Und dann wären die Papiere dem Meister in die Hände gefallen.

Ich kann nur vermuten, was in diesen Papieren stand. Die Ereignisse haben sich überschlagen, sodass ich sie nicht mehr in meinen Besitz bringen konnte. Aber sie betreffen sicherlich Dinge, die in engem Zusammenhang mit Kathulos' Machenschaften stehen. Ich habe keine Ahnung, wie er von den Papieren und den Anweisungen in dem Begleitbrief erfahren hat, aber wie gesagt, die Behörden in London sind von seinen Spionen durchsetzt.

Bei meiner Suche nach Hinweisen habe ich in der Verkleidung, in der Sie mich ursprünglich gesehen haben, häufig das Limehouse-Viertel von Chinatown besucht. Ich war oft im Tempel der Träume und einmal habe ich es sogar geschafft, ins Hinterzimmer zu gelangen, weil ich bereits vermutete, dass es sich dabei um eine Art Treffpunkt handelt. Dass es dort keinen Ausgang gab, hat mich verblüfft, aber ich hatte keine Zeit, nach Geheimtüren zu suchen, weil mich dieser hünenhafte schwarze Mann Hassim hinauswarf. Allerdings erahnte er nicht meine wahre Identität. Mir ist aufgefallen, dass der Leprakranke häufig bei Yun Shatu ein und aus gegangen ist. So wurde mir schließlich klar, dass es sich bei diesem angeblichen Leprakranken um den Skorpion selbst handeln musste.

In der Nacht, als Sie mich auf der Couch im Opiumraum entdeckten, war ich ohne konkrete Absicht dort hingegangen.

Als ich sah, wie Kathulos das Gebäude verlassen wollte, beschloss ich, ihm zu folgen, aber daran haben Sie mich gehindert.«

Er zupfte an seinem Kinn und lachte grimmig.

»In Oxford war ich Champion im Amateurboxen«, sagte er, »aber nicht einmal Tom Cribb hätte diesen Schlag ausgehalten – oder ihn austeilen können.«

»Das tut mir unheimlich leid.«

»Sie brauchen sich nicht zu entschuldigen. Unmittelbar darauf haben Sie mir das Leben gerettet – ich war benommen, aber nicht genug, um zu übersehen, dass dieser braune Teufel Yussef Ali geradezu danach fieberte, mich niederzustechen.«

»Wie kam es, dass Sie in Sir Haldred Frentons Haus waren? Und warum haben Sie Yun Shatus Kneipe nicht schon längst hochgehen lassen?«

»Ich habe die Kneipe gewähren lassen, weil ich wusste, dass Kathulos sonst irgendwie gewarnt würde und unser Vorhaben scheitert. In Sir Haldreds Haus hielt ich mich auf, weil ich seit seiner Rückkehr aus dem Kongo fast jede Nacht dort verbracht habe. Als ich ihn sagen hörte, dass er eine Denkschrift über die geheimen Eingeborenengesellschaften Westafrikas schreiben will, rechnete ich mit einem Attentatsversuch. Das Material hatte er auf seinen Reisen dorthin gesammelt. Er deutete an, dass seine Enthüllungen sich ohne Übertreibung als sensationell erweisen würden.

Da es in Kathulos' Interesse liegt, Männer zu vernichten, die die westliche Welt alarmieren könnten, stand für mich fest, dass Sir Haldred auf Kathulos' Attentatsliste ganz weit oben stehen musste. Tatsächlich hatte es auch während seiner Reise aus Zentralafrika an die Küste zwei Anschläge auf ihn gegeben.

Also stellte ich zwei vertraute Männer als Wachen auf, die selbst jetzt auf ihrem Posten sind. Während ich durch das verdunkelte Haus ging, hörte ich den Lärm, den Sie beim

Eindringen verursachten, worauf ich meine Männer warnte und mich ins Erdgeschoss schlich, um Sie aufzuhalten. Zum Zeitpunkt unseres Gesprächs saß Sir Haldred in seinem unbeleuchteten Arbeitszimmer und links und rechts von ihm stand jeweils ein Mann von Scotland Yard mit gezogener Pistole. Ihre Wachsamkeit erklärt zweifellos, dass auch Yussef Ali nicht geschafft hat, was Sie tun sollten.

Etwas an Ihrem Verhalten hat mich trotz meines Misstrauens überzeugt«, sinnierte er. »Ich muss allerdings zugeben, dass mir auch Zweifel kamen, während ich in der Dunkelheit vor Anbruch der Morgendämmerung am Lagerschuppen wartete.«

Gordon erhob sich plötzlich, ging zu einem Safe, der in einer Ecke stand, und entnahm ihm einen dicken Umschlag.

»Obwohl Kathulos mich bei fast jedem Zug mattgesetzt hat«, meinte er, »bin ich nicht ganz untätig gewesen. Ich habe beobachtet, wer bei Yun Shatu aus und ein ging, und eine noch unvollständige Liste der Vertrauten des Ägypters angefertigt. Was Sie mir berichtet haben, versetzt mich in die Lage, diese Liste zu komplettieren. Wie wir wissen, sind Kathulos' Gefolgsleute über die ganze Welt verstreut. Allein hier in London gibt es vermutlich Hunderte von ihnen. Diese Aufstellung enthält die Personen in seinem innersten Kreis, die hier in England mit ihm zusammenarbeiten. Er hat Ihnen selbst gesagt, dass ihn sogar unter seinen Gefolgsleuten nur wenige ohne Maske gesehen haben.«

Wir beugten uns gemeinsam über die Liste, welche die folgenden Namen enthielt: »*Yun Shatu,* Hongkong-Chinese, mutmaßlicher Opiumschmuggler – Hüter des Tempels der Träume – seit sieben Jahren in Limehouse ansässig. *Hassim*, ehemaliger Stammeshäuptling im Senegal – im französischen Kongo als Mörder gesucht. *Santiago,* Neger – aus Haiti geflohen wegen des Verdachts von Voodoogräueln. *Yar Khan*, Afridi, Vorstrafen unbekannt. *Yussef Ali,* Maure, Sklavenhändler in Marokko – unter dem Verdacht, im Weltkrieg als deutscher Spion tätig gewesen zu sein – Anstifter des Fellachenaufstands am Oberlauf des Nil. *Ganra Singh,* Lahore, Indien, Sikh – Waffenschmuggel nach Afghanistan – aktiv an den Aufständen in Lahore und Delhi beteiligt – Verdächtiger in zwei Mordfällen – ein gefährlicher Mann. *Stephen Costigan,* Amerikaner – seit dem Krieg in England ansässig – Haschischsüchtiger – auffällig kräftiger Mann. *Li Kung,* Nordchina, Opiumschmuggler.«

Drei Namen waren bereits durchgestrichen – meiner, der von Li Kung und der von Yussef Ali. Neben meinem stand nichts, aber hinter Li Kungs Namen hatte Gordon gekritzelt: »von John Gordon während der Razzia in Yun Shatus Lokal erschossen«. Bei Yussef Ali fand sich die Ergänzung: »von Stephen Costigan während der Razzia auf Yun Shatus Lokal getötet«.

Ich lachte, ein freudloses Lachen. Schwarzes Reich oder nicht, Yussef Ali würde niemals Zuleika in den Armen halten, denn er war nicht mehr aufgestanden, nachdem ich ihn gefällt hatte.

»Ich weiß nicht«, sagte Gordon düster, während er die Liste zusammenfaltete und wieder in den Umschlag tat, »ich weiß nicht, über welche Macht Kathulos verfügt, die schwarze und gelbe Männer zusammenführt und dazu bringt, ihm zu dienen – eine Macht, die uralte Feinde wie Hindus, Moslems und Heiden zu seinen Gefolgsleuten macht. Und in den Nebeln des Ostens, wo geheimnisvolle, gigantische Kräfte am Werk sind, gewinnt diese Vereinigung immer mehr an Bedeutung.«

Er sah auf die Uhr.

»Es ist beinahe zehn. Fühlen Sie sich hier wie zu Hause, Mr. Costigan, während ich Scotland Yard aufsuche, um zu sehen, ob man irgendwelche Hinweise auf Kathulos' neuen Aufenthaltsort gefunden hat. Ich glaube, dass sich die Schlinge um seinen Kopf immer enger zusammenzieht. Mit Ihrer Hilfe, das verspreche ich, werden wir die Bande in höchstens einer Woche gefunden haben.«

15
Die Spur des Tulwar

Satt sieht man den Wolf eng am müden Freunde kauern
die Erde um ihn platt, doch die schlanken Wölfe lauern.
Talbot Mundy

Ich saß allein in John Gordons Wohnung und lachte, ohne wirklich Heiterkeit zu empfinden. Trotz der Belebung durch das Elixier forderten die Anstrengungen der vergangenen Nacht, der versäumte Schlaf und das aufwühlende Geschehen ihren Tribut. Durch mein Bewusstsein tobte ein chaotischer Wirbel, in dem die Gesichter von Gordon, Kathulos und Zuleika so schnell ineinander verschwammen, dass mir ganz schummrig vor Augen wurde. Die Fülle an Informationen, mit denen Gordon mich überschüttet hatte, erschien mir zusammenhanglos und wirr.

Aber ein Gesicht schob sich immer wieder in meine Wahrnehmung. Ich musste unbedingt das aktuelle Versteck des Ägypters finden und Zuleika aus seiner Gewalt befreien – falls sie noch am Leben war.

Eine Woche, hatte Gordon gesagt – ich lachte wieder –, eine Woche, und ich würde gar nicht mehr in der Lage sein, jemandem zu helfen. Ich hatte herausgefunden, wie viel von dem Elixier ich nehmen musste – kannte die Mindestmenge, die mein Körper brauchte –, und wusste, dass der Inhalt des Fläschchens allerhöchstens vier Tage reichen würde. Vier

Tage! Vier Tage, in denen ich die Rattenlöcher von Limehouse und Chinatown abkämmen konnte – vier Tage, in denen ich irgendwie in den labyrinthartigen Gassen des East End das Versteck von Kathulos aufspüren musste.

Ich war ungeduldig und hätte am liebsten sofort begonnen, aber die Natur hatte etwas dagegen und so taumelte ich zu einer Couch, fiel darauf und war im nächsten Augenblick eingeschlafen.

Dann schüttelte mich jemand.

»Aufwachen, Mr. Costigan!«

Ich setzte mich auf und blinzelte. Gordon stand über mich gebeugt, sein Gesicht wirkte eingefallen.

»Es gibt verdammt viel zu tun, Costigan! Der Skorpion hat erneut zugeschlagen!«

Ich sprang auf, noch halb im Schlaf, und begriff nur zum Teil, was er da sagte. Er half mir in mein Jackett und meinen Mantel, hielt mir meinen Hut hin und schob mich dann mit festem Griff zur Tür hinaus und die Treppe hinunter. Die Straßenlaternen leuchteten. Ich hatte unglaublich lange geschlafen.

»Ein logisches Opfer!« Mir wurde bewusst, dass mein Begleiter mit mir sprach. »Er hätte mich sofort bei seinem Eintreffen verständigen sollen!«

»Ich verstehe nicht …«, begann ich benommen.

Wir standen jetzt am Bürgersteig, und Gordon winkte ein Taxi heran und gab dem Fahrer die Adresse eines kleinen, anspruchslosen Hotels in einem ruhigen und ordentlichen Stadtviertel.

»Der Baron Rokoff«, schnarrte er, während wir durch die Straßen rasten, »ein Russe, der in Verbindung mit dem Kriegsministerium steht, aber auf eigene Rechnung handelt. Er ist gestern aus der Mongolei zurückgekehrt und offenbar untergetaucht. Zweifellos hat er sich wichtige Informationen über das langsame Erwachen des Ostens beschaffen können, konnte aber bisher noch nicht mit uns in Kontakt treten. Ich hatte bis vor Kurzem keine Ahnung, dass er wieder in England ist.«

»Und Sie haben erfahren …«

»Man hat den Baron in seinem Zimmer gefunden. Seine Leiche wurde auf entsetzliche Weise verstümmelt!«

In dem ordentlichen Hotel, das der unglückselige Baron sich als Versteck ausgesucht hatte, herrschte ziemlicher Aufruhr, als wir eintrafen. Die Polizei bemühte sich, für Ordnung zu sorgen. Die Geschäftsführung hatte zwar versucht, das Geschehen zu vertuschen, aber irgendwie hatten die Gäste von der Gräueltat gehört und viele reisten übereilt ab – besser gesagt: Sie hatten vor, das zu tun, wurden aber von der Polizei für eine Befragung festgehalten.

Das Zimmer des Barons im obersten Stockwerk befand sich in einem Zustand, der jeder Beschreibung spottete. Nicht einmal im Großen Krieg hatte ich ein vollkommeneres Chaos zu Gesicht bekommen. Nichts war berührt worden; alles fand sich so, wie es das Zimmermädchen vor einer halben Stunde entdeckt hatte. Tische und Stühle lagen zerschmettert auf dem Boden, das übrige Mobiliar, Boden und Wände waren mit Blut bespritzt. Der Baron, zu Lebzeiten ein groß gewachsener, muskulöser Mann, lag mitten im Zimmer und bot einen erschreckenden Anblick. Sein Schädel war bis zur Stirn gespalten, eine klaffende Wunde unter der linken Achselhöhle hatte seine Rippen freigelegt, und sein linker Arm hing nur noch an einem Fetzen Muskelgewebe. Auf dem kalten, bärtigen Gesicht lag ein Ausdruck unbeschreiblichen Schreckens.

»Der Täter muss eine schwere, gekrümmte Waffe benutzt haben«, sagte Gordon, »eine Art Säbel, und er muss mit ungeheurer Gewalt zugeschlagen haben. Da, sehen Sie, ein Schlag, der das Opfer verfehlt hat, hat sich ein paar Zentimeter tief in den Fenstersims gegraben. Und da, die dicke Lehne des schweren Sessels ist aufgesprengt wie eine Schindel. Ganz sicher ein Säbel.«

»Ein Tulwar«, murmelte ich düster. »Erkennen Sie nicht die Handschrift des zentralasiatischen Schlächters? Yar Khan ist hier gewesen.«

»Der Afghane, er ist natürlich über die Dächer gekommen und hat sich mit einem Seil auf den Vorsprung am Fenster hinuntergelassen. Das Seil muss er irgendwo oben am Dachgipfel befestigt haben. Als das Zimmermädchen gegen halb zwei draußen am Korridor vorbeiging, hat es im Zimmer des Barons schrecklichen Lärm gehört – das Zerschmettern von Stühlen und einen kurzen Aufschrei, der in ein grausiges Gurgeln überging und dann verstummte – und währenddessen mehrere heftige Schläge, seltsam gedämpft, wie von einem Schwert, das tief in menschliches Fleisch getrieben wird. Und dann war plötzlich Ruhe.

Sie rief den Geschäftsführer und sie versuchten, die Tür zu öffnen. Als sie feststellten, dass abgeschlossen war, und auch niemand auf ihre Rufe antwortete, haben sie mit dem Generalschlüssel geöffnet. Im Raum lag nur die Leiche, aber das Fenster stand offen. Das passt gar nicht zu Kathulos' üblicher Vorgehensweise. Da fehlt die Raffinesse. Seine Opfer erweckten meistens den Eindruck, als wären sie auf natürliche Weise ums Leben gekommen. Ich verstehe das nicht.«

»Es macht aber letztlich keinen Unterschied«, erwiderte ich. »So wie die Dinge liegen, haben wir keine Möglichkeit, den Mörder zu fassen.«

»Stimmt«, nickte Gordon finster. »Wir wissen, wer die Tat begangen hat, aber es gibt keine Beweise – nicht einmal einen Fingerabdruck. Selbst wenn wir wüssten, wo sich der Afghane versteckt, und ihn verhaften würden, könnten wir ihm nichts nachweisen. Es gäbe mit Sicherheit ein Dutzend Männer, die sein Alibi beschwören würden.

Der Baron ist erst gestern zurückgekehrt. Kathulos hat vermutlich erst heute Abend von seiner Ankunft erfahren. Er wusste, dass Rokoff sich morgen früh bei mir melden und mir von seinen Beobachtungen in Nordasien berichten würde. Dem Ägypter war klar, dass er schnell zuschlagen musste. Da er nicht genug Zeit hatte, um einen ausgeklügelten Mord vorzubereiten, hat er den Afridi mit seinem Tulwar geschickt. Wir können nichts tun, jedenfalls nicht bevor wir das Versteck des Skorpions gefunden haben. Was der Baron in der Mongolei herausgefunden hat, werden wir nie erfahren, aber für mich steht fest, dass die Pläne von Kathulos eine Rolle spielten.«

Wir gingen wieder die Treppe hinunter, wobei uns Hansen, einer der Männer von Scotland Yard, begleitete. Gordon schlug vor, zu Fuß zu seiner Wohnung zurückzukehren. Ich war froh über seinen Vorschlag und hoffte, die kühle Nachtluft würde vielleicht wenigstens ein paar von den Schleiern wegblasen, die sich über meinen Verstand gelegt hatten.

Während wir so durch die verlassenen Straßen gingen, begann Gordon plötzlich wüst zu fluchen.

»Wir irren da in einem regelrechten Labyrinth herum und kommen nicht weiter. Hier, mitten im Herzen der Hauptstadt der Zivilisation, begeht der unmittelbare Feind dieser Zivilisation die abscheulichsten Verbrechen und befindet sich nach wie vor auf freiem Fuß! Wir sind wie Kinder, die durch die Nacht irren und sich mit einem unsichtbaren Übel herumschlagen. Wir haben es mit einem fleischgewordenen Teufel zu tun und wissen nichts über seine wahre Identität und können auch nur spekulieren, was seine tatsächlichen Ziele sind.

Noch nie ist es gelungen, einen der direkten Handlanger des Ägypters zu verhaften, und die paar Tölpel, die er als Werkzeuge benutzt hat und die wir festgenommen haben, sind auf mysteriöse Weise gestorben, ehe sie uns etwas sagen konnten.

Ich sage es noch einmal: Was für fremdartige Kräfte besitzt Kathulos, mit denen er seine Macht über diese Männer aus unterschiedlichen Rassen und Glaubensbekenntnissen ausübt?

Die Männer, die hier in London für ihn tätig sind, sind natürlich überwiegend Abtrünnige, Sklaven des Rauschgifts, aber seine Fühler reichen ja über den gesamten Orient. Seine Dominanz muss bemerkenswert sein: Die Macht, die den Chinesen Li Kung angesichts des sicheren Todes dazu bewegt hat umzukehren, um Sie zu töten; die Macht, die Yar Khan, den Moslem, über die Dächer Londons geschickt hat, um zu morden; und die Macht, die Zuleika, die Tscherkessin, mit unsichtbaren Fesseln zu seiner Sklavin macht.

Natürlich wissen wir«, fuhr er nach ein paar Augenblicken brütenden Schweigens fort, »dass es im Osten Geheimgesellschaften gibt, die über allen Glaubensgegensätzen stehen. In Afrika und dem Orient gibt es Kulte, deren Ursprung bis zu Ophir und dem Fall von Atlantis zurückreicht. Dieser Mann muss in einigen dieser Gesellschaften, vielleicht sogar in allen, über großen Einfluss verfügen. Unglaublich! Außer den Juden kenne ich keine orientalische Rasse, die von anderen Rassen des Ostens so unerbittlich gehasst wird wie die Ägypter! Und doch haben wir es hier mit einem Mann, nach eigenen Worten einem Ägypter, zu tun, der das Leben und das Schicksal orthodoxer Moslems, Hindus, Schintoisten und Teufelsanbeter kontrolliert. Es ist einfach unnatürlich.«

»Haben Sie je davon gehört«, er fuhr ruckartig zu mir herum, »dass im Zusammenhang mit Kathulos der Ozean erwähnt wurde?«

»Nein, nie.«

»In Nordafrika gibt es einen weitverbreiteten, auf uralten Legenden basierenden Aberglauben, wonach der große Führer der farbigen Rassen aus dem Meer emporsteigen werde! Und ich habe einmal gehört, wie ein Berber vom Skorpion als ›dem Sohn des Ozeans‹ sprach.«

»Das ist bei seinem Stamm ein Ausdruck hohen Respekts, nicht wahr?«

»Ja, aber manchmal frage ich mich, was es zu bedeuten hat.«

16
Die lachende Mumie

Lachend, da weit verstreut die Schädel liegen,
nach verlor'nem Krieg sich gen Himmel biegen
Ein unaufhörliches Lachen.
G. K. Chesterton

»Ein Laden, der so spät noch geöffnet hat?«, meinte Gordon plötzlich.

Der Nebel hatte sich über London gelegt, und in den ruhigen Straßen, durch die wir gingen, leuchteten die Laternen mit jenem seltsam rötlichen Schein, der für dieses Wetter typisch ist. Unsere Schritte hallten eintönig durch die Nacht. Selbst im Herzen einer Großstadt gibt es immer Viertel, die aussehen, als hätte man sie vergessen. Dies war eine solche Straße. Nicht einmal ein Polizist war zu sehen.

Der Laden, auf den Gordons Blick gefallen war, befand sich unmittelbar vor uns auf der gleichen Straßenseite. Über der Tür hing kein Schild, bloß eine Art Emblem – etwas, das wie ein Drache aussah. Licht floss aus dem offenen Eingang und den kleinen Schaufenstern zu beiden Seiten. Da es sich weder um ein Café noch den Eingang zu einem Hotel handelte, stellten wir Spekulationen darüber an, weshalb der Laden wohl geöffnet sein mochte. Wahrscheinlich hätte keiner von uns auch nur einen Gedanken darauf verschwendet, aber unsere Nerven waren so aufgewühlt, dass wir instinktiv alles als verdächtig empfanden, was auch nur im Geringsten von der Norm abwich. Und dann geschah etwas, das eindeutig nicht normal war.

Ein groß gewachsener, extrem hagerer Mann mit auffällig gebeugtem Gang ragte plötzlich neben dem Laden aus dem Nebel. Ich konnte nur einen kurzen Blick auf ihn werfen – er wirkte wie ein Strich in der Landschaft. Mir fielen seine abgetragene, zerknitterte Kleidung, ein hoher Seidenzylinder, den er tief in die Stirn gezogen hatte, und ein fast völlig von einem Schal verdecktes Gesicht auf – als der Mann sich bereits wieder abwandte und das Geschäft betrat. Ein kalter Wind flüsterte über die Straße, formte aus dem Nebel dünne Gespenster, aber die Kälte, die über mich kam, war nicht nur dem Wind zuzuschreiben.

»Gordon!«, flüsterte ich scharf. »Entweder ich kann meinen Sinnen nicht mehr trauen oder das war Kathulos selbst, der gerade in dieses Haus gegangen ist!«

Gordons Augen flammten. Wir standen jetzt dicht vor dem Laden und Gordons Schritte wurden länger. Jetzt rannte er, warf sich durch die Tür, ich war ihm dicht auf den Fersen.

Ein bizarres Sammelsurium von Waren präsentierte sich unseren Blicken. Antike Waffen bedeckten die Wände und auf dem Boden standen seltsame Dinge herum. Maori-Statuen mit chinesischen Räucherstäbchen und mittelalterliche Rüstungen türmten sich dunkel vor Stapeln seltener Orientteppiche und Seidenschals italienischer Herkunft auf. Ein Antiquitätenladen war das also. Von der Gestalt, die unser Interesse geweckt hatte, war allerdings nichts zu sehen.

Ein alter Mann in einer bizarren Zusammenstellung von Kleidungsstücken – roter Fez, Brokatweste und türkische Pantoffeln – kam aus dem hinteren Bereich des Ladens; er war ein Levantiner, also eine Mischung aus Europäer und Orientale.

»Sie wünschen, meine Herren?«

»Sie haben ziemlich spät geöffnet«, sagte Gordon, und sein Blick wanderte dabei hektisch durch den Laden, als suchte er nach einem geheimen Versteck, in das der von uns Gesuchte geschlüpft sein könnte.

»Ja, Sir. Zu meiner Kundschaft gehören viele exzentrische Professoren und Studenten, die mich zu den unmöglichsten Zeiten aufsuchen. Häufig werden nachts aus den Schiffen besondere Stücke für mich ausgeladen, und sehr oft habe ich Besucher, die sogar noch später als Sie kommen. Ich habe die ganze Nacht geöffnet, Sir.«

»Wir sehen uns nur um«, erwiderte Gordon, und dann, zu Hansen gewandt: »Gehen Sie zum Hinterausgang und halten Sie jeden auf, der versucht, das Gebäude dort zu verlassen.«

Hansen nickte und schlenderte in den rückwärtigen Teil des Ladens. Wir konnten die Hintertüren deutlich zwischen antiken Möbeln und abgewetzten, dort ausgestellten Wandbehängen erkennen. Wir waren dem Skorpion – wenn er es war – so dicht gefolgt, dass ich mir nicht vorstellen konnte, dass er den Laden durchquert und verlassen hatte, ohne dass wir das beim Hereinkommen wahrgenommen hätten. Wir hatten seit dem Betreten des Ladens die Hintertür keine Sekunde aus den Augen gelassen.

Gordon und ich stöberten unauffällig zwischen den Antiquitäten herum, nahmen das eine oder andere Objekt in die Hand und äußerten uns dazu. Aber ich hatte in den meisten Fällen keine Ahnung, um was für Gegenstände es sich handelte. Der Besitzer hatte sich mit überkreuzten Beinen auf einer maurischen Matte mitten im Laden niedergelassen und nahm uns offenbar nur aus höflichem Interesse überhaupt wahr.

Nach einer Weile flüsterte Gordon mir zu: »Es hat keinen Sinn, weiter so zu tun, als würden wir uns für die Ware interessieren. Wir haben überall nachgesehen, wo der Skorpion sich verstecken könnte. Ich werde mich jetzt offiziell ausweisen und dann durchsuchen wir das ganze Gebäude in aller Offenheit.«

Während er das sagte, hielt draußen vor der Tür ein Karren an, und zwei stämmige Schwarze traten ein. Offenbar hatte der Levantiner sie erwartet, denn er wies sie mit einer knappen Handbewegung in den hinteren Bereich des Ladens, worauf sie nur mit einem unartikulierten Grunzen reagierten.

Gordon und ich beobachteten die beiden Farbigen scharf, wie sie zu einem großen Mumienbehälter traten, der unweit des Hintereingangs aufrecht an der Wand lehnte. Die Männer hoben den Kasten an, brachten ihn in die Waagerechte und setzten sich dann vorsichtig damit in Richtung Tür in Bewegung.

»Halt!« Gordon trat vor und hob gebieterisch die Hand.

»Ich vertrete Scotland Yard«, sagte er schnell, »und habe Vollmacht für alles, was ich tue. Stellen Sie diese Mumie ab. Nichts verlässt diesen Laden, bevor wir es gründlich durchsucht haben.«

Die Neger gehorchten wortlos und mein Freund wandte sich dem Levantiner zu, der sichtlich ungerührt, fast schon desinteressiert herumsaß und eine türkische Wasserpfeife rauchte.

»Wer war dieser groß gewachsene Mann, der kurz vor uns den Laden betreten hat, und wohin ist er gegangen?«

»Niemand ist vor Ihnen hereingekommen, Sir. Oder, wenn jemand das getan hat, dann war ich hinten und habe ihn nicht gesehen. Selbstverständlich dürfen Sie den Laden durchsuchen, Sir.«

Und so durchsuchten wir ihn mit dem vereinten Geschick eines Geheimdienstexperten und eines Bewohners der Unterwelt – während Hansen phlegmatisch auf seinem Posten blieb. Die beiden Neger standen neben dem geschnitzten Mumiensarg und sahen uns teilnahmslos zu, während der Levantiner wie eine Sphinx auf seiner Matte thronte und Rauchwölkchen ausstieß. Das Ganze erschien mir höchst unwirklich.

Am Ende wandten wir uns verwirrt dem Mumiensarg zu, der sicherlich lang genug war, um selbst einen Mann von Kathulos' Größe zu verbergen. Er schien nicht versiegelt zu sein, wie das sonst meist der Fall ist, und Gordon öffnete ihn ohne Schwierigkeit. Ein formloses Gebilde, in vermodernde Lumpen gehüllt, lag vor uns. Gordon schob die Lumpen etwas zur Seite und legte etwa fünf Zentimeter eines bräunlichen, ledernen, verwitterten Arms frei. Er schauderte unwillkürlich, als er ihn berührte, so wie man es bei der Berührung eines Reptils oder eiskalter Gegenstände tut. Er griff nach einer kleinen Metallstatue aus einem nahen Regal, klopfte damit auf die eingeschrumpfte Brust und den Arm. Es klang, als würde man auf Holz klopfen.

Gordon zuckte die Achseln. »Jedenfalls seit 2000 Jahren tot, und ich denke, ich sollte nicht eine wertvolle Mumie zerstören, nur um zu beweisen, was wir ohnehin schon wissen.«

Er schloss den Behälter wieder.

»Vielleicht hat der Zerfall der Mumie wegen dieses kurzen Kontakts mit der Luft bereits eingesetzt, vielleicht aber auch nicht.«

Letzteres galt dem Levantiner, der darauf lediglich mit einer höflichen Handbewegung reagierte. Dann hoben die beiden stämmigen Kerle die Truhe wieder an, schleppten sie zu der Karre und luden sie auf. Gleich darauf waren Mumie, Karre und Ladenbesucher im Nebel verschwunden.

Gordon stöberte immer noch im Laden herum, aber ich stand stocksteif mitten im Raum. Ich schrieb es meinem chaotischen, vom Rauschgift angegriffenen Gehirn zu, aber mich ließ das Gefühl nicht los, dass sich durch die Lumpen, die das Gesicht der Mumie verhüllten, große Augen in die meinen gebrannt hatten. Augen wie Tümpel aus gelbem Feuer, die meine Seele versengten und mich gleichzeitig zu Eis erstarren ließen. Und während die Truhe zur Tür hinausgetragen worden war, spürte ich, wie das leblose Ding in ihrem Inneren – tot seit weiß Gott wie vielen Jahrhunderten – lautlos und widerlich zu lachen begann.

17
Der tote Mann aus dem Meer

Blinde Götter rattern, rasen, träumen
von all den Städten unter See.
G. K. Chesterton

Gordon paffte wild an seiner türkischen Zigarette und starrte Hansen, der ihm gegenübersaß, abwesend und ohne ihn tatsächlich wahrzunehmen an.

»Ich nehme an, dass wir eine weitere Panne verbuchen müssen. Dieser Levantiner, Kamonos, ist offensichtlich eine Kreatur des Ägypters. Ich gehe davon aus, dass Boden und Wände seines Ladens Dutzende geheimer Türen und Verstecke verbergen, die selbst einen Zauberer in Erstaunen versetzen würden.«

Hansen antwortete darauf irgendetwas, aber ich sagte nichts. Seit wir in Gordons Wohnung zurückgekehrt waren, fühlte ich mich ausgesprochen träge und erschöpft und konnte dafür nicht ausschließlich meinen Zustand verantwortlich machen. Ich weiß, dass das Elixier durch meinen Kreislauf strömte, aber mein Bewusstsein erschien mir ausgebremst und schwer von Begriff, was meiner normalen Befindlichkeit widersprach, wenn ich unter dem anregenden Einfluss des höllischen Rauschgifts stand.

Allmählich verflüchtigte sich dieser Zustand wie von der Oberfläche eines Sees aufsteigender Nebel, und ich hatte das Gefühl, als würde ich allmählich aus einem langen und unnatürlich tiefen Schlaf erwachen.

Gordon sagte gerade: »Ich würde viel darum geben, wenn ich wüsste, ob Kamonos wirklich einer von Kathulos' Sklaven ist oder ob der Skorpion es geschafft hat, bei unserer Ankunft durch einen gewöhnlichen Ausgang des Ladens zu entkommen.«

»Kamonos ist sein Diener, ganz sicher«, ertappte ich mich bei der Suche nach den richtigen Worten. »Als wir aufbrachen, sah ich, wie sein Blick auf den Skorpion an meiner Handwurzel fiel. Seine Augen verengten sich, und als wir weggingen, hat er sich kurz an mich gepresst und mir leise ins Ohr geflüstert: ›Soho, 48‹.«

Gordon sprang in die Höhe wie eine gelockerte Stahlfeder.

»Was?«, stieß er hervor. »Warum haben Sie mir das nicht schon früher gesagt?«

»Das weiß ich nicht.«

Er musterte mich scharf.

»Mir ist aufgefallen, dass Sie auf dem ganzen Weg von dem Laden hierher wie ein Betrunkener wirkten«, sagte er. »Ich habe das den Nachwirkungen des Haschisch zugeschrieben. Aber nein. Kathulos ist ohne Zweifel ein Meisterschüler von Franz Anton Mesmer. Das zeigt sich an der Macht, die er über giftige Reptilien hat. Und allmählich glaube ich, dass er auf diese Weise auch Macht über die Menschen gewinnt.

Irgendwie hat der Meister Sie in dem Laden erwischt, als Sie nicht voll konzentriert waren, und Ihr Bewusstsein teilweise unter seinen Einfluss gebracht. Ich weiß nicht, aus welchem verborgenen Winkel er diesen Angriff auf Ihr Gehirn gestartet hat, aber Kathulos hielt sich dort irgendwo versteckt. Da bin ich ganz sicher.«

»Das war er. Er lag in dem Mumiensarg.«

»Der Mumiensarg!«, stieß Gordon ungeduldig hervor. »Das ist unmöglich! Darin lag nichts als die Mumie. Nicht einmal ein so dünnes Geschöpf wie der Meister hätte darin noch Platz gefunden.«

Ich zuckte die Achseln, konnte seine Behauptung nicht widerlegen und war doch sicher, dass ich recht hatte.

»Kamonos«, fuhr Gordon fort, »ist ohne Zweifel kein Mitglied des inneren Kreises und weiß auch nicht, dass Sie die Seiten gewechselt haben. Als er das Zeichen des Skorpions sah, hat er Sie ganz bestimmt für einen Spion des Meisters gehalten. Möglicherweise ist das alles auch nur ein Trick, um uns in die Falle zu locken, aber ich habe das Gefühl, dass der Mann ehrlich war – Soho 48 könnte durchaus der neue Treffpunkt des Skorpions sein.«

Ich hatte ebenfalls das Gefühl, dass Gordon damit ins Schwarze traf, trotzdem verblieb ein Rest von Skepsis in meinem Bewusstsein.

»Ich habe gestern die Papiere von Major Morley sichergestellt«, fuhr Gordon fort, »und habe sie mir durchgesehen, während Sie schliefen. Zum größten Teil bestätigen die Aufzeichnungen lediglich, was ich bereits wusste – sie gehen auf die Unruhe der Eingeborenen ein und wiederholen die Theorie, dass hinter allem ein gewaltiges Genie steckt. Aber da war ein weiterer Punkt, der mich sehr interessiert hat. Ich glaube, Ihnen dürfte es ähnlich gehen.«

Er holte ein Manuskript aus seinem Safe, das in der engen, sauberen Schrift des bedauernswerten Majors verfasst war, und las mir mit seiner monoton dröhnenden Stimme, die wenig von seiner Erregung erkennen ließ, den folgenden albtraumhaften Bericht vor:

»Ich glaube, dass es lohnt, diese Sache niederzuschreiben – ob sie auch mit dem vorliegenden Fall in Verbindung steht, werden die weiteren Entwicklungen weisen. In Alexandria, wo ich auf der Suche nach weiteren Hinweisen auf die Identität des Mannes, den man als den Skorpion kennt, einige Zeit zugebracht habe, machte ich dank der Vermittlung meines Freundes Ahmed Shah die Bekanntschaft mit einem bekannten Ägyptologen, Professor

Ezra Schuyler aus New York. Er bestätigte mir die von verschiedenen Laien getroffenen Feststellungen hinsichtlich der Legende des ›Ozean-Mannes‹.

Dieses Märchen, das von Generation zu Generation weitererzählt wurde, reicht bis in die alten Tage der Antike zurück. Es besagt in kurzen Worten, dass eines Tages ein Mann aus dem Meer auftauchen und das Volk von Ägypten zum Sieg über alle anderen Völker führen wird. Die Legende hat sich über den ganzen Kontinent verbreitet, sodass jetzt alle schwarzen Rassen glauben, dass sie die Ankunft eines Weltkaisers prophezeit. Professor Schuyler vertrat die Ansicht, dass die Sage irgendwie mit dem untergegangenen Atlantis in Verbindung steht, das seiner Ansicht nach zwischen dem afrikanischen und dem südamerikanischen Kontinent untergegangen ist und dessen Bewohnern die Vorfahren der Ägypter einen Tribut schuldeten.

Die Gründe dafür sind zu vage und weitschweifig, um sie hier festzuhalten. Er hat mir jedenfalls im Rahmen seiner Theorie eine seltsame und fantastische Geschichte erzählt. Er sagte, ein enger Freund von ihm, ein mittlerweile verstorbener Privatgelehrter aus Deutschland namens von Lorfmon, sei vor einigen Jahren an der Küste Senegals entlanggesegelt, um die seltene, dort beheimatete Meeresfauna zu erforschen und zu klassifizieren. Er bediente sich dazu eines kleinen Handelsbootes, dessen Besatzung aus Mauren, Griechen und Schwarzen bestand.

Einige Tagesreisen vom Land entfernt sichteten sie einen im Meer treibenden Gegenstand, der sich, als sie ihn schließlich an Bord holten, als eine äußerst ungewöhnliche Art von Mumiensarg erwies. Professor Schuyler hat mir erklärt, wodurch die Truhe sich von den sonst in Ägypten üblichen unterschied. Aber ich habe mir von seiner recht detaillierten Schilderung lediglich gemerkt, dass es eine merkwürdig geformte Truhe gewesen sein soll, in die Schriftzeichen eingraviert waren, bei denen es sich weder um Keilschrift noch um Hieroglyphen handelte.

Die Truhe war mit einer dicken Lackschicht überzogen und somit wasser- und luftdicht. Von Lorfmon hatte einige Mühe, sie zu öffnen. Es gelang ihm aber schließlich, ohne dass dabei die Truhe beschädigt wurde, und er stieß auf eine äußerst ungewöhnliche Mumie. Schuyler sagte, er habe noch nie so etwas wie diese Mumie oder diese Truhe zu Gesicht bekommen. Nach der Beschreibung des griechischen Kapitäns, der beim Öffnen der Truhe zugegen war, unterschied sich die Mumie ebenso von gewöhnlichen Menschen, wie sich der Sarg selbst von konventionellen Särgen unterschied.

Die Untersuchung ergab, dass der Inhalt der Truhe nicht die übliche Prozedur der Mumifizierung durchlaufen hatte. Alle Körperteile waren intakt, wie im Leben, aber die ganze Gestalt war zusammengeschrumpft und hatte sich zu einer holzähnlichen Konsistenz verhärtet. Das Ding war in Tücher eingehüllt, die in dem Moment, als sie mit der Luft in Berührung kamen, zu Staub zerfielen.

Von Lorfmon war beeindruckt, welch unterschiedliche Wirkung sein Fund auf die Mannschaft hatte. Die Griechen zeigten kein besonderes Interesse daran, jedenfalls nicht mehr, als es auch andere Menschen bei einem solchen Fund tun würden, aber die Mauren und noch mehr die Schwarzen schienen kurzzeitig wie dem Wahnsinn verfallen! Als die Truhe an Bord gehievt wurde, warfen sie sich alle aufs Deck und setzten zu einer Art anbetendem Gesang an. Es erwies sich als notwendig, Gewalt anzuwenden, um sie am Zugang zur Kabine zu hindern, in der die Mumie lag. Es kam zu Handgreiflichkeiten zwischen ihnen und den griechischen Besatzungsmitgliedern. Der Kapitän sowie von Lorfmon hielten es für angebracht, in aller Eile den nächsten Hafen anzulaufen.

Der Kapitän schrieb das der natürlichen Abneigung von Seeleuten zu, eine Leiche an Bord zu haben, aber von Lorfmon vermutete hinter ihrem Verhalten eine tiefgreifendere Bedeutung.

Sie legten in Lagos an und noch in derselben Nacht wurde von Lorfmon in seiner Kabine ermordet, und die Mumie und die Truhe verschwanden. Sämtliche maurischen und schwarzen Seeleute verließen das Schiff umgehend. Schuyler sagte – und an diesem Punkt wurde es höchst beunruhigend und geheimnisvoll –, dass sich unmittelbar danach die Unruhe unter den Eingeborenen ausgebreitet hatte. Er brachte das in gewisser Weise mit der alten Legende in Zusammenhang.

In ähnlicher Weise umgab von Lorfmons Tod eine Aura des Geheimnisvollen. Er hatte die Mumie mit in seine Kabine genommen und Tür und Luken in Erwartung eines Angriffs der fanatisierten Mannschaft sorgfältig verriegelt und gesichert. Der Kapitän, ein verlässlicher Mann, schwor heilige Eide, dass es praktisch unmöglich sei, sich von außen Zugang zu der Kabine zu verschaffen. Eine Untersuchung der Spuren ergab auch, dass die Schlösser von innen geöffnet worden waren. Der Gelehrte wurde von einem Dolch getötet, der in seiner Brust steckte, als man ihn fand. Die Waffe hatte zu seiner eigenen Sammlung gehört.

Wie ich schon sagte, unmittelbar darauf begann der afrikanische Kessel zu kochen. Schuyler versicherte, dass die Eingeborenen davon überzeugt waren, mit dem Auftauchen der Mumie habe sich die uralte Prophezeiung erfüllt. Bei der Mumie handele es sich um den Mann aus dem Meer.

Schuyler erklärte, nach seiner Einschätzung handele es sich um das Werk von Atlantern und der Mann in der Mumientruhe sei ein Eingeborener des untergegangenen Kontinents Atlantis. Wie die Truhe aus der Tiefe des Meeres, das das vergessene Land bedeckt, an die Oberfläche treiben konnte, vermochte auch er nicht zu erklären und hat dafür auch keine Theorie. Er ist aber fest davon überzeugt, dass die Mumie mittlerweile irgendwo in den von Geistern heimgesuchten Labyrinthen der afrikanischen Dschungel als Gottheit verehrt wird und sich die schwarzen

Krieger, inspiriert von dem toten Ding, zu einem Massaker zusammenrotten. Er glaubt auch, dass irgendein heimtückischer Moslem hinter der drohenden Rebellion steckt.«

Gordon hielt inne und blickte auf.

»Mumien scheinen sich wie ein unheimlicher roter Faden durch die ganze Geschichte zu ziehen«, sagte er. »Der deutsche Wissenschaftler hat mit seiner Kamera mehrere Bilder von der Mumie gemacht. Als Major Morley diese Bilder sah – seltsamerweise sind sie nicht mit ihr zusammen gestohlen worden –, erkannte er, einer schrecklichen Sache auf der Spur zu sein. Diese Überlegungen kann man in seinem Tagebuch nachlesen, auch wenn sie mit der Zeit immer zusammenhangloser werden – sein Zustand scheint sich unaufhaltsam dem Wahnsinn genähert zu haben. Was hat er nur herausgefunden, dass es ihn dermaßen aus dem Gleichgewicht gebracht hat? Glauben Sie, dass die hypnotischen Kräfte von Kathulos gegen ihn eingesetzt wurden?«

»Diese Bilder ...«, setzte ich an.

»Sie sind Schuyler in die Hände gefallen und er hat eines davon Morley gegeben. Ich habe es unter den Manuskripten gefunden.«

Er reichte mir das Bild und beobachtete mich dabei scharf. Ich starrte die Aufnahme an und erhob mich dann auf schwankenden Füßen, um mir ein Glas Wein einzuschenken.

»Das ist kein toter Götze in einer Voodoohütte!«, sagte ich mit zitternder Stimme. »Das ist ein Monstrum, das von furchterregendem Leben erfüllt die Welt nach Opfern absucht. Morley hatte den Meister gesehen – daran ist sein Verstand zerbrochen. Gordon, so wahr ich wieder zu leben hoffe – dieses Gesicht ist das Gesicht von Kathulos!«

Gordon starrte mich an, ohne ein Wort hervorzubringen.

»Die Hand des Meisters, Gordon«, lachte ich. Eine Art grimmige Befriedigung mischte sich beim Anblick des sprachlos gewordenen Engländers mit den stählernen Nerven in mein unverhohlenes Entsetzen.

Zum ersten Mal in seinem Leben schien er nicht zu wissen, was er sagen sollte.

Er befeuchtete seine Lippen und sagte mit kaum hörbarer Stimme: »Dann, Costigan, ist in Gottes Namen nichts mehr sicher und die Menschheit bewegt sich am Rande eines Abgrunds unsäglichen Schreckens. Wenn dieses tote Ungeheuer, das von Lorfmon gefunden hat, in Wirklichkeit der auf widerwärtige Weise zurück ins Leben geholte Skorpion ist, was können dann Sterbliche wie wir gegen ihn ausrichten?«

»Die Mumie bei Kamonos …«, setzte ich an.

»Ja, der Mann, dessen Fleisch von tausend Jahren der Nichtexistenz verhärtet ist – das muss Kathulos selbst gewesen sein. Er hatte vielleicht gerade noch Zeit, sich in die Leinentücher zu hüllen und in die Truhe zu steigen, als wir den Laden betraten. Sie erinnern sich doch, dass die Truhe aufrecht an der Wand lehnte und zum Teil von einer großen burmesischen Statue verdeckt war, die uns die Sicht versperrte. Dadurch blieb ihm genügend Zeit, um sein Werk zu vollenden. Mein Gott, Costigan, mit welchen Schrecken der prähistorischen Welt haben wir es hier zu tun?«

»Ich habe von Hindu-Fakiren gehört, die sich in einen Zustand versetzen können, der dem Tod verblüffend ähnelt«, setzte ich an. »Kann es denn nicht sein, dass Kathulos, ein raffinierter und schlauer Orientale, sich in diesen Zustand versetzt hat und seine Gefolgsleute dann die Truhe ins Meer geworfen haben, wo er sicher sein konnte, dass sie jemand findet? Und ist nicht denkbar, dass er sich heute Nacht bei Kamonos erneut in dieses Stadium versetzt hat?«

Gordon schüttelte den Kopf.

»Nein, ich habe solche Fakire selbst gesehen. Keiner von ihnen war in der Lage, den Tod in einem Maße vorzutäuschen, dass er eingeschrumpft und wie Holz verhärtet ist. Morley erwähnt an einer anderen Stelle in seinen Schriften die Beschreibung der Mumientruhe, so wie von Lorfmon sie aufgezeichnet und an Schuyler weitergegeben hat.

Er schreibt, dass eine Menge Seetang an der Truhe klebte – Seetang, wie man ihn nur in großen Tiefen auf dem Grund des Ozeans findet. Und das Holz war ebenfalls von einer Art, die von Lorfmon unbekannt war und die er nicht einordnen konnte, obwohl er zu den größten Experten im Bereich Flora und Fauna gehörte. In seinen Aufzeichnungen wird außerdem immer wieder das ungeheure Alter dieser Truhe erwähnt. Er schrieb, das Alter der Mumie sei unmöglich festzustellen gewesen. Aber aus seinen Andeutungen geht hervor, dass er dabei nicht an Tausende, sondern eher an Millionen von Jahren dachte!

Wir müssen den Tatsachen ins Auge blicken. Da Sie fest davon überzeugt sind, dass das Bild der Mumie Kathulos zeigt – und für Betrug ist hier wenig Platz –, steht eines von zwei Dingen praktisch fest: Der Skorpion war nie tot, sondern wurde vor Urzeiten in die Mumientruhe gelegt und sein Leben wurde auf irgendeine Art erhalten. Oder er war tot und ist ins Leben zurückgeholt worden! Beide Theorien sind nach Maßstäben der Vernunft absolut unhaltbar. Sind wir alle wahnsinnig geworden?«

»Wenn Sie jemals eine Reise in das Land des Haschisch unternommen hätten«, sagte ich düster, »könnten Sie alles für wahr halten. Und wenn Sie jemals in die schrecklichen Schlangenaugen von Kathulos dem Zauberer gesehen hätten, würden Sie nicht daran zweifeln, dass er tot und lebendig zugleich sein kann.«

Gordon sah zum Fenster hinaus. Sein fein geschnittenes Gesicht wirkte in dem grauen Licht, das sich über den Horizont stahl, plötzlich entsetzlich müde.

»Jedenfalls«, sagte er, »gibt es zwei Orte, die ich mir gründlich ansehen will, bevor die Sonne wieder aufgeht – Kamonos' Antiquitätenladen und Soho 48.«

18
Der Griff des Skorpions

Dort blickt von den ragenden Zinnen
der Tod in titanischem Sinnen.
Edgar Allan Poe

Hansen lag im Bett und schnarchte, während ich im Zimmer auf und ab ging. Ein weiterer Tag war über London hinweggegangen und wieder schimmerte das Licht der Straßenlaternen durch den Nebel. Ihr Licht übte eine seltsame Faszination auf mich aus, es schien in massiven Energiewellen gegen mein Gehirn anzubranden. Und die Wellen verzerrten den Nebel in seltsame, bösartige Formen. Rampenlichter der Bühne, die die Straßen Londons darstellen – wie viele schreckliche Dinge mochten sie im Laufe der Jahre schon angeleuchtet haben? Ich presste die Hände gegen meine pochenden Schläfen und gab mir alle Mühe, meine Gedanken aus dem chaotischen Labyrinth zurückzuholen, in dem sie herumirrten.

Gordon hatte ich seit der Morgendämmerung nicht mehr gesehen. Er war dem Hinweis auf »Soho 48« nachgegangen und hatte eine Razzia vorbereitet. Allerdings hielt er es für ratsam, dass ich in Deckung blieb. Er rechnete mit einem Anschlag auf mein Leben und machte sich Sorgen, dass jemand misstrauisch würde, wenn ich mich in den Kneipen herumtrieb, in die ich früher regelmäßig eingekehrt war.

Hansen schnarchte weiter. Ich setzte mich und betrachtete die türkischen Schuhe an meinen Füßen. Zuleika hatte ganz ähnliche Pantoffeln getragen – sie schwebte nach wie vor durch meine Tagträume und brachte so ganz alltägliche Dinge mit ihrem Zauber zum Leuchten. Ihr Gesicht lächelte mir aus dem Nebel zu, ihre Augen glänzten aus den flackernden Laternen, ihre Phantomschritte hallten durch die Nebel in meinem Kopf.

Sie schlugen einen endlosen Takt, bedrückend und verlockend zugleich, bis es mir so vorkam, als fände ihr Echo seinerseits ein Echo im Flur vor dem Zimmer, in dem ich stand, weich und verstohlen. Ein plötzliches Klopfen ließ mich zusammenzucken.

Hansen schlief weiter, als ich zur Tür eilte und sie aufriss. Eine wirbelnde Nebelschwade zog sich durch den Korridor, durch den Dunst sah ich sie wie durch einen silbernen Schleier. Zuleika stand vor mir mit ihrem schimmernden Haar, den halb geöffneten roten Lippen und den großen dunklen Augen.

Sprachlos wie ein Narr stand ich da, während sie gehetzt den Korridor hinunterblickte, dann eintrat und hinter sich die Tür schloss.

»Gordon!«, flüsterte sie erregt. »Dein Freund! Der Skorpion hat ihn!«

Hansen war aufgewacht, setzte sich auf und starrte dümmlich auf die Szene, die sich vor seinen Augen abspielte.

Zuleika achtete nicht auf ihn.

»Und, o Steephen!«, rief sie, und in ihren Augen funkelten Tränen. »Ich habe mich so sehr bemüht, mehr von dem Elixier zu besorgen, aber ich habe es nicht geschafft.«

»Das ist jetzt nicht wichtig«, sagte ich, als ich meine Sprache wiedergefunden hatte. »Sag mir lieber, was mit Gordon ist.«

»Er ist allein zu Kamonos' Laden gegangen. Hassim und Ganra Singh haben ihn gefangen genommen und zum Haus des Meisters gebracht. Heute Abend versammeln sich zahlreiche Anhänger des Skorpions zu einer Opferzeremonie.«

»Opfer!« Eine eisige Hand des Schreckens schien auf meine Schulter zu drücken. Fanden diese grausamen Vorfälle denn gar kein Ende?

»Schnell, Zuleika, wo ist dieses Haus des Meisters?«

»Soho 48. Du musst die Polizei rufen, damit sie das Haus mit vielen Männern umstellen, aber du selbst darfst auf keinen Fall dorthin gehen …«

Hansen sprang auf, fieberte danach, etwas zu unternehmen, aber ich hielt ihn auf. Meine Gedanken waren jetzt ganz klar oder schienen das zumindest zu sein und formierten sich mit rasender Geschwindigkeit.

»Warte!« Ich wandte mich wieder Zuleika zu. »Wann soll diese Opferzeremonie stattfinden?«

»Sobald der Mond aufgeht.«

»Das ist nur wenige Stunden vor der Morgendämmerung. Das gibt uns genügend Zeit, um Gordon zu retten, aber wenn wir das Haus stürmen, töten sie ihn vorher. Und nur der Himmel weiß, wie viele diabolische Monster die einzelnen Zugänge bewachen.«

»Das weiß ich nicht«, wimmerte Zuleika. »Ich muss jetzt gehen, sonst tötet mich der Meister.«

Etwas in meinem Verstand wurde freigesetzt, als ich das hörte, und mich überkam eine wilde, nahezu ekstatische Freude.

»Der Meister wird niemanden töten!«, brüllte ich und riss die Arme in die Luft. »Ehe der Himmel im Osten sich zum Morgen rötet, stirbt der Meister! Das schwöre ich bei allem Heiligen und Unheiligen!«

Hansen starrte mich benommen an und Zuleika fuhr zurück, als ich mich zu ihr drehte. In meinem vom Rauschgift aufgeputschten Hirn war plötzlich ein Licht der Erkenntnis aufgeflammt, klar und unbeirrbar. Ich wusste, dass Kathulos ein Mesmerist war, ein Hypnotiseur – dass er das Geheimnis beherrschte, Geist und Seele eines anderen Menschen in seine Gewalt zu bringen. Ich hatte endlich erkannt, woher sein Einfluss auf das Mädchen rührte. Hypnose! So wie eine Schlange einen Vogel in ihren Bann zieht und anlockt, so hielt der Meister Zuleika mit unsichtbaren geistigen Fesseln unter seiner Kontrolle. Sein Einfluss auf sie war so vollkommen, dass er selbst dann nicht nachließ, wenn Zuleika sich gar nicht in seiner Nähe aufhielt. Es funktionierte auch über große Distanzen hinweg.

Es gab nur eines, was diese Macht brechen konnte: die magnetische Kraft einer anderen Person, deren Kontrolle über sie noch stärker war als die von Kathulos. Ich legte die Hände auf ihre schmalen Schultern und brachte sie dazu, mich anzusehen.

»Zuleika«, sagte ich eindringlich, »hier bist du sicher! Du wirst nicht zu Kathulos zurückkehren. Das ist nicht notwendig. Du bist jetzt frei.«

Aber ich musste erkennen, dass ich gescheitert war, ehe ich auch nur begonnen hatte. In ihren Augen las ich verwirrte, grundlose Angst und sie wand sich furchtsam aus meinem Griff.

»Steephen, bitte lass mich gehen!«, bettelte sie. »Ich muss – ich *muss!*«

Ich zog sie zum Bett hinüber und bat Hansen, mir seine Handschellen zu geben. Er reichte sie mir mit fragender Miene und ich befestigte eine Handschelle am Bettgestell, die andere an Zuleikas schlankem Handgelenk. Das Mädchen wimmerte, leistete aber keinen Widerstand, obwohl mich ihre feuchten Augen stumm anflehten.

Es tat mir in der Seele weh, ihr auf so brutale Weise meinen Willen aufzuzwingen, aber ich verdrängte meine Skrupel.

»Zuleika«, sagte ich sanft, »du bist jetzt meine Gefangene. Der Skorpion kann dir keine Schuld geben, dass du nicht zu ihm zurückkehrst, weil du ja gar nicht dazu in der Lage bist. Noch bevor der Morgen graut, hat seine Herrschaft über dich ein Ende.«

Ich wandte mich Hansen zu und sagte mit einer Stimme, die keinen Widerspruch duldete:

»Bleiben Sie hier vor der Tür stehen, bis ich zurückkehre. Lassen Sie unter keinen Umständen einen Fremden herein, wirklich niemanden, den Sie nicht persönlich kennen. Und bei Ihrer Ehre, ich fordere Sie auf, dieses Mädchen nicht gehen zu lassen, ganz gleich was sie zu Ihnen sagt. Wenn bis zehn Uhr morgen früh weder ich noch Gordon zurückgekehrt sind, dann bringen Sie Zuleika zu dieser Adresse – das ist eine Familie, mit der ich einmal befreundet war und die sich um ein heimatloses Mädchen kümmern wird. Ich gehe jetzt zu Scotland Yard.«

»Steephen«, jammerte sie unterdessen, »du gehst zum Versteck des Meisters. Du wirst getötet werden. Schick die Polizei, geh nicht selbst!«

Ich beugte mich über sie, nahm sie in meine Arme, fühlte ihre Lippen auf meinen. Dann riss ich mich los.

Der Nebel tastete mit gespenstischen Fingern nach mir, Fingern so kalt wie von Toten, als ich die Straße hinunterrannte. Ich hatte keinen Plan, aber allmählich reifte eine Idee in meinem Bewusstsein und begann, in dem Kessel zu kochen, der mein Gehirn war. Ich blieb stehen, als ich einen Streifenpolizisten sah, winkte ihn heran und kritzelte ein paar Zeilen auf ein Stück Papier, das ich aus einem Notizbuch gerissen hatte. Ich reichte ihm das Blatt.

»Bringen Sie das zu Scotland Yard. Es geht um Leben und Tod und hat mit John Gordon zu tun.«

Als der Mann diesen Namen hörte, hob er seine behandschuhte Hand zustimmend. Dass er versprach, sich zu beeilen, hörte ich kaum noch, weil ich bereits weiterrannte. Auf dem Zettel stand, dass Gordon in Soho 48 gefangen gehalten wurde, verbunden mit der Empfehlung, eine Razzia einzuleiten – im Interesse von Gordon war es wohl eher ein Befehl.

Der Grund für mein Handeln war einfach: Ich wusste, die ersten Geräusche, die auf einen Polizeizugriff hindeuteten, würden John Gordons Tod besiegeln. Irgendwie musste ich es schaffen, vorher zu ihm zu gelangen und ihn zu beschützen oder zu befreien – und zwar ehe die Polizei eintraf.

Es schien endlos lange zu dauern, aber dann ragten endlich die düsteren Konturen des Hauses vor mir auf, das sich hinter der Adresse Soho 48 verbarg. Ein gigantisches Gespenst im Nebel. Es wurde spät. Nur wenige Leute wagten sich noch in den Nebel und die Feuchtigkeit hinaus, als ich auf der Straße vor dem bedrohlich wirkenden Gebäude stehen blieb. Hinter keinem der Fenster war ein Licht zu erkennen, weder im Erdgeschoss noch in den oberen Stockwerken. Das Haus schien verlassen zu sein. Aber auch das Versteck eines Skorpions wirkt oft verlassen, bis dann plötzlich der lautlose Tod zuschlägt.

Ich blieb stehen und mir kam ein verrückter Gedanke. Dieses Drama würde so oder so bei Anbruch des Tages zu Ende sein. Die heutige Nacht stellte den Höhepunkt meiner Karriere, den Gipfel meines Lebens dar. Heute Nacht war ich das stärkste Glied in einer seltsamen Kette von Ereignissen. Morgen würde es ohne Belang sein, ob ich am Leben oder tot war. Ich zog die Flasche mit dem Elixier aus der Tasche und sah sie an. Genug für zwei weitere Tage, falls ich sparsam damit umging. Zwei weitere Tage Leben!

Wobei, eigentlich brauchte ich für die vor mir liegende Aufgabe ein Rauschmittel, wie ich noch nie zuvor eines gebraucht hatte. Sie überstieg die Kräfte eines gewöhnlichen Menschen bei Weitem. Wenn ich den gesamten Rest des Elixiers jetzt austrank, hatte ich zwar keine Ahnung, wie lange seine Wirkung anhalten würde, aber für den Rest der Nacht würde es sicherlich reichen. Und meine Beine zitterten, mein Verstand hatte seltsame Perioden völliger Leere. Schwäche an Geist und Körper plagte mich. Ich hob die Flasche und leerte sie mit einem Zug.

Einen Augenblick lang dachte ich, es sei der Tod. Noch nie hatte ich so viel von dem Elixier auf einmal zu mir genommen.

Himmel und Erde kreisten um mich und mir war, als würde ich in eine Million vibrierender Fragmente zerspringen. Es war, als ob eine Kugel aus brüchigem Stahl zerplatzte. Wie Feuer, wie Höllenfeuer raste das Elixier durch meine Adern und ich fühlte mich wie ein Riese! Ein Monstrum! Ein Übermensch.

Ich drehte mich um und ging auf die drohende, düstere Tür zu. Ich hatte keinen Plan, spürte auch kein Bedürfnis, mir einen zurechtzulegen. Wie ein Betrunkener unbeschwert und heiter auf die Gefahr zugeht, so näherte ich mich dem Versteck des Skorpions. Ich war mir auf grandiose Weise meiner Überlegenheit bewusst, voll königlichem Vertrauen auf mein Stimulans und sicher wie die unbewegten Sterne am Himmel, dass der Weg sich vor mir öffnen würde.

Oh, noch nie hatte es einen Übermenschen wie jenen gegeben, der in dieser Nacht im Regen und Nebel herrisch an die Tür von Soho 48 pochte.

Viermal pochte ich, das alte Signal, das wir Sklaven benutzt hatten, damit man uns bei Yun Shatu in den Götzenraum einließ. Eine Klappe tat sich in der Mitte der Tür auf, und ein Paar Schlitzaugen blickten argwöhnisch heraus. Sie weiteten sich leicht, als ihr Besitzer mich erkannte, verengten sich aber sofort wieder boshaft.

»Du Narr!«, sagte ich ärgerlich. »Siehst du das Zeichen nicht?«

Ich hielt meine Hand an die Türöffnung.

»Erkennst du mich nicht? Lass mich ein, sonst bist du verflucht.«

Vielleicht war es meiner Kühnheit zu verdanken, dass mein Trick klappte. Sicherlich wussten mittlerweile alle Sklaven des

Skorpions von Stephen Costigans Revolte und dass er dem Tod geweiht war. Dass dieser Mann jetzt hierherkam, seinem eigenen Verderben entgegenlief, es geradezu einforderte, das verwirrte den Türhüter merklich.

Die Tür öffnete sich und ich trat ein. Der Mann, der mich eingelassen hatte, war ein hünenhafter und doch schmächtiger Chinese, den ich als Diener von Kathulos erkannte. Er schloss die Tür hinter mir und ich sah, dass wir in einer Art Vorhalle standen, die von einer schwachen Lampe beleuchtet wurde. Von der Straße aus konnte man ihren Schein nicht wahrnehmen, weil schwere Vorhänge die Fenster bedeckten. Der Asiat musterte mich finster und unschlüssig. Ich sah ihn an, meine Muskeln spannten sich. Dann erschien Misstrauen in seinen Augen und seine Hand huschte zu seinem Ärmel. Im gleichen Augenblick war ich über ihm und sein hagerer Nacken zerbrach unter meinen Händen wie ein morscher Zweig.

Ich ließ seine Leiche auf den mit dicken Teppichen bedeckten Boden sinken und lauschte. Kein Laut durchbrach die Stille. Mit vorsichtigen Schritten, die Finger wie ein Wolf die Krallen gespreizt, stahl ich mich in den nächsten Raum. Er war in orientalischem Stil möbliert, mit Sofas und Läufern und goldbestickten Wandbehängen, aber kein Mensch war zu sehen. Ich durchschritt ihn zum nächsten Zimmer. Licht floss weich aus von der Decke hängenden Rauchfässern, und die Orientteppiche dämpften den Klang meiner Schritte. Ich hatte das Gefühl, als würde ich mich in einem verzauberten Schloss bewegen.

Jeden Augenblick rechnete ich damit, dass sich lautlose Meuchelmörder durch die Tür oder von hinter den Vorhängen oder den Wandschirmen mit ihren sich windenden Drachen auf mich stürzten. Doch es herrschte völliges Schweigen, Raum für Raum erforschte ich und blieb am Ende am Fuß der

Treppe stehen. Ein Rauchfass verbreitete unsicheres Licht, aber den größten Teil des Geländers verhüllten Schatten. Welche Schrecken mochten mich im Obergeschoss erwarten?

Angst und das Elixier schließen einander aus, und so stieg ich die Treppe ebenso kühn und selbstbewusst hinauf, wie ich das Haus des Schreckens betreten hatte. Die Räume im Obergeschoss waren mit den unteren vergleichbar und hatten noch etwas mit ihnen gemeinsam: Nirgendwo ließ sich ein menschliches Wesen blicken. Ich suchte einen Dachboden, aber da war nirgends eine Tür, die weiter hinaufführte. So kehrte ich ins Erdgeschoss zurück und suchte dort nach einem Zugang zum Keller. Auch diese Bemühung war nicht von Erfolg gekrönt. Die verblüffende Wahrheit war also, dass sich außer mir und dem Toten, der so grotesk verzerrt im äußeren Vestibül lag, keine Menschen im Haus befanden. Weder tot noch lebendig.

Das war für mich unbegreiflich. Hätte es in dem Haus keine Möbel gegeben, wäre ich zu der naheliegenden Schlussfolgerung gelangt, Kathulos sei geflohen – aber nirgends waren Anzeichen von Flucht zu erkennen. Das war ungewöhnlich, war unheimlich.

Ich stand in der großen, von Schatten erfüllten Bibliothek und überlegte. Nein, ich hatte in dem Haus keinen Fehler gemacht. Selbst wenn die Leiche in der Vorhalle nicht gewesen wäre, um stummes Zeugnis abzulegen, deutete doch alles im Raum auf die Anwesenheit des Meisters hin. Da waren die künstlichen Palmen, die lackierten Trennwände, die Wandbehänge. Selbst der Götze fehlte nicht, obwohl diesmal kein Weihrauch vor ihm aufstieg. Die Wände säumten lange Regale mit Büchern mit seltsamen wertvollen Einbänden – Bücher in jeder Sprache der Welt, wie ich mit wenigen Blicken feststellte, Bücher über jedes Thema – die meisten unkonventionell und höchst bizarr.

Ich erinnerte mich an den geheimen Zugang im Tempel der Träume und untersuchte den schweren Mahagonitisch, der mitten im Zimmer stand. Aber ich konnte keinen ähnlichen Mechanismus entdecken. Plötzlich stieg brennende Wut in mir auf, primitive, unvernünftige Wut. Ich griff nach einer Figur auf dem Tisch und schmetterte sie gegen die von Regalen gesäumte Wand. Der Lärm, mit dem sie in Stücke sprang, würde doch ganz bestimmt die Bande aus ihrem Versteck locken. Aber die Folge meines Ausbruchs war viel verblüffender.

Die Figur prallte gegen eines der Regale und im gleichen Augenblick schwang ein ganzer Abschnitt samt seiner Bücherlast lautlos zur Seite und legte eine schmale Türöffnung frei. Wie schon bei der anderen Geheimtür führte auch hier eine Reihe von Stufen in die Tiefe. Zu jeder anderen Zeit wäre mir bei dem Gedanken, dort hinunterzugehen, ein Schauder über den Rücken gelaufen. Erst recht, wenn ich an die frisch in mein Gedächtnis eingebrannten Schrecken dachte, die in dem anderen Tunnel gelauert hatten.

Doch von dem Elixier angestachelt, zögerte ich nicht einen Augenblick.

Da sich niemand im Haus aufhielt, mussten sie sich irgendwo im Tunnel oder in einem Schlupfwinkel, zu dem dieser führte, befinden. Ich trat durch die Tür und ließ sie offen stehen. So konnte die Polizei sie später finden und mir folgen. Allerdings wurde ich das Gefühl nicht los, dass ich bis zum finsteren Ende dieses Abenteuers auf mich allein gestellt sein würde.

Ich ging eine beträchtliche Strecke nach unten, bis die Treppe schließlich in einen waagerechten Korridor überging, der etwa sechs Meter breit war – eine höchst erstaunliche Tatsache. Trotz der großzügigen Abmessungen war die Decke ziemlich niedrig. Von ihr hingen kleine, seltsam geformte

Lampen, die ein schwaches Licht erzeugten. Ich pirschte mich schnell durch den Korridor, wie ein Sensenmann, der seine Opfer sucht. Je weiter ich kam, desto mehr verstand ich die Anordnung. Der Boden bestand aus großen, breiten Fliesenplatten. Die Wände schienen aus mächtigen Blöcken gleichmäßig gesetzter Steine gemauert worden zu sein. Dieser Gang war ganz sicherlich nicht das Werk moderner Tage. Die Sklaven von Kathulos hatten diese Tunnel nie und nimmer gebaut. Ein mittelalterlicher Geheimgang, vermutete ich. Wer hätte gedacht, dass Katakomben unter London liegen, deren Geheimnisse größer und düsterer sind als die von Babylon und Rom?

Ich ging immer weiter und weiter und wusste, dass ich mich jetzt tief unter der Erde befinden musste. Die Luft war feucht und stickig und von den Steinen an Wänden und Decken tropfte es kalt herunter. Gelegentlich sah ich kleinere Seitengänge, die in der Dunkelheit irgendwohin führten, beschloss aber, mich an den größeren Hauptgang zu halten.

Wilde Ungeduld ergriff von mir Besitz. Ich hatte das Gefühl, seit Stunden unterwegs zu sein, sah aber immer noch nur feuchte Wände, kahle Fliesen und schwelende Lampen. Immer wieder suchte mein Blick nach gefährlich wirkenden Truhen oder dergleichen – doch ich entdeckte nichts.

Und dann, als ich kurz davor war, in wildes Fluchen auszubrechen, tauchte vor mir in der Dunkelheit eine weitere Treppe auf.

19
Dunkle Wut

Gestreifter Wolf starrt ins Kreisrund
blauäugig voll Verderben.
Der Schuld bewusst das edle Tier
spricht's: Muss noch einen reißen hier,
sonst naht die Zeit zu sterben!
Talbot Mundy

Wie ein schlanker Wolf eilte ich die Stufen hinauf. Etwa fünf Meter über mir zweigten an einer Art Absatz andere Korridore ab, die dem glichen, durch den ich gekommen war. Die Straßen von London mussten unterirdisch von solchen Geheimgängen durchzogen sein wie eine Bienenwabe.

Ein paar Meter über diesem Plateau endeten die Stufen an einer Tür. Hier zögerte ich und war mir unsicher, ob ich es riskieren sollte anzuklopfen, oder es besser bleiben ließ. Während ich nachdachte, öffnete sich der Zugang von selbst. Ich presste mich so eng wie möglich gegen die Wand. Die Tür schwang weit auf und ein Maure erschien in der Öffnung. Ich konnte lediglich aus dem Augenwinkel einen Blick auf den Raum dahinter werfen, aber meine unnatürlich wachen Sinne registrierten, dass er leer war.

Noch bevor er sich umdrehen konnte, versetzte ich dem Mauren einen einzigen, tödlichen Schlag hinter das Gelenk seines Kieferknochens. Er kippte kopfüber die Treppe hinunter und blieb wie ein zusammengesackter Haufen auf dem Absatz liegen, die Glieder auf groteske Weise verdreht.

Meine linke Hand hielt die Tür fest, als sie wieder zuschlagen wollte, und im nächsten Augenblick stand ich im dahinterliegenden Raum. Wie ich angenommen hatte, war er leer. Ich durchquerte ihn schnell und trat in den nächsten. Sie waren in einer Art und Weise möbliert, dass die Möbel in dem Haus in Soho dagegen belanglos wirkten. Barbarisch, schrecklich, entsetzlich – diese Worte vermitteln nur eine schwache Vorstellung von dem grausigen Anblick, der sich meinen Augen bot. Schädel, Knochen und ganze Skelette bildeten einen Großteil der Dekoration, wenn es sich denn um solche handelte, Mumien grinsten mich aus ihren Sarkophagen an und die Wände säumten ausgestopfte Reptilien. Zwischen diesen düsteren Relikten hingen afrikanische Gebilde aus Tierhaut und Bambus mit über Kreuz befestigten Assegais und Kriegsdolchen. Und dazwischen ragten schwarz und schrecklich obszön wirkende Götzenbilder auf.

Verteilt zwischen all diesen Hinweisen auf barbarische Grausamkeiten fanden sich Vasen und Wandschirme, lagen Teppiche und hingen Wandbehänge, die von erlesener orientalischer Handwerkskunst zeugten. Der Anblick übte eine fremdartige, irgendwie widersprüchliche Anziehungskraft auf mich aus.

Ich hatte zwei dieser Räume passiert, ohne ein menschliches Wesen gesehen zu haben, als ich zu einer weiteren nach oben führenden Treppe gelangte. Ich kletterte einige Ebenen hinauf, bis ich an eine Falltür in der Decke kam. Mir drängte sich die Frage auf, ob ich mich nach wie vor unter der Erde befand. Die erste Treppe hatte mich vermutlich in eine Art Haus geführt. Ich hob die Falltür vorsichtig an. Das Leuchten der Sterne blitzte mir in die Augen und ich stemmte mich vorsichtig in die Höhe. Dann hielt ich inne. Ein weites, flaches Dach dehnte sich nach allen Seiten aus. Dahinter waren die Lichter des nächtlichen London auszumachen. Ich hatte keine Ahnung, in was für einem Gebäude ich mich befand, aber es war deutlich zu erkennen, dass es mehrere Stockwerke hoch sein musste. Die meisten Lichter in der Ferne schienen auf einem deutlich tieferen Niveau zu liegen. Und dann sah ich, dass ich nicht allein war.

Dort drüben, im Schatten des Mauervorsprungs, der um den Rand des Dachs verlief, lauerte etwas Großes, Drohendes. Ein Augenpaar funkelte mich an, ein Funkeln, in dem ich Anflüge von Wahnsinn zu erkennen glaubte. Das Licht der Sterne reflektierte silbern in einem gekrümmten Stück Stahl.

Yar Khan, der afghanische Meuchelmörder, stand mir im stummen Schatten gegenüber.

Ich triumphierte. Jetzt konnte ich Kathulos und seiner Höllenbande zurückzahlen, was ich ihnen schuldete! Das Rauschgift pulste in meinen Adern und jagte Wellen unmenschlicher Kraft und düsterer Wut durch meinen Körper. Mit einem Satz war ich auf den Beinen und hastete lautlos auf ihn zu.

Yar Khan war ein Riese, größer und massiger als ich. Er hielt einen antiken Tulwar in der Hand. Als ich den Behälter sah, wusste ich instinktiv, dass er komplett mit dem Rauschgift gefüllt war, nach dem er gierte – Heroin.

Als ich ihn ansprang, schwang er seine schwere Waffe hoch in die Luft. Noch bevor er zuschlagen konnte, packte ich mit eisernem Griff seine Hand, in der er das Schwert hielt, und versetzte ihm mit der anderen Hand einen gewaltigen Schlag, der sein Zwerchfell traf.

Ich erinnere mich nur an wenige Details dieser widerwärtigen Schlacht, die wir unter dem Sternenzelt lautlos über der schlafenden Stadt austrugen. Ich weiß noch, dass ich in tödlicher Umklammerung mit meinem Gegner hin und her taumelte, erinnere mich, wie sein stoppeliger Bart über meine Haut streifte, als seine von der Droge zum Leuchten gebrachten Augen sich wild in meine bohrten. Dann waren da noch der Geschmack von heißem Blut in meinem Mund, der von Angst durchtränkte Triumph in meiner Seele und das Aufwallen schier unmenschlicher Kraft und Wut.

Herrje, wenn jemand in diesem Moment einen Blick auf das düstere Dach geworfen hätte, was hätte sich ihm für ein Anblick geboten! Zwei menschliche Leoparden, die sich – vom Rauschgift beseelt – regelrecht gegenseitig in Stücke rissen.

Ich weiß noch, dass sein Arm wie morsches Holz unter meinem Griff brach und der Tulwar seiner nutzlos gewordenen Hand entglitt. Durch den gebrochenen Arm behindert, war sein Ende unvermeidlich und ich trieb ihn mit einer wilden, urwüchsigen Anballung nackter Gewalt an den Rand des Dachs und drückte seinen Körper nach hinten, weit über die Schutzmauer hinaus. Einen Augenblick lang rangen wir dort miteinander, dann brach ich seinen Griff und stieß ihn hinunter. Ein einziger lang gezogener Schrei schallte zu mir herauf, als er durch die Dunkelheit in die Tiefe stürzte.

Ich stand in selbstbewusster Pose da, die Arme zu den Sternen hochgereckt, eine abschreckende Statue urtümlichen Triumphs. Über meine Brust tropften blutige Rinnsale aus tiefen Wunden, die die Fingernägel des Afghanen mir in seiner Verzweiflung am Hals und im Gesicht zugefügt hatten.

Dann machte ich mit dem Instinkt eines Wahnsinnigen kehrt. Hatte niemand den Kampflärm gehört? Meine Augen waren auf die Tür gerichtet, durch die ich gekommen war, aber dann hörte ich ein Geräusch aus der Gegenrichtung und drehte mich um. Nun fiel mir zum ersten Mal eine Art Turm auf, der aus dem Dach emporragte. Er hatte kein Fenster, wohl aber eine Tür, die sich gerade öffnete, als mein Blick auf sie fiel. Eine riesenhafte, in einen Umhang gehüllte schwarze Gestalt wurde im Lichtschein sichtbar, der aus dem Inneren strömte. Hassim!

Er trat aufs Dach hinaus und schloss die Tür hinter sich, die Schultern nach vorn gekrümmt, den Hals vorgestreckt, während er sich nach allen Seiten umsah. Ein einziger hasserfüllter Schlag von mir warf ihn bewusstlos aufs Dach. Ich beugte mich über ihn, wartete auf Anzeichen, dass sein Bewusstsein zurückkehrte, und erblickte in der Ferne, dicht am Horizont, ein schwaches rotes Leuchten. Der Mond ging auf.

Wo in Gottes Namen war Gordon? Während ich noch unschlüssig dastand, drang ein seltsames Geräusch an mein Ohr. Es erinnerte mich auf eigenartige Weise an das Summen eines Bienenschwarms.

Ich ging in die Richtung, aus der das Geräusch zu kommen schien, überquerte das Dach und beugte mich über seinen Rand. Ein grausiger Anblick wie aus einem Albtraum bot sich mir.

Etwa sechs Meter unterhalb des Dachs, auf dem ich stand, befand sich ein weiteres, das offensichtlich zum selben Gebäude gehörte. Zu einer Seite hin war es ebenfalls von einer Mauer begrenzt, auf der anderen Seite konnte ich stattdessen eine niedrige Brüstung ausmachen.

Zahlreiche Menschen standen, saßen und hockten dort dicht aneinandergedrängt – und es waren ohne Ausnahme Schwarze! Es schienen Hunderte zu sein und das Geräusch, das mich aufmerksam gemacht hatte, waren ihre leisen Unterhaltungen gewesen. Ihre Augen waren allesamt auf etwas fixiert, wovon auch ich meinen Blick nicht losreißen konnte.

Ziemlich genau in der Mitte des Dachs erhob sich eine Art Teocalli-Pyramide, knapp drei Meter hoch. Sie glich denen, die man bei Ausgrabungen in Mexiko gefunden hatte und auf denen die Aztekenpriester menschliche Opfer darbrachten. Abgesehen von dem unendlich verkleinerten Maßstab handelte es sich um eine weitgehend exakte Kopie, soweit ich das beurteilen konnte. Auf ihrer Spitze thronte ein mit seltsamen Schnitzereien versehener Altar, neben dem eine hagere, düstere Gestalt stand. Trotz der grauenhaften Maske, die er trug, erkannte ich ihn sofort: Santiago, der Voodoo-Mann aus Haiti. Auf dem Altar lag John Gordon mit nacktem Oberkörper und gefesselten Händen und Füßen. Er schien bei Bewusstsein.

Ich taumelte vom Dachrand zurück und war unschlüssig. Trotz der Stimulation durch das Elixier überforderte mich die Situation. Dann ließ mich ein Geräusch herumwirbeln und ich sah, wie Hassim sich benommen aufzurichten versuchte. Mit zwei langen Schritten war ich bei ihm und streckte ihn mit einem rücksichtslosen Schlag erneut nieder. Dabei fiel mir auf, dass ein seltsames Gebilde an seinem Gürtel baumelte. Ich beugte mich über ihn und untersuchte es. Es war eine Maske, ähnlich der, die Santiago trug.

Meine Gedanken schlugen Purzelbäume und vor meinem geistigen Auge entstand ein verzweifelter Plan, der meinem von Rauschgift umnebelten Gehirn nicht im Geringsten verrückt oder verzweifelt schien. Mit leisen Schritten näherte ich mich dem Turm, öffnete die Tür und schaute ins Innere. Da war niemand zu sehen, den ich hätte ausschalten müssen, aber ich entdeckte ein langes, seidenes Seil, das an einem Haken an der Wand hing. Das Glück des Rauschgiftteufels! Ich nahm es und schloss die Tür. Hassim zeigte keine Anzeichen von zurückkehrendem Bewusstsein, trotzdem versetzte ich ihm einen weiteren Boxhieb ans Kinn, um sicherzugehen, nahm ihm den Umhang und die Maske ab und hastete zum Mauerabsatz.

Ein tiefer, kehliger Gesang, ähnlich einem Choral, tönte zu mir herauf. Er wirkte irgendwie unharmonisch, barbarisch und es schienen Untertöne wahnsinniger Blutgier mitzuschwingen. Die Farbigen, Männer wie Frauen, wiegten sich zu den wilden Rhythmen ihres Todesgesangs. Auf der Pyramide stand Santiago wie eine Statue aus schwarzem Basalt, den Blick nach Osten gewandt, den Dolch hoch erhoben – ein wilder, schrecklicher Anblick in seiner Nacktheit, sah man von seinem weißen seidenen Gürtel und der unmenschlichen Maske auf seinem Gesicht ab.

Der Mond lugte mit seinem roten Rand über den Horizont im Osten und eine schwache Brise brachte die riesigen schwarzen Federn, die über der Maske des Voodoo-Mannes im

Wind nickten, zum Flattern. Der Gesang seiner Gefolgsleute wurde zu einem leisen, bösartigen Flüstern.

Ich streifte mir hastig die Todesmaske über, hüllte mich in Hassims Umhang und bereitete mich auf den Abstieg vor. Genau genommen plante ich, mich einfach fallen zu lassen. Das herrliche Selbstbewusstsein meines Wahnsinns verlieh mir die Sicherheit, dass ich unverletzt unten landen würde. Doch als ich über den Mauervorsprung kletterte, entdeckte ich eine stählerne Leiter, die in die Tiefe führte. Offenbar hatte Hassim, einer der Voodoo-Priester, vorgehabt, auf diesem Weg wieder nach unten zu gelangen. Also stieg ich hinab, und zwar in großer Eile, weil ich ahnte, dass der hoch erhobene Dolch sich in dem Augenblick in Gordons Brust senken würde, in welchem sich der untere Rand des Mondes über die Silhouette der Stadt schob.

Ich hüllte mich dicht in den Umhang, um meine weiße Haut zu verbergen, und schritt durch die Reihen der im Rausch singenden Schwarzen, die zur Seite traten, um mich durchzulassen. So gelangte ich an den Fuß des Teocalli und stieg die ihn umgebende Treppe hinauf, bis ich neben dem Opferaltar stand und die dunkelroten Flecken darauf erkennen konnte. Gordon lag auf dem Rücken, die Augen geöffnet, das Gesicht verhärmt und ausgemergelt, aber dennoch beherzt und entschlossen blickend.

Santiagos Augen funkelten mich durch die Schlitze seiner Maske an, aber ich konnte in seinem Blick keinen Argwohn erkennen, bis ich die Hand ausstreckte und ihm den Dolch entriss. Er war zu verblüfft, um Widerstand zu leisten, und plötzlich legte sich Totenstille über die Menge. Ganz sicher erkannte Santiago, dass meine Haut nicht schwarz war, aber er war vor Erstaunen sprachlos. Mit einem Schnitt durchtrennte ich Gordons Fesseln und zog ihn in die Höhe. Dann sprang mich Santiago mit einem wütenden Schrei an und warf sich anschließend mit erhobenen Armen und dem Kopf voraus von der Pyramide, den eigenen Dolch bis zum Heft in seiner Brust versenkt.

Jetzt stürzte die versammelte Menschenmenge mit lautem Gebrüll heran und erklomm wie eine Horde schwarzer Leoparden im Mondlicht die Stufen des Teocalli. Neben den blitzenden Messern fielen mir vor allem ihre weiß glänzenden Augen auf.

Ich riss mir Maske und Umhang herunter und quittierte Gordons Aufschrei mit einem wilden Lachen. Ich hatte gehofft, dass meine Verkleidung es mir ermöglichen würde, uns beide in Sicherheit zu bringen, aber jetzt war es mir schon genug, hier an seiner Seite zu sterben.

Er riss ein großes Ornament aus Metall vom Altar und schlug damit auf die heranstürmenden Angreifer ein. Für kurze Zeit konnten wir sie in Schach halten, dann schwappten sie wie eine dunkle Welle über uns hinweg. Für mich war das Walhalla! Messer stachen auf mich ein, Totschläger krachten auf mich herunter, aber ich lachte nur und meine eisernen Fäuste teilten Schläge aus wie ein Dampfhammer, zerschmetterten Fleisch und Knochen. Ich sah, wie Gordon seine primitive Waffe hob und senkte. Jedes Mal ging ein Mann zu Boden. Schädel platzten, Blut spritzte und in mir brandete dunkle Wut auf. Albtraumhafte Gesichter tanzten um mich herum und ich kniete nieder. Dann richtete ich mich auf und Gesichter zerbarsten unter meinen Schlägen. Wie durch einen langen Tunnel hatte ich das Gefühl, eine auf schreckliche Weise vertraute Stimme einen herrischen Befehl ausstoßen zu hören.

Gordon wurde von mir weggerissen, aber die Geräusche verrieten mir, dass das Werk des Todes noch nicht beendet war. Die Sterne verschwammen hinter Fontänen von Blut, aber mich erfüllte das Hochgefühl der Hölle, und ich genoss die finsteren Gezeiten der Wut, ehe eine dunklere, noch tiefere Flut über mir zusammenschlug und mir die Sinne schwanden.

20
Uralter Schrecken

Hier im Triumphe, alles um ihn starr,
ruhend auf Beute, er sich selbst darbot,
Als Gott geopfert wie auf dem Altar
ruht Tod wie tot.
A. C. Swinburne

Langsam trieb ich ins Leben zurück, langsam, unendlich langsam. Nebel hielten mich umschlungen und vage nahm ich die Konturen eines Totenschädels wahr. Ich lag in einem stählernen Käfig und kam mir vor wie ein gefangener Wolf. Die Käfigstangen waren zu stark, erkannte ich, selbst für meine durch das Rauschgift gesteigerten Kräfte. Der Käfig schien in eine Art Wandnische eingelassen zu sein. Ich blickte in einen großen Saal. Er lag unter der Erde, der Boden war mit Steinfliesen belegt, Wände und Decke bestanden aus gigantischen Blöcken desselben Materials. Regale säumten die Wände, gefüllt mit merkwürdigen Gerätschaften offensichtlich wissenschaftlicher Natur. Auf dem großen Tisch in der Mitte des Saals standen weitere Apparate – und dazwischen saß Kathulos.

Der Magier war mit einem verschlungen gemusterten gelben Umhang bekleidet und seine widerwärtigen Hände sowie der schreckliche Schädel wirkten noch reptilienähnlicher als zuvor. Er richtete seine großen, gelben Augen auf mich. Ich schien in ihnen zu versinken wie in Tümpeln fahlen Feuers und seine Lippen, dünn wie Pergament, verzogen sich zu etwas, das vermutlich ein Lächeln sein sollte.

Ich richtete mich schwankend auf und rüttelte fluchend an den Gitterstäben.

»Gordon! Verflucht sollst du sein! Wo ist Gordon?«

Kathulos nahm ein Reagenzglas vom Tisch, musterte es nachdenklich und entleerte seinen Inhalt in ein zweites.

»Ah, mein Freund erwacht«, murmelte er mit der Stimme eines lebenden Toten.

Er schob die Hände in seine langen Ärmelstulpen und wandte sich mir jetzt ganz zu.

»Ich glaube«, sagte er jetzt deutlicher, »ich habe mit dir eine Art Frankenstein erschaffen. Ein übermenschliches Geschöpf, das mir dienen sollte. Aber du hast dich von mir losgerissen und emanzipiert. Du bist der Ruin für meine Macht, schlimmer sogar als Gordon. Du hast wertvolle Diener getötet und meine Pläne durchkreuzt. Aber heute Nacht wird das Böse, das du geworden bist, ein Ende finden. Dein Freund Gordon ist geflohen, aber meine Leute jagen ihn durch die Tunnel. Er kann nicht entkommen.«

»Du«, fuhr er dann mit dem echten Interesse des Gelehrten fort, »du bist ein höchst faszinierendes Individuum. Dein Gehirn muss völlig anders geformt sein als bei allen anderen Menschen, lebenden wie toten. Ich werde es gründlich studieren und meinem Laboratorium hinzufügen. Dass ein Mann, dessen Körper vom Elixier abhängig ist, zwei Tage nach dem letzten Schluck immer noch so viel Kraft besitzt, übersteigt mein Verständnis.«

Mein Herz tat einen Satz. Trotz all seiner Klugheit hatte Zuleika ihn ausgetrickst. Er wusste offenbar nicht, dass sie ihm eine Flasche des für mich Leben spendenden Safts entwendet hatte.

»Der letzte Schluck, den du von mir bekommen hast«, fuhr er fort, »reichte nur für etwa acht Stunden. Ich wiederhole, mir ist das ein Rätsel. Kannst du es erklären?«

Ich knurrte bloß mit gefletschten Zähnen. Er seufzte.

»Stets der Barbar, das Sprichwort ist wahr: ›Treib deinen Scherz mit dem verwundeten Tiger und wärme die Otter an deinem Busen, ehe du versuchst, den Wilden aus seiner Wildheit emporzuheben.‹«

Er meditierte eine Weile stumm vor sich hin. Ich beobachtete ihn mit wachsender Unruhe. Irgendetwas an ihm war auf seltsame, undefinierbare Art anders – seine langen Finger, die aus den Ärmeln ragten, trommelten auf den Stuhllehnen und in seiner Stimme schwang versteckter Triumph mit, was sie ungewohnt dynamisch klingen ließ.

»Du hättest ein König des Neuen Imperiums werden können«, sagte er plötzlich. »Ja, des Neuen – des Neuen und zugleich unmenschlich Alten!«

Ich schauderte, als er plötzlich ein trockenes, gackerndes Lachen ausstieß.

Er beugte den Kopf vor, als würde er lauschen. Aus weiter Ferne waren dröhnend kehlige Stimmen zu vernehmen. Seine Lippen formten ein angestrengtes Lächeln.

»Meine schwarzen Kinder«, murmelte er. »Sie reißen meinen Feind Gordon in den Tunneln in Stücke. Diese Kinder, Mr. Costigan, sind meine wahren Gefolgsleute. Zu ihrer Erbauung habe ich John Gordon heute Nacht auf den Opferstein gelegt. Ich hätte es vorgezogen, an ihm ein paar Experimente durchführen zu können, Experimente, die auf gewissen wissenschaftlichen Theorien basieren. Aber man muss meinen Kindern ihren Willen lassen. Später werden sie unter meiner Anleitung über ihren kindischen Aberglauben hinauswachsen und ihre unsinnigen Gewohnheiten ablegen. Bis dahin muss man sie geduldig an der Hand führen.

Wie gefallen Ihnen diese unterirdischen Korridore, Mr. Costigan?«, wechselte er plötzlich das Thema. »Wofür haben Sie sie denn gehalten? Ohne Zweifel dachten Sie, die weißen Wilden Ihres Mittelalters hätten sie gebaut. Pah! Diese Tunnels sind älter als Ihre Welt! Mächtige Könige haben sie erschaffen, vor zu vielen Äonen, als dass Ihr Verstand das erfassen könnte. Zu einer Zeit, als eine mächtige Stadt dort aufragte, wo heute dieses primitive Dorf steht, das sich London nennt. Alle Spuren jener einstigen Metropole sind zu Staub zerfallen und verschwunden, aber diese Korridore sind von Größerem als nur menschlichem Geschick erbaut – haha! Von all den Tausenden, die heute über diesen Gängen auf den Straßen herumwimmeln, weiß keiner von ihrer Existenz. Nur meine Diener – und von denen auch nicht alle. Zuleika beispielsweise hat davon keine Ahnung. In letzter Zeit habe ich angefangen, an ihrer Loyalität zu zweifeln, und werde ohne Zweifel bald ein Exempel an ihr statuieren.«

Bei diesen Worten warf ich mich blindlings gegen die Gitterstangen meines Käfigs. Eine blutige Welle aus Hass und Wut hatte von mir Besitz ergriffen. Ich packte die Gitterstangen und spannte meine Muskeln, bis die Venen auf meiner Stirn hervortraten und die Muskeln in meinen Armen und Schultern zu bersten drohten. Und die Gitterstangen bogen sich unter meinem Angriff – ein wenig, aber nicht mehr. Dann strömte alle Kraft aus meinen Gliedern und ich sank zitternd und geschwächt zu Boden. Kathulos beobachtete mich leidenschaftslos.

»Die Stangen halten«, verkündete er mit so etwas wie Erleichterung in der Stimme. »Offen gestanden ziehe ich es vor, auf der anderen Seite der Stangen zu sein. Du wirkst auf mich wie ein menschlicher Affe, wenn es je so etwas gegeben hat.«

Er lachte plötzlich wild.

»Aber weshalb versuchst du, dich gegen mich zu stellen?«, kreischte er unerwartet. »Weshalb mich herausfordern, mich, der ich Kathulos bin, der Magier, groß, selbst in den Tagen des Alten Reiches? Heute unbesiegbar! Zauberer, Wissenschaftler inmitten unwissender Wilder! Haha!«

Ich schauderte und plötzlich flammte in mir das Licht der Erkenntnis auf. Kathulos selbst war ein Süchtiger und ihn befeuerte das Gift seiner Wahl! Ich weiß nicht, welch höllisches Gebräu schrecklich genug war, um den Meister aufzuputschen und zu entflammen. Ich will es auch gar nicht wissen. Bei all dem unheimlichen Wissen, über das er verfügte, schien mir dies, soweit ich ihn kannte, das unheimlichste zu sein.

»Du armseliger Narr!«, schimpfte er und sein Gesicht schien dabei auf unnatürliche Art zu leuchten. »Weißt du, wer ich bin? Kathulos von Ägypten! Pah! In den alten Tagen kannten sie mich. Ich herrschte in den nebligen Meereslanden, Ewigkeiten bevor das Meer aufstieg und das Land verschlang. Ich starb, aber nicht wie Menschen sterben. Der magische Trank ewigen Lebens gehörte uns! Ich trank viel davon und schlief. Lange schlief ich in meiner lackierten Truhe! Mein Fleisch verkümmerte und wurde hart, das Blut vertrocknete in meinen Adern. Ich wurde zu einem Toten. Aber immer noch brannte in mir der Geist des Lebens – schlafend und doch auf das Erwachen wartend. Die großen Städte zerfielen zu Staub. Das Meer trank das Land. Die hohen Schreine und die gewaltigen Türme versanken unter den grünen Wellen. All das war mir bewusst, während ich schlief, so wie ein Mensch in seinen Träumen weiß, was geschieht. Kathulos von Ägypten? Ah! Kathulos von Atlantis!«

Ich stieß unwillkürlich einen Schrei aus. Das alles war einfach zu grausig, um wahr zu sein.

»Ja, der Zauberer, der Magier. Und während der langen Jahre des Chaos, in denen die barbarischsten Rassen sich abmühten, ohne dass ihre Herren und Meister wieder aufstiegen, bewahrte sich die Legende von den Tagen des Imperiums … den Tagen, in denen einer von der alten Rasse aus dem Meer emporsteigen würde. Ja, emporsteigen, um die schwarzen Menschen, die unsere Sklaven waren, damals in den alten Tagen, zum Sieg zu führen.

Diese braunen und gelben Leute, was kümmern sie mich? Die Schwarzen waren die Sklaven meiner Rasse und heute bin ich ihr Gott. Sie werden mir gehorchen. Die Gelben und die Braunen sind Narren – ich mache sie zu meinen Werkzeugen. Der Tag wird kommen, wenn meine schwarzen Krieger gegen sie aufbegehren und sie auf meinen Befehl hin erschlagen. Und ihr weißen Barbaren, deren Affenvorfahren sich stets gegen meine Rasse und mich aufgelehnt haben, eure Vernichtung steht bevor! Wenn ich meinen Weltenthron besteige, werden die einzigen Weißen, die es noch gibt, weiße Sklaven sein!

Der Tag kam, wie es die Prophezeiung vorhergesagt hatte: der Tag, an dem meine Truhe sich ihren Weg aus den Hallen bahnte, in denen sie schon gelegen hatte, als Atlantis noch über die Welt herrschte und in grüne Tiefen versunken war – wo meine Truhe, sage ich, von den Gezeiten des Meeres erfasst und bewegt wurde und schließlich den Seetang abwarf, der Tempel und Minarette verhüllt, und nach oben schwebte. Vorbei an den hohen Türmen aus Saphir und Gold und durch die grünen Wasser trieb sie schließlich auf den trägen Wogen der See.

Dann kam ein weißer Narr und erfüllte das Werk der Vorsehung, die er nicht kannte, nicht kennen konnte. Die Männer auf seinem Schiff, wahre Gläubige, sie wussten, dass die Zeit gekommen war. Und ich – die Luft drang in meine Nase und ich erwachte aus dem langen, langen Schlaf. Ich regte mich, bewegte mich und lebte von Neuem. Und in der Nacht erhob ich mich und erschlug den Narren, der mich aus dem Ozean gefischt hatte. Meine Diener huldigten mir und brachten mich nach Afrika, wo ich eine Zeit lang blieb, neue Sprachen lernte und die neuen Wege einer veränderten Welt, und an Macht gewann.

Die Weisheit deiner armseligen Welt – haha! Ich, der ich tiefer in die Geheimnisse des Alten eindrang als jeder andere Mensch, wagte es zu gehen! Alles, was Menschen heute wissen, weiß ich. Und das zusätzliche Wissen, das ich über die

Jahrhunderte gesammelt habe, ist wie ein Berg neben einem Sandkorn! Du solltest etwas von jenem Wissen kennen! Mit seiner Hilfe habe ich dich aus einer Hölle herausgehoben, um dich in eine tiefere zu stürzen! Du Narr, hier in meiner Hand halte ich, was dich aus dieser Welt herausheben kann! Etwas, das dich aus den Ketten befreien würde, in die ich dich gelegt habe!«

Er griff nach einem goldenen Fläschchen und schüttelte es vor meinen Augen. Mein Blick klammerte sich daran fest, so wie Menschen, wenn sie in der Wüste sterben, gierig auf die ferne Fata Morgana starren. Kathulos betastete es nachdenklich. Seine unnatürliche Erregung schien plötzlich verflogen zu sein. Als er weitersprach, klangen seine Worte leidenschaftslos, gemessen, die Worte eines Gelehrten.

»Das wäre in der Tat ein lohnendes Experiment – dich von der Sucht nach dem Elixier zu befreien und zu erfahren, ob dein vom Rauschgift zerfressener Körper das Leben erhalten kann. In neun von zehn Fällen würde das Opfer sterben, wenn man es vom Drang und dem Rauschmittel befreit. Aber du bist ein solcher Riese mit so gewaltigen Kräften …«

Er seufzte und stellte das Fläschchen ab.

»Der Träumer stellt sich gegen den Mann der Vorsehung. Meine Zeit gehört nicht mir, sonst würde ich mich dafür entscheiden, mein ganzes Leben eingeschlossen in meinen Labors zu verbringen und zu experimentieren. Aber jetzt muss ich meine Arbeit dem Nutzen der ganzen Rasse widmen wie in den Tagen des Alten Reiches, als Könige meinen Rat suchten. Ja, ich muss mich anstrengen und die Saat des Ruhmes verteilen, um auf die glorreichen Tage zu warten, in denen die Meere all ihre lebenden Toten wieder herausgeben.«

Ich schauderte. Wieder stieß Kathulos ein animalisches Lachen aus. Seine Finger trommelten auf die Sessellehnen und über sein Gesicht zog erneut dieses unnatürliche Leuchten. Die roten Visionen hatten wieder in seinem Schädel zu brodeln begonnen.

»Unter den grünen Wogen liegen sie in ihren Lacktruhen, die alten Meister. Nach menschlicher Definition sind sie tot. Und doch schlafen sie nur, schlafen Ewigkeiten lang, als wären es Stunden, warten auf den Tag des Erwachens! Die alten Meister, die weisen Männer, die den Tag vorhersahen, an dem das Meer das Land verschlingt, und sich darauf vorbereiteten, um in den barbarischen Tagen, die kommen würden, wieder aufzustehen. So wie einst ich, schlafend, liegen sie da – uralte Könige und finstere Zauberer, die gestorben sind wie Menschen sterben, ehe Atlantis versank. Die schlafend mit ihm versanken, aber die wieder aufstehen werden!

Mir gehört der Ruhm! Ich stand als Erster wieder auf. Und ich ging dahin, wo die alten Städte lagen, an Ufer, die nicht versunken sind, sondern lediglich verschwunden waren, lange verschwunden. Die barbarische Flut fegte vor Jahrtausenden über sie hinweg, während sich die grünen Wogen über ihrer älteren Schwester in der Tiefe schlossen. An einigen dieser Orte erstrecken sich jetzt kahle Wüsten, an anderen – so wie hier – sind junge Barbarenstädte in die Höhe gewachsen.«

Er hielt plötzlich inne. Sein Blick suchte eine der finsteren Öffnungen, die einen Korridor markierten. Ich glaube, sein geheimnisvoller Instinkt warnte ihn vor einer bevorstehenden Gefahr. Aber ich glaube, selbst er ahnte nicht, auf wie dramatische Weise unser Gespräch unterbrochen werden würde.

Während sein Blick noch suchend umherschweifte, waren schnelle Schritte zu hören und plötzlich erschien ein Mann in der Tür – ein Mann, angeschlagen, zerlumpt und blutig. John Gordon! Kathulos sprang mit einem Schrei auf und Gordon richtete keuchend, als kostete ihn die Bewegung unmenschliche Mühe, den Revolver, den er in der Hand hielt, auf den Alten und feuerte aus nächster Nähe. Kathulos taumelte, presste die Hand an die Brust, stolperte wild um sich tastend an die Wand und stürzte dagegen. Eine Tür öffnete sich und er taumelte hindurch, aber als Gordon mit einem langen Satz nachsetzte, sah er sich plötzlich einer glatten Wand gegenüber, die auch seinen wilden Schlägen nicht nachgab.

Er wirbelte herum und taumelte wie ein Betrunkener zu dem Tisch, auf dem ein Schlüsselbund lag, den der Meister fallen gelassen hatte.

»Das Fläschchen!«, schrie ich. »Nehmen Sie das Fläschchen!« Er packte es und steckte es sich in die Tasche.

Im Gang, aus dem er gekommen war, konnte man schwache Geräusche vernehmen, die schnell lauter wurden, wie von einem Wolfsrudel. Ein paar wertvolle Augenblicke verstrichen, in denen Gordon nach dem richtigen Schlüssel suchte. Dann schwang die Käfigtür auf und ich sprang hinaus. Ein Anblick für die Götter waren wir, alle beide! Von Wunden und Blutergüssen übersät und in zerfetzt herunterhängender Kleidung. Meine Wunden hatten zu bluten aufgehört, aber als ich mich jetzt bewegte, brachen sie wieder auf und ließen rote Ströme zu Boden rinnen. Die Steife meiner Hände verriet mir, dass meine Knöchel zerschmettert waren. Und was Gordon anging, so sah er aus, als hätte er von Kopf bis Fuß in Blut gebadet.

Wir hetzten durch einen Gang davon, der vom drohenden Lärm weg in die entgegengesetzte Richtung führte. Ich wusste, das waren die Anhänger des Meisters, die uns verfolgten. Beide waren wir nicht in der Verfassung, um längere Strecken zu laufen, aber wir taten unser Bestes. Ich hatte keine Ahnung, wohin uns der Gang führen würde. Meine übermenschlichen Kräfte hatten mich verlassen und mich trieb einzig und allein noch die unbändige Stärke meines Willens an. Wir bogen in einen anderen Korridor ab und hatten keine 20 Schritte zurückgelegt, als ich mich umblickte und die ersten schwarzen Teufel um die Ecke kommen sah.

Mit verzweifelter Anstrengung bauten wir unseren Vorsprung ein wenig aus. Aber die Verfolger hatten uns gesehen und waren selbst jetzt noch deutlich zu erkennen. Ein Wutschrei hallte zu uns herüber, dem ein noch drohenderes Schweigen folgte, als sie alle Mühe darauf verwandten, uns einzuholen.

Unvermittelt sahen wir im Halbdunkel, nur ein kurzes Stück vor uns, eine Treppe nach oben führen. Wenn wir die erreichen würden … Aber da war noch etwas anderes zu sehen.

Zwischen uns und der Treppe hing ein riesiges Gebilde von der Decke. Eine Art eisernes Gitter mit großen Dornen am unteren Ende – ein Fallgitter. Als wir hinübersahen, ohne in unserem keuchenden Lauf innezuhalten, begann es sich zu bewegen.

»Die lassen das Gitter herunter!«, ächzte Gordon. Sein mit Blut besudeltes Gesicht schien wie eine Maske, in der sich Erschöpfung und Willenskraft verbanden.

Jetzt waren unsere Verfolger nur noch wenige Meter hinter uns – und das Gitter beschleunigte seine Fahrt, schob sich mit dem Ächzen eines verrosteten, lange nicht benutzten Mechanismus nach unten. Ein letzter Spurt, ein keuchendes Aufbäumen verzweifelter Anstrengung – und Gordon schob uns in einer wilden Aufwallung schierer Nervenkraft unter dem Gitter durch, worauf dieses mit einem Krachen hinter uns auf den Boden stieß!

Einen Augenblick lang lagen wir keuchend da, achteten nicht auf die aufgepeitschte Horde, die auf der anderen Seite des Gitters wütend schrie. Dieser letzte Sprung war so knapp gewesen, dass die Dornen des Gitters Fetzen aus unserer Kleidung gerissen hatten.

Die Farbigen stachen mit ihren Dolchen durch die Gitterstangen nach uns, aber wir waren bereits außer Reichweite. Ich hatte das Gefühl, dass ich jetzt am liebsten hier liegen bleiben und an Erschöpfung sterben wollte. Aber Gordon stemmte sich unsicher in die Höhe und zerrte mich mit.

»Wir müssen hier raus«, krächzte er, »müssen – Scotland Yard – warnen – Netzwerk von Gängen im Herzen Londons … Sprengstoff – Waffen – Munition.«

Wir torkelten die Treppe hinauf und ich glaubte, vor uns das Scharren von Metall auf Metall zu hören. Die Stufen endeten abrupt an einem Absatz, dem direkt eine Wand folgte. Gordon hämmerte dagegen, und die unvermeidliche Geheimtür öffnete sich. Licht strömte durch die Stangen einer Art Gitter herein. Männer in den Uniformen der Londoner Polizei sägten mit Bügelsägen an den Stangen. Noch während sie uns begrüßten, brach eine Öffnung auf, durch die wir hastig krochen.

»Sie sind verletzt, Sir!« Einer der Männer ergriff Gordons Arm.

Mein Begleiter schüttelte ihn ab.

»Wir haben keine Zeit zu verlieren! Raus hier, so schnell es geht!«

Ich erkannte, dass wir uns in einer Art Kellerraum befanden. Wir hasteten die Treppen hinauf ins Licht der frühen Morgendämmerung, das den Osten scharlachrot färbte. Über den Dächern der kleineren Häuser um uns herum sah ich in der Ferne ein großes, finsteres Gebäude aufragen. Auf dessen Dach, das spürte ich instinktiv, hatte sich in der Nacht zuvor jenes schreckliche Drama abgespielt.

»Das Haus ist vor ein paar Monaten von einem geheimnisvollen Chinesen gemietet worden«, sagte Gordon, der meinem Blick folgte. »Ursprünglich war es ein Bürogebäude. Die Umgebung war heruntergekommen und es hatte eine Weile leer gestanden. Der neue Mieter erweiterte es um ein paar Stockwerke, nutzte es dann aber offensichtlich nicht. Ich hatte es schon eine ganze Weile im Auge.«

Gordon berichtete das in seiner hastigen, abgehackten Art, während wir über den Bürgersteig eilten. Ich hörte mechanisch zu, wie in Trance. Meine Kräfte schwanden rapide und ich wusste, dass es nur eine Frage von Augenblicken war, bis ich zusammensackte.

»Die Leute in der Umgebung haben mehrfach seltsame Geräusche und ungewöhnliche Vorfälle gemeldet. Der Mann, dem der Keller gehört, den wir gerade verlassen haben, hat dort unten seltsame Geräusche vernommen und die Polizei alarmiert. Etwa um diese Zeit rannte ich wie eine gehetzte Ratte im Käfig in diesen verfluchten Korridoren herum und hörte die Beamten gegen die Wand schlagen.

Ich fand die Geheimtür und öffnete sie, stellte aber fest, dass dahinter ein Gitter den Weg versperrte. Während ich den verblüfften Polizisten den Befehl gab, eine Säge zu besorgen, tauchten die Farbigen wieder auf, denen ich kurzzeitig entwischt war. Ich sah mich gezwungen, die Tür zu schließen und meine Flucht fortzusetzen. Es war reines Glück, dass ich Sie gefunden habe, und es war auch reines Glück, dass ich den Weg zur Tür zurück fand.

Jetzt sollten wir zu Scotland Yard. Wenn wir schnell zuschlagen, schaffen wir es vielleicht, diese ganze Bande von Teufeln festzunehmen. Ich weiß nicht, ob ich Kathulos getötet habe oder nicht – oder ob er überhaupt von den Waffen Sterblicher getötet werden kann. Aber ich denke, sie sind jetzt alle in diesen unterirdischen Gängen und …«

In diesem Augenblick erzitterte die Welt um uns! Ein ohrenbetäubendes Brüllen schien den Himmel mit einer unvorstellbar lauten Explosion zu zerreißen. Häuser schwankten und einige stürzten ein. Eine mächtige Rauchsäule, in die sich Flammen mischten, schoss aus der Erde empor und riss gewaltige Massen von Schutt und Unrat mit sich zum Himmel. Ein schwarzer Nebel aus Rauch und Staub und herunterfallendem Bauschutt hüllte einen Moment lang die ganze Welt ein. Dann war es, als stiege aus dem Mittelpunkt der Erde lang anhaltender Donner auf, als stürzten Wände und Decken ein. Inmitten des Lärms und Geschreis sank ich zu Boden und verlor das Bewusstsein.

21
Die Ketten brechen

Wie eine Seele ohne Rast
Bei Gott und Teufel nie zu Gast
Durch Wolk' und Nebel frei von Last
Aus Finsternis wächst Morgen.
A. C. Swinburne

Es ist kaum nötig, sich mit den Schreckensszenen jenes grauenhaften Londoner Morgens aufzuhalten. Die Welt kennt die Geschichte der großen Explosion und ist mit den meisten Details dieser Katastrophe vertraut. Sie hat viele Todesopfer und große Sachschäden gefordert und ein Zehntel der Bevölkerung von London ausgelöscht. Bei solchen Ereignissen erwartet die Öffentlichkeit, einen Grund zu erfahren. Die Geschichte von dem verlassenen Gebäude sickerte nach draußen und unzählige fantastische Erzählungen gelangten in Umlauf. Um die Gerüchte zum Verstummen zu bringen, wurde schließlich ein inoffizieller Bericht herausgegeben. Darin hieß es, das Haus sei Treffpunkt und geheime Hochburg einer Bande internationaler Anarchisten gewesen. Sie hätten im Keller Sprengstoff gelagert und diesen versehentlich zur Explosion gebracht. In gewisser Weise hatte diese Geschichte einiges für sich, aber verglichen mit der tatsächlichen Bedrohung, die dort gelauert hatte, war die Geschichte von den Anarchisten ein Witz.

All das hat man mir später erzählt, denn nachdem ich bewusstlos zu Boden gesunken war, hob mich Gordon, der meinen Zustand der Erschöpfung und der Haschischsucht zuschrieb, auf und schaffte mich mit Unterstützung der fassungslosen Polizisten in seine Wohnung. Erst danach kehrte er wieder an den Schauplatz der Explosion zurück. In seiner Wohnung fand er Hansen und die mit Handschellen ans Bett gefesselte Zuleika vor – so wie ich sie dort zurückgelassen hatte. Er befreite sie und überließ es dem Mädchen, sich um mich zu kümmern. Schließlich war ganz London in schrecklichem Aufruhr und er wurde anderswo gebraucht.

Als ich endlich zu mir kam, blickte ich in ihre sternenklaren Augen, blieb ganz ruhig liegen und lächelte sie an. Sie sank an meine Brust, verbarg meinen Kopf in ihren Armen und überschüttete mein Gesicht mit Küssen.

»Steephen!«, schluchzte sie immer wieder, während ihre heißen Tränen auf mein Gesicht tropften.

Ich war kaum stark genug, die Arme um sie zu legen, schaffte es aber irgendwie doch.

Danach lagen wir eine Weile stumm da, in einer Stille, die nur von dem gequälten Schluchzen des Mädchens durchbrochen wurde.

»Zuleika, ich liebe dich«, murmelte ich.

»Und ich liebe dich, Steephen«, schluchzte sie. »Oh, der Abschied fällt mir so schwer. Ich werde dich in den Tod begleiten, Steephen! Ich kann nicht ohne dich leben!«

»Mein liebes Kind«, sagte John Gordon, der plötzlich ins Zimmer trat, »Costigan wird nicht sterben. Wir werden ihn mit genügend Haschisch versorgen, um ihn durchzubringen. Wenn er dann wieder bei Kräften ist, werden wir ihn langsam von seiner Sucht befreien.«

»Sie verstehen nicht, Sahib! Es ist kein Haschisch, was Steephen braucht. Es ist ein Stoff, den nur der Meister kannte.

Und jetzt, wo er tot oder geflohen ist, kann Steephen ihn nicht bekommen und muss sterben.«

Gordon warf einen schnellen unsicheren Blick auf mich. Sein Gesicht wirkte müde und eingefallen, seine Kleider waren verrußt und von seiner Arbeit in den abgebrannten Ruinen zerfetzt.

»Sie hat recht, Gordon«, sagte ich matt. »Ich werde sterben. Kathulos hat meine Haschischsucht mit einem Gebräu beendet, welches er das Elixier nannte. Ich habe mich mit etwas von dem Zeug am Leben gehalten, das Zuleika ihm gestohlen und mir gegeben hat, aber ich habe letzte Nacht den Rest getrunken.«

Ich spürte keinerlei Verlangen, nicht einmal körperliches oder mentales Unbehagen. Mein ganzer Körper hatte einfach einen Gang heruntergeschaltet. Ich war bereits über das Stadium hinaus, in dem mich das Bedürfnis nach dem Elixier zu zerstören drohte. Ich fühlte lediglich eine gewaltige Abgeschlagenheit und den Wunsch zu schlafen. Mir war irgendwie klar, dass ich sterben würde, sobald ich die Augen schloss.

»Ein seltsames Gift, dieses Elixier«, hörte ich meine müde, resignierende Stimme. »Es brennt und man friert zugleich, und am Ende tötet einen die Sucht leicht und ohne Qual.«

»Verdammt, Costigan!«, stieß Gordon verzweifelt hervor, »Sie dürfen sich nicht so gehen lassen! Dieses Fläschchen, das ich vom Tisch des Ägypters genommen habe – was ist darin?«

»Der Meister hat geschworen, dass es mich von meinem Fluch befreien und wahrscheinlich auch töten würde«, murmelte ich. »Das hatte ich ganz vergessen. Geben Sie es mir! Mehr als mich umzubringen kann es ja nicht. Und ich liege so oder so im Sterben.«

»Ja, schnell, geben Sie es mir!«, rief Zuleika entschlossen und sprang an Gordons Seite, die Hände leidenschaftlich ausgestreckt. Sie kehrte mit dem Fläschchen zu mir zurück, das sie ihm aus der Tasche geholt hatte, kniete neben mir nieder, hielt es mir an die Lippen und murmelte mir dabei sanft und beschwörend etwas in ihrer eigenen Sprache zu.

Ich trank, leerte den Inhalt in einem Zug, spürte aber wenig Interesse an der Sache. Mein ganzes Empfinden war völlig abgestumpft, mein Leben schien bereits verebbt zu sein. Ich erinnere mich nicht einmal daran, wie das Zeug schmeckte. Das Einzige, was mir im Gedächtnis blieb, war das seltsam kriechende Feuer, das sich langsam den Weg durch meine Adern bahnte. Das Letzte, was ich noch wahrnahm, war Zuleika. Sie hatte sich über mich gebeugt und ihre großen Augen waren mit brennender Intensität auf meine eigenen fixiert. Ihre kleine Hand ruhte in ihrer Bluse. Ich erinnerte mich, wie sie geschworen hatte, ihr eigenes Leben zu beenden, falls ich sterben sollte. Deshalb versuchte ich mit letzter Kraft, meine Hand zu heben und sie zu entwaffnen, Gordon aufzufordern, ihr den Dolch wegzunehmen, den sie unter der Bluse versteckte. Aber ich konnte weder sprechen noch mich bewegen und trieb in einem seltsamen Meer der Bewusstlosigkeit unaufhaltsam davon.

An das, was danach geschah, erinnere ich mich überhaupt nicht. Kein Gefühl befeuerte mein schlafendes Gehirn in ausreichendem Maße, um den Abgrund zu überbrücken, durch den ich dahintrieb. Man sagte mir, ich habe stundenlang wie ein Toter dagelegen, fast ohne zu atmen. In dieser Zeit war Zuleika nicht von meiner Seite gewichen, keinen Augenblick lang. Sie kämpfte wie eine Tigerin, wenn jemand versuchte, sie dazu zu bewegen, mich allein zu lassen und sich auszuruhen, erzählte man mir später. Der Einfluss des Meisters auf sie war gebrochen.

So wie ich ihr Bild in jenes dämmernde Land des Nichts mitgenommen hatte, so waren auch ihre liebevollen Augen das Erste, was mich nach meiner Rückkehr ins Bewusstsein begrüßte. Ich fühlte mich schwächer, als ich es mir vorstellen konnte – als wäre ich monatelang im Koma gewesen. Aber das Leben, das ich in mir spürte, so schwach es auch war, fühlte sich natürlich und gesund an, nicht künstlicher Stimulation geschuldet. Ich lächelte meinem Mädchen zu und murmelte schwach.

»Wirf deinen Dolch weg, kleine Zuleika. Ich werde leben.«

Sie stieß einen Schrei aus und fiel neben mir auf die Knie, weinte und lachte zugleich, Frauen sind merkwürdige Wesen, Wesen mit machtvollen, ungeheuer wandelbaren Gefühlen, keine Frage.

Gordon trat ein und griff nach meiner Hand, die ich nicht vom Bett heben konnte.

»Jetzt sind Sie ein Fall für einen gewöhnlichen, menschlichen Arzt, Costigan«, sagte er. »Selbst ein Laie wie ich kann das beurteilen. Zum ersten Mal, seit ich Sie kenne, ist Ihr Blick wieder völlig klar und gesund. Sie sehen aus wie ein Mann, der einen Nervenzusammenbruch hatte und jetzt mindestens ein Jahr Ruhe und Erholung braucht. Gott im Himmel, Mensch, Sie haben genug durchgemacht, mal ganz abgesehen von Ihrer Abhängigkeit, genug für ein ganzes Leben.«

»Sagen Sie mir zuerst«, fiel ich ihm ins Wort, »ist Kathulos bei der Explosion getötet worden?«

»Das weiß ich nicht«, antwortete Gordon düster. »Offenbar ist das ganze unterirdische Gangsystem zerstört worden. Ich weiß, meine letzte Kugel – die letzte Kugel, die in dem Revolver war, den ich einem meiner Angreifer weggerissen habe – traf den Körper des Meisters. Aber ob sie ihn tödlich verwundet hat oder eine Kugel ihm überhaupt Schaden zufügen kann, weiß ich nicht. Und wir dürften vermutlich nie erfahren, ob er in seinem Todeskampf die vielen Tonnen Sprengstoff entzündet hat, die in den Korridoren gelagert waren, oder ob seine Helfer das unabsichtlich getan haben.

Mein Gott, Costigan, haben Sie je ein solches Gewirr von Gängen gesehen? Und wir wissen noch nicht einmal, wie viele Kilometer sie sich in alle Richtungen ausdehnen. Selbst jetzt suchen Männer von Scotland Yard die U-Bahn und die Keller der Stadt nach geheimen Zugängen in das Höhlensystem ab. Alle bekannten Öffnungen – beispielsweise die, durch die wir entkamen, und jene in Soho 48 – sind von eingestürzten Mauern blockiert. Das Bürogebäude wurde regelrecht in seine Atome zerfetzt.«

»Was ist aus den Männern geworden, die die Razzia auf Soho 48 durchgeführt haben?«

»Die Geheimtür im Bücherregal war wieder geschlossen, als sie eintrafen. Sie haben im Haus lediglich den von Ihnen getöteten Chinesen vorgefunden, sonst niemanden. Das dürfte ihnen das Leben gerettet haben. Sonst wären sie zweifellos beim Ausbruch der Explosion in den Tunnelgängen gewesen und mit den Hunderten von Dienern umgekommen, die dort gestorben sein müssen.«

»Jeder Schwarze in London muss dort gewesen sein.«

»Das kann man so sagen. Die meisten von ihnen sind Anhänger des Voodoo. Der Meister muss eine unvorstellbare Macht über sie besessen haben. Sie sind gestorben, aber was ist mit ihm geschehen? Ist er von dem Sprengstoff, den er dort gelagert hat, zerfetzt worden? Oder wurde er vielleicht erdrückt, als die Mauern zusammenbrachen und die Decken einstürzten?«

»Ich nehme an, in diesen unterirdischen Anlagen eine Suche durchzuführen ist unmöglich.«

»Völlig unmöglich. Als die Wände einstürzten, krachten Tonnen von Erdreich herunter, die vorher von den Decken gestützt wurden. Sie füllten die Korridore mit Lehm und Geröll und versperrten sie so für immer. Und darüber türmt sich der Schutt der von den Erschütterungen zum Einsturz gebrachten

Häuser. Was in diesen schrecklichen Gängen passiert ist, wird für alle Zeiten ein ungelöstes Rätsel bleiben.«

Meine Geschichte nähert sich dem Ende. Die folgenden Monate verstrichen ohne besondere Ereignisse, sieht man von meinem wachsenden Glück ab, das für mich dem Paradies gleichkam, Sie aber vermutlich eher langweilen würde, wenn ich Ihnen davon erzähle. Aber eines Tages sprachen Gordon und ich wieder über das geheimnisvolle Geschehen, das die unerbittliche Hand des Meisters herbeigeführt hatte.

»Seit jenem Tag«, sagte Gordon, »herrscht Ruhe auf der Welt. Afrika hat sich beruhigt und der Osten scheint wieder in seinen uralten Schlaf versunken zu sein. Es kann nur eine Antwort geben – ob lebend oder tot, Kathulos ist an jenem Morgen vernichtet worden, als seine Welt über ihm zusammenbrach.«

»Gordon«, sagte ich, »kennen Sie denn auch die Antwort auf jenes größte aller Geheimnisse?«

Mein Freund zuckte die Achseln.

»Allmählich glaube ich, dass die Menschheit schon seit Ewigkeiten von geheimen Strömen umgeben ist, von denen sie nichts weiß. Zivilisationen sind entstanden und untergegangen, noch ehe unsere Rasse aus dem Schleim der Urzeit aufstieg. Und nachdem wir ausgestorben sind, werden vermutlich wieder andere Rassen auf der Erde leben. Wissenschaftler vertreten schon länger die Theorie, dass sich die Bewohner von Atlantis auf einer höheren Zivilisationsstufe als wir bewegten und in eine gänzlich unterschiedliche Richtung entwickelten. Kathulos war der lebende Beweis dafür, dass unsere vermeintlich hoch entwickelte Kultur und unser Wissen gegen jene Furcht einflößende Welt verblassen, die ihn und seinesgleichen hervorgebracht hat.

Allein was er mit Ihnen angestellt hat, ist für Mediziner und andere Experten ein absolutes Rätsel. Niemand kann sich erklären, wie er es vermocht hat, Sie von Ihrer Haschischsucht zu befreien und Sie dann mit einem Präparat zu stimulieren, das unendlich kräftiger war. Damit nicht genug, mit einer weiteren Substanz hat er es dann fertiggebracht, die Einflüsse der beiden anderen vollständig auszuschalten.«

»Ich habe ihm für zwei Dinge zu danken«, sagte ich langsam. »Dafür, dass ich wieder ein ganzer Mensch bin – und für Zuleika. Kathulos ist also tot, so tot, wie ein sterbliches Wesen es nur sein kann. Aber was ist mit jenen anderen – jenen ›Alten Meistern‹, die immer noch unter der Meeresoberfläche schlafen?«

Gordon überlief ein Schauder.

»Wie ich schon sagte, vielleicht bewegt sich die Menschheit am Rande unvorstellbarer Abgründe des Schreckens. Aber in diesem Moment patrouilliert eine Flotte von Kanonenbooten unauffällig über die Weltmeere. Die Besatzungen haben strikte Anweisung, jede fremdartig wirkende Truhe sofort zu zerstören, die sie im Wasser treibend entdecken – sie und ihren Inhalt zu vernichten. Und wenn meine Worte bei der englischen Regierung und den Nationen der Welt auch nur das geringste Gewicht besitzen, wird es solche Patrouillen auf den Meeren so lange geben, bis der letzte Vorhang für unser Kapitel der Menschheit fällt.«

»Nachts träume ich manchmal von ihnen«, murmelte ich, »wie sie in ihren lackierten, mit Seetang behangenen Truhen schlafen. Dort unten in den grünen Tiefen – wo unheimliche Minarette und fremdartige Türme in der Dunkelheit der Ozeane emporragen.«

»Wir haben einem uralten Schrecken ins Gesicht geblickt«, erklärte Gordon unheilschwanger, »etwas Schrecklichem, einer Angst, die zu dunkel und geheimnisvoll war, als dass ein menschliches Gehirn sie verarbeiten könnte. Diesmal war das Glück auf unserer Seite. Möglicherweise wird es den nächsten Söhnen der Menschheit anders ergehen. Das Beste wird sein, wir bleiben stets in Alarmbereitschaft.

Das Universum gehört nicht allein den Menschen. Die Evolution durchläuft seltsame Phasen und der erste Instinkt, den die Natur den verschiedenen Spezies auf ihren Weg mitzugeben scheint, ist die gegenseitige Zerstörung. Ganz sicher hat uns der Meister ebenso gefürchtet wie wir ihn. Wir haben gerade einmal an der Hülle der Schatztruhe gekratzt, die die Natur mit ihren Geheimnissen für uns gefüllt hat. Mich ängstigt der Gedanke, was wir in ihr finden, falls es uns eines Tages gelingen sollte, sie zu öffnen.«

»Da gebe ich Ihnen recht!«, sagte ich und fühlte mich euphorisiert dank der Lebensenergie, die wieder durch meine gequälten Adern zu fließen begann. »Aber die Menschen werden alle Hindernisse überwinden, wenn sie vor ihnen auftauchen, so wie sie es schon immer getan haben. Und was mich betrifft: Ich lerne gerade aufs Neue, den Wert des Lebens und der Liebe zu schätzen. Selbst wenn sich alle Teufel aus den Abgründen dieser Welt auf mich stürzen würden, könnten sie mich nicht davon abhalten, beides auszukosten.«

Gordon lächelte.

»Das haben Sie sich auch verdient, alter Kamerad. Am besten ist, Sie vergessen dieses ganze düstere Intermezzo und finden Ihr Glück im Licht.«

Von Cimmeria nach R'lyeh: Robert E. Howard und H. P. Lovecraft

von Bobby Derie

Die Jahre zwischen dem Ersten Weltkrieg und dem Goldenen Zeitalter der Science-Fiction stellen eine ungeheuer spannende Periode dar. Monat für Monat erschienen in den Zeitungsständern billige Heftchen, Pulp-Magazine genannt. Ihre Umschläge zeigten glupschäugige Ungeheuer, Helden mit kantigem Kinn, Frauen mit großem Busen, tentakelbewehrte Außerirdische, seltsame Visionen von Zukunftsstädten oder Bilder aus der mythischen Vergangenheit, und die Namen dieser Magazine lauteten *Weird Tales*, *Strange Tales of Mystery and Terror*, *Amazing Stories* oder *Astounding Science Fiction*. In der Zeit vor dem Fernsehen und dem Internet verliehen diese Pulps einer ganzen Generation von Schriftstellern eine Stimme. Zwei der markantesten und dauerhaftesten waren Robert E. Howard und H. P. Lovecraft. Auch wenn die beiden sich nie persönlich begegnet sind, schmiedeten sie im Verlauf von sechs Jahren eine tiefe Freundschaft, die ausschließlich auf Briefen basierte und beide Männer sowie ihre literarischen Werke stark beeinflusste.

Bevor sie Freunde wurden, waren sie Fans des jeweils anderen. H. P. Lovecraft entdeckte Robert E. Howard 1926 auf einer Bank im Prospect Park in Brooklyn, als er die April-Ausgabe von *Weird Tales* las. Diese Nummer enthielt sowohl die Erzählung ›Wolfshead‹ des Texaners, seine dritte in dem

Magazin veröffentlichte Geschichte, als auch Lovecrafts ›The Outsider‹. Beide Männer bewunderten die Werke des anderen; Howard hatte in einem Brief an *Weird Tales* bereits ›The Call of Cthulhu‹ und weitere Geschichten Lovecrafts gelobt, während Lovecraft die überragenden Qualitäten von ›The Skull in the Stars‹ (*WT* vom Januar 1929) und ›The Shadow Kingdom‹ (*WT* vom August 1929) sowohl gegenüber seinem Schriftstellerkollegen August Derleth als auch gegenüber Farnsworth Wright, dem Herausgeber von *Weird Tales,* hervorgehoben hatte.

Wright stand in regelmäßigem Briefverkehr mit beiden Männern und ermöglichte daher die Korrespondenz zwischen diesen Autoren des Unheimlichen. Lovecrafts ›The Rats in the Walls‹ wurde in der *Weird Tales*-Ausgabe vom Juni 1930 nachgedruckt und handelt von einem Amerikaner, der in den restaurierten Stammsitz seiner Familie in England zurückkehrt, sowie von dem Grauen, das in der Vergangenheit dieser Familie liegt und das er in den Höhlen unter dem Haus entdeckt. Während des Höhepunkts der Geschichte, als das volle Ausmaß des Familienerbes aus Häresie und Kannibalismus deutlich wird, erleidet der Erzähler einen atavistischen Paroxysmus und gleitet durch die Zeitalter der angeborenen Erinnerung zurück; seine kultivierte englische Sprache weicht angelsächsischen und gälischen Ausrufen.

Howard, dem seine eigene gälische Abstammung sehr wichtig war, las diese Geschichte mit Interesse und schrieb einen langen Kommentar dazu an Wright, in dem er die Erzählung lobte und darüber spekulierte, dass Lovecraft offenbar einer bestimmten Theorie zur ursprünglichen Bevölkerung der Britischen Inseln anhing. Der Herausgeber von *Weird Tales* leitete diese Vermutungen an Lovecraft weiter, der wiederum an Howard schrieb und dem Texaner erklärte, er habe seine gälischen Bruchstücke Fiona MacLeods ›The Sin-Eater‹ (1895)

entnommen. Dies war der Beginn einer Korrespondenz, die für den Rest von Howards Leben anhalten und an die sich Lovecraft auch immer erinnern sollte.

Die beiden Männer waren sehr unterschiedlich, was ihr Temperament und ihre Umgebung betraf. Robert E. Howard lebte in Cross Plains, Texas, einer kleinen, dörflichen Ortschaft, in der noch Reste der Gefahren und Mühen aus der Zeit der Besiedelung des Westens überdauert hatten; der Zugang zu höherer Bildung und zu Büchern war dort sehr beschränkt.

H. P. Lovecraft hingegen lebte in Providence, Rhode Island, einer großen alten Stadt an der Ostküste mit etwa einer Viertelmillion Einwohner, Heimat der Brown University und zahlreicher Bibliotheken, Theater und Museen.

Howard spürte eine Verwandtschaft mit den frühen Siedlern und mit den barbarischen Stämmen Galliens und der schottischen Inseln, während Lovecraft sich mit der wohlhabenden Oberschicht von Providence und der Zivilisation des antiken Rom identifizierte. Lovecraft war ein Künstler, der entweder unwillig oder unfähig war, kommerzielle Literatur zu schreiben, während Howard nur das schreiben wollte, was sich gut verkaufte – und seine Werke verkauften sich wirklich sehr gut.

Doch sie besaßen auch viele Gemeinsamkeiten abseits ihrer Liebe zur fantastischen Literatur. Beide waren sowohl Dichter als auch Prosa-Autoren, obwohl die Art ihres Schreibens unterschiedlich war. Beide Männer hatten nur eine begrenzte Bildung genießen können, waren aber unersättliche Leser und Autodidakten und versuchten innerhalb der ihnen zur Verfügung stehenden Möglichkeiten, ihr Wissen und Verständnis der Welt zu verbessern. Sie folgten nicht der großen Masse, indem sie sich eine gewöhnliche Arbeit suchten, sondern bemühten sich darum, ihren eigenen Weg im Leben zu finden. Beide begeisterten sich für Geschichte und waren ihrer jeweiligen Region besonders zugetan; sie liebten das Land und die Architektur und brachten dies mit langen beschreibenden Passagen in ihren Briefen zum Ausdruck, in denen sie oft einer besonderen Epoche huldigten.

Für Lovecraft war es das Providence der Kolonialzeit vor der Amerikanischen Revolution mit seinen Walmdächern und Perücken, als noch der britische Akzent vorherrschte und Bücher mit dem »langen S« gedruckt wurden. Für Howard waren es die einsamen Berge des texanischen Post Oak County während der Pionierzeit, wo das ruhige, aber mühevolle Leben immer wieder von blutigen Episoden und wilden Freiheitskämpfen unterbrochen wurde. Beide spürten eine enge Beziehung zu den Britischen Inseln, von denen ihre Vorfahren gekommen waren, doch während Lovecraft eindeutig englischer Abstammung war und seine Ahnenreihe bis zum römischen Britannien zurückzuführen versuchte, war Howard der ewige Kelte und schrieb einmal an Lovecraft: »Wenn ich glaubte, auch nur einen Tropfen römischen Blutes in den Adern zu haben, würde ich mit großer Freude ein Messer nehmen und es herauslassen.«

Als Howard Lovecrafts ersten Brief erhielt, schrieb er an seinen Freund Tevis Clyde Smith: »Ich habe einen langen Brief von Lovecraft bekommen. Der Knabe ist ziemlich gescheit. Und sehr belesen. Er beginnt damit, dass er sagt, die meisten meiner Argumente würden logisch erscheinen, und er könne meine Ansichten beinahe übernehmen – doch dann folgen etwa drei oder vier eng beschriebene Seiten, in denen er fast alle meine Theorien in der Luft zerreißt. Er ist mir haushoch überlegen. Ich traue mich, es mit einem Mann meines eigenen Kalibers aufzunehmen, aber wenn ich mich mit ihm messe, ist das, als würde ein Bauerntrampel gegen einen Champion in den Ring steigen. Ich glaube, ich werde ihm in meinen weiteren Briefen lieber eine Reihe von Fragen stellen, anstatt meine eigenen Ansichten darzulegen. Das heißt aber noch lange nicht, dass ich von seiner Denkweise überzeugt bin. Keineswegs; ich glaube noch immer, dass ich recht habe. Aber ich will einiges von dem erfahren, was er mit Sicherheit weiß – über dunkle Epochen der Geschichte und vergessene Kulturen, über mystische Kulte und dergleichen mehr. Er sagt, dass sein junger Freund Frank Belknap Long und auch Clark Ashton Smith meinen Ramsch oft gelobt haben. Nun, das höre ich natürlich sehr gern.«

Lovecrafts Briefe haben einen legendären Ruf; manche sind 30, 50, 70 oder gar 100 Seiten lang, auch wenn die große Mehrheit von ihnen deutlich kürzer ist. Howard war einer der wenigen Korrespondenten, die Lovecraft Seite für Seite gewachsen waren, und als ihr Schriftverkehr anschwoll, wurden die Briefe immer länger und komplexer – Howard verfasste manchmal sogar mehrere Entwürfe, damit er seine Argumente besser formulieren und darlegen konnte. Die Inhalte weisen eine große Bandbreite auf. Oft schrieben sie über ihre Reisen, lobten und kommentierten die Arbeit des anderen, wiesen einander auf neue Magazine hin, besprachen Geschichten und Gedichte, die verkauft oder abgelehnt worden waren, teilten sich mit, welche Bücher sie gelesen hatten, was andere Autoren machten, tauschten sich über örtliche und internationale Politik und über Fragen der Immigration aus … und sogar über das Wetter, das in Howards Briefen für gewöhnlich in Form von Dürre oder Überschwemmungen, Tornados oder Gewittern auftrat.

Ein frühes einflussreiches Element, das aus ihrer anfänglichen Diskussion der keltischen Kulturen erwachsen war (die wiederum ihren Ausgang in Howards erstem Brief über ›The Rats in the Walls‹ genommen hatte), war die angebliche Existenz des »Kleinen Volkes« auf den Britischen Inseln – gemeinhin bekannt als Elfen und Feen.

Lovecraft nahm die Haltung ein, dass hinter diesen Legenden eine Realität stand und eine anthropologische Basis für diese Mythen existierte. Indem er die Geschichten Arthur Machens über das »Kleine Volk«, z. B. ›The Novel of the Black Seal‹, ›The Red Hand‹ und ›The Shining Pyramid‹ (1895) sowie Margaret Murrays *The Witch-Cult in Western Europe* (1921) anführte, schmiedete er die Theorie einer kleinen, dunklen, abscheuliche Riten vollführenden Rasse, welche schon vor dem Eindringen der Kaukasier nach Britannien dort gelebt hatte. Dies stimmte mehr oder weniger mit Robert E. Howards eigenen Ansichten über die zyklischen Kriege und Besiedelungen Irlands im *Book of Invasions* überein, die er auch in seiner früheren Geschichte ›The Lost Race‹ (*WT* vom Januar 1927) zum Ausdruck gebracht hatte.

Der Einfluss dieses Gedankenaustauschs kann in Howards Geschichten über das Kleine Volk nachgewiesen werden, angefangen mit ›The Children of the Night‹ (*WT* vom April 1931) und fortgeführt in Erzählungen wie ›People of the Dark‹ (*Strange Tales* vom Juni 1932) oder ›Worms of the Earth‹ (*WT* vom November 1932).

Am stärksten zeigt sich der Einfluss von Howards Korrespondenz mit Lovecraft in der Geschichte ›The Children of the Night‹, die so etwas wie eine fiktionale Antwort auf ihre briefliche Unterhaltung über seltsame Rassen und Lovecrafts Kleines Volk darstellt, unter Einbeziehung einiger Spezialbegriffe, die er und Lovecraft benutzten, während viele der grundlegenden Elemente dieser Erzählung aus Arthur Machens Werken stammen: Der Steinhammer korrespondiert mit der Steinaxt in ›The Red Hand‹, und Kettricks Abstammung von einem Wechselbalg wurde inspiriert durch ›The Novel of the Black Seal‹.

Das Ende von ›People of the Dark‹ erinnert an den Atavismus in Lovecrafts ›The Rats in the Walls‹, wo ein Mann von ererbten Erinnerungen und Gefühlen überwältigt wird, aber dies ist ganz klar Howards eigene Geschichte und keineswegs ein einfacher Lovecraft-Pastiche. Als Howard damit fortfuhr, solche Geschichten zu schreiben, zeigten sie immer weniger Einfluss von Lovecrafts Stil; Howard drückte ihnen sein eigenes Zeichen auf. Sein kleines Volk ist weitaus weniger menschlich als das von Machen oder als Lovecrafts Vision von ihm, während ›schlangenartige‹ oder ›reptilienhafte‹ Merkmale an die Schlangen-Menschen aus den King-Kull-Geschichten erinnern, und in ›People of the Dark‹ und Worms of the Earth‹ werden sie noch unmenschlicher dargestellt.

Recht früh in ihrer Korrespondenz fragte der Texaner den Yankee nach einer möglichen realen Grundlage für den Cthulhu-Mythos, auf den Lovecraft in einer Reihe von Geschichten in *Weird Tales* Bezug genommen hatte, wie z. B. ›The Call of Cthulhu‹ und ›The Electric Executioner‹ (*WT* vom August 1930); die letztere Geschichte hatte er als Ghostwriter für Adolphe de Castro verfasst. Howard hatte eine Gestalt namens Kathulos in seine ›Skull-Face‹-Reihe (*WT* vom Oktober, November und Dezember 1929) aufgenommen, und ein Bewunderer der Geschichte schrieb an das Magazin: »Ich bin sehr interessiert an der möglichen Verbindung zwischen den Gestalten Kathulos (in Robert E. Howards ›Skull-Face‹) und Cthulhu (in Mr. Lovecrafts ›The Call of Cthulhu‹). Können Sie mir mitteilen, ob es um diese Gestalt so etwas wie eine Legende oder Tradition gibt?«

Lovecraft gab zu, dass der Mythos seine eigene Schöpfung war – teilweise inspiriert durch Lord Dunsany und Machen, während er aus Clark Ashton Smiths Mythologie z. B. Tsathoggua übernommen hatte. Der Gentleman aus Providence war amüsiert über die Verschmelzung von Cthulhu und Kathulos und fügte sogar einen Hinweis auf ›L'Mur-Kathulos‹ in seiner nächsten Geschichte ›The Whisperer in Darkness‹ (*WT* vom August 1931) ein. In derselben Geschichte wird auch ein ›Bran‹ erwähnt – eine Referenz an Howards fiktive Figur Bran Mak Morn, den König der Pikten, der die Hauptrolle in ›Kings of the Night‹ (*WT* vom November 1930) und auch in der Erzählung ›The Children of the Night‹ spielt, die Lovecraft gelobt hatte. Bran sollte wieder in ›The Dark Man‹ (*WT* vom Dezember 1931) und ›The Worms of the Earth‹ auftreten, worin Howard sich revanchierte, indem er die ›Schwarzen Götter von R'lyeh‹ und ›Dagon‹ als Bezug auf Lovecrafts ›The Call of Cthulhu‹ einfügte.

Diejenige von Howards Geschichten, die sich am stärksten an den Mythos anlehnt, ist ›The Children of the Night‹, in der er das Grimoire *Nameless Cults* [›Namenlose Kulte‹] neben dem ›Necronomicon‹ erwähnt und Cthulhu und Yog-Sothoth (von Lovecraft erschaffen) sowie ›Tsathoggua‹ (von Clark Ashton Smith erschaffen) neben Gol-goroth setzt, Howards Gott aus seiner eigenen Erzählung ›The Gods of Bal-Sagoth‹ (*WT* vom Oktober 1931).

Auf diese Weise verknüpften Lovecraft und Howard ihre jeweilige Mythologie – nicht durch gemeinschaftliche Bemühungen, sondern aufgrund von Hinweisen und Anspielungen, während jeder seine eigene fiktionale Welt weiterentwickelte. An diesem Spiel beteiligten sich auch andere *Weird Tales*-Autoren, denn Lovecraft stand mit vielen von ihnen in Kontakt und besaß die Angewohnheit, die Manuskripte solcher Geschichten wie ›At the Mountains of Madness‹ und ›The Shadow over Innsmouth‹ an seine Freunde mit der Bitte um Kritik zu schicken, bevor er sie den Pulp-Magazinen zur Veröffentlichung anbot. Lovecraft lieh Howard auch all jene Geschichten, die dem Texaner bei ihrer Veröffentlichung in *Weird Tales* entgangen oder die in Amateur-Zeitschriften erschienen waren. Lovecrafts Geschichten fachten Howards Interesse am Mythos an und hatten Hommagen wie Howards Gedicht ›Arkham‹ (*WT* vom August 1932) zur Folge.

Eine von Howards Schöpfungen, die in den Mythos aufgenommen wurden, waren die Schlangenmenschen, die zuerst in ›The Shadow Kingdom‹ (*WT* vom August 1929), einer Geschichte über Kull von Atlantis auftraten und später von Clark Ashton Smith in ›The Double Shadow‹ (1933) und ›The Seven Geases‹ (*WT* vom Oktober 1934) sowie in Lovecrafts letzter Geschichte ›The Haunter of the Dark‹ (*WT* vom Dezember 1936) erwähnt wurden. Doch die bekannteste von Howards Mythos-Schöpfung sind die *Nameless Cults* des Autors von Junzt.

Nachdem Howard über ein Jahr mit Lovecraft korrespondiert hatte, veröffentlichte er seine erste Geschichte, die Lovecrafts Stil nachahmte: ›The Black Stone‹ (*WT* vom November 1931). Teils von Lovecrafts ›Fungi from Yoggoth‹ und von dessen ›History of the Necronomicon‹ inspiriert, beginnt die Story mit einem Zitat aus dem Werk des wahnsinnigen Dichters Justin Geoffrey, bevor sie sich der bibliografischen Geschichte von *Nameless Cults* (dieses Buch war zuerst in ›Children of the Night‹ erwähnt worden) und deren Autor von Junzt widmet. Von Junzts literarische Spuren führen den namenlosen Erzähler zu dem seltsamen Relikt einer älteren Rasse – die in einigen Aspekten dem Kleinen Volk ähnelt – und zu der grinsenden Abscheulichkeit, die von ihr angebetet wird.

Howards eigene Meinung über die Geschichte war, nachdem sie ihm gedruckt vorlag, zwiespältig. Er schrieb an Lovecraft: »Die Geschichte klingt so, als würde ich auf meine schwache und ungeschickt grobe Weise versuchen, Ihren Stil zu imitieren. Ihr literarischer Einfluss auf diese besondere Erzählung, dessen ich mir nicht bewusst war, ist dennoch stark.«

Lovecraft sah das Ergebnis positiver und bemerkte: »Etwas darin hat mich regelrecht angespornt. Vielleicht waren es von Junzt & das Schwarze Buch … Ich muss ihn und auch Justin

Geoffrey in einer meiner nächsten Geschichten unbedingt auftreten lassen.«

Nameless Cults erscheint wieder in einer weiteren an Lovecraft angelehnten Geschichte von Howard, ›The Thing on the Roof‹ (*WT* vom Februar 1932), deren untergegangene Tempel älterer Rassen thematisch mit ›The Black Stone‹ verknüpft sind, doch danach machte er von diesem unheimlichen Buch kaum mehr Gebrauch.

Lovecraft wollte den richtigen deutschen Titel des Werkes erfahren, den Howard, der des Deutschen nicht mächtig war, nicht nennen konnte, und so übersetzte Lovecraft ihn als *Ungenennte Heidenthume.* Lovecrafts Korrespondent August Derleth, der Sohn einer deutschen Immigrantenfamilie, war damit nicht einverstanden und schlug *Unaussprechlichen Kulten* [sic] vor; und E. Hoffmann Price, der Deutsch an der Militärakademie von West Point studiert hatte, widersprach Derleth und übersetzte: *Unenbarren Kulten.* Die unterschiedlichen Meinungen sorgten für Unstimmigkeit, insbesondere als sich auch noch Farnsworth Wright einmischte. Die Angelegenheit wurde erst geklärt, als Wright C. C. Senf, einen deutschen Immigranten und Illustrator für *Weird Tales,* befragte und dieser *Unaussprechlichen* empfahl – und so geschah es.

Lovecraft benutzte *Nameless Cults* weiterhin als eines der wichtigen Grimoires in seinen Mythos-Geschichten. Besonders erwähnt wird dieses Buch in zwei Erzählungen, die er für Hazel Heald, eine seiner Auftraggeberinnen für Überarbeitungen, unter deren Namen schrieb: ›The Horror in the Museum‹ (*WT* vom Juli 1933) und ›Out of the Aeons‹ (*WT* vom April 1935). Darin wird kurz Howards Bibliografie aus ›The Black Stone‹ wiederholt und der Inhalt breiter ausgeführt, sodass *Unaussprechlichen Kulten* zum wesentlichen Text für einen ganzen Zyklus seiner künstlichen Mythologie wird. Auch weitete Lovecraft die Biografie von Junzts aus und gab ihm den

Vornamen ›Friedrich‹, den er in einigen seiner Briefe benutzte, der es aber nie bis in die endgültige Fassung seiner eigenen Geschichten schaffte.

Lovecraft zählt *Unaussprechlichen Kulten* zu den verbotenen Büchern in seinen Geschichten ›The Dreams in the Witch House‹ (*WT* vom Juli 1933), ›The Shadow Out of Time‹ (*Astounding* von Juni 1936) und ›The Haunter of the Dark‹ (*WT* vom Dezember 1936). Die letztgenannte Geschichte ist eine Fortsetzung zu Robert Blochs Erzählung ›The Shambler from the Stars‹ (*WT* vom September 1935), in der eine fiktive Version von Lovecraft ein schreckliches Ende findet. Bloch hatte vorher Lovecraft schriftlich um die Erlaubnis gebeten, seinen literarischen Doppelgänger auf diese Weise zu töten, und Lovecraft hatte scherzhaft mit einem feierlichen Dokument geantwortet, das eine solche Erlaubnis gewährte – unterzeichnet und bezeugt von Abdul Alhazred und Friedrich von Junzt, nebst anderen.

Während Howards Korrespondenz mit Lovecraft einen recht unmittelbaren Einfluss auf seine unheimlichen Erzählungen hatte – und auf die Entwicklung von Elementen des Mythos, die von Lovecraft und vielen anderen für ihre eigenen Erzählungen benutzt wurden –, lässt sich beobachten, dass die Briefe, die zwischen den beiden Pulp-Autoren gewechselt wurden, immer länger und komplexer wurden und von freundschaftlichen Gesten begleitet waren, wie z. B. dem Geschenk von Klapperschlangen-Rasseln an Lovecraft im Jahre 1932, begleitet von Howards Essay ›With A Set of Rattlesnake Rattles‹. Inzwischen standen Howard und Lovecraft auf vertrauterem Fuß miteinander und benutzten als Anrede und Absender die Buchstaben REH und HPL. Lovecraft bediente sich im privaten Umgang etlicher Spitznamen für seinen texanischen Freund: Bran Mak Morn, »unser Meister des Massakers«, Conan der Schnitter, Two-Gun-Bob [Zwei-Pistolen-Bob],

Salbeistrauch-Bob, »der Schrecken der Prärie«, Bruder Conan und Langhorn – von diesen erscheint Two-Gun-Bob bei Weitem am häufigsten in Lovecrafts Briefen.

Schließlich brach zwischen ihnen in der zweiten Hälfte des Jahres 1932 ein heftiger, lange anhaltender Streit über das Verhältnis der Zivilisation zur Barbarei aus. Sowohl Lovecraft als auch Howard hegten starke Sympathien für die Geschichte ihrer Ahnen. Für Howard waren das die alten Kelten, jene Barbaren, die Britannien und Irland erobert hatten und später gegen das sich ausbreitende Rom kämpften; für Lovecraft waren es das römische Britannien und die Zeit, in der die größte antike Zivilisation in ein barbarisches Land eindrang. Aus diesen gegensätzlichen Sympathien erwuchsen gegensätzliche Philosophien und Ansichten sowie eine ausschweifende Diskussion, die größere Meinungsverschiedenheiten hinsichtlich der Tugenden und Laster der Zivilisation, des Rechts und dessen Durchsetzung, der künstlerischen Gefühle, der Ritterschaft und eines Dutzends anderer Themen offenbarte. Häufig redeten die beiden aneinander vorbei und arbeiteten ihre Argumente zu Essays auf dem jeweiligen Gebiet aus, sodass die Briefe oft 20 oder 30 Seiten lang wurden. Sie führten diese schriftlichen Streitgespräche bis 1936 weiter. Trotz ihrer unterschiedlichen Auffassungen behandelten sich Lovecraft und Howard weiterhin mit großer Freundschaft und Hochachtung.

Auch auf ihren Reisen hielten Lovecraft und Howard Kontakt zueinander, was Lovecraft zugutekam, als er im Juni 1932 in New Orleans war und hoffte, mit seinem *Weird Tales*-Schriftstellerkollegen E. Hoffmann Price in Kontakt zu kommen, aber keine Adresse von ihm hatte. Lovecraft schreibt dazu: »Während meines Aufenthalts dort schrieb ich zufällig an Robert E. Howard aus Texas, der die Hoteladresse auf meinem Briefpapier bemerkte & in Briefkontakt mit Price stand. Kurzerhand telegrafierte er an Price und teilte diesem meine Anwesenheit sowie meinen genauen Aufenthaltsort mit.«

Das Ergebnis dieses Treffens war die von Lovecraft und Price gemeinsam verfasste Erzählung ›Through the Gates of the Silver Key‹ (*WT* vom Juli 1934). Price sollte Robert E. Howard später noch zweimal besuchen – 1934 und 1935, wodurch er zu der einzigen Person wurde, die Lovecraft, Howard und Clark Ashton Smith persönlich getroffen hatte. Durch Lovecraft kam Robert E. Howard mit vielen anderen Autoren in Kontakt, einschließlich Smith, August Derleth, Wilfred Blanch Talman, R.H. Barlow und C.L. Moore; er wurde zu einem »Mitglied der Bande«.

Howard und sein Werk werden in Lovecrafts Briefen oft erwähnt, wodurch er auf andere bisweilen überlebensgroß wirkte – eine Tendenz, die ihren Höhepunkt in der Erzählung ›The Battle of the Century‹ (1934) erreichte, einem von Lovecraft und Barlow zusammen verfassten Scherz, in dem sich eine Reihe von unschwer zu erkennenden Pulp-Autoren einen heftigen Kampf liefern.

Abgesehen von dem persönlichen Kontakt zu anderen Schriftstellern profitierte Howard auch von Lovecrafts großem Korrespondentenkreis. Der Kontakt zu Wilfred Blanch Talman, der durch Lovecraft hergestellt worden war, führte unmittelbar zu der Veröffentlichung von ›The Ghost of Camp Colorado‹ (*Texas Star* vom April 1932), während seine Bekanntschaft mit Price ihn dazu ermunterte, seine Arbeit auf neue Märkte wie die sogenannten Spicy Pulps [pikante Magazine] auszudehnen. Lovecraft selbst spornte Howard dazu an, die Geschichte ›Black Canaan‹ (*WT* vom Juni 1936) zu schreiben, die auf der Legende von ›Kelly the Conjure Man‹ [Kelly der Zauberer] basierte, die der Texaner Lovecraft in einem Brief mitgeteilt hatte.

Neben solchen professionellen und kameradschaftlichen Kontakten brachte Lovecraft Robert E. Howard auch mit der aufkeimenden Fan-Bewegung in Kontakt. Lovecraft überredete Howard dazu, Material für die frühen Fanzines *Marvel Tales*, *The Fantasy Fan*, *Fantasy Magazine* und *The Phantagraph* zur Verfügung zu stellen. Howard, Lovecraft und andere steuerten Gedichte und Geschichten bei, die von den professionellen Magazinen abgelehnt worden waren, und in diesem Rahmen erschien auch Howards umfangreicher Essay ›The Hyborian Age‹. Lovecrafts Brieffreund F. Lee Baldwin plante im Jahre 1934, mit HPLs Unterstützung eine biografische Skizze über Howard zu schreiben (mit einem Scherenschnitt, der nur für diesen Artikel hergestellt wurde), aber leider wurde nichts daraus; Alvin Lee Perry, ein weiterer Fan, veröffentlichte jedoch ›A Biographical Sketch of Robert E. Howard‹ im *Fantasy Magazine* vom Juli 1935.

Julius Schwartz vom *Fantasy Magazine* arrangierte die einzige Zusammenarbeit der beiden Titanen der unheimlichen Literatur in der Science-Fiction-Kettengeschichte ›The Challenge from Beyond‹, in der ein Wissenschaftler auf einer fernen Welt in den Körper eines Außerirdischen transplantiert wird. Die Erzählung wurde in der Ausgabe vom September 1935 veröffentlicht und enthält Beiträge von Catherine Lucile Moore, Abraham Merritt, H. P. Lovecraft, Robert E. Howard und Frank Belknap Long. Lovecraft gefiel Howards Abschnitt, und er schrieb diesbezüglich an Robert Bloch: »Es amüsiert mich zu beobachten, wie rasch Two-Gun den gelehrten & friedfertigen George Campbell in einen rasenden Conan oder King Kull verwandelt!«

Im Jahre 1936 nahm sich Robert E. Howard das Leben. Lovecraft und viele andere seiner Brieffreunde erhielten die Nachricht von seinem Tod durch Howards Vater. Der Gentleman aus Providence war schockiert und entsetzt über diese Tragödie und schrieb rasch mehr als ein Dutzend Briefe an verschiedene

Freunde und Korrespondenten; er verbreitete die Neuigkeit in den professionellen Kreisen und in den Fan-Zirkeln, pries Howard und betrauerte dessen Verlust.

Lovecrafts persönlichster Ausdruck seiner Trauer findet sich in einem Brief an E. Hoffmann Price, der als einziger Pulp-Autor Howard persönlich begegnet war und ihm deshalb von allen am nächsten gestanden hatte: »Mitra, was für ein Mann! Es ist schwer, genau zu beschreiben, warum seine Erzählungen so herausragend sind – aber ihr wahres Geheimnis liegt darin, dass *er in jeder einzelnen von ihnen steckte,* ob sie nun für einen bestimmten Markt geschrieben waren oder nicht. Er war größer als jede Profitstrategie, die er angewendet haben mag, denn auch wenn er äußerlich Zugeständnisse an die vom Mammon beherrschten Herausgeber machte, besaß er doch eine innere Kraft und Aufrichtigkeit, die durch die Oberfläche brach und allem, was er schrieb, seine eigene Persönlichkeit aufdrückte. Selten oder nie hat er einen leblosen Standardcharakter oder eine Standardsituation beschrieben und es dabei belassen. Bevor er seine Arbeit abgab, wurde sie trotz der Anweisungen des Herausgebers stets mit Kraft und Lebenswirklichkeit ausgestattet – er hat immer aus eigener Erfahrung und eigenem Wissen geschrieben, anstatt sich aus einem Herbarium vertrockneter Pulp-Reserven zu bedienen. Er war fast einzigartig mit seiner Fähigkeit, wahre Emotionen der Angst und schrecklichen Spannung zu erschaffen.«

Ein langer Artikel von Lovecraft zum Gedenken an Robert E. Howard erschien in der Ausgabe des *Fantasy Magazine* vom September 1936. Eine gekürzte Fassung wurde in der Oktober-Ausgabe von *Weird Tales* zusammen mit R. H. Barlows Elegie ›*R. E. H.*‹ veröffentlicht. Howards Vater spendete die Bücher seines Sohnes der Bibliothek des Howard Payne College in Brownwood, und Lovecraft schickte einige Exemplare seines damals einzigen veröffentlichten Buches dorthin und ermunterte andere aus seinem Kreis dazu, ebenfalls etwas beizutragen. Donald Wollheim und Wilson Shepherd vom *Phantagraph* zogen eine Buchveröffentlichung von Howards Werk in Erwägung, wobei ihnen Lovecraft bis kurz vor seinem eigenen Tod im Jahre 1937 mit wertvollen Ratschlägen zur Seite stand.

Robert E. Howard fand sogar in Lovecrafts letzten Briefen Erwähnung, in denen er die posthumen Veröffentlichungen von Howards Geschichten in *Weird Tales* aufführte. Einige dieser Geschichten waren zweifellos zuvor abgelehnt oder nie eingereicht worden, und zwei von ihnen beinhalten Verweise auf Lovecrafts Mythos: ›The Fire of Asshurbanipal‹ (*WT* vom Dezember 1936), worin das Necronomicon erwähnt wird, und ›Dig Me No Grave‹ (*WT* vom Februar 1937) mit Hinweisen auf Yog-Sothoth, Kathulos, Koth und Yuggoth. Diese und andere Bezüge in Geschichten und Fragmenten, die lange nach Howards und Lovecrafts Tod veröffentlicht wurden, sind zumeist eher nebensächlich.

Es war nicht Howards Gewohnheit, in seinen Geschichten beliebige Hinweise auf Lovecrafts Mythos einzubauen, und so sind die Erzählungszyklen des Texaners – die von Personen wie Bran Mak Morn, Conan dem Cimmerier, Kull von Atlantis und dem Okkult-Detektiv John Kirowan bevölkert werden – nur locker mit dem größeren Mythos verbunden, den Lovecraft, Clark Ashton Smith, August Derleth, Robert Bloch und so viele andere erschufen, und es war Lovecrafts Übernahme der *Nameless Cults* und dessen Autors von Junzt, die spätere Schriftsteller dazu ermutigte, Elemente aus Howards Werk in ihr eigenes einzufügen und posthum einige der ansonsten unverbundenen Geschichten des Texaners wie ›The Gods of Bal Sagoth‹ in den Mythos zu integrieren.

So wie Howard von seiner Bekanntschaft mit H. P. Lovecraft beeinflusst wurde und von ihr profitierte, so ging es auch dem

Mann aus Rhode Island, der trotz aller langen und breiten Wortwechsel und unterschiedlichen Neigungen in Howard einen Ebenbürtigen gefunden hatte, dessen Temperament sich mit seinem eigenen so ausgezeichnet ergänzte.

Lovecraft beschrieb es in einem Brief an E. Hoffmann Price so: »Ich schätze diese Korrespondenz als einen der wichtigsten Einflüsse in meinen späteren Jahren, der meinen Horizont erweitert und meinen Intellekt geschärft hat. Wir debattierten unablässig über allerlei historische und philosophische Punkte, und durch diese Diskussionen (und durch viele Abschnitte reiner Beschreibung) habe ich ein weitaus klareres Verständnis von verschiedenen Phasen der Geschichte erlangt, als es mir auf andere Weise je möglich gewesen wäre. Er hat den Südwesten und dessen Traditionen vor meinen Augen lebendig gemacht [...] Ich verdanke Two-Gun meine angenehmen Sitzungen in der Rue Royale 305 und meine persönliche Einführung beim Sultan des Pfauenthrons – denn Sie werden sich erinnern, dass er es ja gewesen war, der Sie im Jahre 1932 von meiner Gegenwart im alten Nouvelle-Orleans in Kenntnis gesetzt hat. Ich hatte gehofft, irgendwann einmal nach Cross Plans zu gelangen – aber nun werde ich vermutlich den Ort, dessen Namen ich so oft auf Briefumschläge und Postkarten geschrieben habe, niemals sehen.«

Quellen und Übersetzer

Arkham. ›Arkham‹.
© 1932 by *Weird Tales Magazine.*
Aus dem Amerikanischen von Michael Siefener.

Der Schwarze Stein. ›The Black Stone‹.
© 1931 by the Popular Fiction Company for *Weird Tales Magazine.*
Aus dem Amerikanischen von Manfred Sanders.

Der Schwarze Bär schlägt zu. ›The Black Bear Bites‹.
© 1974 by *From Beyond the Dark Gateway 3.*
Aus dem Amerikanischen von Doris Hummel.

Die Götter von Bal-Sagoth. ›The Gods of Bal-Sagoth‹.
© 1931 by the Popular Fiction Company for *Weird Tales Magazine.*
Aus dem Amerikanischen von Klaus Schmitz.

Würmer der Erde. (Worms of the Earth).
© 1932 by the Popular Fiction Company for *Weird Tales Magazine.*
Aus dem Amerikanischen von Manfred Sanders.

Volk der Finsternis. ›People of the Dark‹.
© 1932 by *Strange Tales Magazine.*
Aus dem Amerikanischen von Doris Hummel.

Das Ding auf dem Dach. ›The Thing on the Roof‹.
© 1932 by the Popular Fiction Company for *Weird Tales Magazine.*
Aus dem Amerikanischen von Michael Weh.

Schaufelt mir kein Grab. ›Dig me no Grave‹.
© 1937 by the Popular Fiction Company for *Weird Tales Magazine.*
Aus dem Amerikanischen von Doris Hummel.

FESTA
»Niemand schildert den kosmischen Schrecken so gut wie Clark Ashton Smith.«
H. P. LOVECRAFT
DER MYTHOS DES CTHULHU
Erzählungen
CLARK ASHTON SMITH

Festa: If you don't mind sex and violence and lots of action

Niemand veröffentlicht härtere Thriller als Festa. Werke, die keine Chance haben, in großen Verlagen veröffentlicht zu werden, weil sie zu gewagt sind, zu neuartig, zu extrem.

Statt der üblichen Matt- oder Glanzfolie haben die Bücher von Festa eine raue, lederartige Kaschierung. Sie symbolisiert die Härte und sexuelle Gewagtheit unseres Programms. Diese »Bücher im Ledermantel« sind auch sehr widerstandsfähig – die Bücher wirken nach dem Lesen noch wie neu.

Unsere erfolgreichsten Buchreihen:

HORROR & THRILLER – Moderne Meister des Genres

FESTA ACTION – Blockbuster zum Lesen

DARK ROMANCE – *Erotik Romance*-Bestseller aus den USA

FESTA EXTREM – Wenn Lesen zur Mutprobe wird …

Wegen der brutalen und pornografischen Inhalte erscheinen die Titel als Privatdrucke ohne ISBN und werden nur ab 18 Jahre verkauft. Sie können nur direkt beim Verlag bestellt werden.

Festa steht beim Thema harte Spannung für viele Jahre bewährte Qualität. Darauf geben wir sogar eine Zufriedenheitsgarantie. Dieser Service ist für einen Buchverlag einzigartig.

Warum tun wir das?

Frank Festa: »Wir wollen, dass die Leser unsere Bücher lieben. Das geht nur mit Qualität. Und als Spezialist für Horror und Thriller aus Amerika können wir in dem Bereich diese Qualität garantieren – so einfach ist das.«